Quantitative Logistik-Fallstudien

Rainer Lasch · Gregor Schulte

Quantitative Logistik-Fallstudien

Aufgaben und Lösungen zu Beschaffung,
Produktion und Distribution –
Mit Planungssoftware

5., aktualisierte und erweiterte Auflage

 Springer Gabler

Rainer Lasch
Technische Universität Dresden
Dresden, Deutschland

Gregor Schulte
Dresden, Deutschland

ISBN 978-3-658-35591-3   ISBN 978-3-658-35592-0   (eBook)
https://doi.org/10.1007/978-3-658-35592-0

Die Deutsche Nationalbibliothek verzeichnet diese Publikation in der Deutschen Nationalbibliografie; detaillierte bibliografische Daten sind im Internet über http://dnb.d-nb.de abrufbar.

Planung/Lektorat: Susanne Kramer
Springer Gabler ist ein Imprint der eingetragenen Gesellschaft Springer Fachmedien Wiesbaden GmbH und ist ein Teil von Springer Nature.
Die Anschrift der Gesellschaft ist: Abraham-Lincoln-Str. 46, 65189 Wiesbaden, Germany

Vorwort zur 5. Auflage

Das Fallstudienbuch hat erfreulicherweise bei Lehrenden und Lernenden eine sehr gute Resonanz erfahren. Praktiker schätzen insbesondere, dass dieses Buch für die von Managern in Unternehmen geforderte Fähigkeit, in komplexen Problemsituationen fundiert Entscheidungen zu treffen, umfangreiches und gut aufbereitetes Material bietet. Das vielseitige positive Feedback und die große Akzeptanz haben uns veranlasst, die fünfte Auflage des Buches „Quantitative Logistik-Fallstudien" in einer erweiterten Form vorzulegen.

Wie bereits in der 4. Auflage werden die Planungssoftware „Logistik-Toolbox" sowie die Aufgaben- und Lösungsdateien wieder als Download bereitgestellt. Des Weiteren wurden mit der „SnowIndustrials" und „RUBIN Fahrradwerke GmbH" zwei weitere Fallstudien mit neuen Fragestellungen aufgenommen. Diese zwei Fallstudien zeichnen sich durch einen mittleren Komplexitätsgrad aus und behandeln Aufgabenstellungen, die sich aus einer Kombination von Fragestellungen in den Bereichen Beschaffung und Produktion ergeben. Außerdem wurde die Möglichkeit genutzt, kleinere Fehler zu beseitigen.

Ein ganz besonderer Dank für die kritische Durchsicht des vorliegenden Fallstudienbuchs geht an meine Mitarbeiter Marcel Hoffmann, Jakob Keller und Lorenz Trautmann. Des Weiteren möchten wir uns ganz herzlich bei meiner Assistentin Frau Christin Peschel bedanken, die wiederum das Layout sowie das Zusammenführen der einzelnen Fallstudien übernahm und dabei Änderungswünsche stets verständnisvoll hinnahm. Schließlich bedanken wir uns bei Frau Susanne Kramer und dem Springer-Gabler Verlag für die stets reibungslose und gute Zusammenarbeit.

Dresden, im Juli 2021

Rainer Lasch

Gregor Schulte

Vorwort zur 5. Auflage

Vorwort zur 1. Auflage

Das vorliegende Fallstudienbuch enthält zwölf operativ orientierte Fallstudien unterschiedlicher Komplexität, welche insbesondere die Anwendung quantitativer Planungsverfahren aus den Bereichen der Beschaffungs-, Produktions- und Distributionslogistik trainieren. Dem Charakter eines Fallstudienbuchs entsprechend ist es nicht das Ziel, die Grundlagen der betriebswirtschaftlichen Logistik zu vermitteln, sondern vielmehr durch das eigenständige Anwenden des im Frontalunterricht erworbenen Wissens anhand konkreter Anwendungsfälle eine Erhöhung des individuellen Lernerfolges zu ermöglichen. Neben der Anwendung der theoretischen Kenntnisse auf die Praxis steht weiterhin die Vermittlung der Zusammenhänge zwischen den phasenspezifischen Subsystemen der Logistik im Vordergrund, so dass Ergebnisse richtig interpretiert und weiterverwendet werden können. Da umfangreiche Fallstudien im Bereich der quantitativen Logistik ohne angemessene Softwarewerkzeuge kaum praktikabel sind, liegt diesem Fallstudienbuch die anwendungsfreundliche Planungssoftware „Logistik-Toolbox" bei, die zahlreiche Planungsverfahren zur Bearbeitung und Lösung der Fallstudien enthält. Weiterhin sind umfangreiche Datensätze zu den einzelnen Fallstudien bereits auf der CD-ROM enthalten und müssen somit nicht mehr eingegeben werden.

Das Fallstudienbuch richtet sich primär an zwei Zielgruppen: Studierenden dienen die Fallstudien zur Repetition, Wissensanwendung und -vertiefung sowie zur Prüfungssimulation. Dozenten können die Fallstudien im Rahmen von Übungen und als konkrete Anwendungsbeispiele in Vorlesungen und Seminaren verwenden.

Ein spezieller Dank für die Gestaltung des vorliegenden Buches geht an Frau Katrin Bräuer und Herrn Dipl.-Kfm. Marco Gießmann, sowie an die studentischen Tutoren Frau Jasmin Girndt und Frau Anika Madaus, die allzeit guten Mutes das Korrekturlesen unseres Manuskriptes übernommen haben. Schließlich danken wir Frau Susanne Kramer und dem Gabler Verlag für die reibungslose und verständnisvolle Zusammenarbeit.

Dresden, im März 2006   Rainer Lasch

Gregor Schulte

Inhaltsverzeichnis

Abbildungsverzeichnis

Tabellenverzeichnis

1 Einführung

1.1 Zielsetzung

Fallstudien sind ein in der Lehre verbreitetes und bewährtes Mittel, um Studierende auf reale Entscheidungssituationen vorzubereiten. Die mathematisch korrekte Anwendung quantitativer Methoden kann den Studierenden bereits anhand einfacher Übungsaufgaben vermittelt werden. Für das Training der Auswahl der richtigen Methoden, deren Verknüpfung untereinander sowie der richtigen Interpretation und Weiterverwendung der Ergebnisse sind dagegen Fallstudien sinnvoll, da diese lediglich die vorliegende Problemsituation schildern und die Wahl des Lösungsweges dem Bearbeiter überlassen.

Das vorliegende Buch ist für die Verwendung in der betriebswirtschaftlichen Aus- und Weiterbildung in Form von Fallstudien vorgesehen. Es enthält Fallstudien aus dem Bereich der quantitativen Logistik, für die jeweils eine Situationsbeschreibung, eine Aufgabenstellung und ein Lösungsvorschlag gegeben werden. Lehrende in quantitativen Fächern der Logistik, die gezielt diese Fähigkeit vermitteln möchten, stehen jedoch vor dem Problem, dass die Bearbeitung quantitativer Fallstudien „von Hand" wesentlich durch die Berechnungen dominiert ist, wodurch lediglich ein kleiner Teil der Zeit dem eigentlichen Lernziel dient. Weiterhin sind bei Fallstudien, deren Probleme schließlich realistisch wirken sollen, Problemgrößen notwendig, deren Rechnung per Hand im Rahmen der Aus- und Weiterbildung oft nicht mehr praktikabel ist. Bei realistischen Problemgrößen verbietet es sich auch aus Zeitgründen, verschiedene Lösungsalternativen zu prüfen.

Damit quantitative Fallstudien nicht auf dem Niveau einer größeren Übungsaufgabe stehen bleiben, sind somit zwingend Werkzeuge erforderlich, die dem Bearbeiter die Abarbeitung bekannter Verfahrensvorschriften abnehmen. Zusätzlich wird auch erst durch die Bereitstellung solcher Hilfsmittel eine Situation geschaffen, die mit der betrieblichen Praxis vergleichbar ist, da auch dort nicht nur effektiv, sondern auch möglichst (zeit-)effizient mit Hilfe der verfügbaren Werkzeuge entschieden werden soll. Aus den genannten Gründen wird mit diesem Buch die Planungssoftware „Logistik-Toolbox" als Download zur Verfügung gestellt, die zahlreiche in den Fallstudien verwendete Rechenverfahren beinhaltet (siehe Kapitel 4). Dieses Buch ist somit einerseits dafür geeignet, das selbstständige Vertiefen des bereits vorhandenen Wissens durch den Lernenden selbst (Studenten, Aus- oder Weiterzubildende) zu unterstützen bzw. Wissenslücken aufzuzeigen. Andererseits ist es auch für den Einsatz als Lehrmittel durch die Lehrenden (Dozenten, Weiterbildungsträger etc.) anwendbar.

© Springer Fachmedien Wiesbaden GmbH, ein Teil von Springer Nature 2021
R. Lasch und G. Schulte, *Quantitative Logistik-Fallstudien*,
https://doi.org/10.1007/978-3-658-35592-0_1

Bei dem hier betrachteten Fachgebiet handelt es sich um die betriebswirtschaftliche Logistik in einem breiten Sinne, d. h. es werden, angefangen bei der Beschaffungsseite des Unternehmens über die Produktionslogistik bis hin zur Distributionslogistik, viele betriebswirtschaftliche Entscheidungsbereiche im Unternehmen angesprochen. Zu den Problemstellungen gehören z. B. die Klassifikation der Artikel, die Bedarfs- und Bestellmengenplanung, die Festlegung des Produktionsprogramms, die Losgrößenplanung, die Kapazitätsplanung, die Standortplanung sowie die Rundreise- und Tourenplanung. Ausgeklammert werden dagegen im Wesentlichen die langfristigen strategischen Probleme aus dem Bereich des oberen Managements sowie tiefer gehende Untersuchungen aus anderen Fachgebieten der BWL (Personal, Organisation, Investitionsrechnung etc.).

Wie bereits erwähnt, setzt dieses Buch vorhandenes Wissen voraus, welches im Regelfall im traditionellen Frontalunterricht (Vorlesung, Schulungsklasse u. ä.) vermittelt wurde, aber auch im Selbststudium erworben sein kann. Die selbstständige Lösung bzw. das Nachvollziehen der in diesem Buch gestellten Aufgaben setzt insbesondere Vorkenntnisse über quantitative Planungsmethoden der Logistik voraus, so zum Beispiel über Losgrößenverfahren, Lieferantenbewertungsverfahren, Dispositionsstufenverfahren sowie Verfahren zur Rundreise-, Touren-, Standort-. Maschinenbelegungs- und Kapazitätsplanung. Wesentlich sind hierbei auf Grund der zum Download bereitgestellten Planungssoftware, welche den standardisierten rechnerischen Teil übernehmen kann, vor allem Kenntnisse zur Anwendbarkeit der Verfahren (also Einsatzgebiete, Annahmen, Ergebnisqualität etc.).

Im folgenden Kapitel 2 soll zunächst die hier verwendete Art der Fallstudien erklärt werden, indem Fallstudien im Allgemeinen besprochen werden, woran sich nähere Erläuterungen zum hier verwendeten Konzept anschließen. Es wird auf den Nutzen und die Grenzen von Fallstudien eingegangen sowie eine Vorgehensweise zur Lösung von Fallstudien vorgestellt. Gegenstand von Kapitel 3 sind Fallstudien unterschiedlicher Komplexität. Jede Fallstudie beginnt mit der Beschreibung einer Unternehmenssituation, an die sich eine Aufgabenstellung anschließt. Die notwendigen Daten zur Bearbeitung der Aufgabenstellung werden zum Download bereitgestellt. Zur Überprüfung der selbst entwickelten Lösung wird jede Fallstudie mit einem Lösungsvorschlag abgeschlossen. Dafür notwendige Berechnungen im MS EXCEL- bzw. Logistik-Toolbox-Format werden ebenfalls zum Download bereitgestellt. Zunächst werden drei einfache Einführungsfallstudien behandelt, um dem Leser einen leichteren Einstieg in die Fallstudienmethode zu ermöglichen. Anschließend folgen 14 weitere Fallstudien mit höherer Komplexität, die nach dem Materialfluss der Beschaffungs-, Produktions- und Distributionslogistik sowie deren Kombinationen zugeordnet werden können.

In Kapitel 4 folgt eine Einführung in die Planungssoftware „Logistik-Toolbox", wobei auf den Umfang der bereitgestellten Verfahren und auf allgemeine Funktionen eingegangen wird. Den Abschluss bildet die Anwendung der „Logistik-Toolbox" an Beispieldaten aus der Beschaffungs-, Produktions- und Distributionslogistik.

Die Fallstudien dieses Buches entstanden in ihrer ersten Form durch Studentenarbeit in Seminaren an der TU Dresden und wurden anschließend überarbeitet. Am Entwurf und der Überarbeitung der Fallstudien wirkten neben den Autoren dieses Buchs meine Mitarbeiter Herr Drechsler, Herr Hein, Herr Hoffmann, Herr Keller, Herr Klausnitzer, Herr Lohmer, Herr Trautmann sowie folgende Studenten mit, denen wir an dieser Stelle dafür danken möchten (in alphabetischer Reihenfolge):

Robert Adamik, Carolin Bauer, Thomas Beute, Lars Böhm, Eric Brunner, Roswitha Fröhling, Martin Gliesche, Matthias Göing, Daniel Grüger, Cornelia Haufe, Gianna Heilmann, Christoph Höft, Tim Hübner, Martin Husterer, Carla Jost, Charlotte Jung, Hagen Kanold, Jens Kluge, Thomas Lange, Wenxiao Liu, Gesine Mey, Manuel Meyer, Charlotte Mieth, Andreas Munk, Henning Neske, Jens Neumann, Philippus-Nam Nguyen, Erik Parthier, Tobias Pollehn, Gregor Puttich, Nick Schneider, Luisa Sobieray, Sophia Stürtzel, Susann Teichmann, Adrienne Turek, Carl Vopel, Annemarie Warnke, Stephan Zilger

1.2   Download der „Logistik-Toolbox" und der Dateien für die Fallstudien

Die Planungssoftware „Logistik-Toolbox" inklusive der Dateien für die Beispiele in Kapitel 4 können unter folgender Adresse heruntergeladen werden:

http://www.logistik-toolbox.de

Die Dateien zur Aufgabenstellung sowie zu den Lösungen für die Fallstudien können ebenfalls unter folgender Adresse heruntergeladen werden:

http://www.logistik-toolbox.de

Das Passwort für die Dateien zu den Fallstudien lautet: LogFall

2 Die Fallstudie als didaktische Methode

2.1 Der Begriff der Fallstudie

Das Wort „Fallstudie" wird sowohl in der Forschung als auch in der Lehre angewendet. In der Forschung wird mit Hilfe einer „Fallstudie" empirisches Material zu einem bestimmten Fall gewonnen, wogegen in der Lehre das Fallstudienkonzept eine von mehreren didaktischen Methoden bezeichnet, was, wie bereits in der Einleitung beschrieben, der hier verwendete Sinn ist[1]. Der Begriff „Fallstudie" stellt eine Übersetzung des englischsprachigen Begriffs „Case Study" dar. Teilweise werden in der Literatur folgende Begriffe synonym für „Fallstudie" verwendet: Fallmethode, Fallstudienmethode, Harvard-Methode, Case Method und Case Study Method[2]. Zugunsten der Verständlichkeit soll im Folgenden unter „Fallstudie" stets nur Unterrichtsmaterial verstanden werden, welches den Fall und Hinweise für den Bearbeiter enthält[3]. Dadurch stellt der Begriff „Fallstudie" nur noch eine gewisse Unterart des Begriffs „Aufgabe" bzw. „Aufgabenstellung" dar, die sich aus einem Fall und etwaigen Lernhilfen[4] zusammensetzt.

Ein Fall in der Lehre beschreibt eine betriebliche Situation, die ein Entscheidungsproblem beinhaltet. Anhand der im Fall beschriebenen Gegebenheiten (Fakten, Meinungen und Erwartungen) soll der Bearbeiter zumeist Lösungsvorschläge für anstehende Probleme entwickeln. Besondere Beachtung finden dabei die Entscheidungshandlungen: Es gibt i. d. R. keine eindeutigen Lösungen für die dargestellten Probleme, sondern vielmehr steht der Bearbeiter vor der Wahl mehrerer Alternativen und muss seine Wahl durch Anwendung geeigneter wissenschaftlicher Methoden begründen[5]. Der Umfang von Fallstudien kann sehr stark variieren, Längen von einzelnen Seiten bis hin zum Umfang ganzer Bücher sind möglich, je nach Menge und Art der gegebenen Informationen.

Allgemein wird von dem präsentierten Fall eine hohe Realitätsnähe gefordert, bis hin zur absoluten Beschränkung des Begriffs „Fallstudie" auf vollständig reale, d. h.

---

[1] vgl. Weitz (2000), S. 3.
[2] vgl. Flechsig (1996), S. 63.
[3] Dadurch werden unscharfe Aussagen, bedingt durch eine Vermengung der Begriffe Fall, Fallstudie, Fallmethode u. a., vermieden, wie z. B. bei Kaiser (1979), S. 20, zu finden.
[4] Zum Konzept der Lernhilfen siehe Reetz (1988a), S. 38 und Reetz (1988b), S. 228.
[5] vgl. Kosiol (1957), S. 22; Eschenbach/Kreuzer/Neumann (1994), S. 21.

© Springer Fachmedien Wiesbaden GmbH, ein Teil von Springer Nature 2021
R. Lasch und G. Schulte, *Quantitative Logistik-Fallstudien*,
https://doi.org/10.1007/978-3-658-35592-0_2

authentische Fälle[6]. Die Autoren dieses Buches nehmen in diesem Punkt dagegen eine pragmatischere Position ein. Einerseits lässt sich feststellen, dass die Forderung nach vollständig authentischen Fällen nicht in allen (Wissenschafts-)Gebieten gleich einfach umsetzbar ist. Beispielsweise sind Fälle, die auf die Schaffung einer allgemeinen (gesellschaftlich-politischen) Entscheidungskompetenz ausgerichtet sind, aus öffentlich zugänglichen Informationen entnehmbar[7]. Dagegen kommt in Fallstudien der Wirtschaftswissenschaften oft sensibles Datenmaterial vor, welches aus Wettbewerbsgründen Betriebsfremden nicht zugänglich bzw. nicht zur Veröffentlichung bestimmt ist. Der zweite Grund für die pragmatischere Position dieses Buches ist die Dominanz der „exemplarischen Repräsentation" über die Authentizität[8]. Solange demzufolge die Realität durch den Fall angemessen abgebildet wird, ist auch eine geringere Authentizität akzeptabel[9].

Zum ersten Mal zum Einsatz kamen Fallstudien an der Harvard Law School (Boston, USA). Anhand von konkreten Rechtsfällen sollten die Studenten dabei ihr juristisches Urteilsvermögen entwickeln (Kasuistik der Juristen). Ab 1908 passte dann die Harvard Business School die Methode auf die Bedürfnisse der Ausbildung des Wirtschaftsnachwuchses an und publiziert seither regelmäßig Fallstudien[10]. Ziel war und ist es, mehr Praxisbezug im Studium zu vermitteln, und damit die Studenten unmittelbar auf die berufliche Praxis vorzubereiten[11]. Der Nutzen von Fallstudien für die Weiterbildung von Führungskräften wurde schnell von der Wirtschaft erkannt, so dass Fallstudien heute außerdem zum festen Bestandteil der Managementausbildung gehören[12].

Im Laufe der Zeit entwickelten sich unterschiedliche Arten von Fallstudien, die verschiedene methodische Schwerpunkte setzen[13]:

- Die *Case Method* zielt darauf ab, verborgene Probleme zu erkennen und zu analysieren. Die Unternehmenssituation wird i. d. R. ausführlich geschildert, woraus dann selbsttätig Probleme zu erarbeiten und Lösungsvorschläge zu generieren sind. Diese Variante gilt als die klassische Harvard Methode.

---

[6]   Diese extreme Auffassung findet sich z. B. bei Belz (2001), S. 4 und bei Schmidt (1958), S. 48 sowie in der Maxime der Harvard Business School „No armchair cases" (vgl. Kaiser/Kaminski (1999), S. 154.
[7]   vgl. Fall „Dreihausen" in Kaiser/Kaminski (1999), S. 143 ff.
[8]   vgl. Reetz (1988b), S. 245.
[9]   Es ließe sich auch argumentieren, dass die Forderung nach Authentizität völlig fallen gelassen werden könnte, wäre nur die exemplarische Repräsentation der Praxis stets hinreichend genau feststellbar. Der Realitäts*gehalt* dient demzufolge lediglich als Hilfsmittel zum Erreichen des eigentlich angestrebten Realitäts*bezugs*. Schließlich sind (außer für Historiker) nicht die tatsächlichen Ereignisse in der Vergangenheit von Interesse, sondern die beispielhafte Abbildung der aktuellen (bzw. zukünftigen) Praxis.
[10]   vgl. Kaiser (1983,) S. 12.
[11]   vgl. Stähli (1992), S. 7.
[12]   vgl. Stähli (1992), S. 20.
[13]   vgl. Eschenbach/Kreuzer/Neumann (1994), S. 11f.

- Die Bearbeiter einer *Case Problem Method* müssen dagegen zu bereits formulierten Problemen Entscheidungsalternativen entwickeln und eine Entscheidung treffen.

- Bei der *Incident Method* hingegen liegt der Schwerpunkt auf der Informationsbeschaffung. Die Fallbeschreibung erfolgt nur bruchstückhaft, woraufhin die Bearbeiter den weiteren Informationsbedarf entdecken und erst nach der Beschaffung dieser Informationen beim Dozenten Ihre Entscheidung treffen sollen.

- Das Ziel der *Stated Problem Method* besteht darin, eine bereits implementierte Lösung zu analysieren und zu kritisieren und dabei alternative Lösungsmöglichkeiten auszuarbeiten.

- Eine weitere Methode ist die *In-Basket Excercise Method*. Die Fallbeschreibung wird hier durch nachgebildete Unterlagen (Reports, Statistiken, etc.) aus dem Unternehmen ersetzt. Unter Zeitdruck muss der Bearbeiter sich aus Geschäftsvorgängen ergebende Probleme analysieren und Entscheidungen treffen, die zur Lösung der Probleme beitragen.

- Eine neuere Art der Fallstudie ist die *Live Case Method*. Die Fallbeschreibung erfolgt hier nicht in schriftlicher Form, sondern durch den Vortrag eines Unternehmensvertreters, der über ein aktuelles Entscheidungsproblem referiert. Im Zuge der Fallstudienbearbeitung sind von den Bearbeitern weitere Informationen zu beschaffen, die Probleme zu analysieren und Lösungen vorzuschlagen.

Wie später in Kapitel 3.1 noch näher erklärt wird, lassen sich die Fallstudien dieses Buches am ehesten der *Case Problem Method* zuordnen.

2.2 Nutzen und Grenzen von Fallstudien

Das Konzept der Fallstudie bietet ein großes Potenzial, das in der betriebswirtschaftlichen Lehre sehr fruchtbringend eingesetzt werden kann. In Abhängigkeit von der Qualität und der Art der Fallstudie sowie von der Form ihrer Bearbeitung (Gruppen- vs. Einzelarbeit etc.) lassen sich die im Folgenden erklärten Nutzenpotenziale feststellen.

Die Bearbeiter müssen zur Lösung der Fallstudie ihr bereits gelerntes Wissen anwenden. Durch dieses „Selbst-Tun" wird bei den Teilnehmern das Wissen dauerhafter abgespeichert, als es bei anderen Arten der Informationsvermittlung der Fall ist[14].

Weiterhin wird durch die Anwendung des vorhandenen Wissens in einer realitätsnahen Fallstudie beim Bearbeiter neues (Meta-)Wissen generiert, d. h. Wissen darüber,

---

14   vgl. Czeloth (1997), S. 13.

wie sich anderes Wissen anwenden lässt. Nicht alles Gelernte lässt sich ohne Transformation auf die dargestellten Probleme übertragen – es muss daher an die konkrete Situation in der Fallstudie angepasst werden. Insbesondere quantitative Verfahren sind auf ihre Anwendbarkeit in der Praxis hin zu überprüfen. Im Vergleich zu Übungen erzwingen insbesondere operative Fallstudien stärker die Interpretation, Transformation und Aufbereitung quantitativer Informationen. Geschult wird dadurch die Fähigkeit zum Wissenstransfer auf neue Probleme[15].

Ein zusätzlicher Mechanismus, der ebenfalls den Lernerfolg erhöht, liegt in der Individualisierung des Lernprozesses begründet. Ein Ziel der Fallstudiendidaktik ist das entdeckende Lernen ohne Leitungsmaßnahmen des Betreuers. Dies animiert zur Selbsttätigkeit des Bearbeiters, der darin gefordert wird, Probleme zu antizipieren und in Alternativen zu denken. Die Lernenden bestimmen das Lerntempo sowie die Lernschritte selbst und schaffen damit die Voraussetzung für dauerhaften Lernerfolg. Im Gegensatz zu Lehrveranstaltungsformen, die nicht auf Interaktion zwischen Lehrenden und Lernenden ausgelegt sind, wird der Bearbeiter einer Fallstudie angeregt, sich aktiv am Lerngeschehen zu beteiligen und kann nicht in einer passiven Rolle verharren. Die Realitätsnähe führt außerdem beim Lernenden zu einem hohen Grad an Motivation und Aktivierung[16]. Ein Problem, das beruflich Bedeutung hat, motiviert den Bearbeiter, es zu lösen. Dazu ist es wiederum notwendig, auf wirtschaftswissenschaftliche Theorien zurückzugreifen. Auf Grund der Bedeutung für sein zukünftiges Berufsleben eignet sich der Bearbeiter diese Theorien freiwillig an und macht dadurch positive Erfahrungen bzgl. theoretischem Wissen[17].

Zur Lösung von Fallstudien ist außerdem eine problemorientierte Strukturierung notwendig. Durch eine solche strukturierte Vorgehensweise eignen sich die Bearbeiter der Fallstudie eine analytische Herangehensweise an Probleme an. Dies führt auch dazu, dass Wissen im Zusammenhang und nicht als beziehungsloses und unverarbeitetes Faktenwissen vermittelt wird und auf Grund dieser Vernetzung auch dauerhafter behalten werden kann. Ferner eröffnet dies für den Bearbeiter die Möglichkeit zur Kontrolle, inwieweit er im wirtschaftlichen Denken geschult ist, Basismethoden anwenden kann und die vielfältigen Abhängigkeiten und Zusammenhänge im wirtschaftlichen Geschehen verstanden hat. Er kann dabei erkennen, welche Kenntnisse abrufbar und anwendbar sind, welche nochmals wiederholt werden müssen und welche neu anzueignen sind[18].

Ein weiterer Vorteil von Fallstudien liegt in der möglichen Persönlichkeitsentwicklung der Teilnehmer. Die Fähigkeit zu individuellem und selbstständigem Lernen wird ebenso geschult wie die Teamfähigkeit bei der Bearbeitung in einer Gruppe. Dabei können sowohl Kompromissbereitschaft als auch Überzeugungsfähigkeit entwickelt

---

[15]   vgl. Volpe (2002), S. 4f; Möller (1991), S. 28ff.
[16]   vgl. Möller (1991), S. 21ff und S. 48.
[17]   vgl. Weitz (2000), S. 4.
[18]   vgl. Schmidt (1958), S. 35; Eschenbach/Kreuzer/Neumann (1994), S. 10; Möller (1991), S. 31; Brettschneider (2000), S. 27.

werden. Beim Vortragen des Gruppenergebnisses wird außerdem die Präsentationsfähigkeit geschult[19]. Um die genannten Fähigkeiten zu entwickeln, ist es notwendig, Fallstudienveranstaltungen in Gruppen durchzuführen[20].

Darüber hinaus kann mit Fallstudien auch das Setzen von Prioritäten und das Unterscheiden von wichtigen und unwichtigen Informationen geschult werden[21]. Dies wird durch entsprechend ausgewähltes Zusatzmaterial erreicht, was dem Bearbeiter zur Verfügung gestellt wird, aber z. T. nur geringe oder auch gar keine Relevanz für die Lösung der Fallstudie hat.

Ein weiterer Nutzen der Anwendung von Fallstudien ist die Chance zu interdisziplinärem Lernen: Bisher getrennt gelehrte Wissensgebiete können in einer Fallstudie integriert werden. Vor allem in der Führungskräfteentwicklung werden Fallstudien großes Potenzial beigemessen. Fallstudien bieten Führungskräften, die vorher in einem sehr spezialisierten Arbeitsbereich gearbeitet haben, die Möglichkeit, bereichsübergreifende Probleme zu erkennen. Werden betriebsinterne Fallstudien regelmäßig auf Weiterbildungen genutzt, so können diese einen wertvollen Beitrag zur Schaffung eines bereichsübergreifenden Problembewusstseins schaffen[22].

Die Fallstudiendidaktik bietet auch einen Nutzen für die Weiterentwicklung der Wissenschaft bzw. ihrer Vermittlung. Die Bearbeitung von Fallstudien zeigt bspw. auf, wo die Probleme bei der Übertragung von Theorien liegen.

Kein didaktisches Modell kann jedoch alleine betrachtet als optimal angesehen werden[23]. Es ist daher sinnvoll, dass die Fallstudienmethode als Ergänzung zur traditionellen Hochschulausbildung und nicht als deren Ersatz eingesetzt wird, da Fallstudien nicht dafür geeignet sind, die Grundlagen eines Fachgebietes zu lehren. Das für Fallstudien notwendige Vorwissen sollte daher in anderen Lehrveranstaltungsarten wie z. B. dem Frontalunterricht vermittelt werden[24].

Eine weitere Grenze von Fallstudien liegt in ihrem Einzelfallcharakter begründet. Eine Generalisierung der darin auftretenden Probleme ist daher zu vermeiden. Den Bearbeitern muss bewusst gemacht werden, dass es sich bei den vorzufindenden Problemen u. U. um Ausnahmesituationen und nicht um betriebliche Alltagssituationen handelt[25].

Außerdem schult die Fallstudienmethode nur die Entscheidungsfähigkeit, jedoch nicht die Durchsetzungsfähigkeit, da die getroffenen Entscheidungen nicht in der

---

[19] vgl. Eschenbach/Kreuzer/Neumann (1994), S. 10; Möller (1991), S. 48.
[20] Gruppenarbeit ist jedoch nicht die einzig sinnvolle Art der Anwendung von Fallstudien in der Lehre, da bei Gruppenarbeit eine aktive Mitarbeit aller Gruppenmitglieder nicht immer sichergestellt ist.
[21] vgl. Schmidt (1958), S. 35.
[22] vgl. Schmidt (1958), S. 36f, Eschenbach/Kreuzer/Neumann (1994), S. 10.
[23] vgl. Flechsig (1996), S. 3ff.
[24] vgl. Eschenbach/Kreuzer/Neumann (1994), S. 10.
[25] vgl. Eschenbach/Kreuzer/Neumann (1994), S. 11.

Praxis implementiert werden müssen. Ebenso wird nicht die Entwicklung der unternehmerischen Vorsicht unterstützt: Das Abwarten eines günstigeren Entscheidungszeitpunktes wird nicht gefördert, da nur Entscheidungen zum aktuellen Zeitpunkt der Fallstudie honoriert werden[26].

Abschließend sei noch erwähnt, dass der Lernerfolg, der sich aus der Arbeit mit Fallstudien ergibt, maßgeblich von der persönlichen Reife der Bearbeiter abhängt[27]. Bei der Bearbeitung im Team können Einzelne, die keinen Beitrag zur Fallstudienlösung leisten, die Motivation der gesamten Fallstudiengruppe gefährden und somit zur Frustration der anderen Gruppenmitglieder führen.

In Summe kann festgestellt werden, dass Fallstudien eine sehr sinnvolle, wenn nicht gar unverzichtbare, Ergänzung zum traditionellen Unterricht, bestehend aus Vorlesungen, Übungen, Planspielen und Seminaren, darstellen. Jeder Aus- bzw. Weiterzubildende der Wirtschaftswissenschaften sollte im Verlaufe seiner Studienzeit mit Fallstudien in Kontakt kommen.

2.3   Vorgehensweise zur Lösung einer Fallstudie

In der Literatur werden verschiedene analytische Lösungsvarianten vorgestellt, die aber alle sehr ähnlich aufgebaut sind[28]. Das in Abbildung 2-1 dargestellte Schema ist deshalb sehr allgemein gehalten.

Analyse des Unternehmens und seiner Situation

Zuerst sollte man sich einen Überblick über die Fallstudie verschaffen. Dabei kann mehrfaches Durchlesen und eine kurze Zusammenfassung des Inhalts, der handelnden Personen und der relevanten Ereignisse hilfreich sein. Ein wichtiges Ziel ist es hierbei, die wesentlichen von den unwesentlichen Informationen zu trennen. Bearbeiter, die erstmalig mit Fallstudien konfrontiert sind, sollten sich von der Fülle der Informationen nicht beirren lassen. Als Ergebnis dieses Arbeitsschrittes sollte eine kurze, wertfreie Situationsschilderung vorliegen.

Problemerkennung und -analyse

Das Ziel dieses Arbeitsschrittes ist die Erkennung aller offenen und verdeckten Problemstellungen. Das Problem sollte so genau wie möglich definiert und eventuell mit wenigen Worten schriftlich festgehalten werden. Gibt es mehrere zu bearbeitende Probleme in der Fallstudie, empfiehlt es sich, diese in eine Bearbeitungsreihenfolge zu

---

[26]   vgl. Eschenbach/Kreuzer/Neumann (1994), S. 10; Kosiol (1957), S. 21; Sheikh (2004).
[27]   vgl. Schmidt (1958), S. 39.
[28]   vgl. hier und im Folgenden Eschenbach/Kreuzer/Neumann (1994), S. 14ff; Künzel (2000), S. 115f; Groenewald (1988), S. 6f; Langosch (1993), S. 216f.

bringen. Des Weiteren müssen die Beziehungen der Problemstellungen untereinander berücksichtigt werden, denn die Ergebnisse der Lösung eines Teilproblems haben u. U. Einfluss auf die anderen Teilprobleme.

Abbildung 2-1 *Schema zur Lösung einer Fallstudie*

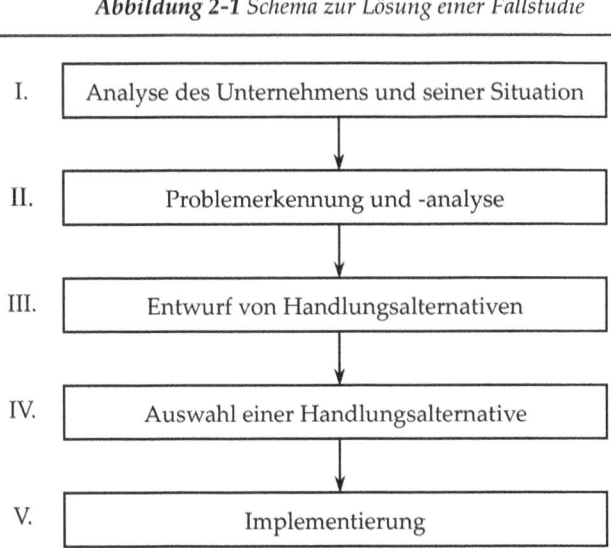

bg I. Analyse des Unternehmens und seiner Situation

II. Problemerkennung und -analyse

III. Entwurf von Handlungsalternativen

IV. Auswahl einer Handlungsalternative

V. Implementierung

Entwurf von Handlungsalternativen

Sind die Problemstellungen erkannt und deren Beziehungen analysiert worden, müssen im nächsten Schritt verschiedene Handlungsalternativen entworfen werden. Das geschieht, je nach Charakter der Fallstudie, unter einem großen Maß an Unsicherheit, der sich Manager aber tagtäglich ausgesetzt sehen. In diesem Schritt sind einerseits das Wissen (z. B. über allgemeine Lösungsmethoden) und andererseits die Kreativität der Bearbeiter gefragt.

Auswahl einer Handlungsalternative

Nachdem eine Liste von Handlungsalternativen zusammengestellt wurde, beginnt man mit der Untersuchung ihrer Durchführbarkeit und ihrer Konsequenzen. Durch Analyse und Gewichtung der jeweiligen Vor- und Nachteile soll die beste Alternative ausgewählt werden. Da Entscheidungen im Bereich der Wirtschaftswissenschaften jedoch oft sehr komplex sind, ist die Bestimmung der besten Alternative häufig zu aufwendig oder, unter Berücksichtigung der verfügbaren Methoden und Hilfsmittel, gar unmöglich. Deshalb garantiert die Auswahl der besten Variante unter den gefundenen Alternativen noch keine Optimalität.

Implementierung

In manchen Fallstudien ist es sinnvoll, zur Umsetzung der gefundenen Lösung einen Maßnahmenplan, welcher unter anderem einen gegliederten Aktions- und Zeitplan enthält, zu entwerfen. Bei möglichen Abweichungen von den erhofften Resultaten sollte im Voraus festgelegt werden, wie dann zu verfahren ist.

Je nach Aufbau und Zielstellung der zu bearbeitenden Fallstudie nehmen diese Schritte einen größeren bzw. kleineren Anteil an der Bearbeitungszeit ein. Bei Fallstudien mit mehreren Problemstellungen sind außerdem einige dieser Bearbeitungsschritte, z. B. die Schritte II, III und IV in Abbildung 2-1, mehrfach zu durchlaufen. Andererseits können – je nach Aufgabenstellung – bestimmte Teilarbeiten des obigen Schemas auch entfallen, so z. B. die Implementierung.

3 Fallstudien

3.1 Charakterisierung der Fallstudien

Bei den in Kapitel 3 zu bearbeitenden Fallstudien handelt es sich um größtenteils operativ orientierte Fallstudien, welche die Anwendung quantitativer Verfahren der Logistik trainieren. Eine wesentliche Absicht ihrer Erstellung und Anwendung ist demzufolge, neben dem besseren Verstehen der Theorie, die Verbesserung der im vorangegangenen Kapitel erwähnten Fähigkeit zur Anwendung theoretischer Kenntnisse auf die Praxis. Außerdem steht die Vermittlung eines Zusammenhangs zwischen den verschiedenen Teilgebieten im Vordergrund, so z. B. die sukzessive Kopplung von Standort-, Transport- und Tourenplanung in der Distributionslogistik. Andererseits werden gerade durch diese Kopplung auch die Grenzen der Verfahren sowohl im Einzelnen als auch in ihrem Zusammenspiel deutlich.

Eine Berücksichtigung der oben beschriebenen Ziele, unter denen diese Fallstudien entwickelt wurden, ist unverzichtbar für jede Lehre, die eine spätere Anwendung ihrer Inhalte in der betrieblichen Praxis anstrebt. Die Verfahren der Theorie finden ohne derartige Anstrengungen oft nicht den Weg in die Praxis, da die Studierenden, also die „Transporteure" der wissenschaftlichen Methoden auf dem Weg in die Praxis, ansonsten bei der Konfrontation mit den betrieblichen Gegebenheiten keine Möglichkeit der Anwendung der Verfahren sehen bzw. nicht auf die richtige Weise danach suchen.

Generell enthalten die Fallstudien in Kapitel 3 eine Beschreibung der Unternehmenssituation, eine explizite Aufgabenstellung und einen Lösungsvorschlag. Sie können daher gemäß der Klassifikation in Kapitel 2.1 der *Case Problem Method* zugeordnet werden.

Weiterhin wurden sie im Umfang derart begrenzt, dass sie, entsprechendes Vorwissen vorausgesetzt, innerhalb von ein bis drei Stunden (im Sinne des Lösungsvorschlages) komplett lösbar sind. Hinzu kommt jeweils noch die Zeit, welche für die Suche nach dem richtigen Lösungsweg erforderlich ist, wodurch die tatsächliche Lösungsdauer auch einmal deutlich über dem obigen Wert von drei Stunden liegen kann. Der gegebene Lösungsvorschlag entspricht dabei einer in sich schlüssigen Lösungsalternative; andere Alternativen werden zwar angesprochen, jedoch nicht tiefergehend ausgearbeitet. Es kann daher nicht genug betont werden, dass auch andere Lösungen richtig sein können, solange sie der in Vorlesungen gelehrten und in dem Lösungsvorschlag erneut angesprochenen Theorie folgen.

© Springer Fachmedien Wiesbaden GmbH, ein Teil von Springer Nature 2021
R. Lasch und G. Schulte, *Quantitative Logistik-Fallstudien*,
https://doi.org/10.1007/978-3-658-35592-0_3

Grundsätzlich sind hier aber dennoch die Anzahl und auch die Streubreite der alternativen Lösungsmöglichkeiten stärker eingeschränkt, als dies bei strategisch ausgerichteten Fallstudien der Fall ist. Gründe hierfür sind der quantitative Charakter der Fallstudien (wodurch es an manchen Stellen nur eine beste Lösung gibt) und die zwangsläufig eingeschränkte Vielfalt der in Vorlesungen gelehrten Verfahren. Weiterhin sollte auch stets im Auge behalten werden, dass im Rahmen dieser Fallstudien bewusst einige vereinfachende Annahmen getroffen werden, um dem Bearbeiter den Einstieg in die Anwendung seines Wissens zu erleichtern.

Ein positiver Effekt der zum Download bereitgestellten Planungssoftware „Logistik-Toolbox" (siehe Kapitel 4) ist die Möglichkeit für den Bearbeiter, Änderungen an Eingangsgrößen schnell durchzuführen. Damit können verschiedene Szenarios und deren Auswirkungen schnell nachvollzogen werden. Der Schwerpunkt der Arbeit verlagert sich von der rechnerischen Beherrschung der Verfahren hin zur Verfahrensauswahl, Eingangsdatengewinnung und Interpretation der Ergebnisse. Mit Hilfe derartiger Programme, die eine Vielzahl logistischer Verfahren aus unterschiedlichsten Themengebieten anbieten, werden Fallstudien wie die hier vorgestellten überhaupt erst in einem vernünftigen Rahmen möglich. Ohne Programme wie die Logistik-Toolbox flösse ein inakzeptabel großer Teil des Aufwandes in langwierige, eintönige Rechnungen, was letztlich nicht nur enorme zeitliche, sondern auch motivationale Nachteile mit sich bringt.

Nach dieser allgemeinen Beschreibung der Fallstudien dieses Buchs und ihrer potenziellen Wirkung folgen nun noch einige nähere Hinweise zu dem notwendigen Vorwissen für die 17 Fallstudien.

Im Bereich der Beschaffungslogistik (Fallstudien „Schacht", „Moses", „Elektron", „SnowIndustrials", „VeloCity", „Mobility", „Social Logistics", „Cargo Tube", „Snow-White" und „RUBIN Fahrradwerke GmbH") werden im Wesentlichen die

- Lieferantenanalyse,

- Artikelklassifizierung,

- Bedarfsplanung,

- Bestellmengenplanung und

- Prognoserechnung

- Qualitätssicherung

angewendet.

Die Fallstudien zur Produktionslogistik (Fallstudien „KüstenStahl", „Elektron", „Unter Druck", „ProMed", „SnowIndustrials", „Radeberger/Hochfeld", „Social Logistics", „Cargo Tube", „SnowWhite" und „RUBIN Fahrradwerke GmbH") benötigen Vorkenntnisse aus den Bereichen

- Ablauf der Produktionsplanung und -steuerung (PPS),

- Losgrößenrechnung,

- Durchlaufterminierung,

- Kapazitätsplanung und

- Maschinenbelegungsplanung.

Kenntnisse aus der Distributionslogistik schließlich werden von den Fallstudien „Gute Nudeln", „Radeberger/Hochfeld", „VeloSprinter", „KAUFGUHT", „VeloCity", „Mobility", „Social Logistics", „Cargo Tube" und „SnowWhite" gefordert. Dies beinhaltet u. a. Verfahren der

- Standortplanung,

- Transportplanung,

- Rundreiseplanung und

- Tourenplanung.

Zu allen diesen Bereichen sind in der Logistik-Toolbox Verfahren implementiert, weshalb die eigenständige rechnerische Beherrschung der Verfahren in den Hintergrund tritt[29]. Unverzichtbar bleiben jedoch gute Kenntnisse über die Anwendungsbereiche, die grundsätzliche Wirkungsweise und die Ein- und Ausgabedaten der Verfahren. Sollten Sie Teile der geforderten Vorkenntnisse noch nicht besitzen oder diese auffrischen wollen, empfehlen wir Ihnen die Lehrbücher „Strategisches und operatives Logistikmanagement: Distribution", „Strategisches und operatives Logistikmanagement: Beschaffung" und „Strategisches und operatives Logistikmanagement: Prozesse" sowie das „Übungsbuch Logistik", die alle oben angesprochenen Verfahren und Bereiche abdecken und im Literaturverzeichnis angegeben sind.

Neben den Bereichen des notwendigen Wissens lassen sich auch Unterschiede hinsichtlich der Komplexität der Fallstudien feststellen, so z. B. ob die Lösung eher linear durchführbar oder mit Rücksprüngen zu absolvieren ist. Weiterhin können auch der Umfang der Daten und der für eine gute Lösung notwendige Grad an Kreativität den Schwierigkeitsgrad beeinflussen. Im Folgenden soll daher abschließend versucht werden, eine (wenn auch grobe und zwangsläufig subjektive) Einteilung der Fallstudien dieses Buches in vier Gruppen zu geben, an der sich Studierende und Dozenten orientieren können.

---

[29] Folgerichtig sind auch einige der Ausgangsdaten bereits zum Download im Toolbox-Format gegeben.

Gruppe 1: (Einführungsaufgaben mit geringem Umfang)

- o   Schacht Metallbedarf GmbH (Beschaffung)
- o   KüstenStahl GmbH (Produktion)
- o   Gute Nudeln GmbH (Distribution)

Gruppe 2: (mittlerer Umfang und/oder relativ lineare Lösungswege)

- o   Moses GmbH (Beschaffung)
- o   VeloSprinter (Distribution)
- o   VeloCity (Beschaffung, Distribution)
- o   Mobility (Beschaffung, Produktion, Distribution)
- o   RUBIN Fahrradwerke GmbH (Beschaffung, Produktion)

Gruppe 3: (größerer Umfang und/oder anspruchsvollere Lösungswege)

- o   Unter Druck GmbH (Produktion)
- o   ProMed Pharma AG (Produktion)
- o   SnowIndustrials (Beschaffung, Produktion)
- o   KAUFGUHT AG (Distribution)
- o   Cargo Tube Consulting GmbH (Beschaffung, Produktion, Distribution)
- o   Social Logistics GmbH (Beschaffung, Produktion, Distribution)

Gruppe 4: (umfangreiche Daten und/oder komplexe Zusammenhänge)

- o   Elektron GmbH (Beschaffung, Produktion)
- o   Radeberger und Hochfeld (Produktion, Distribution)
- o   SnowWhite GmbH (Beschaffung, Produktion, Distribution)

Bei probeweisen Bearbeitungen der Fallstudien ergaben sich folgende Zeitbedarfe: Die Zeitdauer für die Bearbeitung einer Aufgabenstellung der Gruppe 1 beträgt etwa eine Stunde. Eine Fallstudie der Gruppe 2 dauert ca. drei bis vier Stunden. Für Fallstudien der Gruppe 3 sollte man bereits fünf bis sieben Stunden einplanen. Für die Bearbeitung einer Fallstudie der höchsten Kategorie sollten mindestens acht Stunden eingeplant werden, für „Radeberger und Hochfeld" u. U. auch deutlich mehr.

Diese Zeiten sind inklusive Einlesen, Überdenken des eigenen Vorgehens und Dokumentation der Ergebnisse sowie einem gewissen Zeitanteil für (selten völlig vermeidbare) Irrwege und deren Entdeckung und Beseitigung im Rahmen der Lösung. Da jedoch festgestellt wurde, dass die Bearbeitungszeiten unterschiedlicher Bearbeiter deutlich variieren, sollten von den obigen Zeiten abweichende eigene Erfahrungen den Leser nicht beunruhigen.

Ein letzter Hinweis bezüglich des Vorgehens bei der Lösung von Aufgabenstellungen in Buchform sei an dieser Stelle noch erlaubt. Auch wenn es verlockend ist, die gleich hinter der jeweiligen Aufgabenstellung abgedruckte Lösung zu Hilfe zu ziehen, sobald man nach einigen Minuten des Nachdenkens nicht auf eine ansprechende Lösungsidee gelangt, so ist dies doch der sicherste Weg, um den Lernerfolg durch dieses Buch zunichte zu machen. Eine ausdauernde und eigenständige Arbeit ist zwingend nötig, wenn man sich in seiner Fähigkeit, komplexe realitätsnahe Probleme zu bearbeiten, weiterentwickeln möchte. Man sollte demzufolge in keinem Fall – sei es aus Gründen des Verständnisses oder aus Gründen der Ratlosigkeit bezüglich des in der aktuellen Situation richtigen Vorgehens – den Lösungsvorschlag dieses Buches benutzen (auch nicht teilweise!), bevor man nicht eine vollständige eigene Lösung ermittelt hat. Einen dafür angemessenen Zeitaufwand gibt die obige Zeitschätzung.

Sollte sich eine Lösung trotz intensiver Bemühungen nicht einstellen, so ist in der Regel eine Pause in der Bearbeitung und ein späterer erneuter Versuch ein sinnvoller Weg. Außerdem sollte man bei Schwierigkeiten prüfen, ob evtl. ein Konsultieren von Fachliteratur oder der eigenen Studienunterlagen hilfreich sein kann.

3.2   Einführungsaufgaben

Bevor man die Lösung der 14 größeren Fallstudien ab Kapitel 3.3 in Angriff nimmt, sollten insbesondere ungeübte Fallstudienbearbeiter zunächst die folgenden drei kleineren Aufgabenstellungen bearbeiten. Diese Aufgaben sind in der Art und Weise ihres Aufbaus und der Lösung mit den größeren Fallstudien vergleichbar, weisen jedoch einen deutlich geringeren Umfang und eine geringere Komplexität auf. Sie sind somit zum Einstieg in die selbstständige Bearbeitung solcher Aufgaben gut geeignet. Auch kann man an ihnen bereits üben, zunächst eine vollständige eigene Lösung zu erstellen, bevor der Lösungsvorschlag des Buches zu Hilfe gezogen wird.

Die folgenden drei Einführungsaufgaben sind in relativ kurzer Zeit lösbar. Sind für die Fallstudien ab Kapitel 3.3 mehrere Stunden einzuplanen, so genügt für die Einführungsaufgaben schon etwa eine Stunde.

3

3.2.1 Beschaffung: Schacht Metallbedarf GmbH

3.2.1.1 Das Unternehmen und sein Lager

Bis vor kurzer Zeit arbeiteten Sie als stellvertretender Lagerleiter im Maschinenbauunternehmen Kleist AG. Einer der Lieferanten der Kleist AG, die Firma Schacht Metallbedarf GmbH, hatte Ihnen eine Stelle als Beschaffungsmanager angeboten, die Sie nach einer einvernehmlichen Trennung von Ihrem früheren Arbeitgeber angenommen haben. Ihre neue Firma ist zwar ein recht kleines Unternehmen, jedoch werden Ihnen weitgehende Entscheidungsbefugnisse eingeräumt, so dass Sie sehr selbstständig über die Vorgänge im Lager entscheiden können.

Ihr neuer Arbeitgeber war bei einem Besuch der Kleist AG auf Sie aufmerksam geworden, da insbesondere die Lagerhaltung der Kleist AG einen guten Eindruck auf Herrn Schacht machte. Gerade in diesem Bereich vermutet Herr Schacht in seinem eigenen Unternehmen gewisse Defizite, denn die Kosten für Einkauf und Lagerhaltung stiegen in den letzten Jahren stetig, ohne dass sich der Umsatz im Verkauf im gleichen Maße verändert hat.

Die Schacht Metallbedarf GmbH vertreibt speziell gehärtete Metallformelemente, die in einem aufwendigen Brennofenprozess und einem direkt nachgelagerten Warmverformungsprozess aus Rohmetallen hergestellt werden. Der Brennofen (und daher auch die Verformung) muss aus technologischen Gründen kontinuierlich betrieben und deshalb (auch bei geringer Auslastung) stetig mit Brennstoffen versorgt werden (zwei t je Woche). In der Vergangenheit wurden die Brennstoffe wöchentlich angeliefert, um eine geringe Kapitalbindung zu erreichen.

Die Müller-Koks KG, von der die Schacht GmbH die Brennstoffe bezieht, hat vor kurzem ein neues Preissystem eingeführt, welches bei der nun anstehenden Bestellung durch die Schacht GmbH das erste Mal berücksichtigt werden muss. Der alte einheitliche Preis von 35 Euro pro 100 kg wurde durch einen Mengenrabatt ersetzt:

      a) Bestellmengen unter fünf Tonnen: 37 Euro je 100 kg

      b) Bestellmengen ab fünf Tonnen: 33 Euro je 100 kg

Der Lieferant möchte mit dieser Maßnahme Bearbeitungskosten und Transportkosten sparen, die pro Bestellung anfallen. Auch die Schacht GmbH hat bei jeder Bestellauslösung Aufwand (vor allem für Personal), allerdings nur 20 Euro pro Bestellung. Aufwendiger ist da schon die Wareneingangsprüfung mit ca. 30 Euro je eingetroffener Lieferung. Nach ihrer Anlieferung werden die Brennstoffe in einem abgetrennten Schüttgutbereich des Lagers aufbewahrt. Die Größe dieses Bereichs kann jedoch mit vertretbarem Aufwand (ca. 20 Mann-Stunden) durch Versetzen der Trennwände in Relation zum restlichen Lager beliebig angepasst werden.

Außer den Brennstoffen werden noch die Rohmetalle und die leeren Verpackungen im Eingangslager aufbewahrt. Zu diesen insgesamt drei Artikelarten haben Sie noch aus dem vergangenen Jahr folgende Datensammlung vorliegen (vgl. Tabelle 3-1). Die Werte für Rohmetalle und Verpackungen wurden dabei schon auf Einheiten für jeweils ein Endprodukt heruntergerechnet. Außerdem wurde zur Berechnung des Platzbedarfs bei allen Produkten die jeweilige Lagerart (Stapelhöhe, Anzahl Regalebenen etc.) bereits berücksichtigt, weshalb der jeweilige Platzbedarf in der untenstehenden Tabelle direkt mit der Gesamtfläche des Lagers verrechnet werden kann.

Tabelle 3-1 Artikeldaten

Artikel	Einkaufs- bzw. Abga-bepreis	Platzbedarf	Gewicht	Im Jahresmittel gelagerte Menge
Brennstoff	35 € je 100 kg	1,6 m² je Tonne	-	1,2 Tonnen
Rohmetalle (1 Einheit)	31 €	0,02 m²	7,5 kg	160 Einheiten
Verpackung (1 Einheit)	3 €	Einzeln: 0,03 m² Geschachtelt: 0,01 m²	450 g	80 Einheiten

Die Verpackungen und Rohmetalle werden je nach aktuellem Bedarf bezogen, wobei für die Rohmetalle eine Woche Vorlaufzeit zu beachten ist. Bei beiden Artikeln fallen etwa die gleichen Bestellauslösungs- und Prüfkosten wie bei den Brennstoffen an.

Die hergestellten Endprodukte werden auf Grund mittel- und kurzfristiger Aufträge verkauft. Letztere werden erst in der jeweiligen Lieferwoche bekannt, wogegen die mittelfristigen Aufträge mehrere Wochen im Voraus vereinbart werden. Pro Metallformelement benötigt man eine Einheit Rohmetalle sowie eine Verpackungseinheit. Für die vergangenen und kommenden sechs Wochen meldet die Fertigung die in der folgenden Tabelle 3-2 dargestellten Auftragsmengen (aktuelle Woche = 6):

Tabelle 3-2 Auftragsdaten Endprodukte

Woche	1	2	3	4	5	6	7	8	9	10	11	12
Auftragssumme	237	235	248	230	235	252	205	200	195	210	212	198
...davon kurzfristig	27	30	28	35	35	37						

Die Aufträge der aktuellen und bereits vergangenen Wochen wurden vollständig bearbeitet. Trotzdem liegen noch disponible Lagerbestände vor (vgl. Tabelle 3-3).

Tabelle 3-3 *Disponible Lagerbestände*

Artikel	Brennstoff	Rohmetalle	Verpackungen
Disponibler Bestand	1.000 kg	300 Einheiten	35 Einheiten

Das gesamte Eingangslager der Schacht GmbH ist 55 m² groß, wovon jedoch (außer im Schüttgutbereich) ca. 40% für Wege und Sicherheitseinrichtungen benötigt werden. Der restliche Platz kann durch anpassbare Regale sehr gut ausgenutzt werden. Die Schacht GmbH arbeitet mit fester Lagerplatzvergabe.

Das Eingangslager verursachte im vergangenen Jahr gemäß der Auskunft des Rechnungswesens einen Aufwand in Höhe von 54.500 Euro („Lagerkosten I"). Darin enthalten sind u. a. Abschreibungen für das Gebäude und die Lagereinrichtungen, Versicherungen und die Betriebskosten (Strom, Heizung etc.). Die „Lagerkosten I" enthalten ebenfalls schon die kalkulatorischen Zinsen für Gebäude und Anlagen, wofür der bei der Schacht GmbH generell eingesetzte kalkulatorische Zinssatz von 10% p.a. Verwendung fand[30]. Weiterhin sind im Lager für insgesamt 1,25 Stellen Personalkosten von 40.000 Euro angefallen („Lagerkosten II"). Beide Lagerkostenblöcke sind in der Vergangenheit stets in etwa gleicher Höhe angefallen, unabhängig von der jeweils aktuellen Auslastung des Eingangslagers. Die Schacht GmbH hat keine andere Verwendungsmöglichkeit für freien Lagerraum als die Lagerung der obigen drei Artikel – lediglich ein Angebot der benachbarten Firma Reifen-Malle KG stellt eine Alternative dar. Darin fragt die Geschäftsführerin dieses Unternehmens, welches sich mit der Aufbesserung von Altreifen beschäftigt, an, ob für Spitzenzeiten ein Überschusslager im Eingangslager der Schacht GmbH eingerichtet werden könnte. Die Reifen-Malle KG würde dafür maximal sieben Euro je Woche und Quadratmeter zahlen, jedoch nur Flächen von 20 bis 40 Quadratmeter akzeptieren.

3.2.1.2 Aufgabenstellung

Ermitteln Sie für alle einzukaufenden Materialien einen Anlieferplan (eintreffende Mengen und Zeitpunkte) für die kommenden sieben Wochen, in welchem die jeweils nötigen Lieferungen verzeichnet sind!

Kann die Schacht GmbH einen Teil ihres Lagers an „Reifen-Malle" vermieten?

---

[30] Gehen Sie von 52 Kalenderwochen im Jahr aus.

3.2.1.3 Lösungsvorschlag

1) Bestellmengenplanung für die Brennstoffe

Die in der Vergangenheit angewendete wöchentliche Bestellweise braucht im Folgenden keine gesonderte Beachtung zu finden, da deren Grund, die Kapitalbindung, bereits in der Bestellmengenplanung mit Hilfe von Losgrößenverfahren berücksichtigt ist. Für die Bestellmengenplanung nach dem neuen Preisschema des Brennstoff-Lieferanten ist zunächst der Lagerhaltungskostensatz zu bestimmen. Dieser enthält im Wesentlichen die Kosten für die Kapitalbindung und für die Lagerung.

Kapitalbindung:

> a) 10% (kalkulatorischer Zinssatz) · 37 € / 52 = 7,12 Cent je 100 kg und Woche
>
> b) 10% (kalkulatorischer Zinssatz) · 33 € / 52 = 6,35 Cent je 100 kg und Woche

Lagerkosten: Lagerkosten I und Lagerkosten II fallen unabhängig von der Auslastung an, weshalb lediglich die Opportunitätskosten einer alternativen Lagernutzung einzubeziehen sind:

> 0,16 m^2 je 100 kg · 7 Euro je Woche und m^2 = 1,12 Euro je 100 kg und Woche

In Summe entsteht der Lagerhaltungskostensatz von 1,1835 (Fall b)) bzw. 1,1912 (Fall a)) Euro je 100 kg und Woche.

Der für die Bestellmengenplanung außerdem benötigte Bestellkostensatz ist in lediglich zwei Teilen bereits direkt gegeben: 20 Euro Bestellauslösung + 30 Euro Wareneingangsprüfung = 50 Euro Aufwand je Bestellung. Mit diesen Daten kann nun eine statische Losgrößenplanung mit dem klassischen EOQ-Modell durchgeführt werden. Dieses Modell passt auf Grund des kontinuierlichen Ofenbetriebs gut zur Situation. Es ergibt sich (per Toolbox oder in Handrechnung) bei einem Bedarf von zwei t je Woche:

> a) Bestellmenge 4,100 Tonnen, alle 2,05 Wochen bestellt
>
> b) Bestellmenge 4,117 Tonnen, alle 2,06 Wochen bestellt

Die optimalen Werte der Preise mit und ohne Mengenrabatt weichen dabei so wenig voneinander ab, dass sie bei einer praxisnahen Rundung der Ergebnisse beide in einer Bestellung von vier Tonnen alle zwei Wochen resultieren. Diese Menge liegt noch in dem „teueren" Bereich mit einem Preis von 37 Euro je 100 kg. Demzufolge muss in einem abschließenden Schritt noch ein Vergleich mit derjenigen Menge innerhalb des preiswerteren Bereichs, die am nächsten an der zuvor ermittelten Bestellmenge liegt, vorgenommen werden – also mit fünf Tonnen:

Bestellmenge:	4 t (alle 2 Wochen)	5 t (alle 2,5 Wochen)
Lagerhaltungskosten pro Woche:	23,82 €	29,59 €
Fixe Bestellkosten pro Woche:	25,00 €	20,00 €
Variable Kosten (Preise) pro Woche:	740,00 €	660,00 €
Gesamtkosten:	788,82 €	709,59 €

Demzufolge sollten alle 2,5 Wochen jeweils fünf t Brennstoffe bestellt werden, um minimale Gesamtkosten zu erreichen. Damit sind zwar deutlich höhere Kapitalbindungskosten verbunden als mit der bisherigen Vorgehensweise einer wöchentlichen Bestellung, diese Mehrkosten werden jedoch durch Einsparungen bei den Produktpreisen und den fixen Bestellkosten mehr als kompensiert.

2) Bestellmengenplanung für die Verpackungen und Rohmetalle

Da hierbei kein kontinuierlicher, sondern ein wechselnder („dynamischer") Verbrauch vorliegt, kommt die dynamische Bestellmengenplanung zum Einsatz. Zunächst ist aus der Auftragssumme der Wochen 1 bis 6 die mittelfristige Komponente durch Abzug der kurzfristigen Aufträge zu extrahieren. Diese beiden Zeitreihen sind danach getrennt für die Wochen 13 und 14 bzw. 7 bis 14 zu prognostizieren, denn durch die Vorlaufverschiebung von einer Woche bei den Rohmetallen werden auch die Daten der Woche 14 benötigt. Die mittelfristigen Aufträge zeigen einen näherungsweise konstanten Verlauf und die kurzfristigen dagegen einen trendförmigen Verlauf (vgl. Tabelle 3-4 sowie Dateien „Prognose-kurzfristige.spvk" und „Prognose-mittel-fristige.spvk").

Tabelle 3-4 Prognose der Aufträge

Woche	7	8	9	10	11	12	13	14
Mittelfristig	(205)	(200)	(195)	(210)	(212)	(198)	206	206
Kurzfristig	38	39	41	42	44	45	47	48
Summe	243	239	236	252	256	243	253	254

Auf diesen Bedarfsmengen kann nun die Bestellmengenrechnung aufbauen. Dazu sind wiederum Lagerhaltungskosten und fixe Bestellkosten nötig. Während letztere identisch zu den bereits oben behandelten Brennstoffen sind, müssen die Lagerhaltungskosten neu bestimmt werden:

Kapitalbindung:

Rohmetalle: 10% · 31 € / 52 = 5,96 Cent je Einheit und Woche

Verpackungen: 10% · 3 € / 52 = 0,58 Cent je Einheit und Woche

Lagerkosten:

Rohmetalle: 0,02 m² je Einheit · 7 € je Woche und m² = 0,14 € je Einheit und Woche

Verpackungen: 0,01 m² je Einheit · 7 € je Woche und m² = 0,07 € je Einheit und Woche

In Summe entstehen Lagerhaltungskostensätze von 0,20 bzw. 0,08 Euro je Einheit und Woche. Nach der Berücksichtigung der Vorlaufverschiebung der Rohmetalle sowie dem Abzug der jeweiligen disponiblen Bestände ermittelt die dynamische Bestellmengenplanung mit dem Modell von Wagner-Whitin daraus folgende Bestelllose (vgl. Tabelle 3-5 sowie Dateien „Bestellmengen-Rohmetalle.gzr" und „Bestellmengen-Verpackung-en.gzr").

Tabelle 3-5 Losbildung

Woche	7	8	9	10	11	12	13	14
Rohmetalle	418	0	252	499	0	252	254	(0)
Verpackungen	447	0	488	0	499	0	506	0

Der Nettobedarf an Rohmetallen in der Woche 7 von 182 Stück ergibt sich hierbei aus dem Bruttobedarf, den bereits für die kommende Woche verplanten Einheiten und dem disponiblen Bestand:

300 (disponibler Bestand) – 243 (Bedarf für kommende Woche) = 57 (Restbestand)

239 (Bedarf der übernächsten Woche) – 57 (Restbestand) = 182 (Nettobedarf)

Analog muss der disponible Bestand von 35 Verpackungseinheiten in der Woche 7 berücksichtigt werden. Der komplette Anlieferplan für die kommenden sieben Wochen als Ergebnis für Teilaufgabe 1 wird in Tabelle 3-6 zusammengefasst.

Tabelle 3-6 Anlieferplan

Woche	7	8	9	10	11	12	13
Brennstoffe	5 t (Wochenmitte)			5 t		5 t (Wochenmitte)	
Rohmetalle	418	0	252	499	0	252	254
Verpackungen	447	0	488	0	499	0	506

Unter Berücksichtung der (hier nicht gegebenen) Lieferzeiten könnten daraus nun die jeweiligen Bestellzeitpunkte ermittelt werden.

3) Berechnung des Platzbedarfs aller Lagergüter

Im Eingangslager der Schacht GmbH werden lediglich die besprochenen drei Artikel gelagert. Im Folgenden werden zunächst alle Platzbedarfe ohne Zuschläge für Sicherheitsbestände berechnet, um den minimalen Platzbedarf zu ermitteln.

- Brennstoffe:

Die eintreffenden Lose umfassen fünf Tonnen. Diese Menge liegt allerdings nur direkt nach einer Lieferung vor, danach nimmt sie ab. Da die Veränderung der Größe des Schüttgutbereichs jedoch zu aufwendig für (allzu) häufige Änderungen ist, sollte dieser Bereich auch zunächst für fünf Tonnen dimensioniert werden:

$$A1 = 5 \text{ t} \cdot 1{,}6 \text{ m}^2 \text{ je Tonne} = 8 \text{ m}^2$$

- Rohmetalle:

Bei fester Lagerplatzvergabe kann der frei werdende Platz durch andere Artikel nicht kurzfristig alternativ genutzt werden, weshalb die jeweils maximalen Liefergrößen für die Dimensionierung heranzuziehen sind. Die Rohmetalle treffen gemäß dem obigen Plan mit bis zu 499 Stück ein:

$$A2 = 499 \cdot 0{,}02 \text{ m}^2 \approx 10 \text{ m}^2$$

- Verpackungen:

$$A3 = 506 \cdot 0{,}01 \text{ m}^2 \approx 5{,}1 \text{ m}^2$$

In Summe beträgt der Platzbedarf demzufolge 23,1 m². Da 40% der für Stückgut genutzten Lagerfläche auf Wege entfallen, ergibt sich jedoch ein tatsächlicher Bruttoplatzbedarf von 8 m² + 15,1 m² / 0,6 = 33,17 m². Es bleiben also 21,8 m² ungenutzte Fläche, die an die Reifen-Malle KG vermietet werden könnte.

Bei diesem Ergebnis bleiben jedoch zwei wichtige Aspekte unberücksichtigt. Einerseits verfügt die Schacht GmbH vermutlich über Sicherheitsbestände, die auf Grund der kurzfristigen Aufträge sicher notwendig sind. Diese Sicherheitsbestände sind in obigem Ergebnis noch nicht berücksichtigt und daher noch von der freien Fläche abzuziehen, wodurch diese unter den für die Vermietung notwendigen Mindestwert von 20 m² fallen könnte. Andererseits stellt die bei der Schacht GmbH praktizierte feste Lagerplatzvergabe zwar ein einfaches, aber sehr platzintensives Vorgehen dar. Durch eine flexible Einlagerung können die je nach Zeitpunkt unterschiedlichen Platzansprüche der einzelnen Artikel miteinander ausgeglichen werden, um so weiteren Platz zu sparen.

3.2.2 Produktion: KüstenStahl GmbH

3.2.2.1 Das Unternehmen und seine Branche

Die KüstenStahl GmbH ist ein kleines bis mittelständisches Unternehmen in Norddeutschland mit ca. 80 Mitarbeitern. Es ist seit vielen Jahren im deutschen Schiffsbau auf dem Gebiet des Schneidens und 3-D-Verformens von Blechen tätig. Im Geschäftsjahr 2005 erwirtschaftete das Unternehmen einen Umsatz von knapp 40 Mio. Euro.

Die Schiffsbaubranche Norddeutschlands setzt sich aus einigen wenigen Groß- und Kleinwerften zusammen, welche auf ein breites Netz von Zulieferern zurückgreifen. Dazu gehören Firmen der metallverarbeitenden Industrie genauso wie Unternehmen aus dem Elektronikbereich und der Holzverarbeitung. Nach Herstellung der einzelnen Baugruppen eines Schiffes in den unterschiedlichen Zulieferbetrieben werden diese auf den Werften vor- und endmontiert. Zu den Montageprozessen auf den Werften gehört auch das Verbauen von zugekauften oder fallweise in Eigenverantwortung selbst hergestellten Klein- und Sonderteilen.

Die KüstenStahl GmbH trat bis 2004 als Zulieferer von geschnittenen und 3-D-verformten Blechen für die Außenhäute von Schiffsrümpfen großer Güterfrachtschiffe und Passagierschiffe auf. Da diese Aufträge zumeist Unikate darstellten, bedeutete dies Einzelfertigung in einer Vielzahl von Blechvarianten, was die Rationalisierbarkeit der Fertigungsabläufe einschränkte. Die Marktsituation für die KüstenStahl GmbH verschärfte sich darüber hinaus seit Mitte der 90er Jahre durch das Erstarken osteuropäischer Wettbewerber. Auf Grund des geringen Anspruchs der Außenhäute (bspw. von Containerschiffen) an den Verformungsgrad kamen die Kostenvorteile der osteuropäischen Konkurrenz nachhaltig zum Tragen.

Deshalb wurde das Unternehmen nach ausführlichen und detaillierten Analysen neu ausgerichtet: Von einem Allroundanbieter zu einem Spezialisten auf dem Gebiet der hochwertigen Blechverarbeitung für den Bau von Yachten. Als großer Vorteil des Yachtmarktes gilt die Resistenz gegenüber der osteuropäischen Konkurrenz auf Grund der hohen Ansprüche an die Qualität der Bleche und Produktionsverfahren an sich. Außerdem vollzog sich ein Wechsel von einer losen, auftragsbezogenen Bindung des Unternehmens zu einer Vielzahl von Werften mit unterschiedlicher Schiffstypenfertigung hin zu einer Orientierung an einen regional bestehenden Unternehmensverbund zwecks einer Kleinserienfertigung von Yachten.

Die derzeitigen Produktionsabläufe der KüstenStahl GmbH sehen wie folgt aus:

1. Warenentnahme der Rohbleche aus dem Vertikallager
2. Signierung der Rohbleche mit Tinte
3. Schneiden der Rohbleche auf Brennschneidanlage 1 oder 2 auf erwünschte Maße (Plasmabrennschneiden unter Wasser)
4. Kommissionierung der geschnittenen Bleche für die Pressen

5. 3D-Verformung der Bleche auf Rollen- und Schiffsbaupressen

6. Lagerung der Fertigbleche

Die KüstenStahl GmbH sowie ihre Partner im Unternehmensverbund produzieren im 2-Schichtbetrieb à acht Stunden.

3.2.2.2 Die aktuelle Situation

Vor wenigen Tagen kam es zu einer Zusammenkunft der leitenden Angestellten der im Unternehmensverbund vertretenen Firmen. Grund des Treffens war ein Sonderauftrag über 20 Yachten des Typs „CALYPSO". Der Auftrag aus dem Mittleren Osten verspricht hohe Gewinne und die Zusammenarbeit mit einem für die Zukunft sehr wichtigen Kunden. Das Unternehmen KüstenStahl GmbH soll dabei an der Fertigung des Schiffsrumpfes für die „CALYPSO" mitwirken.

Von den verschiedenen Firmen im Verbund werden für jede Yacht insgesamt sechs Baugruppen gefertigt, welche im Anschluss an eine Werft zur Vor- und Endmontage geliefert werden. Hier entsteht in einem ersten Montageschritt der Rohbau-Rumpf aus den Baugruppen Innenspanten, Außenspanten, Außenhaut-Bleche und Motor/ Schiffsschraube. Gleichzeitig werden die Leitungen für die Wasser- und Stromversorgung zu Modulen vormontiert. Mit der Installation der Medienversorgungsmodule im Rohbau-Rumpf ist der Zusammenbau des Yachtrumpfes nahezu vollständig. Den Schluss der Kette bildet die Endmontage in Form einer Qualitätsüberprüfung und einer anschließenden Lackierung des Yachtrumpfes. Das Unternehmen KüstenStahl GmbH ist dabei für die Produktion der Baugruppe „Außenhaut-Bleche" verantwortlich, die sich im Wesentlichen in die zwei Schritte des Zuschneidens der Bleche und der Blechverformung unterteilen lässt (siehe oben).

Bedingung für die Erteilung von zukünftigen Aufträgen an den regionalen Unternehmensverbund ist die unbedingte Einhaltung des Liefertermins. Um die Yachten rechtzeitig liefern zu können, muss der Rumpf auf der Werft spätestens nach Ablauf von 28 Tagen, beginnend mit dem morgigen Tag, zur Verfügung gestellt werden. Auf Grund der Kurzfristigkeit dieses nicht vorgesehenen Sonderauftrages sehen sich einige Zulieferer nicht in der Lage, die Schiffskomponenten in der sonst üblichen Zeit bereitzustellen. Im Fall der KüstenStahl GmbH erlaubt die aktuelle kapazitive Auslastung der Brennschneidanlagen keine zusätzliche Auflegung von Aufträgen. Eine Verschiebung der aktuellen Aufträge würde dagegen das gerade erst gewonnene Vertrauen bei den Kunden schmälern. In diesem Kontext können die Bleche für die „CALYPSO" erst nach Ablauf von vier Tagen auf die Brennschneidanlagen eingeplant werden (ab dem morgigen Tag gerechnet). Die Unternehmensleitung geht von einer anschließenden Durchlaufzeit für das Schneiden der 400 Bleche von drei Tagen und für die Verformung von schätzungsweise zehn Tagen aus, bis die fertigen Bleche geliefert werden können.

Zur Ermittlung der Projektdauer der Rumpfherstellung sowie eventueller Anpassungsmaßnahmen wird sofort ein Projektteam ins Leben berufen, in dem jedes Unternehmen mit einem Mitarbeiter vertreten ist. Sie vertreten dabei die Interessen der KüstenStahl GmbH. Auf Grund der Tatsache, dass bei Einhaltung des Liefertermins auch in Zukunft lukrative Aufträge zu erwarten sind, ist die Einhaltung des Liefertermins als vorrangiges Ziel für das Projektteam ausgegeben worden.

Die folgende Abbildung 3-1 enthält die für jede Baugruppe mindestens benötigte Arbeitszeit.

Abbildung 3-1 *Teilprojekte der Rumpfherstellung*

Teilprojekt		Dauer in Tagen (inkl. Transportzeit in der/zur Firma)
1.	BG Innenspanten	5
2.	BG Außenspanten	6
3.	BG Außenhaut-Bleche	17
4.	BG Motor/Schiffsschraube	10
5.	BG Wasserversorgung	5
6.	BG Stromversorgung	6
7.	VM Medienversorgung	7
8.	VM Rohbau-Rumpf	9
9.	VM BG Rumpf	5
10.	EM BG Rumpf	3

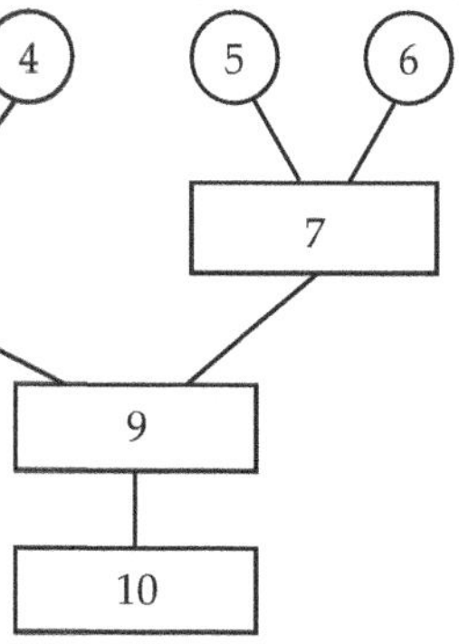

Arbeitsschritte der Werft (7, 8, 9, 10)

Bei ersten Schätzungen stellt man nun besorgt fest, dass der geplante Liefertermin von 28 Tagen mit der obigen Struktur vermutlich nicht eingehalten werden kann. Deshalb erörtert das Projektteam, wie die Gesamtzeit des Projektes „BG Rumpf" kurzfristig verkürzt werden kann.

Unglücklicherweise ereignete sich außerdem kürzlich in der Fabrik des Lieferanten für die Stromversorgung eine Havarie mit Brandschäden und zusätzlichen Wasserschäden durch die Löscharbeiten. Bevor die dadurch entstandenen Schäden zum großen Teil beseitigt sind, kann nicht mit dieser Baugruppe des CALYPSO-Auftrags begonnen werden. Der dortige Werksleiter schätzt die Dauer der Arbeiten auf eine Woche, höchstens jedoch neun Tage, die zu den obigen sechs Tagen hinzukommen würden. Die anderen Firmen im Unternehmensverbund bieten im Hinblick auf die Dringlichkeit des CALYPSO-Auftrags ihre Hilfe an, wodurch diese Arbeiten um zwei bis drei Tage verringert werden könnten. Es ist jedoch an der Reaktion des Werksleiters zu erkennen, dass der Werksleiter diese Hilfe nur akzeptieren wird, wenn kein anderer Weg zur Einhaltung des CALYPSO-Liefertermins führt.

Die Mitarbeiterin Frau Ideenreich aus der Logistikabteilung der Werft erklärt, dass innerhalb ihres Unternehmens bereits die Möglichkeit der Verkürzung der hier zu bearbeitenden Teilprojekte untersucht wurde: Sowohl bei der Vormontage (VM) als auch der Endmontage (EM) der Baugruppe Rumpf (siehe oben Arbeitsschritte 9 und 10) ist eine zusätzliche Reduktion der Montagedauer nicht möglich. Im Bereich der Vormontage Medienversorgung besteht zwar die Möglichkeit, die Dauer von sieben auf vier Tage zu verkürzen, aus Erfahrung weiß man jedoch, dass dieser Arbeitsschritt bislang noch nie zeitkritisch war und deshalb eine Verkürzung in der Vergangenheit keine Zeiteinsparungen gebracht hätte. Beim Vorgang VM Rohbau-Rumpf sieht es dagegen nicht danach aus, als könnte er verkürzt werden, die Werft will hierfür aber nochmals weitere Kapazitätsumschichtungen prüfen lassen. Diese Überprüfung dauert momentan jedoch noch an.

Als Vertreter der KüstenStahl GmbH werden Sie nun aufgefordert, Vorschläge zur Senkung der stattlichen Dauer von 17 Tagen (inkl. Wartezeit, Zuschneiden und Verformen) zu unterbreiten, welche die Teilaufgabe „BG Außenhaut-Bleche" bislang benötigt. Auf Grund der derzeitigen Auslastung der Brennschneidanlagen und der damit verbundenen Wartezeit des „CALYPSO"-Auftrages von vier Tagen untersuchen Sie daraufhin die Möglichkeit einer Fremdvergabe dieses Bearbeitungsschrittes an ein befreundetes Unternehmen. Dieses hat zugesagt, bei noch heutiger Bestätigung des Auftrages, die benötigten Bleche auf Maß zu schneiden und an die KüstenStahl GmbH innerhalb von nur zwei Tagen (von morgen aus gesehen) für die weitere Verformung zu liefern. Zur Berechnung der Dauer der Verformung innerhalb der KüstenStahl GmbH verfügen Sie außerdem über folgende Informationen:

Für die Außenhäute der geplanten 20 Yachten werden insgesamt 400 Bleche verarbeitet. Diese unterteilen sich in zehn Varianten, welche sich durch ihre jeweilige Position am Yachtrumpf in Breite, Dicke, Länge und Kantenform unterscheiden. Zu jeder Blechvariante gehören 40 Bleche. Die anschließende Verformung der Bleche erfolgt in der KüstenStahl GmbH auf zwei Pressenarten je einmal: Schiffsbaupresse und Rollenpresse. Die Reihenfolge, in der die Aufträge auf den einzelnen Maschinen bearbeitet werden, variiert je nach Blechart. Schiffsbau- und Rollenpressen sowie dazugehörige Arbeitskräfte stehen in der Produktionsstätte in ausreichender Anzahl zur Verfügung. Es stehen zusätzlich zur normal laufenden Produktion vier Schiffsbau- und vier Rollenpressen (jeweils gleichen Typs) für die Verformung der angelieferten Bleche der „CALYPSO" bereit. Nähere Daten zu den einzelnen Blechvarianten bezüglich Bearbeitungsreihenfolge und -dauer finden Sie in nachfolgender Tabelle 3-7.

Tabelle 3-7 Bearbeitungszeiten der Blecharten

Blechart	Anzahl Bleche je Blechart	Zuerst auf Schiffs-baupres-se	Zuerst auf Rollen-presse	Dauer eines Bleches auf der Schiffs-baupresse	Dauer eines Bleches auf der Rollenpresse
Heck-Blech 1	40	X		120 min	130 min
Heck-Blech 2	40	X		130 min	150 min
Bug-Blech 1	40	X		100 min	90 min
Bug-Blech 2	40	X		110 min	100 min
Mittelschiff-Bl. 1	40		X	90 min	80 min
Mittelschiff-Bl. 2	40		X	80 min	80 min
Mittelschiff-Bl. 3	40		X	85 min	75 min
Mittelschiff-Bl. 4	40		X	70 min	65 min
Mittelschiff-Bl. 5	40		X	75 min	75 min
Mittelschiff-Bl. 6	40		X	60 min	60 min

Weiterhin müssen Sie beachten, dass die Pressen auf Grund gesetzlicher Vorgaben (Lautstärke) nur von 6:00 Uhr bis 22:00 Uhr in Betrieb genommen werden dürfen. Für den Transport der Bleche zur Werft müssen je Blechart zwei bis vier Stunden eingerechnet werden.

3.2.2.3 Aufgabenstellung

Überprüfen Sie zunächst die einhellige Aussage des Projektteams, dass der Liefertermin bei Einhaltung der zunächst angegebenen Dauer der einzelnen Teilprojekte nicht eingehalten werden kann. Um wie viele Tage muss der gesamte Produktionsvorgang verkürzt werden, um den Liefertermin einzuhalten?

Welche Maßnahmen muss Ihrer Meinung nach das Projektteam durchführen, um den Liefertermin einzuhalten? Ist eine Einhaltung des Liefertermins überhaupt möglich?

3.2.2.4 Lösungsvorschlag

a) Durchlaufterminierung ohne zusätzliche Maßnahmen

Zunächst gilt es zu überprüfen, ob der geforderte Liefertermin von 28 Tagen tatsächlich nicht eingehalten werden kann. Eine solche Zeitplanung kann bei Netzen mit deterministischen Vorgangsdauern und ohne Zyklen mit Hilfe der „Critical Path Method" (CPM) erfolgen. Werden die Teilprojekte gemäß der Aufgabenstellung in ein Vorgangspfeilnetz umgesetzt, so ergibt sich der in der Datei „Projekt-DLZ.cpmd" enthaltene Graph. Dabei ist die Dauer der Baugruppe Stromversorgung mit 15 Tagen anzusetzen, da sicherheitshalber zunächst mit den vollen neun Tagen für die Aufräumarbeiten zu rechnen ist.

Es zeigt sich, dass der geforderte Liefertermin tatsächlich nicht eingehalten werden kann. Erfolgt keine Veränderung einzelner Teilprojekte, wird eine Lieferzeit von 34 Tagen benötigt. Um den Liefertermin einhalten zu können, müssen somit einzelne Teilprojekte um eine Dauer von insgesamt sechs Tagen reduziert werden. Um die Gesamtdauer zu verkürzen, sind nur die Vorgänge auf dem ausgewiesenen kritischen Weg zu betrachten, da diese die minimale Gesamtdauer des Projektes bestimmen.

Teilprojekte auf dem kritischen Weg sind:

1. BG Außenhaut-Bleche

2. VM Rohbau-Rumpf

3. VM BG Rumpf

4. EM BG Rumpf

Das Teilprojekt BG Außenhaut-Blech liegt in der Verantwortung der KüstenStahl GmbH. Die Teilprojekte VM Rohbau Rumpf, VM BG Rumpf und EM BG Rumpf werden durch die Werft abgeschlossen. Laut der Information von Frau Ideenreich können die Vorgänge VM BG Rumpf und EM BG Rumpf in der Werft nicht verkürzt werden. Der Vorgang VM Medienversorgung kann zwar von sieben auf vier Tage gekürzt werden, liegt aber – wie bereits in der Aufgabenstellung vermutet – leider nicht auf dem kritischen Weg. Daher hat er derzeit keinen Einfluss auf die Verringerung der Gesamtdauer. Es sollte allerdings beachtet werden, dass durch die Verkürzung der Dauer der derzeit kritischen Vorgänge ein neuer kritischer Pfad entstehen könnte, in dem der Vorgang VM Medienversorgung enthalten sein könnte.

Zunächst bleiben somit aber nur die Teilprojekte BG Außenhaut-Blech und VM Rohbau-Rumpf, um die Gesamtdauer zu verkürzen. Da die Daten für VM Rohbau-Rumpf gemäß Aufgabenstellung noch nicht vorliegen, kann vorerst nur der Arbeitsanteil der KüstenStahl GmbH überprüft werden.

b) Teilprojekt BG Außenhaut - Blech

Der Vorgang Außenhaut-Bleche setzt sich aus den Bearbeitungsschritten Schneiden und Pressen zusammen. Durch die Fremdvergabe des Vorganges Schneiden beträgt die Dauer dieses Teilbearbeitungsschrittes nur noch zwei Tage. Da ohne Fremdvergabe das Schneiden erst in vier Tagen beginnen kann und die Zeiteinhaltung bei diesem Auftrag oberstes Kriterium ist, ist das Schneiden unbedingt an die andere Firma abzugeben.

Für den zweiten Bearbeitungsschritt (Pressen) muss auf Grundlage der gegebenen Daten eine Maschinenbelegungsplanung erfolgen. Auf Grund des Engpasses Zeit des gesamten Projektes muss das Ziel dabei sein, eine minimale Zykluszeit zu erreichen. Der Bearbeitungsschritt Pressen erfolgt in der KüstenStahl GmbH durch Werkstattfertigung (Job Shop). Insgesamt stehen acht Maschinen zur Verfügung. Da aber jeweils vier Maschinen des gleichen Typs zur Verfügung stehen, kann auf einen 2-Maschinenfall abstrahiert werden. Somit kann die gesuchte Auftragsreihenfolge mit der minimalen Zykluszeit mit Hilfe des Verfahrens von Jackson ermittelt werden. Dazu muss zunächst für jeden Maschinentyp die Zeit bestimmt werden, die zur Bearbeitung jeder einzelnen Blechart bei Nutzung aller zur Verfügung stehenden Maschinenkapazitäten insgesamt benötigt wird.

$$\text{Dauer aller Bleche auf 4 Schiffsbaupressen} \quad = \quad \frac{\text{Anzahl Bleche} \cdot \text{Dauer eines Bleches}}{4}$$

$$\text{Dauer aller Bleche auf 4 Rollenpressen} \quad = \quad \frac{\text{Anzahl Bleche} \cdot \text{Dauer eines Bleches}}{4}$$

Die Werte sind im Einzelnen der Tabelle 3-8 zu entnehmen.

Nach Eingabe der Bearbeitungsdauer und Bearbeitungsreihenfolge ermittelt das Verfahren nach Jackson nachfolgenden Maschinenbelegungsplan, der eine Gesamtdauer von 9.200 Minuten für die Verformung auf den vier Schiffsbau- und vier Rollenpressen ausweist (siehe Datei „Pressen.mbw2"):

Schiffbaupresse:

   Heck1, Heck2, Bug2, Bug1, Mittel6, Mittel4, Mittel3, Mittel5, Mittel1, Mittel2

Rollenpresse:

   Mittel6, Mittel4, Mittel3, Mittel5, Mittel1, Mittel2, Heck1, Heck2, Bug2, Bug1

Tabelle 3-8 Bearbeitungszeiten (gesamt)

Blechart	Dauer eines Bleches auf der Schiffsbaupresse in min	Dauer der 40 Bleche auf 4 Schiffsbaupressen in min	Dauer eines Bleches auf der Rollenpresse in min	Dauer der 40 Bleche auf 4 Rollenpressen in min
Heck-Blech 1	120	1.200	130	1.300
Heck-Blech 2	130	1.300	150	1.500
Bug-Blech 1	100	1.000	90	900
Bug-Blech 2	110	1.100	100	1.000
Mittelschiff-Bl. 1	90	900	80	800
Mittelschiff-Bl. 2	80	800	80	800
Mittelschiff-Bl. 3	85	850	75	750
Mittelschiff-Bl. 4	70	700	65	650
Mittelschiff-Bl. 5	75	750	75	750
Mittelschiff-Bl. 6	60	600	60	600

Die 9.200 Minuten entsprechen unter Beachtung des 2-Schichtbetriebes 9,6 Tage. Durch die gesetzlichen Vorgaben besteht keine Möglichkeit, die Maschinen länger als die bereits zugrunde gelegten 16 Stunden zu betreiben. Zusammen mit den zwei Tagen für das Schneiden der Bleche ergibt sich somit eine Gesamtbearbeitungszeit für die Baugruppe Außenhaut-Bleche von 11,6 Tagen. Der Transport der fertigen Bleche zur Werft sollte bereits während der Bearbeitung der anderen Bleche erfolgen. Für den Transport der zuletzt fertig werdenden Bleche (Mittel2 und Bug1) steht noch der Rest des zwölften Tages zur Verfügung. Im Notfall muss ein Nachttransport in Betracht gezogen werden.

Im Vergleich zu der zunächst ermittelten Bearbeitungszeit von 17 Tagen konnten somit fünf Tage eingespart werden.

c) Durchlaufterminierung mit zusätzlichen Maßnahmen

Zunächst soll geprüft werden, welche Lieferzeit sich für das Gesamtprojekt durch die Verkürzung bei der KüstenStahl GmbH ergibt und ob sich eventuell der kritische Weg geändert hat (siehe Datei „Projekt-DLZ1.cpmd"). Die Projektdauer hat sich auf 30 Tage verkürzt. Die fünf Tage aus der obigen Berechnung kommen dem Gesamtprojekt nicht in vollem Umfang zugute, da sich die Vorgänge auf dem kritischen Weg geändert haben. Nun sind folgende Arbeitsschritte kritisch:

1. BG Stromversorgung

2. VM BG Medienversorgung

3. VM BG Rumpf

4. EM BG Rumpf

Bei den ersten beiden Vorgängen sind bereits Maßnahmen zu deren Verkürzung im Gespräch, wobei hier auf Grund der in der Aufgabenstellung beschriebenen Situation zunächst die Verkürzung der Baugruppe Medienversorgung zu untersuchen ist. Bei Senkung ihrer Bearbeitungsdauer um die von der Werft ermittelten möglichen drei Tage ergibt sich eine Projektdauer von 29 Tagen (siehe Datei „Projekt-DLZ2.cpmd"). Wiederum hat sich der kritische Weg verändert und liegt nun erneut auf dem zuerst beobachteten Pfad:

1. BG Außenhaut-Bleche

2. VM Rohbau-Rumpf

3. VM BG Rumpf

4. EM BG Rumpf

Da die Baugruppe Stromversorgung nun nicht mehr kritisch ist, würde eine Hilfe der anderen Firmen bei der Schadenbeseitigung beim Lieferanten dieser Baugruppe nicht zur Beschleunigung des Projekts beitragen. Trotz Ausschöpfung aller anderer Maßnahmen bleibt somit ein Tag Verzug übrig. Die durch die Werft noch ausstehende Untersuchung einer möglichen Verkürzung der Vormontage Rohbau-Rumpf sollte demzufolge mindestens diese Einsparung bringen. Geringfügige Pufferzeiten sind außerdem noch bei der Baugruppe der Küstenstahl GmbH vorhanden, wenn man bedenkt, dass die letzten Bleche bereits nach elf Tagen und 6,4 Stunden fertig werden und der Transport einer Blechart gemäß Aufgabenstellung lediglich zwei bis vier Stunden dauert, ein voller Arbeitstag mit zwei Schichten jedoch 16 Stunden hat.

Das Fazit, das aus den gegebenen Daten gezogen werden kann, lautet demzufolge, dass es schwierig wird, den Liefertermin einzuhalten, jedoch durchaus Möglichkeiten dazu bestehen.

3.2.3 Distribution: Gute Nudeln GmbH

3.2.3.1 Das Unternehmen

Das Unternehmen Gute Nudeln GmbH stellt zurzeit jährlich etwa 30.500 Tonnen hochwertige Eierteigwaren her. Produktionsstandort ist Wendlingen am Neckar. Dort produzieren 166 Mitarbeiter von Montag bis Freitag in drei Schichten und bis Samstag 21:00 Uhr etwa 100 Tonnen Nudeln an sechs hochmodernen, computergesteuerten Produktionsanlagen. Anschließend werden diese von 35 computergesteuerten Verpackungsautomaten verpackt und versandfertig gemacht.

3.2.3.2 Das Produktsortiment

Das Produktsortiment der Gute Nudeln GmbH umfasst die in Tabelle 3-9 aufgeführten Nudelarten:

Tabelle 3-9 Nudelsortiment

Klassisch	Schwäbisch	Besonderes
Spiralen	Schwäbische Spätzle	Lasagne
Hörnchen	Schwäbische Bandnudeln	Vollkorn-Spaghetti
Makkaroni	Schwäbische Knöpfle	Vollkorn-Spiralen
Makkaroni, lang	Faden-Nestchen	Farbige Spaghetti
Spaghetti		Farbige Spiralen
Suppennudeln		

Zu den Kunden der Gute Nudeln GmbH zählen private Käufer, regionale, meist schwäbische Restaurantbetriebe und bisher ein großes Handelsunternehmen. Während die privaten Käufer ihre Nudelwaren im Fabrikverkauf beziehen, werden die anderen Kunden von firmeneigenen LKWs mit den gewünschten Waren beliefert.

3.2.3.3 Die Akquisitionsreise

Die Abteilung Vertrieb ist ständig auf Neukundensuche. Dazu haben die Mitarbeiter der Gute Nudeln GmbH insgesamt fünf Handelsunternehmen und über 150 Restaurants angeschrieben und mit Produktinformationen und Proben versorgt.

Zwei Handelsfirmen und elf Restaurants in zwölf verschiedenen Städten haben Interesse an den Eierteigwaren bekundet und den Geschäftsführer zu einer Präsentation der Produkte und Verhandlungen über Vertragskonditionen in ihre Filialen eingeladen (vgl. Tabelle 3-10). Die Städte mit den potenziellen Kunden liegen bereits als

Graph vor (siehe Datei „Potenzielle Kunden-Lage.graph"). Ebenso sind die Fahrzeiten und Fahrstrecken zwischen allen Kundenstädten bereits ermittelt worden (siehe Datei „Potenzielle Kunden-Wege.xls"). Auf Grund der unterschiedlichen Verkehrsbedingungen und Geschwindigkeitsbegrenzungen im fraglichen Gebiet sind Weglängen und -zeiten nicht zueinander proportional.

Tabelle 3-10 Potenzielle Kunden

Unternehmen	Sitz	Dauer des Kundenge-sprächs	Knotennr. im Graphen	Kosten pro Übernachtung
Birkenschänke	Nürtingen	120 min	2	55,- €
Gasthof Hopf-garten	Ostfildern	120 min	3	73,- €
Gasthof Ballen-dorf	Esslingen - Marktplatz	120 min	4	78,- €
Landgasthof Hoffmann	Göppingen	120 min	5	52,- €
Mühlengaststät-te	München	120 min	13	84,- €
Robert Bosch GmbH	Reutlingen	120 min	6	59,- €
Porsche Kantine – Außenstelle	Ludwigsburg	120 min	7	52,- €
Parkcafe Grünes Eck	Kirchheim unter Teck	120 min	8	51,- €
Porsche Kantine – Zentrale	Stuttgart – Zuffenhausen	240 min	9	77,- €
Pizzeria Venezia	Tübingen – Bahnhofstr.	120 min	10	56,- €
Waldschänke	Plochingen	120 min	11	52,- €
Kleinpreis Stiftung	Neckarsulm	240 min	12	64,- €
Smart Shop Markt	München	120 min	13	94,- €

Die Vertriebsabteilung hatte bereits eine Fahrtroute aufgestellt, wie die Firmen besucht werden sollten. Firmen im näheren Umkreis wurden durch eine Rundreise angefahren, während die Unternehmen, die weiter entfernt gelegen sind, separat angefahren wurden. Der Verantwortliche zur Erstellung des Plans hatte einkalkuliert, dass gegebenenfalls in verschiedenen Orten übernachtet wird.

Da der Geschäftsführer zeitlich nur wenig abkömmlich ist, liegt ihm sehr viel daran, eine möglichst geringe Zeit im Unternehmen abwesend zu sein. Pro Reisetag sind etwa zehn Stunden vorgesehen, die nur in Ausnahmefällen überschritten werden sollen. Zusätzlich zum Zeiteinsparungspotenzial interessieren außerdem die Kosten der Reise.

Die von der Vertriebsabteilung vorgeschlagene Route (vgl. Tabelle 3-11) wurde vom Geschäftsführer auch tatsächlich gefahren, liegt also bereits in der Vergangenheit. Er konnte erfolgreich für das Unternehmen werben und neue Kunden gewinnen. Alle besuchten Unternehmen haben für den kommenden Planungszeitraum zugesagt, bestimmte Mengen abzunehmen. Der Geschäftsführer ist deshalb mit seiner Überzeugungskraft sehr zufrieden. Jedoch kam ihm die Reise recht teuer, umständlich und weit vor. Er bittet Sie deshalb, nach Alternativen zu suchen, wie die Reise kürzer und/oder billiger hätte gestaltet werden können, um das Optimierungspotenzial für zukünftige Reisen abzuschätzen. (Außerdem ist er stets auf der Suche nach notwendigen Weiterbildungsmaßnahmen für seine Mitarbeiter.)

Tabelle 3-11 Vom Vertrieb vorgeschlagene Fahrtroute

Start-Ziel (Knoten)	Zeit [min]	Strecke [km]	Aufenthalts- dauer [min]	[min] (je Knoten)	[min] (je Tag)	Kosten p.Ü.p.P.	Fahr- kosten
1 – 3	22	15	120	142	142	-	6,30
3 – 4	26	9	120	146	288	-	3,78
4 – 9	31	19	240	271	559	77,00	7,98
9 – 7	15	10	120	135	135	-	4,20
7 – 10	48	72	120	168	303	-	30,24
10 – 6	19	17	120	139	442	-	7,14
6 - 2	26	22	120	146	588	55,00	9,24
2 - 8	13	9	120	133	133	-	3,78
8 - 5	27	19	120	147	280	-	7,98
5 - 11	25	20	120	145	425	-	8,40
11 - 1	19	7	-	19	564	-	2,94
	(271)	(219)		(1.591)			(91,98)
1 - 12 - 1	57	92 (·2)	240	354	(gesondert)		72,28
1 - 13 - 1	115	194 (·2)	240	470	(gesondert)		162,96
	(172)	(572)		(824)			(240,24)
		791		**2.415**		**132,00**	**332,22**

Die kalkulierten Kosten betrugen demzufolge in Summe 464,22 Euro (Fahrt + Übernachtungen). Für den Benzinverbrauch wurde für diesen Zweck mit einem durchschnittlichen Preis von 1,00 Euro pro Liter Superbenzin gerechnet. Ein Firmenwagen (Anschaffungskosten 60.000 Euro) verbraucht 12 l auf 100 km und wird über die branchenübliche Nutzungsdauer von fünf Jahren linear abgeschrieben. Im Durchschnitt legt solch ein Dienstwagen 40.000 km im Jahr zurück. Die Gesamtfahrzeit beträgt 2.415 Minuten.

3.2.3.4 Aufgabenstellung

Überprüfen Sie, ob die von der Vertriebsabteilung ermittelte Rundreise verbessert werden kann. Ermitteln Sie dazu alternative Rundreisen, die kürzere Fahrzeiten und/oder geringere Kosten verursachen.

3.2.3.5 Lösungsvorschlag

Zuerst soll durch den Fallstudienbearbeiter eine möglichst zeit- und kostenminimale Geschäftsreise gefunden werden. Dazu ist es sinnvoll, zunächst verschiedene Alternativen zu entwickeln und abschließend eine Entscheidung für eine Variante zu treffen und zu diskutieren, warum die gewählte Alternative am sinnvollsten und wirtschaftlich effektivsten erscheint.

Für die Ermittlung einer Reise mit so zahlreichen Bedingungen existieren sehr viele Vorgehensweisen, weshalb im Folgenden vier Varianten vorgestellt und diskutiert werden sollen. Der Fallstudienbearbeiter soll nicht zwingend genau die Lösungen, die hier angegeben sind, finden.

Sowohl die hierfür benötigten Zeitwerte, die es zu minimieren gilt, als auch der entsprechende Graph sind bereits in den Dateien „Potenzielle Kunden-Wege.xls" bzw. „Potenzielle Kunden-Lage.graph" vorgegeben. Der Fallstudienbearbeiter muss lediglich die Zeiten durch einen Import der Bewertungsmatrix in den Graphen übernehmen. Dazu muss im Modul Distribution der Logistik-Toolbox unter dem Menüpunkt Extras „Matriximport" ausgewählt werden und die Fahrzeiten aus der Excel-Datei in die Bewertungsmatrix kopiert werden.

Variante 1: Anfahren einzelner Ortschaften

Zunächst soll eine Basisvariante geschaffen werden, die vermutlich später noch verbessert werden kann. Dazu wird jeder Ort einzeln angefahren, d. h. jede Strecke wird zweimal gefahren. Dementsprechend fallen die Zeiten auch einmal für den Hin- und einmal für den Rückweg an.

Gesamtzeit: Summe aller Zeiten von Knoten 1 zu anderen Knoten · 2
= 476 min · 2
(vgl. Zeilensumme D2:O2 in „Potenzielle Kunden-Wege.xls")

Summe der gesamten Aufenthaltsdauern
= 120 min · 9 + 240 min · 3

Gesamtsumme = **2.752 Minuten**

Für die Kostenbestimmung sind zunächst die Kosten je km zu ermitteln. Die Vertriebsabteilung rechnet in ihrer Kalkulation mit 1,00 Euro je Liter Benzin, was jedoch recht niedrig angesetzt ist[31]. Deshalb soll im Folgenden mit 1,25 Euro je Liter gerechnet werden.

$$\rightarrow \text{Fahrtkosten je km} = \text{Benzinkosten je km} + \text{Kosten der Abschreibung je km}$$
$$= 12 \cdot 1{,}25\,€\,/\,100\,\text{km} + 60.000\,€\,/\,(5 \cdot 40.000\,\text{km})$$
$$= 0{,}15\,€\,/\,\text{km} + 0{,}30\,€\,/\,\text{km} = \mathbf{0{,}45\,€\,/\,km}$$

---

[31] Verglichen mit dem Benzinpreis zurzeit des Buchentwurfs. Nicht mehr realistische Angaben müssen durch den Bearbeiter korrigiert werden.

Dadurch steigen die Kosten der vorgegebenen Reise auf 487,95 Euro. Die Kosten der Variante 1 betragen:

Gesamtkosten: 522 km · 2 · 0,45 € / km = **469,80 €**

Als gesamte Fahrstrecke wird analog zur Zeitermittlung die doppelte Summe der Entfernungen der Knoten 2 bis 12 von Knoten 1 herangezogen.

Variante 2: Zeitminimale Rundreise über alle 13 Knoten ermitteln

Nach dem Import der Fahrzeiten in die Bewertungsmatrix können die verschiedenen Eröffnungsverfahren des Traveling-Salesman-Problems angewendet werden. Es ergeben sich 530 Minuten mit dem Verfahren „Bester Nachfolger" bzw. 504 Minuten mit dem Verfahren „Sukzessive Einbeziehung" und 527 Minuten mit dem Verfahren von „Christofides". Anschließend kann mit den Verbesserungsverfahren (2-opt, 3-opt) versucht werden, die erhaltene Lösung zu optimieren. Dabei konnten die Lösungen mit „Bester Nachfolger" und „Christofides" ebenfalls auf 504 Minuten reduziert werden. Bei der „Sukzessiven Einbeziehung" war mit diesen Verfahren keine Verbesserung mehr möglich (vgl. Tabelle 3-12).

Tabelle 3-12 Verfahrensausgaben

Bester Nachfolger	Sukzessive Einbeziehung	Christofides
1 - 8 - 2 - 3 - 11 - 4 - 9 - 7 - 12 - 10 - 6 - 5 - 13 – 1	1 – 3 - 4 - 9 - 7 - 12 - 10 - 6 - 2 - 8 - 13 - 5 - 11 - 1	1 - 8 - 2 - 3 - 9 - 7 -12 - 10 - 6 - 13 - 5 - 11 - 4 - 1
530 Minuten	504 Minuten	527 Minuten
Ergebnisse nach der Kombination mit 3opt (enthält 2opt):		
1 - 11 - 5 - 13 - 8 - 2 - 6 - 10 - 12 - 7 - 9 - 4 - 3 – 1	1 – 3 - 4 - 9 - 7 - 12 - 10 - 6 - 2 - 8 - 13 - 5 - 11 - 1	1 - 11 - 5 - 13 - 8 - 2 - 6 – 10 - 12 - 7 - 9 - 4 - 3 - 1
504 Minuten	504 Minuten	504 Minuten

Somit stellen alle gefundenen Routen gleichberechtigte Lösungen dar. Allerdings sind die Rundreisen „Bester Nachfolger" / „Christofides" identisch und die dritte Lösung stellt lediglich deren Umkehrung dar. Deshalb müssen nur zwei Rundreisen (bzw. eine und ihre Umkehrung) näher untersucht werden. Anhand des Weges über die Knoten sind nun (mittels Zeiten, Aufenthaltsdauer und Kilometern) die Gesamtzeit und Gesamtkosten zu ermitteln. Dabei sollte eine Rundreise gemäß Aufgabenstellung nicht viel länger als zehn Stunden (600 min) dauern, weshalb an den entsprechenden Orten jeweils Übernachtungen einzufügen sind.

Tabelle 3-13 *Variante 2a: Rundreise „Sukzessive Einbeziehung"*

Start-Ziel	Zeit [min]	Strecke [km]	Aufenthalts- dauer [min]	[min] (je Kunde)	[min] (je Tag)	Kosten p.Ü.p.P.	Fahr- kosten
1 - 3	22	15	120	142	142		3,15
3 - 4	26	9	120	146	288		9,00
4 - 9	31	19	240	271	559	77,00	85,50
9 - 7	15	10	120	135	135		83,70
7 - 12	25	41	240	265	400		4,05
12 - 10	62	104	120	182	582	56,00	9,90
10 - 6	19	17	120	139	139		7,65
6 - 2	26	22	120	146	285		46,80
2 - 8	13	9	120	133	418	51,00	18,45
8 - 13	108	186	240	348	348		4,50
13 - 5	113	190	120	233	581	52,00	8,55
5 - 11	25	20	120	145	145		4,05
11 - 1	19	7	-	19	164		6,75
		649		2.304		236,00	292,05

Tabelle 3-14 Variante 2b: Rundreise „Bester Nachfolger" und „Christofides"

Start-Ziel	Zeit [min]	Strecke [km]	Aufenthalts- dauer [min]	[min] (je Kunde)	[min] (je Tag)	Kosten p.Ü.p.P.	Fahr- kosten
1 - 11	19	7	120	139	139		3,15
11 - 5	25	20	120	145	284		9,00
5 - 13	113	190	240	353	637	84,00	85,50
13 - 8	108	186	120	228	228		83,70
8 - 2	13	9	120	133	361		4,05
2 - 6	26	22	120	146	507	59,00	9,90
6 - 10	19	17	120	139	139		7,65
10 - 12	62	104	240	302	441		46,80
12 - 7	25	41	120	145	586	52,00	18,45
7 - 9	15	10	240	255	255		4,50
9 - 4	31	19	120	151	406		8,55
4 - 3	26	9	120	146	552		4,05
3 - 1	22	15		22	574		6,75
		649		**2.304**		**195,00**	**292,05**

Es ergeben sich Zeiten von jeweils 2.304 Minuten und Kosten von 528,05 Euro bzw. 487,05 Euro (vgl. Tabelle 3-13 und Tabelle 3-14).

Variante 3: Vorgegebene Rundreise ohne Übernachtungen

In der dritten Alternative wird untersucht, ob sich durch Weglassen der Übernachtungen Verbesserungen erzielen lassen, das heißt, es wird am Tagesende jeweils wieder zum Knoten 1 zurückgefahren. Dementsprechend fallen hier zusätzliche Kilometerkosten an, während die Übernachtungskosten entfallen. Diese Idee soll zunächst auf die bereits vorgegebene Route aus der Aufgabenstellung angewendet werden. Im Folgenden werden kurz die Endlösungen mit Angabe von Weg, Gesamtdauer und Gesamtkosten aufgeführt:

Tour 1:	1 – 3 – 4 – 9 – 1	77 km	599 min
Tour 2:	1 – 7 – 10 – 6 – 2 – 1	173 km	629 min
Tour 3:	1 – 8 – 5 – 11 – 1	53 km	445 min
Tour 4:	1 – 12 – 1	184 km	354 min
Tour 5:	1 – 13 – 1	388 km	470 min
Summe:		875 km	**2.497 min**

Gesamtkosten: 875 km · 0,45 € / km = **393,75 €**

Variante 4: Neue Rundreise ohne Übernachtungen

Nun soll die gleiche Idee wie in Variante 3 auch auf die neue Rundreise aus Variante 2 angewendet werden. Den Ausgangspunkt der eigentlichen Rechnung bilden hier wiederum die mit Hilfe der Verfahren „Bester Nachfolger", „Sukzessive Einbeziehung" und „Christofides" mit anschließender Anwendung der Verbesserungsverfahren ermittelten Lösungen. Es ergeben sich jeweils folgende Touren:

Tour 1:	1 – 3 – 4 – 9 – 1	77 km	599 min
Tour 2:	1 – 7 – 12 – 10 – 1	240 km	658 min
Tour 3:	1 – 6 – 2 – 8 – 1	66 km	451 min
Tour 4:	1 – 13 – 5 – 1	409 km	620 min
Tour 5:	1 – 11 – 1	14 km	158 min
Summe:		806 km	**2.486 min**

Gesamtkosten:	806 km · 0,45 € / km	=	**362,70 €**

Es kann auch versucht werden, Knoten 11 noch in die vorangehende Tour einzubeziehen, wodurch sich jedoch eine Tageslast von mehr als zwölf Stunden am vierten Tag ergeben würde. Vorteilhafter erscheint hier deshalb die Einbeziehung von Knoten 11 in Tour 3, da diese noch Zeitreserven besitzt und insbesondere durch Knoten 8 eine gute Anbindung an Knoten 11 bietet:

Tour 1:	1 – 3 – 4 – 9 – 1	77 km	599 min
Tour 2:	1 – 7 – 12 – 10 – 1	240 km	658 min
Tour 3:	1 – 6 – 2 – 8 – 11 – 1	75 km	596 min
Tour 4:	1 – 13 – 5 – 1	409 km	620 min
Summe:		801 km	**2.473 min**

Gesamtkosten:	801 km · 0,45 € / km	=	**360,45 €**

Variante 5: Lösung mit der Savings-Heuristik:

Idee dieser Variante ist es, ebenfalls ohne Hotelübernachtungen auszukommen, jedoch die einzelnen Touren mit einem Verfahren der Tourenplanung festlegen zu lassen. Dazu müssen zunächst in den Graphen mit den Fahrzeiten fiktive Bedarfe eingegeben werden (z. B. jeweils „1") sowie ein beliebig großer Fuhrpark mit hohen Fahrzeugkapazitäten. Die Begrenzung der Touren erfolgt über die Eingabe der Maximaldauer, also z. B. 630 Minuten. Es ergeben sich folgende Touren:

Tour 1:	1 – 8 – 2 – 4 – 11 – 1	57 km	583 min
Tour 2:	1 – 3 – 7 – 12 – 1	195 km	617 min
Tour 3:	1 – 5 – 13 – 1	409 km	620 min
Tour 4:	1 – 9 – 10 – 6 – 1	145 km	628 min
Summe:		806 km	**2.448 min**

Gesamtkosten:	806 km · 0,45 € / km	=	**362,70 €**

Vergleich der Varianten:

Es wurden die in der Tabelle 3-15 dargestellten Ergebnisse erzielt (inkl. der vorgegebenen Rundreise aus der Aufgabenstellung als „Variante 0").

Tabelle 3-15 Variantenvergleich

Zielgröße	„0"	1	2a	2b	3	4a	4b	5
Zeit (min)	2.415	2.752	2.304	2.304	2.497	2.486	2.473	2.448
Zeit (Tage)	5	-	5	4	5	5	4	4
Kosten (€)	487,95	469,80	528,05	487,05	393,75	362,70	360,45	362,70

Die Varianten 0 und 2a können sofort gestrichen werden, da die Variante 2b hinsichtlich beider Zielgrößen mindestens gleich gut abschneidet. Ebenso können die Varianten 1, 3 und 4a gestrichen werden, da diese auf gleiche Weise von der Variante 5 dominiert werden. Schließlich kann 4b zugunsten von 5 gestrichen werden, da erstere 25 Minuten mehr benötigt, aber lediglich um ca. zwei Euro kostengünstiger als Variante 5 ist.

Somit muss lediglich zwischen den Varianten 2b und 5 abgewogen werden. Variante 2b beansprucht die kürzeste Zeit, hat jedoch relativ hohe Kosten zur Folge. Dagegen ist Variante 5 um 2,4 h länger, aber ca. 124 Euro billiger. Welche dieser zwei Varianten realisiert werden sollte, hängt von den Präferenzen des Geschäftsführers ab und davon, ob er die durch die Übernachtungen im Rahmen der Variante 2b eingesparte (Fahr-)Zeit überhaupt anderweitig sinnvoll nutzen kann.

Ergebnis: Die von der Vertriebsabteilung ermittelte Rundreise („Variante 0") kann deutlich verbessert werden. Dabei ist vor allem die Reduktion der gesamten Vertragsaktivitäten auf nur noch vier Tage hervorzuheben.

3.3 Moses GmbH – Beschaffungsoptimierung eines Mopedherstellers

3.3.1 Das Unternehmen

Die Moses GmbH ist ein Unternehmen, das auf dem Kraftradsektor tätig ist. Neben den zwei Produktionsstandorten Leipzig und Dresden in Deutschland hat es mehrere Vertriebsniederlassungen, vor allem auf dem amerikanischen, dem ostasiatischen und dem europäischen Markt. Im größeren Standort Leipzig werden die Motorräder mit einer Motorisierung ab 80 ccm hergestellt. In Dresden, wo ca. ein Drittel der Mitarbeiter beschäftigt ist, werden Mopeds mit einem 50 ccm Motor gefertigt, wobei man drei Modellvarianten unterscheidet. Die Standardvariante (N) hat den größten Anteil am Absatz mit ca. 45 Prozent von ungefähr 40.000 Mopeds pro Jahr. Weiterhin wird die Sportvariante (S) mit einem Anteil von 30 Prozent und die Komfortvariante (K) zu 25 Prozent produziert. Die Komfortvariante mit ihrem Überrollbügel steht zugleich für Sicherheit. Mit dieser Produktpalette will man eine breite Kundengruppe ansprechen. Das Hauptanliegen des Unternehmens ist es, eine sehr gute Qualität zu liefern, was jedoch unter Berücksichtigung eines guten Preis-Leistungsverhältnisses umgesetzt werden soll.

3.3.2 Ist-Situation und Ausgangsinformationen

Während bei der Gesamtfirma für letztes Jahr wieder ein Gewinnüberschuss zu Buche steht, sind im Standort Dresden erstmals „rote Zahlen" geschrieben worden. Da es keinen Rückgang an Aufträgen gibt, muss man von Ineffizienzen in der Unternehmensstruktur der Sparte Moped ausgehen. Um die Unzulänglichkeiten zu beseitigen, wird eine Unternehmensberatung zu Rate gezogen. Deren Mitarbeiter, Herr Meier, soll den Bereich Beschaffung hinsichtlich vorhandener Effizienzpotenziale untersuchen.

Bei Aufnahme seiner Tätigkeit im Unternehmen werden Herrn Meier verschiedene Informationen und Daten zur Verfügung gestellt. Zunächst erhält er die nachfolgend abgebildete allgemeine Produktionsstruktur eines Mopeds ausgehändigt (siehe auch Datei „Allgemeine Produktionsstruktur Moped.graph").

Abbildung 3-2 Produktionsstruktur mit Direktbedarfskoeffizienten

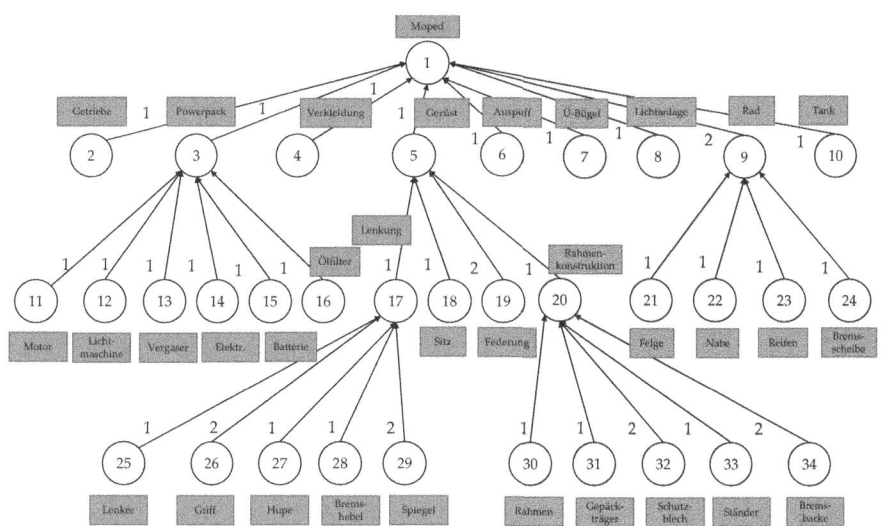

Bei dem dargestellten Moped in Abbildung 3-2 handelt es sich um eine Mischvariante. Das bedeutet, dass sich einige Teile hinsichtlich der zu produzierenden Variante unterscheiden. Die Variantenteile werden von jeweils ein und demselben Lieferanten bezogen, verursachen daher keinen erheblichen Zusatzaufwand und bedürfen keiner gesonderten Behandlung. Ein Einzelteil oder Halbfabrikat, welches in ein übergeordnetes Zwischenprodukt eingeht, muss jeweils eine halbe Woche vor der nächsten Fertigungsstufe vorhanden sein. Diese Vorlaufverschiebung von einer halben Woche ist notwendig, weil Halbfabrikate teilweise geprüft oder örtlich verlagert werden müssen.

Außerdem können durch bereits eingeleitete Rationalisierungsmaßnahmen die Lagerkosten ab diesem Jahr um zehn Prozent gesenkt werden. Im Vorjahr wurden gemäß Tabelle 3-16 noch folgende Kosten des Zentrallagers mit Vorratshaltung für alle Einzelteile verzeichnet.

Tabelle 3-16 Kostenarten im Zentrallager

Kostenart	Beschreibung	Kosten in €
Lagergutkosten	Sonderbehandlung, Schwund	15.000
Lagerraumkosten	Heizung, Beleuchtung	67.000
Lagerpersonalkosten	11 Lagerarbeiter à	28.000
sonst. Lagergemeinkosten	Abschreibung, Versicherung etc.	170.000

Eine Analyse des Warenwirtschaftssystems ergab zudem, dass der durchschnittliche Lagerbestandswert im letzten Jahr mit 3.990.000 Euro auf einem sehr hohen Niveau lag. Die Lagerhaltungskosten einzelner Produkte verhalten sich dabei auf Grund der Produktionsstruktur in etwa proportional zu ihrem Wert. Der feste Zinssatz liegt zurzeit sehr niedrig bei 2,5 Prozent pro Jahr und der Risikoaufschlag der Firma beträgt 3,5 Prozent pro Jahr.

Weiterhin teilt man Herrn Meier Anfang Juli mit, dass im August (d. h. ab Woche 31B) die Einführung der Neuerung „Stufenloses Getriebe" bei allen drei Modellvarianten der Mopeds vorgesehen ist.

Bereitgestellte Daten zu diesem Abschnitt:

- Datei „Allgemeine Produktionsstruktur Moped.graph" (siehe Abbildung 3-2)

- Tabelle „Gesamtbedarf (Vorjahr).xls" (Variantenteile, Preise und Mengen, vgl. Tabelle 3-17)

- Tabelle „Nachfragedaten.xls" (bereits vorliegende Bestellungen und Bestände, unterteilt in halbe Wochen, z. B. Woche 32 geteilt in 32A & 32B, vgl. Tabelle 3-18)

Tabelle 3-17 Variantenteile mit Preisen und Mengen (Auszug)

Name	Variante 1			Variante 2			Variante 3		
	Modell	Preis	Menge	Modell	Preis	Menge	Modell	Preis	Menge
Auspuffanlage	N+K	17,45	30.036	S	19,00	20.506			
Batterie	N+S+K	11,00	42.283						
Bremsscheibe	N+S+K	11,00	83.347						
Federung	N	17,45	38.154	S	23,00	25.587	K	21,00	20.887
Felge	N	8,00	39.034	S	11,00	28.067	K	8,00	24.101
...									

Tabelle 3-18 Primärbedarfe (Auszug) (st=stufenlos, n=konventionell)

halbe Kalenderwochen	30A	30B	31A	31B	32A	32B	33A	33B	34A	34B	35A
Art.-Bez.:											
Normal (n)	-	-	-	143	139	165	153	144	145	133	139
Normal (st)	-	-	-	48	56	41	42	54	63	62	68
Sport (n)	-	-	-	113	114	111	113	118	103	108	111
Sport (st)	-	-	-	14	16	17	19	20	27	21	29
...											

Außerdem übergibt man ihm die für den Beschaffungsbereich relevanten Ergebnisse eines internen Benchmarking mit dem Standort Leipzig. Nach Auswertung dieser Ergebnisse sowie weiterer Informationen stößt Herr Meier auf zwei Problembereiche, deren Situation im Folgenden näher beschrieben wird.

3.3.3 Problembereiche

3.3.3.1 Powerpack

Die im eigenen Unternehmen durchgeführte Montage des Powerpacks, das die Komponenten Motor, Lichtmaschine, Vergaser, Elektronik und Batterie beinhaltet, hat sich als ineffizient erwiesen. Verantwortlich dafür sind insbesondere die hohen Lagerbestände im Bereich Motorbeschaffung. Im Vergleich zum internen Benchmarking-Partner fällt auf, dass bei halber Absatzmenge ca. die 1,5fache Menge an Motoren im Lager bereitgehalten und somit sehr viel Kapital gebunden wird. Während in Leipzig die Möglichkeit besteht, zweimal pro Woche zu bestellen, erfolgt dies in Dresden bisher nur sehr unregelmäßig, aber meist nicht häufiger als alle zwei Wochen. Dies ist vor allem auf die sehr hohe Lieferzeit von zwei Wochen der bisherigen Lieferanten zurückzuführen. Dadurch sind die Absatzdaten für die zu bestellenden Perioden oft noch nicht bekannt und es wird deshalb die Menge der letzten Bestellung herangezogen. Außerdem kam es in der Vergangenheit oft zu Lieferverzögerungen und Qualitätsproblemen. Infolgedessen wurden sehr hohe Sicherheitsbestände aufgebaut. Aus der Controlling-Abteilung ist bekannt, dass durch eine Motorbestellung Fixkosten in Höhe von 220 Euro entstehen.

3.3.3.2 Situation Rahmen

Bei der Analyse der Rahmen wurde Herrn Meier mitgeteilt, dass sich die Produktionstechnik seitens des Lieferanten seit fast zehn Jahren nicht geändert hat. Kundenuntersuchungen haben ferner gezeigt, dass man im Vergleich zu Konkurrenzprodukten in diesem Bereich einen deutlichen Rückstand aufweist. Daher wollte man sich vom bisherigen Rahmenlieferanten trennen. Allerdings bietet der Markt zurzeit keine Alternativen an potenziellen Rahmenlieferanten, so dass bereits ein Angebot zur Errichtung einer Produktionsstätte für die Eigenproduktion von Rahmen eingeholt wurde. Mit einmaligen Investitionskosten in Höhe von elf Mio. Euro könnte die Anlage sechs Jahre betrieben werden. Dabei würden jährliche Personalkosten von 64.000 Euro anfallen und die Rahmen könnten zu variablen Kosten von 56 Euro hergestellt werden.

3.3.4 Vorschläge

Zum Abschluss seiner Tätigkeit unterbreitet Herr Meier folgende Vorschläge, um die Situation des gesamten Beschaffungsbereiches und insbesondere die der beiden Problembereiche zu verbessern.

Zunächst schlägt er vor, dass in Zukunft für alle Einzelteile mit einem hohen Einkaufswertanteil (welche zusammen mindestens die Hälfte des gesamten Einkaufswerts ausmachen sollen) und weiterhin für die stark relevanten Einkaufsteile (mittlerer Einkaufswertanteil) der Bedarf für die nächsten Perioden mit Hilfe der programmorientierten Materialbedarfsrechnung ermittelt werden sollte, um so für diese eine bessere Einschätzung der Situation im Unternehmen zu erhalten. Dieses Vorgehen hat sich in der Sparte Motorrad bewährt. Für alle anderen Teile sollte eine verbrauchsorientierte Materialbedarfsrechnung erfolgen.

Für die Beschaffung des Motors im Bereich Powerpack sollte schnellstmöglich ein neuer Lieferant gewonnen werden. Dazu wurde bereits eine Vorauswahl von fünf potenziellen Lieferanten getroffen. In der Tabelle 3-19 stehen folgende Lieferantendaten zur Verfügung:

Tabelle 3-19 Lieferanteneigenschaften

		Lieferant 1	Lieferant 2	Lieferant 3	Lieferant 4	Lieferant 5
Qualität		sehr schlecht	hoch	hoch	mittel	mittel
Preis		219 €	239 €	265 €	233 €	232 €
Zuver-lässig-keit	Termin	max. 1 Tag zu spät	>1 Woche zu spät	zu früh	max. 1 Tag zu spät	max. 1 Tag zu spät
	Menge	max. 10% über Be-stellmenge	>10% unter Be-stellmenge	max. 10% über Be-stellmenge	0% Bestell-mengenab-weichung	max. 10% über Be-stellmenge
Technologie, Ressourcen-ausstattung		schlecht	mittel	hoch	mittel	schlecht
Flexibilität, Anpassungsfä-higkeit		mittel	schlecht	schlecht	hoch	mittel
Kommunikati-on, Service, Image		mittel	sehr gut	gut	gut	mittel

Bei all diesen potenziellen neuen Lieferanten ist es möglich, zweimal pro Woche zu bestellen. Auch hinsichtlich der Bedeutung der einzelnen Kriterien hat sich Herr Meier bereits Gedanken gemacht. Qualität steht für die Moses GmbH an erster Stelle. Auch der Preis und die Zuverlässigkeit eines Unternehmens sollten einen recht bedeutenden Anteil ausmachen. Termin und Menge als Unteraspekte der Zuverlässigkeit werden als gleichbedeutend betrachtet. Technologie/Ressourcenausstattung und Flexibili-tät/Anpassungsfähigkeit nehmen eine weniger bedeutende Stellung ein und Kommu-nikation/Service/Image ist unter den gegebenen Kriterien dasjenige, was den gerings-ten Einfluss auf die Ziele beim Powerpack hat.

Bei der Auswertung der Benchmarking-Ergebnisse hat Herr Meier festgestellt, dass die Sparte Motorrad in Leipzig mopedähnliche Rahmen zu variablen Kosten von 56 Euro selbst produziert und die Anlage noch acht Jahre Nutzungsdauer hat. Weitere Analy-sen haben gezeigt, dass diese Anlage mit einer Investitionssumme von acht Mio. Euro erweiterbar ist, wobei jährliche Kosten für Personalaufwand in Höhe von 64.000 Euro entstehen. Nach Ermittlung des Gesamtbedarfs hat die Distributionsabteilung der Moses GmbH errechnet, dass für einen möglichen Transport der Rahmen von Leipzig nach Dresden noch zusätzliche Kosten in Höhe von geschätzten 100.000 Euro pro Jahr anfallen würden. Für den Bereich Rahmen schlägt Herr Meier daher eine Überprüfung vor, ob eine Eigenfertigung der Rahmen in Bezug auf die Kosten sinnvoll ist. Bei einer

Entscheidung für oder gegen die Eigenfertigung sollte sowohl das Ansteigen der Stückzahlen durch das neuartige stufenlose Getriebe als auch die prognostizierten Wachstumsraten von 5%, 4%, 2% und 2% für die nächsten vier Jahre berücksichtigt werden. Weiterhin rät er dazu, bei den Bedarfsmengen eine Sicherheit von zehn Prozent einzubeziehen, um bei unerwarteten Entwicklungen in der Zukunft trotzdem die richtige Entscheidung zu treffen.

3.3.5 Aufgabenstellung

Als Mitarbeiter der Beschaffungsabteilung der Moses GmbH sollen Sie die neu gewonnenen Erkenntnisse in der Praxis berücksichtigen. Folgende Aufgaben sind an Sie übertragen worden:

Auf Grundlage der gegebenen Daten muss für den Bedarf an Motoren für August ein möglichst optimaler Bestellplan ermittelt werden. Da die Bestellung bereits beim neuen Lieferanten erfolgen soll, müssen Sie diesen ebenfalls ermitteln.

Weiterhin hat man Ihnen die Aufgabe übertragen, zu bestimmen, welche der denkbaren Varianten bezüglich der Rahmenfertigung am kostengünstigsten für das Unternehmen ist. Eine solche Entscheidung soll auf Grundlage des voraussichtlichen Bedarfs an Rahmen in vier Jahren erfolgen. Die Basis für die Berechnung des Bedarfs in vier Jahren mit Hilfe der erwarteten Wachstumsraten soll dabei der prognostizierte Bedarf der halben Woche 37 B des aktuellen Jahres sein, da dieser Wert erfahrungsgemäß relativ repräsentativ für das jeweilige Jahr ist. Gehen Sie dabei von 52 Wochen im Jahr aus.

3.3.6 Lösungsvorschlag

Bei Analyse der gegebenen Daten und der Aufgabenstellung sollte zunächst der neue Lieferant mit Hilfe der Scoring-Methode ausgewählt werden, da diese Entscheidung vollständig mit Hilfe der bereits gegebenen Daten getroffen werden kann. Die dazu notwendigen Daten sind in Tabelle 3-19 und im darunter stehenden Text gegeben. Die Entscheidung über die Bestellmengen kann auf Grund der zuvor notwendigen Berechnung des Lagerhaltungskostensatzes erst nach der Lieferantenauswahl erfolgen, da diese u. a. auf dem Einkaufpreis basiert, welcher vom Lieferanten abhängig ist.

3.3.6.1 Lieferantenauswahl Motor

Auf Grundlage der gegebenen Daten bietet es sich an, den besten Lieferanten mittels Scoring-Verfahren zu bestimmen. Dabei werden den Bewertungen der einzelnen Lieferanten entsprechend der vorgegebenen Punkteskala Punkte zugewiesen und unter Beachtung der gegebenen Gewichtung aufsummiert.

Die gegebenen Ausprägungen der Lieferanten bezüglich der Kriterien („gut", „sehr schlecht" etc.) deuten auf ein typisches Schema mit fünf möglichen Skalenwerten hin, weshalb in der Tabelle 3-20 folgende Punkteverteilung verwendet wurde:

Tabelle 3-20 Skalenwerte I

	1 Punkt	2 Punkte	3 Punkte	4 Punkte	5 Punkte
Qualität	sehr schlecht	schlecht	mittel	hoch	sehr hoch
Preis	sehr hoch	hoch	mittel	gering	sehr gering
Technologie	sehr schlecht	schlecht	mittel	hoch	sehr hoch
Flexibilität	sehr schlecht	schlecht	mittel	hoch	sehr hoch
Kommunikation	sehr schlecht	schlecht	mittel	gut	sehr gut

Bei der Wertung der Zuverlässigkeit existiert mehr Spielraum. In der Tabelle 3-21 wurden beispielhaft folgende Werte verwendet:

Tabelle 3-21 Skalenwerte II

	5 Punkte	4 Punkte	3 Punkte	1 Punkt	0 Punkte
Termin	pünktlich	zu früh	≤ 1 Tag zu spät	≤ 1 Woche zu spät	> 1 Woche zu spät
Menge	0% Mengenabweichung	≤ 10% über Bestellmenge	≤ 10% unter Bestellmenge	> 10% über Bestellmenge	> 10% unter Bestellmenge

Gemäß der Angaben zur Bedeutung der Kriterien wurde folgende Verteilung vorgenommen: Qualität 35%, Preis 20%, Zuverlässigkeit 20% (je 10% pro Unterkriterium), Technologie und Flexibilität jeweils 10%, Kommunikation 5%. Es ergeben sich nach Durchführung des Scoring-Verfahrens folgende in der Tabelle 3-22 dargestellten Werte (siehe auch Datei „Lösung Lieferantenauswahl.xls"):

Tabelle 3-22 Ergebnis Scoring-Verfahren

	Gewicht in %	Liefe-rant 1	Liefe-rant 2	Liefe-rant 3	Liefe-rant 4	Liefe-rant 5
Qualität	35	1	4	4	3	3
Preis	20	5	3	1	3	3
Zuverlässigkeit						
Termin	10	3	0	4	3	3
Menge	10	4	0	4	5	4
Technologie, Ressourcen-ausstattung	10	2	3	4	3	2
Flexibilität, An-passungsfähigkeit	10	3	2	2	4	3
Kommunikation, Service, Image	5	3	5	4	4	3
Summe	100	2,70	2,75	3,20	3,35	3,00

Das beste Ergebnis erzielt nach dieser Vorgehensweise der Lieferant 4. Daher sollte dieser als neue Bezugsquelle für den Motor verwendet und bei erfolgreicher Zusammenarbeit langfristig an die Moses GmbH gebunden werden.

3.3.6.2 Teileklassifizierung anhand einer ABC-Analyse

Für die geforderte Bestimmung der Bestellmengen muss zunächst eine Materialbedarfsrechnung durchgeführt werden. Um festzulegen, ob für die zu betrachtenden Produkte eine programmorientierte oder eine verbrauchsorientierte Materialbedarfsrechnung erfolgen muss, ist zunächst eine ABC-Analyse notwendig. Als A-Artikel sollen dabei laut Aufgabenstellung die Produkte bezeichnet werden, die zusammen einen Wertanteil von mindestens 50 Prozent des gesamten Einkaufswertes ausmachen. Da der Rahmen gemäß der Datei „ABC-Analyse.abcp" zusammen mit dem Motor und dem Getriebe die 50% Wertanteil nur um 3,5% überschreitet und der Rahmen hauptsächlich im 50%-Bereich liegt (von 43,7% bis 50%), wird die A-Grenze auf 55% angehoben, um den Rahmen noch mit zu erfassen (siehe „ABC-Analyse-55.abcp"). Da die Aufgabenstellung von *„mindestens 50%"* spricht, ist dies auch erlaubt. Als B-Artikel werden im Folgenden diejenigen Produkte bezeichnet, die bis zu 80 Prozent Wertanteil des gesamten Einkaufswertes aufweisen. Alle übrigen Produkte sind dann C-Artikel.

Während für A-Artikel intensive Markt- und Kostenanalysen durchgeführt und exakte Verfahren für Disposition und Bedarfsermittlung verwendet werden sollten sowie die Lagerbestände so klein wie möglich zu halten sind, empfiehlt es sich für C-Artikel vereinfachte Methoden zu verwenden, so dass die Kosten für die Behandlung dieser Artikel nicht größer als deren Wert sind.

Für diese Fallstudie sind in Bezug auf die Variantenteile zwei verschiedene Vorgehensweisen möglich. Einerseits kann jede unterschiedliche Ausführung einer Systemkomponente als einzelne Materialposition betrachtet werden, zum anderen kann aber auch ein Durchschnittspreis für solche Teile ermittelt werden. Da Variantenteile, wie angegeben, keinen erheblichen Zusatzaufwand benötigen und von demselben Lieferanten bezogen werden, ist es sinnvoll, die zuletzt genannte Möglichkeit zu wählen.

Im Hinblick auf den zukünftigen Bezug wurde beim Motor bereits der Preis des neuen Lieferanten eingesetzt. Bei Komponenten, zu denen es Varianten gibt, wird der Variantenpreis zur Ermittlung eines repräsentativen Preises mit der jeweils angefallenen Stückzahl gewichtet. Dies erfolgt, indem man den Einkaufsumsatz über alle Teile einer Kategorie ermittelt und diesen dann durch deren Mengensumme dividiert (vgl. Datei „ABC-Analyse.xls").

Mit den gewichteten Durchschnittspreisen und den zugehörigen Gesamtmengen kann nun die ABC-Analyse direkt in der obigen Tabelle oder auch in der Toolbox durchgeführt werden (vgl. Datei „ABC-Analyse.abcp"). Motor, Getriebe und Rahmen stellen somit A-Teile dar.

3.3.6.3 Programmorientierte Materialbedarfsplanung

Da bei der ABC-Analyse sowohl der Motor als auch der Rahmen als A-Teil ermittelt wurden, ist für diese Produkte eine programmorientierte Materialbedarfsrechnung durchzuführen.

Da Einzelteile mit einem hohen Wert betrachtet werden sollen, ist der Einsatz eines programmorientierten Verfahrens gerechtfertigt, wenngleich dies einen höheren Aufwand mit sich bringt als eine stochastische Lagerhaltung. Außerdem sind die genauen Bedarfe für den Monat August bekannt. Daher bietet sich das Dispositionsstufenverfahren an. Um diese Methode in der Toolbox anwenden zu können, ist es notwendig, die Produktstruktur in einem Gozintographen darzustellen. Aus der allgemeinen Darstellung für ein Moped (siehe Datei „Allgemeine Produktstruktur Moped.graph") sowie den gegebenen Informationen, welche Variantenteile in welche Mopedart eingehen, kann in der Toolbox ein Gozintograph erstellt werden. Dabei treten die sechs Mopedvarianten als Endprodukte auf. Man kann nun einen vollständigen Gozintographen aufstellen (siehe Datei „Dispositionsstufendarstellung.graph"). Da jedoch bereits jetzt bekannt ist, dass im Verlauf der weiteren Bearbeitung lediglich der Motor und der Rahmen von Interesse sind, kann der Gozintograph auch auf die hierfür notwendigen Baugruppen beschränkt werden (siehe Datei „Dispositionsstufendarstellung-reduziert.graph").

Weiterhin ist bekannt, dass eine Dispositionsstufe eine halbe Woche Vorlaufverschiebung bedeutet. Außerdem müssen die disponiblen Bestände berücksichtigt werden. Diese werden ermittelt, indem vom Lagerbestand der Sicherheitsbestand abgezogen wird. Mit diesen Daten versorgt, ordnet die Toolbox den Perioden die Gesamtbedarfe zu (siehe Datei „Lösung Dispositionsstufenverfahren.dsvt"). Es ergeben sich folgende in Tabelle 3-23 dargestellten Bedarfe für den Motor:

Tabelle 3-23 Ergebnis Dispositionsstufen-Verfahren (Motor)

Woche	30		31		32		33		34
Periode	30A	30B	31A	31B	32A	32B	33A	33B	34A
Bedarf	-	344	434	455	433	457	448	442	463

Auf Grundlage der so gewonnenen Ergebnisse kann nun anschließend ein Bestellplan für den Motor ermittelt werden sowie die Hochrechnung der Zukunftsbedarfe an Rahmen erfolgen.

3.3.6.4 Dynamische Losgrößenplanung Motor

Durch die periodengerechte Zuordnung der Motorenbedarfe im Dispositionsstufenverfahren ist die Voraussetzung zur Bestimmung einer kostenoptimalen Bestellpolitik geschaffen worden. Um diese zu bestimmen, müssen die fixen Kosten pro Bestellung und die Kosten für die Lagerung bekannt sein. Während die fixen Bestellkosten mit 220 Euro gegeben sind, muss der Lagerhaltungskostensatz erst bestimmt werden.

Dieser muss aus den Daten des einzigen Zentrallagers der Sparte des letzten Jahres abgeleitet werden:

Lagergutkosten		15.000 €
+ Lagerraumkosten	+	67.000 €
+ Lagerpersonalkosten	+	$11 \cdot 28.000$ €
+ Lagergemeinkosten	+	170.000 €
= Lagerkosten	=	560.000 €

Durch die Rationalisierungsmaßnahmen können diese reinen Lagerkosten (K_L) ab diesem Jahr um zehn Prozent gesenkt werden, was für die Kalkulation Kosten in Höhe von 560.000 € · 0,9 = 504.000 € ergibt.

Weiterhin beträgt der durchschnittliche Lagerbestandswert (B_D) aus dem Vorjahr, für den die Lagerkosten anfallen, 3.990.000 Euro. Der Lagerkostensatz (L_S) kann hieraus auf Grund der angegebenen Proportionalität der Lagerkosten zum Produktwert mit folgender Formel errechnet werden:

$$L_S = \frac{K_L}{B_D} = \frac{504.000\ €}{3.990.000\ €} = 0,1263$$

Somit ergibt sich hierfür ein Wert von 12,63 Prozent. Zusammen mit den kalkulatorischen Zinsen von sechs Prozent, die sich aus einem festen Zinssatz von 2,5 Prozent und einem Risikoaufschlag der Firma von 3,5 Prozent errechnen, erhält man einen Lagerhaltungskostensatz (L_{HK}) von 18,63 Prozent.

Zur Berechnung der Lagerhaltungskosten eines Motors pro Periode müssen nun die Kosten auf eine halbe Woche heruntergerechnet und mit dem Einkaufspreis (P) gewichtet werden:

$$C_L = \frac{L_{HK} \cdot P}{52 \cdot 2} = \frac{0,1863 \cdot 233\ €/\text{ME}}{52 \cdot 2\ \text{halbe Wochen}} = 0,42\ €/(\text{ME} \cdot \text{halbe Woche})$$

Mit den ermittelten Daten und den bereits gegebenen fixen Bestellkosten von 220 Euro kann nun eine dynamische Losgrößenplanung durchgeführt werden. Die Voraussetzung der Abgeschlossenheit des Planungszeitraumes ist hier am Anfang erfüllt. Zum Ende ist diese Restriktion nur bedingt erfüllt, da für die nächsten Perioden noch kein Bedarf bekannt ist. Abhilfe kann durch eine Neuplanung vor Ende des Planungshorizonts, beginnend mit einer Periode, in der wieder bestellt werden müsste, geschaffen werden, sofern die Daten der folgenden Perioden bekannt sind.

Die Toolbox bietet mehrere Verfahren für den dynamischen 1-Produktfall an (siehe Datei „Lösung Dynamische Bestellrechnung.gzr"). Es ergibt sich eine optimale Bestellpolitik mit folgenden Bestellungen: 778 Stück in Woche 30 B, 888 Stück in Woche 31 B, 905 Stück in Woche 32 B sowie 905 Stück in Woche 33 B. Bei dieser Bestellpolitik für den Motor ergeben sich minimale Gesamtkosten in Höhe von 1.626,76 Euro. Würde wie in der Vergangenheit alle zwei Wochen bestellt, so ergäben sich im Monat August zwar lediglich fixe Bestellkosten in Höhe von 440 Euro, jedoch Lagerhaltungskosten von 2.252,88 Euro:

$$0,42\ \frac{€}{\text{ME} \cdot \text{ZE}} \cdot [434 + 448 + (455 + 442) \cdot 2 + (433 + 463) \cdot 3]\ \text{ME} \cdot \text{ZE} = 2252,88\ €$$

Es ergeben sich Gesamtkosten von 2.692,88 Euro. Daraus ist ersichtlich, dass durch die Änderung der Bestellpolitik des Motors allein im Monat August Kosten in Höhe von 1.066,12 Euro eingespart werden können.

Die Aufgabenstellung zum Problembereich Motor ist hiermit vollständig bearbeitet, weshalb man nun zum Problembereich Rahmen übergehen kann.

3.3.6.5 Make-or-buy-Entscheidung bezüglich der Rahmen

Es soll untersucht werden, ob eine Eigenfertigung der Rahmen in Dresden oder Leipzig aus Kostengründen sinnvoll ist. Da dies auf Grundlage des erwarteten Bedarfes an Rahmen zu einem Zeitpunkt in vier Jahren erfolgen soll, muss zunächst dieser Bedarf ermittelt werden. Er soll anhand des Bedarfes der halben Woche 37B festgemacht werden. Für die nachfolgenden Jahre sind bereits die Prognosen der prozentualen Erhöhungen gegeben. Daher muss zunächst der Bedarf der Periode 37B prognostiziert werden. Mit Hilfe der bereits durchgeführten programmorientierten Materialbedarfsplanung sind die benötigten Bedarfe für die Rahmen schon ermittelt worden. Jedoch ist dabei zu beachten, dass sämtliche disponible Bestände und auch alle Vorlaufzeiten gleich Null gesetzt werden müssen, damit der tatsächliche Bedarf an Rahmen in den einzelnen Perioden nicht verfälscht wird (siehe auch Datei „Lösung Dispositionsstufenverfahren Rahmen.dsvt"). Da dem Bearbeiter die Kundenbedarfe erst ab August vorliegen, wurden außerdem die ersten drei Perioden nicht berücksichtigt. Es ergeben sich folgende Bedarfe: 429 Stück in Woche 31B, 434 Stück in Woche 32A, 457 Stück in Woche 32B, 433 Stück in Woche 33A, 457 Stück in Woche 33B, 448 Stück in Woche 34A, 446 Stück in Woche 34B, 467 Stück in Woche 35A.

Auf Grundlage der so ermittelten Bedarfe der Wochen 31B bis 35A muss nun der Bedarf der Woche 37B prognostiziert werden[32]. Eine Prognose kann dabei z. B. mit Hilfe einer Regressionsanalyse oder auch anderer verbrauchsorientierter Prognoseverfahren erfolgen. Um innerhalb der Gruppe der verbrauchsorientierten Prognoseverfahren ein möglichst gutes Prognoseverfahren zu wählen, sollte zunächst auf Grundlage der gegebenen Werte eine Zeitreihe graphisch ermittelt werden.

Dabei zeigt sich, dass ein (leicht) trendförmig ansteigender Bedarfsverlauf vorliegt. Eine Bedarfsprognose sollte daher z. B. mit Hilfe des Verfahrens exponentieller Glättung 2. Ordnung oder des Verfahrens von Smith erfolgen. Um die bestmögliche Prognose zu ermitteln, müssen daher zunächst die Parameter der beiden Verfahren variiert werden. Die Toolbox bietet bereits eine automatische Variation der Parameter, die zwischen 0 und 1 liegen, an. Die in der Tabelle 3-24 angegebenen Parameter wurden

---

[32] Im Allgemeinen ist ein solches Vorgehen jedoch zu riskant, da Make-or-buy-Entscheidungen nicht auf Grundlage einer einzigen Teilperiode getroffen werden sollten. Die Musterlösung folgt hier zwar den gegebenen Anweisungen, aber der Bearbeiter in der Praxis sollte Zweifel an diesem Vorgehen äußern und eine breitere Datenbasis vorschlagen.

durch Orientierung am Fehlermaß „Theil'scher Ungleichheitskoeffizient" (TUK) ermittelt[33]:

Tabelle 3-24 Parameter der Prognoseverfahren

Verfahren	beste(r) Parameter	TUK
Exponentielle Glättung 2. Ordnung	$\alpha=0{,}01$	0,575
Verfahren von Smith	$\gamma=0{,}9$, $\beta=0{,}32$	0,614

Es zeigt sich, dass die Prognose der exponentiellen Glättung 2. Ordnung mit $\alpha = 0{,}01$ am besten abschneidet[34]. Laut dieser Prognose besteht in Woche 37B ein Bedarf an Rahmen in Höhe von 489 Stück (siehe Periode 13 in der Datei „Prognose Rahmen.spvk").

Eine weitere Alternative ist die Regressionsanalyse. Bei ihrer Anwendung erhält man einen prognostizierten Bedarf in Höhe von 479 Rahmen (siehe Datei „Regressionsanalyse.xls"). Im Folgenden soll jedoch von dem obigen Ergebnis (489 Stück) ausgegangen werden[35].

Nach einer Hochrechnung auf ein Jahr (52 Wochen) und über die Wachstumsraten der entsprechenden Jahre errechnet sich ein Bedarf von 57.778 Stück. Der 10%ige Sicherheitsbereich ist nicht zu vergessen, und zwar sinnvollerweise in beide Richtungen. Auf diese Weise entsteht als Angabe für den Gesamtbedarf eine Spanne von 63.556 bis 52.001 Rahmen:

$$+10\% : 489 \cdot 52 \cdot 2 \cdot 1{,}05 \cdot 1{,}04 \cdot 1{,}02 \cdot 1{,}02 \cdot 1{,}1 \approx 63.556$$

$$-10\% : 489 \cdot 52 \cdot 2 \cdot 1{,}05 \cdot 1{,}04 \cdot 1{,}02 \cdot 1{,}02 \cdot 0{,}9 \approx 52.001$$

Der Preis für den Fremdbezug in Höhe von 87 Euro je Stück ergibt sich aus den Daten, die bereits für die ABC-Analyse gegeben waren. Auf Grund der Daten müssen nun zwei Alternativen geprüft werden: Zum einen muss eine Analyse hinsichtlich der Eigenfertigung am Standort Dresden durchgeführt werden (im Weiteren als „Eigenfertigung I" bezeichnet) und zum anderen muss die Möglichkeit der Erweiterung der bereits vorhandenen Produktionsanlage in Leipzig untersucht werden (Eigenfertigung II).

---

[33] Die Orientierung am Theil'schen Ungleichheitskoeffizienten ist eine von mehreren Möglichkeiten. Es könnten außerdem noch die Initialwerte der Verfahren variiert werden. Darauf wurde jedoch zur Aufwandssenkung verzichtet.

[34] Hierbei darf nicht die Vorauswahl der Verfahren vergessen werden, da z. B. das Verfahren von Winters ein noch geringeres Fehlermaß liefert, jedoch auf Grund der unpassenden Charakteristik (saisonales Verfahren) ausscheidet.

[35] Weiterhin ist auch eine Verwendung beider Ergebnisse, z. B. per Mittelung, nicht ausgeschlossen.

Die Formel für den kritischen Preis p_k lautet (hier):

$$p_k = \frac{\text{Investitionskosten} \cdot \text{AF} + \text{Personalkosten}}{\text{Bedarf}} + \text{Herstellerpreis}$$

$$= \frac{11.000.000 \cdot 0,20336 + 64.000}{63.556} \, € + 56 \, € = 92,20 \, €$$

Der Annuitätenfaktor *AF* wird mit einem Kalkulationszins von $i = 0,06$ (6%) über folgende Formel berechnet:

$$AF = \frac{i \cdot (1+i)^{\text{Nutzungsdauer}}}{(1+i)^{\text{Nutzungsdauer}} - 1} = \frac{0,06 \cdot (1+0,06)^6}{(1+0,06)^6 - 1} = 0,20336$$

Somit ergibt sich ein kritischer Preis von 92,20 Euro beim 10%igen Sicherheitszuschlag und 100,25 Euro bei einem 10%igen Sicherheitsabschlag. Beide sind höher als der Einkaufspreis von 87 Euro. Die Lösung der Eigenfertigung I empfiehlt demzufolge, die Beziehung zum Rahmenlieferanten aufrecht zu erhalten, da erst ab einem Fremdbezugspreis von mindestens 92,20 Euro die Eigenfertigung I günstiger wäre.

Bei der Eigenfertigung II erhält man mit einem Annuitätenfaktor von 0,1610 dagegen einen kritischen Preis von 78,85 Euro (bzw. 83,93 Euro, Berechnung analog zu oben, welcher kleiner ist als der Einkaufspreis von 87 Euro. Somit wäre eine Eigenfertigung in Leipzig lohnenswert und die Erweiterung der Produktionsanlage für Rahmen in Leipzig ist baldmöglichst zu realisieren (vgl. Datei „Make-or-buy Entscheidung.xls").

3.4 Elektron GmbH – Make-or-buy bei einem Elektronikauftragsfertiger

3.4.1 Das Unternehmen und sein Branchenumfeld

Die Elektron GmbH ist in der Branche der Elektronikauftragsfertiger (Electronic Manufacturing Services „EMS") tätig, die im Auftrag bekannter Markenhersteller deren Elektronikprodukte fertigen. Diese können so z. B. bei hoher Nachfrage Teile ihrer Produktion an die Auftragsfertiger vergeben und somit flexibler auf Nachfrageschwankungen reagieren. Die EMS-Branche wird dominiert von einigen Großunternehmen wie z. B. Flextronics oder Solectron. Auf Grund ihrer Größe können diese Unternehmen gegenüber Mitbewerbern wesentliche Skaleneffekte insbesondere im Bereich der Beschaffungskosten für Elektronikbauteile realisieren. Dies hat in den letzten Jahren dazu geführt, dass sich kleinere und mittlere Unternehmen vermehrt auf Nischensegmente konzentrierten. Solche Nischen können z. B. spezialisierte Produktionsverfahren oder das Anbieten von Elektronik-Designleistungen sein.

Die Elektron GmbH ist ein mittelständisches Unternehmen mit 218 Mitarbeitern, das aus den zwei Unternehmensbereichen Produktion und Design & Entwicklung besteht. Beide Unternehmensbereiche sind als Profit-Center organisiert. In der Produktion sind insgesamt 185 Mitarbeiter beschäftigt. Für Aufträge, die Kapazitäten im Bereich Design & Entwicklung beanspruchen, werden auftragsabhängig Projektteams aus den Abteilungen Produktentwicklung, Prozessentwicklung und Projektmanagement zusammengestellt. Derzeit arbeiten in diesem Bereich 17 Ingenieure. Für das kommende Jahr sind fünf weitere Neueinstellungen geplant. Die Abbildung 3-3 zeigt die Organisationsstruktur der Elektron GmbH.

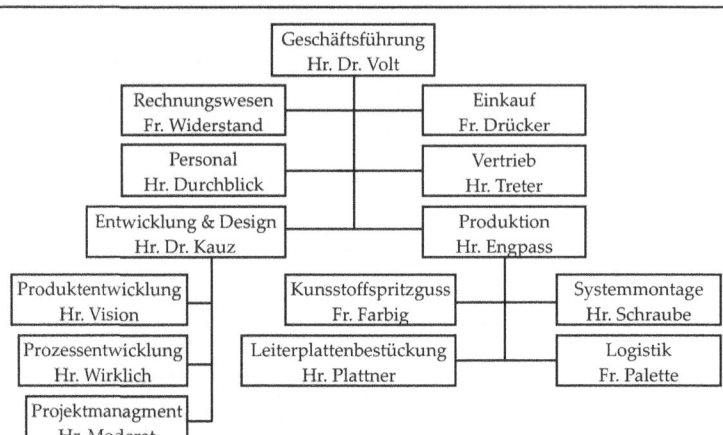

Abbildung 3-3 Organigramm der Elektron GmbH

3.4.2   Die Strategie der Elektron GmbH

Bei der Elektron GmbH drückt sich die bereits angesprochene Fokussierung auf Nischensegmente in zwei Strategiezielen aus. Produktionsseitig ist innerhalb der nächsten zwei Jahre ein schrittweiser Rückzug aus der Leiterplattenbestückung geplant. Dafür sollen weitere Kapazitäten im Bereich der Gehäuseherstellung für Elektronikgeräte und deren Veredelung aufgebaut werden. Bereits heute setzt die Elektron GmbH marktführend die so genannte „Würfeltechnologie" für den Spritzguss von Handyoberschalen ein. Das zweite Strategieziel ist der Ausbau des Bereiches Design & Entwicklung. Man möchte den Kunden zunehmend als Kooperationspartner in der Produktentwicklung zur Seite stehen. So wird gewährleistet, dass Produkt- und Produktionsprozessentwicklung parallel verlaufen, was zu einem schnelleren Serienanlauf in der Geräteproduktion führt.

3.4.3   Umsatz- und Gewinnstruktur

Im Geschäftsjahr 2004 erzielte die Elektron GmbH einen Umsatz von insgesamt 141,1 Mio. Euro. Der „Deckungsbeitrag II", in dem bereits ein Großteil der anteiligen Kosten erfasst ist und der als Instrument der Kundenbewertung bei der Elektron GmbH dient, betrug 29,7 Mio. Euro. Die untenstehende Tabelle 3-25 zeigt einen Auszug der Liste an Kunden mit einem Umsatzvolumen von über 1,5 Mio. Euro, deren Deckungsbeiträge (II) und Umsätze in den Bereichen Produktion („EMS") und Design & Entwicklung („Design") für das Jahr 2004 (für vollständige Daten siehe Datei „Gegebene-Daten.xls", Tabellenblatt „Unternehmenszahlen").

Tabelle 3-25 Kundenumsätze und Deckungsbeiträge II 2004 (Auszug)

Kunde	Umsatz / DB II (EMS) [Mio. €]	Umsatz / DB II (Design) [Mio. €]	Gesamtumsatz / Gesamt-DB II [Mio. €]
DruPa	24,5 / 3,2	2,1 / 0,9	26,6 / 4,1
Eltech	0,4 / 0,1	1,2 / 0,4	1,6 / 0,5
ComPhone	2,3 / 1,0	5,1 / 1,7	7,4 / 2,7
Tele Mobil	11,8 / 1,6	0,3 / 0,1	12,1 / 1,7
Photon	7,4 / 1,7	0,8 / 0,3	8,2 / 2,0
...	...	...	...
Gesamt	**106,8 / 17,4**	**34,3 / 12,3**	**141,1 / 29,7**

3.4.4 Produktspektrum und Produktionsprozesse

Die Elektron GmbH besitzt eine langjährige Erfahrung in der Produktion von Telekommunikationsendgeräten (Handys, Festnetztelefone) und Computerzubehör (Mäuse, Drucker, Scanner, etc.). Zudem werden für Haushaltsgeräte (Mikrowellen, Kühlschränke, etc.) SMT[36]-Leiterplatten bestückt. Gehäuseherstellung und Endproduktmontage werden nur für Produkte aus den Bereichen Telekommunikation und Computerzubehör angeboten.

Die Arbeitsabläufe in den einzelnen Produktionsabteilungen am Beispiel der Handyherstellung sind den Vorgangspfeilnetzen in Abbildung 3-4, Abbildung 3-5 und Abbildung 3-6 zu entnehmen.

Abbildung 3-4 Produktionsablauf in der Bestückungslinie

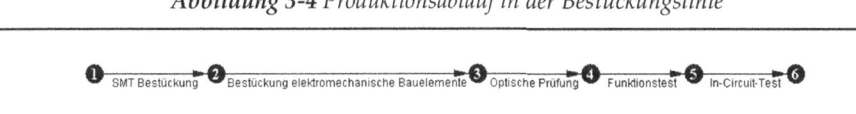

Abbildung 3-5 Arbeitsablauf Systemmontage von Handys

---

[36] SMT: „Surface Mounting Technology", eine spezielle Technologie zur Aufbringung elektronischer Bauelemente auf Leiterplatten.

Abbildung 3-6 Arbeitsablauf Kunststoffspritzguss von Handyschalen

Produziert wird von Montag bis Samstag im Zweischichtbetrieb mit einer Schicht-dauer von jeweils acht Stunden. Engpasssituationen können in den Abteilungen Kunststoffspritzguss und Systemmontage durch Mehrarbeit ausgeglichen werden. In der Leiterplattenbestückung ist dies jedoch nicht möglich: Auf Grund des geplanten Rückzuges aus diesem Bereich werden hier Aufträge fremdvergeben, falls Engpässe auftreten und dies wirtschaftlich sinnvoll ist. Tabelle 3-26 zeigt die Bearbeitungsstatio-nen, die innerhalb der drei Abteilungen als Engpass anzusehen sind, deren Anzahl und die durchschnittlichen Ausfallzeiten, mit denen Herr Engpass die verfügbaren Kapazitäten kalkuliert (siehe auch Tabellenblatt „Produktion" in der Datei „Gegebene-Daten.xls").

Tabelle 3-26 Angaben zu den Bearbeitungsstationen

Bearbeitungsstation	Ausfallzeiten	Maschinenzahl
SMT-Linien	5%	5
Spritzgussmaschine	3%	7
Montageplätze	9%	25

Um innerhalb der Leiterplattenbestückung die Lagerung von Zwischenprodukten zu vermeiden, sind die Bearbeitungsstationen, die den SMT-Linien nachfolgen, auf höhe-re Durchsatzleistungen dimensioniert. Die Produktionsgeschwindigkeit der SMT-Linien selbst ist konstant: Sie verfügen über eine Bestückungsleistung von 100.000 Bauelementen/Stunde [BE/h]. Eine Generalüberholung der Bestückungslinien ist je-weils nach 20.000 Betriebsstunden fällig. Um kurze Übergangszeiten zwischen der Produktion verschiedener Aufträge zu gewährleisten, lassen sich die notwendigen Vorarbeiten für das Rüsten der Bestückungslinien parallel zum Betrieb der Maschinen mit Hilfe von Wechseltischplätzen durchführen. Diese Vorarbeiten bestehen in der Erstellung des Bestückungsprogramms, des Prüfprogramms für die Qualitätstests, der Herstellung je einer Schablone pro genutzter Bestückungslinie für den Lotpastendruck und dem Bereitstellen von Magazinen, welche die zu verwendenden Bauelemente und Leiterplatten enthalten.

3.4.5 Bearbeitung von Kundenanfragen

Kundenanfragen werden zunächst vom Vertrieb entgegengenommen. Enthält der Auftrag auch eine Bestückung von Leiterplatten, so werden durch den Einkauf grundsätzlich Angebote von Zulieferern, die diesen Fertigungsschritt übernehmen können, eingeholt. In internen Gesprächen wird dann die Realisierbarkeit des Auftrages geklärt. Die wichtigste Rolle spielt hierbei der Produktionsleiter Herr Engpass. Da er als Leiter eines Profit-Centers für den Gewinn seines Bereiches verantwortlich ist, entscheidet er letztlich über die Annahme oder Ablehnung eines Produktionsauftrages. Ausnahmen stellen hierbei A-Kunden dar, denen auch Potenzial für die Inanspruchnahme von Elektronik-Designleistungen vorhergesagt wird. Bei Abweichungen vom optimalen Produktionsprogramm kann in solchen Fällen, nach Rücksprache mit der Geschäftsführung und für maximal zwei Monate, ein Absinken des Gesamtdeckungsbeitrages um bis zu 10% in Kauf genommen werden, ohne dass sich dies negativ auf die Leistungsbeurteilung von Herrn Engpass auswirkt. Als Informationsgrundlage für seine Entscheidungen dienen Herrn Engpass Angaben aus seiner eigenen Abteilung sowie aus dem Controlling, dem Einkauf, der innerbetrieblichen Logistik und dem Vertrieb.

3.4.6 Aufgabenstellung

Es ist Anfang Juli 2005 (Kalenderwoche 27). Soeben trat der Vertriebsleiter Herr Treter mit einer kurzfristigen Anfrage des Kunden Neutron AG an den Produktionsleiter Herrn Engpass heran. Da die Produktionsstätte von Neutron AG momentan voll ausgelastet ist, soll die Elektron GmbH einen Teil der Handyproduktion übernehmen. Dabei sollen Mobiltelefone zur Deckung der Nachfrage in den Wochen 30 bis 33 produziert werden, allerdings will sich die Neutron AG trotz wiederholter Nachfrage durch Herrn Treter erst sehr kurz vor der fälligen Lieferung auf konkrete Abnahmezahlen festlegen. Bekannt ist, dass die wöchentlichen Auftragsmengen jeweils spätestens am Abend des Samstags der Vorwoche zur Abholung bereitgestellt werden müssen. Als weitere Zusatzinformationen hat die Neutron AG bereits eine Strukturstückliste (vgl. Tabelle 3-27) und die Absatzmengen der jüngsten Vergangenheit sowie der laufenden Woche (vgl. Tabelle 3-28) an Herrn Treter übermittelt (siehe auch Tabellenblätter „Strukturstückliste" und „Absatzmengen" der Datei „Gegebene-Daten.xls").

Tabelle 3-27 Strukturstückliste Handy

	Strukturstückliste Handy				
Stufe	**Bezeichnung**	**Menge**	**Stufe**	**Bezeichnung**	**Menge**
1	Gehäuseträger	1	3	Mikrofon	1
2	Schrauben	4	3	Lautsprecher	1
2	Oberschale	1	3	Tastatur	1
3	Displaylinse	1	4	Tastaturplatine	1
2	Unterschale	1	4	Tastaturmatte	1
3	Akkufachdeckel	1	5	Druckknöpfe Typ 1	12
2	Leiterplatte	1	5	Druckknöpfe Typ 2	3
3	Aktive SMT-Bauelemente	25	5	Druckknöpfe Typ 3	2
3	Passive SMT-Bauelemente	300	3	Display	1
3	Anschlussleiste	1	4	Flexband	1
3	Buzzer	1	4	LCD Display	1
3	Schallgeber	1	2	Antenne	1

Tabelle 3-28 Handyabsatzmengen (in Tausend Stück) in den Wochen 4 bis 27

W4	W5	W6	W7	W8	W9	W10	W11	W12	W13	W14	W15
26,0	26,5	27,1	27,6	28,4	28,7	29,6	30,5	32,8	35,0	35,5	36,8

W16	W17	W18	W19	W20	W21	W22	W23	W24	W25	W26	W27
37,0	37,1	37,5	38,0	38,4	39,5	41,1	41,7	42,0	42,8	43,1	44,0

Ferner hat die Neutron AG angekündigt, auch künftig 20.000 Handys pro Woche selbst zu fertigen. Displays und Tastaturen bezieht Neutron AG von einem Zulieferer, der auch für Elektron die Versorgung mit Displays und Tastaturen übernehmen wird. Deshalb stellen Displays und Tastaturen für Elektron im Wareneingang und bei der sonstigen Handhabung nur jeweils ein Bauelement dar. Die Bestückung mit aktiven und passiven Bauelementen erfolgt in den SMT-Linien. Alle weiteren Bauelemente werden in den nachgelagerten konventionellen Bestückungsautomaten auf die Leiterplatten aufgebracht.

Herr Engpass wird darum gebeten, bereits in wenigen Stunden auf der wöchentlichen Sitzung des oberen Führungskreises zur Realisierbarkeit des Auftrags und dessen Auswirkungen auf die Profitabilität seines Unternehmensbereiches Stellung zu nehmen. Dabei ist insbesondere die Entwicklung des Deckungsbeitrages von Interesse. Falls dieser sinkt, muss die oben genannte Grenze von 10% beachtet werden. Ihm sind für die Profitabilitätsbewertung folgende Informationen bekannt:

Informationen aus der Produktionsplanung und -steuerung:

Für die Wochen 29 bis 32 liegen schon Aufträge von vier weiteren Kunden vor, die von Herrn Engpass bereits in Teilaufträge aufgeteilt und den einzelnen Wochen zugeordnet wurden. Die Produktion dieser Aufträge wurde den Kunden bereits rückbestätigt, eine Ablehnung ist also nicht mehr möglich. Auch die Aufteilung der Teilaufträge auf die SMT-Linien sollte nicht geändert werden, lediglich eine komplette Fremdvergabe eines Auftrags ist denkbar. Tabelle 3-29 zeigt diese Auftragssituation an den SMT-Linien (für Detaildaten zu den Teilaufträgen siehe Tabellenblatt „Auftragslage" der Datei „Gegebene-Daten.xls").

Tabelle 3-29 Rückbestätigte Aufträge in der Leiterplattenbestückung

Kunden (Produkt)	Teilaufträge	Bearbeitung in den Wochen	Kapazitätsbeanspruchung [Anzahl SMT-Linien]	Gesamtbearbeitungszeit [h]
DruPa (Drucker)	11	29 - 32	1-2	592
Photon (Scanner)	4	29 - 32	1-2	514
LGM (Mikrowel-	5	29 - 32	1-2	272
Frosti (Steuergeräte)	8	29 - 32	3	180

Herr Engpass hatte diese Auftragslage als Vorgangspfeilnetz (VPN) modelliert (siehe Datei „CPM-Auftragslage-vorher.cpmd"). Dabei wurde wie folgt vorgegangen:

- Vorgänge 1-11:   11 Lose für die Druckerleiterplattenproduktion

- Vorgänge 12-15:   4 Lose für die Scannerleiterplattenproduktion

- Vorgänge 16-20:   5 Lose für die Mikrowellenleiterplattenproduktion

- Vorgänge 21-28:   8 Lose für die Steuergeräteleiterplattenproduktion

- Vorgänge 29- 32:   Wochen 29 bis 32 (=Zeitablauf, kein „realer Vorgang")

Jede Woche hat entsprechend der maximal möglichen Laufzeit der SMT-Linien eine (Betriebs-)Dauer von 91 Stunden. Der Pfad aus den Vorgängen 29-30-31-32 muss daher immer ein kritischer Weg sein, da sonst die maximal möglichen Laufzeiten der Maschinen überschritten würden. Diese vier Vorgänge erfüllen demzufolge in dem gegebenen VPN nur die Funktion eines Abstandhalters zur eindeutigen Zuordnung der Teilaufträge zu den Wochen.

Neben den Maschinenbelegungsdauern der einzelnen Lose wurden außerdem die Maschinenkapazitäten (Anzahl an SMT-Linien), die jedes Los belegt, den einzelnen

Vorgängen zugewiesen (vgl. Tabellenblatt „Auftragslage" der Datei „Gegebene-Daten.xls"). Auf diesem VPN aufbauend hat Herr Engpass eine Nivellierungsheuristik durchgeführt, um zu sehen, ob die Aufträge in der verfügbaren Zeit produziert werden können (siehe Datei „NIV-Auftragslage-vorher.krhd"). Ferner wurde von Herrn Engpass bereits der Deckungsbeitrag für diese Auftragskonstellation berechnet. Er beläuft sich auf ca. 3,3 Mio. Euro.

Reichen die Kapazitäten in der Leiterplattenbestückung nicht aus, um nun auch noch den Handyauftrag zu produzieren, so möchte Herr Engpass lediglich einen der nun insgesamt fünf Aufträge fremd vergeben. Den Handyauftrag, sollte dieser gefertigt werden, möchte er außerdem auf nur einer SMT-Linie produzieren. Da vor jeder Auftragsannahme im Bereich der Leiterplattenbestückung grundsätzlich eine Make-or-buy-Analyse durchgeführt wird, liegen Herrn Engpass bereits die Eigenfertigungskosten für die vier bereits angenommenen Produktionsaufträge vor (vgl. Tabelle 3-30, für detailliertere Daten siehe Tabellenblatt „Kosten Make" der Datei „Gegebene-Daten.xls").

Tabelle 3-30 Herstellkosten und -mengen der angenommenen Aufträge

Produkt	Gesamtherstellkosten Woche 29-32 [€]	Produktionsmenge Woche 29-32 [€]	Herstellkosten [€ / Stück]
Leiterplatte Scanner	772.715,25	75.588	10,22
Leiterplatte Drucker	1.345.723,36	96.260	13,98
Leiterplatte Mikrowelle	1.039.041,36	93.793	11,08
Leiterplatte Steuergerät	785.019,65	36.000	21,81

Des Weiteren sind folgende Angaben bzgl. der Anzahl der SMT-Bauelemente auf den einzelnen Leiterplatten verfügbar (vgl. Tabelle 3-31, siehe auch Tabellenblatt „Produktion" der Datei „Gegebene-Daten.xls").

Tabelle 3-31 Anzahl der SMT-Bauelemente

Anzahl der SMT-Bauelemente	
Handyleiterplatten	325
Scannerleiterplatten	680
Druckerleiterplatten	615
Mikrowellenleiterplatten	290
Steuergeräteleiterplatten	500

Die Anzahl *verschiedener* Bauelemente auf der Handyleiterplatte beträgt dagegen lediglich 54.

Das Erstellen eines Bestückungsprogramms für die Bestückungslinien mit zehn Bauelementen wird mit 20 Minuten veranschlagt. Die Anzahl der Bauelemente im Bestückungsprogramm verhält sich dabei proportional zu der benötigten Programmierzeit. Das Erstellen des Prüfprogramms für die Qualitätstests dauert 1,75 Stunden. Programmiert wird generell durch dafür ausgebildete Ingenieure. Mit den fertig bestückten Leiterplatten wird eine automatisierte Vollprüfung durchgeführt. Die Kosten steigen proportional zur Anzahl der Bauelemente auf der Leiterplatte. In seiner Kalkulation geht Herr Engpass davon aus, dass die Maschine viermal neu für den Handyauftrag eingerichtet werden muss. Diese Einrichtungskosten steigen proportional zur Anzahl der verschiedenen Bauelemente, die pro Handyleiterplatte aufgebracht werden müssen. Pro Bauelement-Typ sind fünf Minuten Einrichtungszeit zu veranschlagen. Für den Handyauftrag werden die Bestückungslinien pro Lagerentnahme einmal mit neuen Magazinen bestückt (siehe Informationen der Abteilung Innerbetriebliche Logistik).

Neben den Kapazitäten in der Leiterplattenbestückung beanspruchen die Aufträge außerdem die in Tabelle 3-32 angegebenen Kapazitäten in den Abteilungen Kunststoffspritzguss und Systemmontage (siehe Tabellenblatt „Produktion" der Datei „Gegebene-Daten.xls").

Tabelle 3-32 Ressourcenbeanspruchung

Ressourcenverbrauch der Produkte [Sekunden je Stück]					
Abteilungen	**Handys**	**Scanner**	**Drucker**	**Mikrowellen**	**Steuergeräte**
Kunststoffspritzguss	18,0	89,0	0,0	0,0	36,0
Systemmontage	55,0	115,0	40,0	0,0	425,0

Informationen der Abteilung Rechnungswesen:

Von Frau Widerstand erhält Herr Engpass umfangreiche Kosteninformationen für seine Entscheidung, so z. B. die notwendigen Kostensätze in den einzelnen Abteilungen (Materialkosten, Lohnkosten, Transportkosten etc.) und eine Informationstabelle zu den Kostentreibern in Wareneingang, Einkauf und Produktion (siehe Tabellenblatt „ReWe" der Datei „Gegebene-Daten.xls"). Für den darin angegebenen „aggregierten Lagerhaltungskostensatz Zukaufteile" i. H. v. 8,3 Cent je Stück und Tag ist anzumerken, dass es sich hierbei um einen Kostensatz handelt, der die Lagerung aller Teile, die für ein Handy benötigt werden, abdeckt. Er wurde bereits von der Abteilung Rechnungswesen aus den gewichteten Kostensätzen für Bauelemente und unbestückte Handyleiterplatten berechnet.

Für den Handyauftrag sind bei der Eigenerstellung zudem zusätzliche administrative Kosten in Höhe von 1.800 Euro anzusetzen.

Außerdem erhält Herr Engpass aus dem Rechnungswesen die weiteren aggregierten Herstellkosten, die in den Abteilungen Kunststoffspritzguss und Systemmontage bei der Herstellung der einzelnen Produkte anfallen (vgl. Tabelle 3-33 sowie Tabellenblatt „ReWe" der Datei „Gegebene-Daten.xls").

Tabelle 3-33 Weitere Herstellkosten

Weitere Herstellkosten bei Systemmontage und Kunststoffspritzguss [€ / Stück]	
Handys	14,50
Scanner	18,75
Drucker	4,00
Mikrowellen	0,00
Steuergeräte	33,12

Für evtl. zu leistende Mehrarbeit in diesen beiden Abteilungen fallen folgende Kosten an (vgl. Tabelle 3-34, siehe auch hierfür Tabellenblatt „ReWe" der Datei „Gegebene-Daten.xls"):

Tabelle 3-34 Kosten für Mehrarbeit

Kosten für Mehrarbeit [€ / h]	
Abteilung Kunststoffspritzguss	285,00
Abteilung Systemmontage	197,00

Informationen der Abteilung Vertrieb:

Der Vertrieb übermittelt die ausgehandelten Absatzpreise für die einzelnen Produkte. Diese können Tabelle 3-35 entnommen werden (siehe auch Tabellenblatt „Vertrieb" der Datei „Gegebene-Daten.xls").

Tabelle 3-35 Absatzpreise

Ausgehandelte Absatzpreise [€ / Stück]	
Handys	22,51
Scanner	38,80
Drucker	30,91
Mikrowellen	14,50
Steuergeräte	83,30

Informationen der Abteilung Einkauf:

Für den Fremdbezug der Leiterplatten liegen dem Einkauf bereits Angebote zweier Lieferanten vor. Beide Lieferanten haben Angebote für die Leiterplatten der fünf verschiedenen Produkte vorgelegt.

1) Angebot des Zulieferers Sole GmbH

Die Sole GmbH ist ein kleines Unternehmen mit einer Produktionsstätte für Leiterplatten und deren Bestückung in der Nähe von Frankfurt/Main. Mit der Sole GmbH wurde bislang nur in wenigen Projekten zusammengearbeitet. Der Einkauf hat bereits die Einstandspreise und Liefermodalitäten mit dem Zulieferer ausgehandelt. Zudem wurde die Anzahl der Leiterplatten, die jeweils auf eine Ladeeinheit (Palette) passen, berechnet (vgl. Tabelle 3-36 sowie Tabellenblatt „Einkauf" der Datei „Gegebene-Daten.xls").

Tabelle 3-36 Einstandspreise und Liefermodalitäten Lieferant Sole GmbH

Produkt (jeweils bestückt)	Einstandspreis [Euro / Stück]	Liefermodalitäten	max. Menge pro Palette
Handyleiterplatten	8,05	täglich	569
Scannerleiterplatten	12,42	täglich	658
Druckerleiterplatten	24,71	So. nachts / Mi. nachts	634
Mikrowellenleiterplatten	12,45	Mo. nachts / Do. nachts	647
Steuergeräteleiterplatten	20,97	So. nachts	1.286

Mit den Transporten zwischen Zulieferer und Elektron wird der Hauslogistikdienstleister von Elektron beauftragt. Pro Transport werden 1.200 Euro veranschlagt. Eine Lieferung kann jeweils mit einem Transport abgedeckt werden, wobei unterschiedliche Leiterplatten getrennt geliefert werden.

Die bestückten Leiterplatten werden im Wareneingang einer Qualitätskontrolle unterzogen. Die strengen Qualitätsrichtlinien der Elektron GmbH schreiben hierbei vor, dass Lose mit einem Ausschussanteil von 2% zu 98% abgelehnt werden sollen. In der Stichprobe wird zudem maximal eine defekte Leiterplatte toleriert.

2) Angebot des Zulieferers Litron GmbH

Mit dem in der Nähe des Elektron-Werks angesiedelten Lieferanten Litron GmbH besteht bereits seit zwei Jahren eine enge Kooperation in der Leiterplattenfertigung. Im Rahmen des schrittweisen Rückzuges aus der Leiterplattenbestückung möchte Elektron diesem Zulieferer zudem weitere Aufgaben in diesem Bereich übertragen. In dieser engen Kooperation übernimmt Litron die tägliche Nachschubversorgung bis an die Bearbeitungsstationen im Elektron-Werk. Die Leiterplatten gehen erst in das Eigentum der Elektron über, nachdem sie in den Produktionsprozess eingeschleust wurden. Außer dem Einstandspreis kommen somit auf Elektron keine weiteren Kosten mehr zu. Die Einstandspreise für die verschiedenen bestückten Leiterplatten sind in Tabelle 3-37 gegeben (siehe auch Tabellenblatt „Einkauf" der Datei „Gegebene-Daten.xls").

Tabelle 3-37 *Einstandspreise Lieferant Litron GmbH*

Produkt (jeweils bestückt)	Einstandspreis [€ / Stück]
Handyleiterplatten	8,56
Scannerleiterplatten	13,86
Druckerleiterplatten	26,00
Mikrowellenleiterplatten	15,61
Steuergeräteleiterplatten	21,92

3) Eigenfertigung

Für die Eigenfertigung der Handyleiterplatten müssten Teile von zwölf verschiedenen Lieferanten bezogen werden. Bei jedem dieser Lieferanten wird in diesem Fall eine Bestellung pro Woche aufgegeben. Die Lieferung der Bauelemente erfolgt jeweils wöchentlich in Kartons, die in Containern angeliefert werden. Im Schnitt über alle Teilearten wäre der Empfang je eines Kartons für 15 Handys erforderlich.

Informationen der Abteilung Innerbetriebliche Logistik:

Von der Logistikabteilung erhält Herr Engpass detaillierte Angaben zur Nachschubversorgung an die SMT-Linien im Falle einer Eigenfertigung der Handyleiterplatten. Die Wareneingangsprüfkosten sind abhängig von der Anzahl der insgesamt benötigten Bauelemente und Leiterplatten. Zur Produktion von 100 Handys sind laut Berechnungen von Frau Palette durchschnittlich zehn Lagerentnahmen und ein Versorgungstransport vom Lager an die SMT-Linien notwendig.

Sowohl für die Untersuchung der Eigenfertigung als auch die der Fremdfertigung liegen bereits vorgefertigte Tabellenblätter vor (siehe Tabellenblätter „Formular Make" und „Formular Buy" der Datei „Gegebene-Daten.xls").

3.4.7 Lösungsvorschlag

Um über eine Ablehnung oder Annahme des Auftrags des Kunden Neutron zu entscheiden, ist zunächst die zu erwartende Auftrags-Stückzahl zu ermitteln. Dazu müssen, auf Grund fehlender sonstiger Informationen, die Vergangenheitsdaten herangezogen werden. Auf der damit ermittelten Menge aufbauend können dann die Termin- und Kapazitätsplanung erfolgen, die schließlich für die Kosten der Eigenfertigung benötigt werden.

Im Einzelnen ist folgende Vorgehensweise sinnvoll, wobei die sich jeweils ergebenden Resultate bereits in der Abbildung 3-7 vermerkt wurden.

Abbildung 3-7 Lösungsschema der Fallstudie

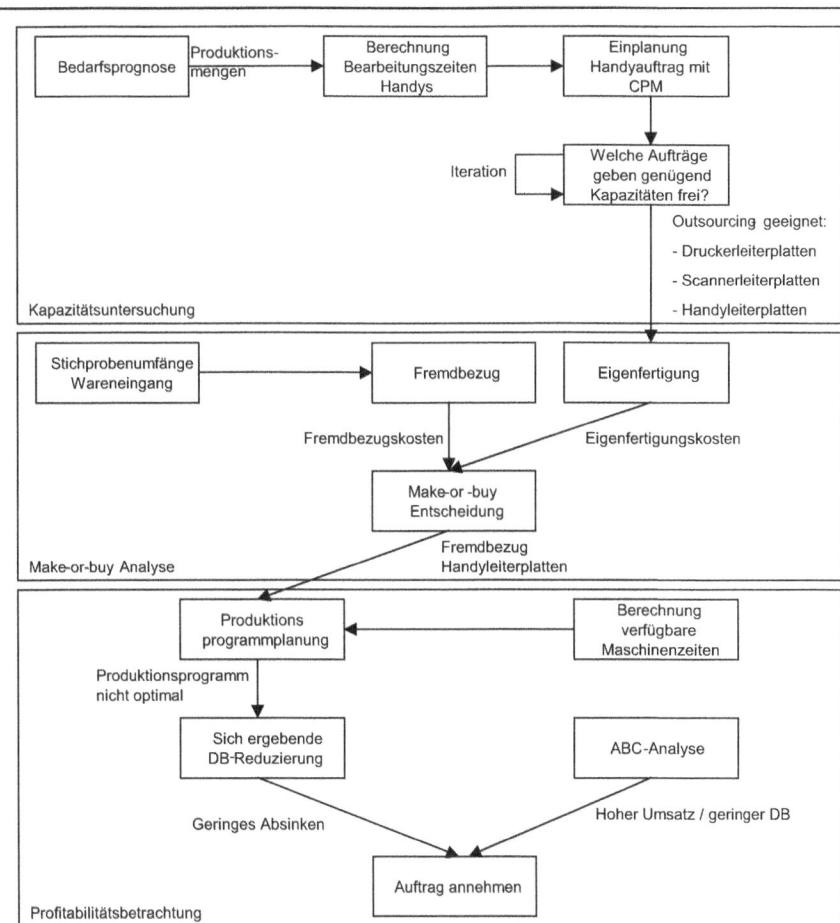

Diese Vorgehensweise umfasst drei wesentliche Punkte:

- Untersuchen der verfügbaren Kapazitäten in der Leiterplattenbestückung
- Make-or-buy Analyse in der Leiterplattenbestückung
- Profitabilitätsbetrachtungen für die Gesamtumfänge der Aufträge

Die vollständigen Berechnungen aller notwendigen Daten finden sich in der Datei „Lösung.xls".

3.4.7.1 Bedarfsprognose

Zunächst erstellt der Bearbeiter eine Bedarfsprognose für den Handyabsatz in den Wochen 30 bis 33. Dazu sind lediglich die in Tabelle 3-28 gegebenen Daten erforderlich. Aus dieser Datenreihe wird schnell ersichtlich, dass für die Prognose ein trendförmiges Modell zu wählen ist. Mit Hilfe der Toolbox und der darin implementierten Parameteroptimierung können trendförmige Prognoserechnungen mit den Modellen „Adaptive Glättung nach Smith" und „Exponentielle Glättung 2. Ordnung" durchgeführt werden. Nach Import der Verbrauchsdaten und einer Parameteroptimierung anhand des Theil'schen Ungleichheitskoeffizienten[37] (TUK) liefert die adaptive Glättung nach Smith mit TUK = 0,45 das bessere Ergebnis (Exp. Gl. 2. Ordnung: TUK = 0,641).

Basierend auf der Bedarfsprognose (siehe auch Datei „Prognose.spvk") sind nun die Produktionsmengen zu berechnen. Aus den Angaben, dass Neutron weiterhin 20.000 Handys pro Woche selbst produziert und der Tatsache, dass die Bedarfsmengen einer Woche bis spätestens Samstag in der Vorwoche bereitzustellen sind, ergeben sich folgende in Tabelle 3-38 dargestellten Produktionsmengen (siehe auch Tabellenblatt „Prognose" der Datei „Lösung.xls"):

Tabelle 3-38 Erwartete wöchentliche Mengen

Bedarfsprognose (in Tausend Stück)						
	Woche 29	Woche 30	Woche 31	Woche 32	Woche 33	Summe
Absatzmengen		45,48	46,01	46,54	47,07	185,10
Produktionsmengen	25,48	26,01	26,54	27,07		105,10

---

[37] Auf Grund der vorliegenden Kapazitätssituation (Auswirkungen auf andere Produkte) erscheint die Verwendung eines Fehlermaßes, das Prognoseabweichungen überproportional eingehen lässt, sinnvoll. Eine Auswahl der/des definitiv besten Fehlermaße(s) für diese Optimierung verbietet sich hier jedoch aus Gründen des Aufwands, da dafür bereits an dieser Stelle die kostenmäßigen Folgen einer Fehlprognose bekannt sein müssten.

3.4.7.2 Kapazitätsuntersuchung

Nun stellt sich die Frage, ob in der Abteilung Leiterplattenbestückung in den Wochen 29 bis 32 überhaupt genügend Kapazitäten für die Produktion der Handyleiterplatten verfügbar sind. Dazu ist es notwendig zu wissen, wie viele Stunden der Handyauftrag in jeder Woche die SMT-Linien, die den Engpass in der Abteilung Leiterplattenbestückung darstellen (siehe Aufgabenstellung in Abschnitt 3.4.4: „alle nachfolgenden Bearbeitungsstationen sind auf höhere Durchsatzleistungen dimensioniert"), belegt. Es werden deshalb die Handyproduktionsmengen je Woche und die Bestückungszeit pro Handy benötigt.

Die Handyproduktionsmengen sind bereits aus der Bedarfsprognose bekannt (siehe Tabelle 3-38). Aus der Bestückungsleistung von 100.000 BE/h und der Anzahl der SMT-Bauelemente pro Handyleiterplatte von 325 BE (vgl. Tabelle 3-31) ergibt sich die Bestückungszeit pro Handy aus 325 BE / 100.000 BE/h = 11,7 s. Multipliziert man nun diese Dauer mit den jeweiligen Produktionsmengen, so ergeben sich folgende in Tabelle 3-39 aufgeführte Maschinenbelegungszeiten (siehe auch Tabellenblatt „Kapazitätsrechnung" in „Lösung.xls").

Tabelle 3-39 Maschinenbelegungszeiten durch die Handyleiterplatten

Produktionsdauer Handyleiterplatten	Woche 29	Woche 30	Woche 31	Woche 32
Aufgerundete Maschinenbelegung [h]	83	85	87	88

Jede SMT-Linie hat eine wöchentliche Laufzeit von abgerundet 91 Stunden (sechs Produktionstage mit jeweils zwei Arbeitsschichten à acht Stunden und einer Ausfallrate von 5%). Der Wunsch von Herrn Engpass, den Auftrag auf lediglich einer SMT-Linie zu produzieren, wäre also theoretisch umsetzbar.

Tabelle 3-40 VPN-Daten für den Handyauftrag

Name	Vorgänger	Dauer	Kapazitätsbedarf
H29_1	(keine)	83	1
H30_2	3,12,17,22,29,33	85	1
H31_3	6,13,18,24,30,34	87	1
H32_4	8,14,19,26,31,35	88	1

Mit diesen Angaben kann man nun das für die bereits bestätigten Aufträge modellierte Vorgangspfeilnetz (VPN) (siehe Datei „CPM-Auftragslage-vorher.cpmd") erweitern. In dieses VPN ist vom Bearbeiter nun der Handyauftrag einzutragen. Da er auf einer SMT-Linie produziert werden soll, ist die Kapazität bei allen Losen des Auftrags auf den Wert „1" zu setzen. Die Vorgänger in Tabelle 3-40 dienen dazu, die Produktion in der jeweiligen Kalenderwoche sicher zu stellen.

Für das so entstandene VPN (siehe auch Datei „CPM-Auftragslage-nachher.cpmd") muss nun eine Nivellierungsheuristik durchgeführt werden um zu sehen, ob die Anzahl der fünf verfügbaren SMT-Linien bei einer Produktion aller fünf Aufträge überschritten wird[38]. Wie Abbildung 3-8 zu entnehmen ist, kommt es während der vier Wochen häufig zu einer Überschreitung dieser Kapazität (siehe auch Datei „NIV-Auftragslage-nachher.krhd").

Abbildung 3-8 Belastungsdiagramm bei allen fünf Aufträgen

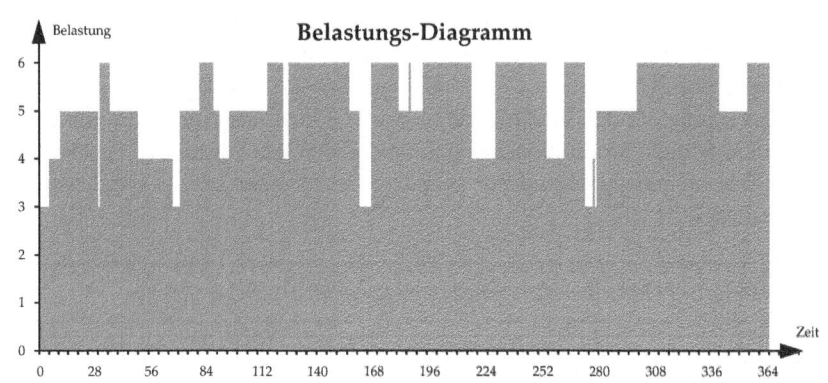

Der Handyauftrag kann also nur angenommen werden, wenn entweder Überstunden geleistet werden, oder aber die Produktion der Leiterplatten einer der fünf Aufträge an einen Zulieferer vergeben wird. Laut Aufgabenstellung besteht die Option der Mehrarbeit nicht. Es stellt sich daher zunächst die Frage, welche Leiterplatten bei Fremdbezug genügend Kapazitäten in den SMT-Linien freigeben, so dass alle bei Elektron verbleibenden Aufträge zur Leiterplattenbestückung mit den fünf zur Verfügung stehenden SMT-Linien produziert werden können. Hierzu muss der Bearbeiter jeweils einen kompletten Auftrag aus dem VPN, das alle fünf Aufträge enthält, löschen und anschließend jeweils eine Nivellierungsheuristik durchführen, um im Belastungsdiagramm sehen zu können, ob in dem sich ergebenden Szenario fünf oder weniger SMT-Linien belegt werden (siehe Dateien „CPM-Auftragslage-ohne[...].cmpd").

Nach Analyse der sich so ergebenden fünf Belastungsdiagramme (siehe Dateien „NIV-Auftragslage-ohne[...].krhd") ist zu erkennen, dass bei Fremdvergabe eines Auftrags nur der Fremdbezug von Handy-, Scanner-, oder Druckerleiterplatten genügend Kapazitäten freigibt. Würden Mikrowellen- oder Steuergeräteleiterplatten fremdbezogen

---

[38] Bei alternativer Anwendung der Beschränkte-Einsatzmittel-Heuristik ergibt sich zwar ein anderes Belastungsdiagramm, die Anzahl der benötigten Produktionslinien (6) ist jedoch gleich. Bei einer Vorgabe von lediglich fünf SMT-Linien kommt es deshalb zu einer Überschreitung der zur Verfügung stehenden Zeit von 364 Stunden.

werden, so gäbe es immer noch Kapazitätsspitzen, in denen sechs SMT-Linien benötigt würden, um termingerecht zu produzieren.

3.4.7.3 Make-or-buy-Analyse

Nun ist mit Hilfe einer Make-or-buy-Analyse zu entscheiden, welche Leiterplatten im Falle einer Annahme des Handyauftrags fremdbezogen werden sollen. Wie der soeben erfolgte Kapazitätsabgleich gezeigt hat, kommen dafür nur Handy-, Scanner- und Druckerleiterplatten in Frage. Zuerst werden im Folgenden die Herstellkosten für die Eigenherstellung der Leiterplatten bestimmt.

1) Eigenherstellung

Die Gesamtherstellkosten für die Scanner-, und Druckerleiterplatten sind bereits in Tabelle 3-30 gegeben. Die Herstellkosten für die Handyleiterplatten muss der Bearbeiter dagegen selbst bestimmen. Für diese Berechnung steht bereits ein vorgefertigtes Formular in der Datei „Gegebene-Daten.xls", Arbeitsblatt „Formular Make" zur Verfügung. Für diese Rechnung sind als Daten im Wesentlichen die Kostensätze pro Aktion/Vorgang/Kostenblock etc. sowie die Mengen dieser Aktionen erforderlich. In der untenstehenden Tabelle 3-41 sind alle Daten zusammengefasst.

Die Kostensätze sind mit einigen Ausnahmen dem Tabellenblatt „ReWe" der Datei „Gegebene-Daten.xls" zu entnehmen. Nicht in diesem Tabellenblatt zu finden sind die administrativen Kosten, die im laufenden Text mit 1.800 Euro pro Auftrag beziffert werden. Die Kostensätze für Prüfung und Instandhaltung müssen vom Bearbeiter selbst berechnet werden: Die Prüfkosten für eine Leiterplatte mit 100 BE belaufen sich laut Tabellenblatt „ReWe" auf 0,02 Euro. Die Handyleiterplatten bestehen aus insgesamt 332 Bauelementen[39], wie der Strukturstückliste in Tabelle 3-27 zu entnehmen ist (die Prüfung erfolgt nicht nur für die 325 SMT-Bauelemente, sondern für alle Bauelemente auf der Leiterplatte). Die Prüfkosten pro Handyleiterplatte ergeben sich folglich aus 332 BE · 0,02 € / 100 BE = 0,066 €. Der Kostensatz für die Instandhaltung von 0,25 Euro pro Maschineneinsatzstunde ergibt sich aus dem Quotienten der Kosten für eine Generalüberholung der SMT-Linien in Höhe von 5.000 Euro und dem Instandhaltungsintervall von 20.000 h.

Nach Eingabe aller notwendigen Kostensätze und Mengen in das Formular „Make" ergibt sich die Tabelle 3-41 (siehe auch Tabellenblatt „Make" der Datei „Lösung.xls"). Die Berechnungen der einzelnen Zeilen werden im Anschluss erläutert.

---

[39] Die 332 Bauelemente ergeben sich gemäß den Regeln einer Strukturstückliste aus allen Elementen unterhalb der „Leiterplatte" bis zum nächsten Bauelement gleicher Stufe (2), wobei Displays und Tastaturen, wie unterhalb von Tabelle 3-28 angegeben, als jeweils ein Bauelement gelten (325 aktive und passive SMT-Bauelemente, 1 Anschlussleiste, 1 Buzzer, 1 Schallgeber, 1 Mikrofon, 1 Lautsprecher, 1 Tastatur, 1 Display).

Tabelle 3-41 Berechnung der Herstellungskosten für die Handyleiterplatten

Make		Handyleiterplatten		
		Kostensatz [€/Einheit]	Menge [Einheiten]	Kosten [€]
Materialkosten		4,67	105.100	490.817,00
Materialbereitstellung	Kosten Einkauf	82,00	48	3.936,00
	Wareneingangsabwicklungskosten	1,98	7.007	13.873,86
	Wareneingangsprüfung Bauelemente	0,001	34.893.200	34.893,20
	Lagerkosten	0,083	315.300	26.169,90
	Auslagerung	1,64	10.510	17.236,40
	Innerbetrieblicher Transport	3,56	1.051	3.741,56
Fertigungskosten	Erstellen Bestückungsprogramm	40,00	11	440,00
	Schablonen-Herst. Lotpastendruck	550,00	1	550,00
	Einrichtungskosten für neuen Auftrag	125,00	18	2.250,00
	Bestücken der Bestückungslinien	11,50	10.510	120.865,00
	Erstellen Prüfprogramm	40,00	1,75	70,00
	Prüfkosten	0,066	105.100	6.978,64
	Energiekosten	14,00	343	4.802,00
	Instandhaltungskosten	0,25	343	85,75
	Administrative Kosten	1.800	1	1.800,00
Gesamtherstellkosten [€]				**728.509,31**

Um jeweils die korrekten Mengen zu ermitteln, mit denen die Kostensätze zu multiplizieren sind, stehen dem Bearbeiter die Kostentreiber (ebenfalls Tabellenblatt „ReWe") für die jeweiligen Prozesse zur Verfügung. Die einzelnen Mengen ergeben sich dann wie folgt:

1. Materialkosten und Prüfkosten sind abhängig von der Anzahl der produzierten Handys, die sich aus der Summe der Wochenbedarfe (105.100 Stück) ergibt.

2. Die Wareneingangsabwicklungskosten für Bauelemente und Leiterplattenrohlinge sind abhängig von der Anzahl der Kartons. Laut Aufgabentext wird pro 15 Handys im Schnitt ein Karton geliefert, also 7.007 Kartons.

3. Insgesamt werden 105.100 Handyleiterplatten bestehend aus jeweils 332 Bauelementen produziert. Es werden also 34.893.200 Bauelemente benötigt, welche die Kosten für die Wareneingangsprüfung determinieren.

4. Für die Berechnung der Lagerkosten ist es entscheidend, dass die Bauelemente und Leiterplattenrohlinge jeweils innerhalb von sechs Tagen verbraucht werden (siehe Aufgabenstellung: Wöchentliche Lieferungen im Falle der Eigenfertigung). Im Durchschnitt liegen daher jeden Tag Bauelemente für 13.137,5 Handys (= 105.100 Handys / (4 Wochen · 2)) im Lager. Der aggregierte Lagerhaltungskostensatz für ein Handy beträgt laut Aufgabenstellung 0,083 Euro pro Stück und Tag, wodurch sich folgender Rechenweg ergibt: 13.137,5 Stück · 24 Tage · 0,083 €/(Stück · Tag) = 26.169,90 €.

5. Laut Aufgabentext finden etwa zehn Lagerentnahmen und ein Transport statt, um 100 Handys zu produzieren. Verrechnet mit der Gesamtmenge von 105.100 Stück ergeben sich 10.510 Entnahmen bzw. 1.051 Transporte.

6. Für ein Bestückungsprogramm mit zehn Bauelementen werden 20 Minuten benötigt. Folglich werden für das für die Handyleiterplattenbestückung notwendige Programm mit 325 Bauteilen ca. elf Stunden benötigt. Dies hat bei einem Ingenieurstundensatz von 40 Euro Kosten von 440 Euro zur Folge.

7. Da nur auf einer SMT-Linie produziert wird, ist lediglich eine Schablone für den Lotpastendruck herzustellen.

8. Für die Einrichtung sind Kosten von 125 Euro/Stunde gegeben. Pro Bauelement-Typ sind gemäß Aufgabenstellung (unterhalb von Tabelle 3-31) je fünf Minuten Einrichtungszeit zu veranschlagen. Eine Handyleiterplatte besteht nun aus 54 verschiedenen Bauelementen und insgesamt müssen die SMT-Linien viermal neu eingerichtet werden. Dies resultiert in einer Einrichtungszeit von insgesamt 18 Stunden bzw. Kosten von 2.250 Euro.

9. Die Anzahl der Bestückungsvorgänge stimmt mit der Anzahl der Lagerentnahmen überein (siehe Punkt 5).

10. Laut Aufgabenstellung dauert die Erstellung des Prüfprogramms 1,75 Stunden.

11. Die Energie- und Instandhaltungskosten sind abhängig von der Maschineneinsatzzeit für den Handyauftrag. Diese ergibt sich als Summe der Produktionszeiten in den vier Wochen (343 Stunden, vgl. Tabelle 3-39). Der Stundensatz für Energiekosten ist bereits mit 14 Euro/Stunde gegeben, wogegen die anteiligen Instandhaltungskosten pro Stunde aus den Kosten pro Generalüberholung (5.000 Euro) und dem Instandhaltungsintervall (20.000 h) bestimmt werden müssen.

12. Administrative Kosten sind lediglich einmal pro Auftrag zu veranschlagen.

Die Gesamtherstellkosten für die Handyleiterplatten summieren sich schließlich auf 728.509,31 Euro.

2) Fremdbezug beim Lieferanten Litron GmbH

Für die Analyse des Fremdbezuges müssen die Angebote der beiden Lieferanten Sole und Litron ausgewertet werden. Auch hier sind nur die Angebote für die Handy-,

Drucker-, und Scannerleiterplatten zu betrachten. Mikrowellen- und Steuergeräteleiterplatten geben im Falle eines Fremdbezuges nicht genügend Kapazitäten an den SMT-Linien frei.

In den Einstandspreisen des Lieferanten Litron sind bereits alle Kosten enthalten, es kommen daher keine weiteren Kosten auf die Elektron GmbH zu. Um die Fremdbezugskosten zu ermitteln, multipliziert man nun die Produktionsmengen (siehe Tabellenblatt „Kosten Make" der Datei „Gegebene-Daten.xls") mit den Einstandspreisen aus Tabelle 3-37. Man erhält für den Lieferanten Litron gemäß Tabelle 3-42 folgende Fremdbezugskosten (vgl. Tabellenblatt „Buy" der Datei „Lösung.xls"):

Tabelle 3-42 Fremdbezugskosten Lieferant Litron GmbH

Fremdbezugskosten Litron	Handyleiterpl.	Scannerleiterpl.	Druckerleiterpl.
Summe [€]	899.656,00	1.047.649,68	2.502.760,00
Stückkosten [€ / Stück]	8,56	13,86	26,00

3) Fremdbezug beim Lieferanten Sole GmbH

Bei Fremdbezug von Leiterplatten vom Lieferanten Sole kommen für die Elektron GmbH zusätzlich zum Einstandspreis weitere Kosten hinzu. Für die Berechnung der Fremdbezugskosten für die Handy-, Scanner-, und Druckerleiterplatten steht dem Bearbeiter wiederum ein vorgefertigtes Formular in der Datei „Gegebene-Daten.xls" im Arbeitsblatt „Formular Buy" zur Verfügung. Fertig ausgefüllt ergeben sich die Tabelle 3-43 und Tabelle 3-44 wie folgt (Erläuterungen siehe unten):

Tabelle 3-43 Fremdbezugskosten Lieferant Sole GmbH

Handy (Fremdbezug Sole GmbH)	Kostensatz	Menge	Kosten [€]
Einstandspreis	8,05	105.100	846.055,00
Transportkosten	1.200,00	24	28.800,00
Wareneingangsprüfung	1,20	6.768	8.121,60
Wareneingangsabwicklung	12,00	185	2.220,00
Entsorgungskosten	0,02	105.100	2.102,00
Lagerkosten	0,08	52.550	4.204,00
Lieferfixkosten	82,00	24	1.968,00
Gesamtkosten [€]		893.470,60	
Menge [Stück]		105.100	
Stückkosten [€ / Stück]		**8,50**	

Tabelle 3-44 Fremdbezugskosten Lieferant Sole GmbH (Fortsetzung)

Scanner (Fremdbezug Sole GmbH)	Kostensatz	Menge	Kosten [€]
Einstandspreis	12,42	75.588	938.802,96
Transportkosten	1.200,00	24	28.800,00
Wareneingangsprüfung	1,50	6.654	9.981,00
Wareneingangsabwicklung	12,00	115	1.380,00
Entsorgungskosten	0,02	75.588	1.511,76
Lagerkosten	0,12	37.794	4.535,28
Lieferfixkosten	82,00	24	1.968,00
Gesamtkosten [€]		986.979,00	
Menge [Stück]		75.588	
Stückkosten [€ / Stück]		**13,06**	

Drucker (Fremdbezug Sole GmbH)	Kostensatz	Menge	Kosten [€]
Einstandspreis	24,71	96.260	2.378.584,60
Transportkosten	1.200,00	8	9.600,00
Wareneingangsprüfung	1,10	2.292	2.521,00
Wareneingangsabwicklung	12,00	152	1.824,00
Entsorgungskosten	0,02	96.260	1.925,20
Lagerkosten	0,15	144.390	21.658,50
Lieferfixkosten	82,00	8	656,00
Gesamtkosten [€]		2.416.769,50	
Menge [Stück]		96.260	
Stückkosten [€ / Stück]		**25,11**	

Die Einstandspreise sind der Tabelle 3-36 zu entnehmen. Die Transportkosten von 1.200,00 Euro pro Transport finden sich in der Aufgabenstellung. Alle übrigen Kostensätze sind wiederum der vom Rechnungswesen bereitgestellten Tabelle zu entnehmen. Die einzelnen Mengen ergeben sich anschließend wie folgt:

- Die Produktionsmengen sind gegeben. (siehe Tabellenblatt „Kosten Make" der Datei „Gegebene-Daten.xls")

- Die Anzahl der Transporte ergibt sich aus Tabelle 3-36. Handy- und Scannerleiterplatten werden täglich angeliefert. Bei sechs Produktionstagen pro Woche ergeben sich daher 24 Transporte innerhalb der Wochen 29 bis 32. Druckerleiterplatten werden zweimal wöchentlich angeliefert, es sind daher acht Transporte im geplanten Zeitraum zu veranschlagen.

- Wareneingangsabwicklung: Die Anzahl angelieferter Ladeeinheiten ist ebenfalls aus Tabelle 3-36 zu bestimmen: Gesamtmenge / Menge pro Palette.

- Die Entsorgungskosten sind abhängig von der Anzahl angelieferter Leiterplatten. Es sind daher die Produktionsmengen einzutragen.

- Lagerkosten: Jede Handy- und Scannerleiterplatte lagert durchschnittlich einen halben Tag (vgl. Tabelle 3-36: Tägliche Lieferung), bevor sie im weiteren Produktionsablauf verbraucht wird. Im Schnitt liegen deshalb z. B. für die Handys rund 2.190 Leiterplatten auf Lager (105.100 / (24 · 2)). Da sich der Lagerkostensatz auf einen Tag bezieht, ergeben sich für 24 Tage 52.550 „Lagerungen". Da Druckerleiterplatten dagegen nur zweimal wöchentlich angeliefert werden, beträgt das Lieferlos im Durchschnitt 12.032,5 Stück, weshalb im Mittel 6.016 Stück gelagert sind. Bezogen auf 24 Tage ergeben sich somit 144.390 „Lagerungen".

- Die Fixkosten im Einkauf fallen linear zur Anzahl der Lieferungen an.

Um die Stichprobenumfänge für die Wareneingangsprüfung der bestückten Leiterplatten zu bestimmen, ist dagegen etwas mehr Aufwand erforderlich. Zunächst ist zu ermitteln, wie viele Leiterplatten pro Lieferung im Wareneingang in Empfang genommen werden. Dazu dividiert der Bearbeiter die wöchentlichen Produktionsmengen (z. B. Handy in Woche 29: 25.480) durch die Anzahl der Lieferungen pro Woche (6), um das Lieferlos zu bestimmen (Woche 29: N=4.247 vgl. Tabellenblatt „WE-Prüfung" der Datei „Lösung.xls"). Im Wareneingang muss nun jede Lieferung einer Qualitätskontrolle unterzogen werden. Mit Hilfe der Toolbox lässt sich der Stichprobenumfang für die ermittelten Liefermengen bestimmen. Zwar entsprechen die gegebenen Daten nicht der dort angebotenen Prüfplankonstruktion, denn die Fehlerzahl c ist nicht gesucht, sondern bereits bekannt (Aufgabentext: c=1). Durch Probieren ist jedoch schnell die gesuchte Größe gefunden: Die ermittelte Liefermenge ist zuerst als Losgröße N einzutragen. Wenn die Fehlerquote p bei 2% liegt, soll die Ablehnwahrscheinlichkeit bei 98% liegen. Die Annahmewahrscheinlichkeit L ist daher gerade das Komplement (100% - 98% = 2%). Nun hat der Bearbeiter geeignete Werte für die Stichprobe n einzugeben, bis der Wert „L(hypergeom.)" möglichst nahe bei dieser Annahmewahrscheinlichkeit von 2% liegt. In der Tabelle 3-45 ergeben sich folgende Stichprobenumfänge pro Lieferung[40]:

---

[40] Der höhere Stichprobenumfang in der Woche 29 bei den Druckerleiterplatten widerspricht eigentlich den in den Wochen 31-32 größeren Lieferlosen. Das ergibt sich aus der Toolbox-internen Rundung des tatsächlich verwendeten Schlechtanteils p. Dies ist zwingend notwendig, um für die Fehleranzahl im Los einen ganzen Wert zu erhalten (Eigenschaft der hypergeometrischen Verteilung). Auf Grund der geringen Auswirkungen wurde hier dafür jedoch keine Korrektur vorgenommen.

Tabelle 3-45 Stichprobenumfänge

Stichprobenumfänge pro Lieferung			
	Handys	Scanner	Drucker
Woche 29	281	274	287
Woche 30	281	278	287
Woche 31	283	278	286
Woche 32	283	279	286

Beispielhaft ist eines der obigen zwölf Ergebnisse in der Datei „QS-Handys-Wo1.qsda" enthalten. Multipliziert man nun diese Stichprobenumfänge (Handy: im Schnitt 282) mit der Anzahl der Lieferungen pro Woche (Handy: 6) und summiert die wöchentlichen Werte über die Wochen 29 bis 32 auf (Handy: 6.768), so erhält man die Stichprobengesamtumfänge, die in den Tabelle 3-43 und Tabelle 3-44 verwendet wurden.

3.4.7.4 Make-or-buy-Entscheidung

Es wurden nun alle Eingangsgrößen für die Make-or-buy-Entscheidung ermittelt und die Kosten werden in Tabelle 3-46 gegenübergestellt. Im Anschluss kann eine Entscheidung getroffen werden.

Tabelle 3-46 Make-or-buy-Entscheidung

Produkt	Leiterplatte Handy	Leiterplatte Scanner	Leiterplatte Drucker
Kosten Eigenfertigung [€]	728.509,31	772.715,25	1.345.723,36
Kosten Fremdbezug Sole [€]	893.470,60	986.979,00	2.416.769,50
Kosten Fremdbezug Litron [€]	899.656,00	1.047.649,68	2.502.760,00
Günstigster Fremdbezugspreis [€]	893.470,60	986.979,00	2.416.769,50
Kostenvorteil Eigenfertigung [€]	164.961,29	214.263,75	1.071.046,14
Freie Bearbeitungszeit bei Zukauf [h]	262	433	511
Engpassbezogener Eigenfertigungsvorteil	630,59	494,84	2.095,98
Absoluter Rang für Eigenfertigung	3	2	1
Engpassbezogener Rang	2	3	1

Wie in der Zeile „Günstigster Fremdbezugspreis" zu sehen ist, wird zunächst für jede der drei Leiterplattenarten bestimmt, welcher der beiden Lieferanten das günstigere Angebot eingereicht hat. Anschließend wird berechnet, um welchen Betrag die Eigenfertigung der Leiterplatten günstiger ist, als deren Fremdbezug. Hier sind alle drei Werte positiv, so dass es günstiger wäre, alle Leiterplatten selbst zu produzieren. Dies ist aber aus Kapazitätsgründen nicht realisierbar, weshalb einer der drei Aufträge abgegeben werden muss. Je nach Situation kann diese Entscheidung entweder anhand des absoluten Kostenvorteils, d. h. ohne Berücksichtigung der freiwerdenden Kapazitäten oder anhand des auf den Engpass bezogenen Kostenvorteils getroffen werden. Diese frei werdenden Kapazitäten ergeben sich aus dem Vergleich der in Summe zur Verfügung stehenden Bearbeitungszeit von 1.820 Stunden (4 Wochen · 5 Linien · 91 h / Woche) und der bei Fremdvergabe eines der drei Aufträge durch die restlichen vier Aufträge noch benötigten Bearbeitungszeiten (siehe Tabellenblatt „Entscheidung" der Datei „Lösung.xls"). Die benötigten Bearbeitungszeiten für die Eigenfertigung der Handyleiterplatten können Tabelle 3-39 entnommen werden.

Sowohl bei einem Vergleich der absoluten, als auch der zum Kapazitätsverbrauch relativen Kosten ergibt sich, dass die Druckerleiterplatten den größten Eigenfertigungsvorteil aufweisen und deshalb selbst gefertigt werden sollten. Für die Entscheidung zwischen den anderen beiden Produkten ist es dagegen wichtig, ob die freiwerdenden Kapazitäten anderweitig genutzt werden können. Da dies aus der Aufgabenstellung nicht hervorgeht, wird im Folgenden von der Fremdvergabe des Handyauftrags an den Lieferanten Sole ausgegangen (siehe ebenfalls Tabellenblatt „Entscheidung" der Datei „Lösung.xls").

3.4.7.5 Profitabilitätsbetrachtung

Nach einer Kapazitätsprüfung und der Feststellung, dass die Kapazitäten nicht zur Produktion aller Aufträge ausreichen, wurde ermittelt, dass es im Falle einer Annahme des Handyauftrages am günstigsten ist, die Handyleiterplatten vom Lieferanten Sole zu beziehen. Offen ist nun noch die Frage, ob der Auftrag überhaupt profitabel ist und sich damit seine Annahme für die Elektron GmbH lohnt. Der Blick geht nun wieder weg von der Abteilung Leiterplattenbestückung und richtet sich nun auf den Gesamtumfang der Aufträge: Herstellung von Handys, Scannern, Druckerleiterplatten, Mikrowellenleiterplatten und Steuergeräten. Da die bisherigen vier Aufträge auf Grund des Ergebnisses der Make-or-buy-Analyse weiterhin selbst produziert werden, ändern sich deren Deckungsbeiträge nicht. Die Auswirkungen einer Annahme des Handyauftrags beschränken sich deshalb auf dessen Deckungsbeitrag und eventuelle Kosten durch Mehrarbeit in den Abteilungen Gießerei und Systemmontage (siehe Tabellenblatt „Programmplanung II" der Datei „Lösung.xls").

Tabelle 3-47 Kostenfolgen des Handyauftrags (ohne Überstunden)

Deckungsbeitragsrechnung Handy	
Absatzpreis pro Stück [€]	22,51
Leiterplattenkosten pro Stück [€]	-8,50
Weitere Herstellkosten pro Stück [€]	-14,50
Herstellkosten pro Stück gesamt [€]	<u>-23,00</u>
Deckungsbeitrag pro Stück [€]	**-0,49**
Gesamt-DB [€]	**-51.619,60**

Bereits an dieser Stelle steht fest, dass die Annahme des Handyauftrags den Gewinn senkt (vgl. Tabelle 3-47). Wäre nicht aus der Aufgabenstellung bekannt, dass für wichtige Kunden ein kurzfristiges Absinken des Deckungsbeitrages um bis zu 10% akzeptiert wird, würde man den Auftrag bereits an dieser Stelle ablehnen. So aber muss zunächst die gesamte Kostenwirkung bestimmt werden (vgl. Tabelle 3-48), um sie anschließend der Bedeutung des Kunden für die Elektron GmbH gegenüberzustellen.

Tabelle 3-48 Kostenfolgen des Handyauftrags (mit Überstunden)

Kosten für Überstunden		
	Gießerei	**Systemmontage**
Auslastung bei Produktion aller Aufträge [sec]	9.915.132	33.623.520
Mehrarbeit [h]	290,43	696,48
Kosten Mehrarbeit [€ / h]	285,00	197,00
Kosten Mehrarbeit gesamt [€]	82.771,52	137.207,49
Summe der Kosten durch Mehrarbeit [€]	**+219.979,01**	
Deckungsbeitragsveränderung [€]	**-51.619,60**	
Gesamtwirkung auf den Deckungsbeitrag [€]	**-271.598,61**	

Bei Annahme des Auftrags sinkt der Gesamtdeckungsbeitrag also um 271.598,61 Euro. (Annahme hierbei: Die Mehrarbeit in einer Woche kann nicht mit der „Wenigerarbeit" in einer anderen Woche verrechnet werden. Sonst ergäbe sich auf Grund der Unterbeschäftigung in Woche 1 lediglich ein Unterschied von 212.431,60 Euro.) Diese Reduktion entspricht 8,16% vom ursprünglichen Deckungsbeitrag (d. h. bei Ablehnung des Handyauftrags) von rund 3,33 Mio. Euro (siehe Tabellenblatt „Programmplanung I" der Datei „Lösung.xls"). Die Absenkung liegt daher innerhalb des vorgegebenen Rahmens von 10%. Fraglich ist deshalb lediglich, ob dem Kunden eine angemessene Bedeutung zukommt. Die genaue Formulierung in der Aufgabenstellung lautet:

„A-Kunden, denen auch Potenzial für die Inanspruchnahme von Elektronik-Design-leistungen vorhergesagt wird". Bei der Entscheidung darüber, ob Neutron ein A-Kunde ist, wird die ABC-Analyse eingesetzt.

Dem Bearbeiter stehen die Kundenumsätze und die Kundendeckungsbeiträge (II) der beiden Unternehmensgeschäftsfelder im Jahr 2004 zur Verfügung (vgl. Tabelle 3-25 und Tabellenblatt „Unternehmenszahlen" der Datei „Gegebene-Daten.xls"). Da sich die Aufgabenstellung explizit auf den Bereich „Elektronik-Designleistungen" bezieht (Zitat siehe oben), sollten bei der ABC-Analyse auch lediglich die Umsätze bzw. De-ckungsbeiträge dieses Geschäftsfelds als Maßstab herangezogen werden.

In Hinblick auf die Umsätze im Bereich Entwicklung und Design ist der Kunde Neu-tron ein A-Kunde (siehe Datei „ABC-nach-Umsatz.abcp"). Bei Betrachtung der De-ckungsbeiträge (II) ergibt sich ein ähnliches Bild (siehe Datei „ABC-nach-DB2.abcp"). Gemäß dieser Einteilung ist der Kunde Neutron definitiv ein A-Kunde.

Ob jedoch dem Kunden im Hinblick auf die Zukunft großes Potenzial im Bereich Elektronik-Designleistungen zugeschrieben wird, kann anhand der Aufgabenstellung nicht entschieden werden. Der Kunde Neutron liefert allerdings momentan die mit Abstand höchsten Umsätze und Deckungsbeiträge (II) im Bereich Entwicklung & Design. Eine Ablehnung des Auftrages könnte demzufolge den strategischen Zielen von Elektron schaden. Herr Engpass sollte weitere Informationen über Neutron vom Vertrieb bzw. der Marktforschung einholen.

Alternativ (oder zusätzlich) wäre auch eine Nachverhandlung des ursprünglichen Abnahmepreises von 22,51 Euro für Handys auf Basis der obigen Berechnungen denkbar. Der Verlust von 212.431,68 Euro, der sich durch Annahme und anschließende Fremdvergabe des Handyauftrags ergibt, entspricht bei einer Menge von 105.100 Stück einem Verlust von etwas mehr als 2,02 Euro je Stück. Ab einem Preis von 24,54 Euro würde der Auftrag demzufolge auch ohne große zukünftige Bedeutung des Kunden Neutron angenommen werden. Kompromisslösungen sind ebenfalls denkbar, d. h. ein Preis zwischen 22,51 Euro und 24,54 Euro, um den Auftrag des A-Kunden Neutron ohne große kurzfristige Verluste annehmen zu können.

3.5 Unter Druck GmbH - Produktionsoptimierung nach einem Hochwasserschaden

3.5.1 Das Unternehmen

Das Unternehmen Unter Druck GmbH wurde nach der politischen Wende in der DDR im November 1990 aus dem Volkseigenen Betrieb Antriebstechnik unter dem Geschäftsführer Herrn Aufwind ausgegründet. Der Volkseigene Betrieb mit einer Belegschaft von zuletzt 5.000 Mitarbeitern wurde 1964 gegründet und belieferte die Trabantwerke mit Getriebeteilen. 1990 konnten durch die Unter Druck GmbH 370 Mitarbeiter übernommen werden. Die Anzahl der Beschäftigten konnte bis heute auf über 1.000 Mitarbeiter erhöht werden, was die Unter Druck GmbH zu einem bedeutenden Arbeitgeber in der Region Dresden macht.

3.5.2 Produktion und Produkte

Die Produkte der Unter Druck GmbH sind in zwei Sparten unterteilt. Zum einen werden Produkte der Antriebstechnik und zum anderen der Fahrwerkstechnik gefertigt. Bei den Teilen der Antriebstechnik handelt es sich um hochwertige Produkte, die aber vorwiegend Standardartikel sind. In der Sparte der Fahrwerkstechnik werden zurzeit hauptsächlich konventionelle Dämpfungssysteme, wie Stoßdämpfer und Stahlfedern, produziert. Der Produktionsstart der Innovation im Luftfederungsbereich, das Luftfedersystem „Sänfte", ist für diesen Oktober geplant. Ein Modul „Sänfte" besteht aus vier Luftfedern und der Steuertechnik.

Die Tätigkeiten des Unternehmens umfassen die komplette Entwicklung, die Beschaffung der Zukaufteile, die Produktion der Schlüsselteile sowie die Bearbeitung von Zukaufteilen. Als Maschinen kommen vorwiegend CNC-Dreh-, Fräs- und Schleifmaschinen zum Einsatz. Darüber hinaus werden noch Bandsägemaschinen, Härteöfen, Waschanlagen und Sandstrahler in der Produktion eingesetzt.

3.5.3   Die wichtigsten Unternehmenszahlen

Nachfolgend werden in Tabelle 3-49 einige Unternehmenszahlen präsentiert, die Ihnen weitere Details des Unternehmens liefern.

Tabelle 3-49 Unternehmenszahlen

Unter Druck GmbH in Zahlen		1999	2000	2001
Jahr		**1999**	**2000**	**2001**
Umsatz (in Mio. €)		230	267	312
Investitionen (in Mio. €)		30	15	50
F&E (in Mio. €)		13	14	23
Mitarbeiter		896	965	1.012
Umsatzanteile nach Geschäftsbereichen				
Antriebstechnik	Getriebeteile	67%	70%	66%
	Stoßdämpfer	21%	19%	21%
Fahrwerkstechnik	Federsysteme	12%	11%	13%
	Luftfedersystem „Sänfte"	-	-	-
Umsatzerlöse nach Geschäftsbereichen (Angaben in Mio. €)				
Antriebstechnik	Getriebeteile	154	187	206
	Stoßdämpfer	48	51	66
Fahrwerkstechnik	Federsysteme	28	29	40
	Luftfedersystem „Sänfte"	-	-	-

3.5.4   Branchenentwicklung

Auch im vergangenen Jahr konnten die deutschen Automobilhersteller ihre weltweite Position festigen sowie weiter ausbauen und auf Grund der Nachfrage nach innovativen und hochwertigen Produkten ihre Produktion in Deutschland und im Ausland steigern. Diese Fakten lassen unweigerlich auf eine Ausweitung des Zuliefergeschäfts schließen. So ist es nicht verwunderlich, dass sich in den vergangenen Jahren im „Windschatten" der großen Automobilhersteller eine wachsende Anzahl von Zulieferer-Unternehmen etabliert hat.

Auch die Zukunftsaussichten für die Zulieferindustrie sind gut und versprechen steigende Umsatzzahlen, wie eine Studie des Forschungsinstituts Center of Automotive Research, der Unternehmensberatung Pricewaterhouse-Coopers, dem Verband der

Automobilindustrie und der Stadt Leipzig zeigt[41]. Danach steigt der Umsatz der Zulieferindustrie bis zum Jahr 2010 um 75%. Die deutschen Unternehmen haben auf Grund ihrer Technologieführerschaft eine Spitzenstellung in der Welt und brauchen den Wettbewerb nicht zu scheuen. Dennoch spüren auch sie den steigenden Druck, zumal steigende Herstellkosten den Trend „Going East" beschleunigen.

3.5.5 Die aktuelle Situation der Unter Druck GmbH

Durch den Standort hinter den Elbdeichen ist das Unternehmen dem Jahrhunderthochwasser im Sommer 2002 zum Opfer gefallen. Einige der alten Deiche haben dem Druck der Wassermassen nicht standhalten können und sind gebrochen. Der Weitsicht und guten Situationsanalyse des Werkstattmeisters ist es zu verdanken, dass das Lager noch rechtzeitig gerettet werden konnte. Auf Grund der großen Lagerkapazität ist die Versorgung der Kunden für die nächsten vier Wochen gesichert.

Eine mögliche Verlagerung des Standortes braucht trotz der prekären Lage zur Elbe nicht in Betracht gezogen werden. Die Gemeinde und auch der Landkreis haben zum Schutz des für sie wichtigen Industriegebietes Maßnahmen zur Erneuerung und Verstärkung der Deiche eingeleitet.

Zurzeit wird die Produktionshalle von den letzten Schlammresten gesäubert. Ein Teil der Anlagen konnte schon wieder in Betrieb genommen werden, für einen weiteren Teil der Maschinen wird erst in der nächsten bzw. übernächsten Woche die Produktion starten können. Glücklicherweise sind die Anlagen der Fahrwerkstechnik von dem Hochwasser verschont geblieben. Damit kann die Produktion in der Fahrwerkstechnik ohne nennenswerte Störungen fortgesetzt werden und der Produktionsstart des neuen Produkts „Sänfte" ohne Verzögerungen anlaufen.

Anders sieht das Bild in der Antriebstechnik („AT"), dem wichtigsten Teil unserer Produktion, aus. Hier konnte leider ein Totalschaden an einzelnen Maschinen nicht vermieden werden. Dabei sind die größten Ausfälle in der Endmontage zu beklagen. Diese führen zu einem erheblichen Absinken der Montagekapazitäten. Es stehen nur noch fünf Endmontageplätze mit je einem dazugehörigen Prüfgerät zur Verfügung.

Zur Erleichterung aller ist trotz des Maschinenausfalls keine völlige Unterbrechung des Fertigungsprozesses entstanden, da von jedem Maschinentyp weiterhin zumindest einige Anlagen funktionstüchtig sind. Die genaue Schadensbilanz kann der Datei „Details-Aufgabenstellung.xls", Tabellenblatt „Schadensbilanz" entnommen werden. (Alle späteren Verweise auf Tabellenblätter in dieser Aufgabenstellung beziehen sich ebenfalls auf diese Datei.)

---

[41] vgl. FAZ-Artikel: Studie zum Standort Deutschland „Am prognostizierten Wachstum der Zulieferer-Branche teilhaben" vom 12.10.2002

Der Maschinenausfall lässt die verfügbare Kapazität absinken. Da die Produktion vor dem Hochwasser im 3-Schichtbetrieb organisiert war, ergeben sich hier keine Spielräume, um die Kapazitätslücke zu schließen. In der Planung wird von 250 Arbeitstagen im Jahr ausgegangen.

Die Kunden zeigen glücklicherweise großes Verständnis bezüglich der aktuellen Situation und sind damit einverstanden, dass die Produkte, die zurzeit aus kapazitiven Gründen nicht gefertigt werden können, in Kooperation mit Partnern hergestellt werden. Es ist zu beachten, dass die Wochenbedarfe nur vollständig produziert und abgenommen werden dürfen. Eine teilweise Bedienung der Aufträge ist nicht zulässig. Bei der Auftragseinplanung sind die Wochenkapazität je Maschine und die verbleibende Anzahl an Maschinen je Prozessschritt zu beachten.

Für die Antriebstechnik liegen folgende Wochenbedarfe aus bestehenden Rahmenverträgen vor (vgl. Tabelle 3-50 sowie Tabellenblatt „Bedarfe AT").

Tabelle 3-50 Wochenbedarfe Antriebstechnik

Produkt	Wochenbedarf in Stück
Torsendifferential	1.800
Lamellensperrdifferential	1.200
Zahnrad 60 mm	5.000
Zahnrad 80 mm	3.000
Zahnrad 100 mm	1.500
Zahnrad 120 mm	5.500
Schnecke 70 mm	5.500

Bei der Fahrwerkstechnik liegen dagegen lediglich Aufträge für die nächsten vier Monate vor (vgl. Tabelle 3-51 sowie Tabellenblatt „Bedarf Sänfte"), mit weiteren Auftragseingängen wird jedoch gerechnet.

Tabelle 3-51 Aufträge Fahrwerkstechnik (Periodenbedarfe in Stück)

Monat	Oktober				November			
Periode	1	2	3	4	5	6	7	8
Modul Sänfte	40	55	35	70	65	90	70	50

Monat	Dezember				Januar			
Periode	9	10	11	12	13	14	15	16
Modul Sänfte	50	55	35	60	45	80	90	35

Auf Grund der beschriebenen Situation wurde eine Arbeitsgruppe „Hochwasser" gebildet. Diese besteht aus der Controllerin Frau Knauserich, dem Produktionsplaner Herrn Blechpresse und Ihnen als Produktionslogistiker. Die Mitglieder der Arbeitsgruppe „Hochwasser" stellen Ihnen folgende Daten zur Verfügung:

Der Produktionsplaner bearbeitet die Aufgabe der Neumaschinenbeschaffung, um die ursprüngliche Kapazität an Maschinen wieder zu erlangen. Herr Blechpresse weist darauf hin, dass die Lieferung, Installation bzw. Inbetriebnahme und Werkzeuganpassung nicht vor einem halben Jahr abgeschlossen sein wird.

Die Zusammenstellung der Prozesszeiten durch Herrn Blechpresse gibt Ihnen einen Überblick über die benötigten Kapazitäten pro Stück an den einzelnen Maschinen und Montageplätzen. Diese bilden die Grundlage für die Gesamtbearbeitungsdauer der einzelnen Produkte. Der Prozessschritt der Härtung kann in der Betrachtung der Bearbeitungsdauer auf Grund seiner zeitlichen Geringfügigkeit vernachlässigt werden. Weiterhin gilt es zu beachten, dass jedes Produkt der Antriebstechnik auf den einzelnen Maschinen genau einmal zu bearbeiten ist. Die Reihenfolge ist dabei für alle Produkte identisch: Sägen – Drehen – Bohren – Räumen – Walzfräsen – Zahnformfräsen – Schleifen – Montage. Bei Ihrer Frage nach den Zielstellungen bei der Belegung der Maschinen fallen die Stichworte „Gesamtkostenoptimalität", „Fehlmengenkosten" und „Zykluszeit". (Die Bearbeitungszeiten sind dem Tabellenblatt „BA Gesamt" zu entnehmen.)

Aus dem Controlling-Bereich wurden Informationen zu den variablen Kosten bzw. Herstellkosten und Umsatzerlösen der einzelnen Produkte zusammengestellt. Des Weiteren liefert Ihnen Frau Knauserich Daten zu variablen Kosten, Verkaufspreisen, Rüst- und Lagerkosten sowie die Größe der Produkte (siehe Tabellenblätter „Produktportfolio" und „Sänfte Lagerkosten"). Grundsätzlich wird im Controlling einheitlich von 52 Wochen pro Jahr und einem Kalkulationszinssatz von 10% pro Jahr ausgegangen. Außerdem erhalten Sie die Information, dass für die Festlegung des Produktportfolios im Unternehmen der Stückdeckungsbeitrag pro Fertigungsminute als Auswahlkriterium herangezogen wird.

Ferner liefert Herr Blechpresse aus der Produktionsplanung die wichtigsten und aktuellsten Daten über die Arbeitsorganisation und Kennzahlen des Lagers:

Die Kapazität an einer Maschine bzw. einem Montageplatz beträgt 7.200 min pro Woche. Allerdings zeigt die Erfahrung, dass für Ausfallzeiten durch Wartungen im Durchschnitt eine von 30 Arbeitsminuten für Maschinen bzw. eine von 20 Minuten für Montageplätze angesetzt werden muss.

Das vorhandene Hochregallager hat eine Größe von 2.000 m³. Davon können insgesamt 1.500 m³ als Stauraum genutzt werden. Die Produkte werden in Standardbehältern GIBO-A0 mit den Abmessungen 1.200 x 800 x 800 mm (0,77 m³) aufbewahrt, deren Innenraum sich sehr gut durch die Artikel ausnutzen lässt. Das Regal ist in 1,50 m³ große Stellfächer eingeteilt, die jeweils Platz für einen Standardbehälter bieten. Das Lager war in den letzten fünf Jahren im Durchschnitt zu 75% ausgelastet. Man geht aber davon aus, dass mit Einführung des neuen Produkts das Lager zu etwa 80% ausgelastet sein wird.

Ebenso erhalten Sie für das Torsendifferential (TD) und das Lamellensperrdifferential (LSD) die Stücklisten, die Strukturbäume (vgl. Abbildung 3-9 und Abbildung 3-10), die Montageabläufe in Arbeitsschritten mit Zeiten und die bisherigen Montageabläufe (siehe Tabellenblätter „TD", „Montage TD", „LSD" und „Montage LSD"). Die bisherigen Montageabläufe wurden bereits im Rechner erfasst und liegen im Toolbox-Format vor (siehe Dateien „CPM-TD-alt.cpmd" und „CPM-LSD-alt.cpmd").

Abbildung 3-9 *Strukturbaum Lamellensperrdifferenzial (LSD)*

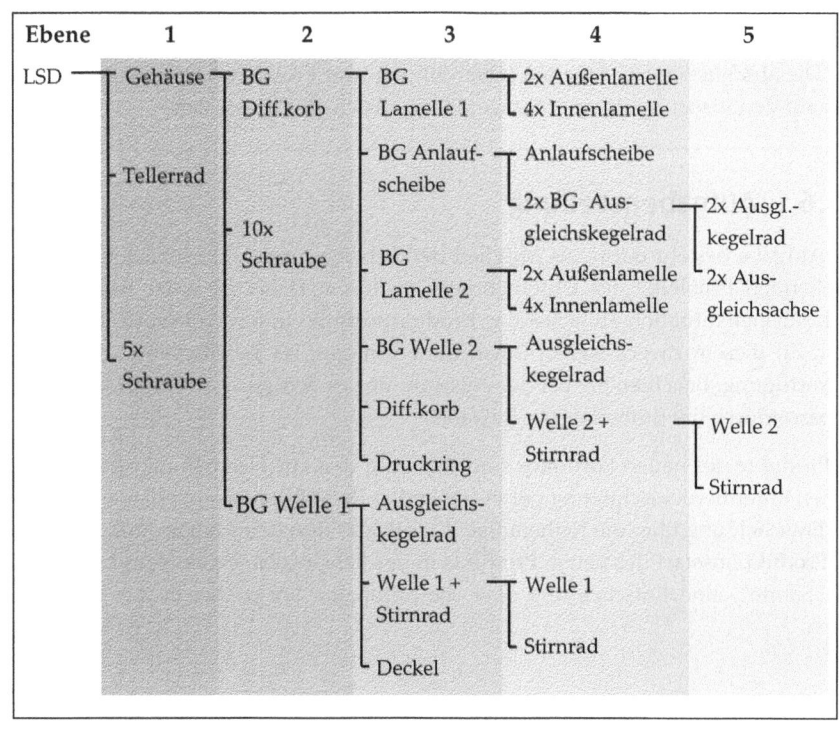

Abbildung 3-10 *Strukturbaum Torsendifferenzial (TD)*

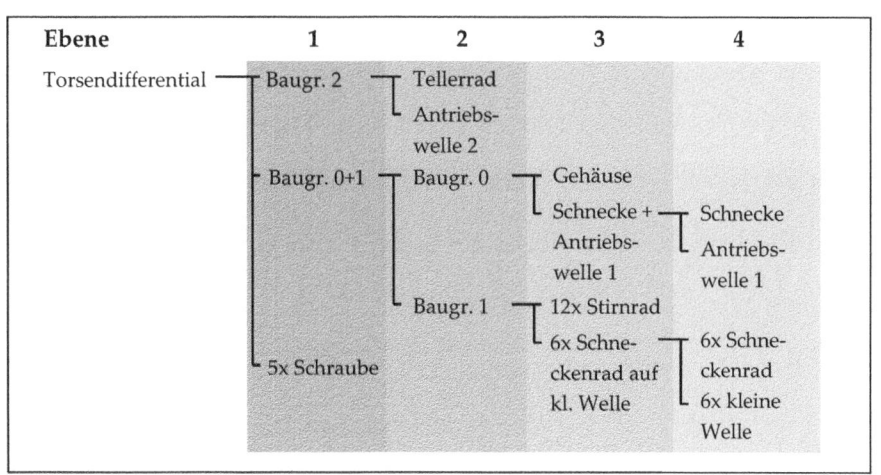

In Absprache mit dem Leiter der Montage besteht nun die Möglichkeit, zu jedem Endmontageplatz einen Vormontageplatz aufzustellen. Im Rahmen der Vormontage könnte die Herstellung sämtlicher Baugruppen für das Torsen- und Lamellensperrdifferential parallelisiert und dadurch die Kapazitätsengpässe u. U. ausgeglichen werden. Die abschließenden Arbeiten (Öleinfüllung und Probelauf) müssen jedoch zwingend auf den ursprünglichen Montageplätzen durchgeführt werden.

3.5.6   Aufgabenstellung

Ihre Aufgabe besteht darin, als Mitglied der Arbeitsgruppe „Hochwasser" einige der bestehenden Probleme des Unternehmens zu lösen. Dabei ist unter Beachtung der beschriebenen Situation zunächst das Produktportfolio in der Antriebstechnik festzulegen. Zu diesem Zweck stehen Ihnen die Formulare im Tabellenblatt „BA Gesamt" zur Verfügung. Beachten Sie bei der Auswahl der zu fertigenden Produkte eventuelle Engpässe durch die flutbedingten Ausfälle!

Die Produkte des neuen Portfolios sind dann auf den zur Herstellung benötigten Maschinen unter Berücksichtigung der bestehenden Restriktionen einzuplanen, d. h. es ist eine Entscheidung über die Reihenfolge ihrer Bearbeitung zu treffen. Außerdem ist für den Produktionsstart des neuen Produkts in der Fahrwerkstechnik, dem Luftfedersystem „Sänfte", eine Entscheidung über die optimalen Losgrößen in der Montage zu treffen.

3.5.7 Lösungsvorschlag

I. Bereich Antriebstechnik

Zunächst ist gemäß Aufgabenstellung das Produktprogramm der nahen Zukunft festzulegen, wobei als Kriterium der Stückdeckungsbeitrag je Fertigungsminute vorgegeben wurde. Die so ausgewählten Produkte sollen auf den Maschinen eingeplant werden (d. h. Reihenfolge der Bearbeitung und Zeitpunkte des Beginns). Dafür ist die Dauer der einzelnen Schritte nötig, die anhand der aktuell zur Verfügung stehenden Maschinen sowie unter Berücksichtigung der möglichen Vormontageplätze zu ermitteln sind. Im Verlauf der Lösung der Aufgaben im Bereich Antriebstechnik werden dazu zahlreiche Schritte ausgeführt, die zur Übersichtlichkeit in Abbildung 3-11 dargestellt sind.

Abbildung 3-11 Schrittfolge der Musterlösung im Bereich Antriebstechnik

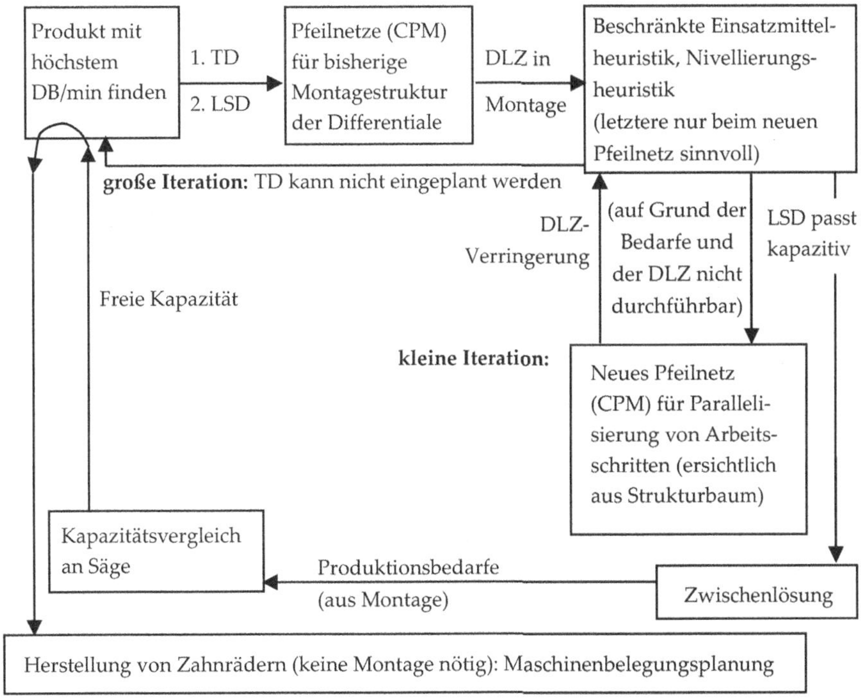

3.5.7.1 Deckungsbeitragsrechnung

Ausgehend von den gegebenen Daten und dem Hinweis, dass das Produktportfolio nach dem Stückdeckungsbeitrag pro Fertigungsminute zu bewerten ist, muss in einem ersten Schritt eine Deckungsbeitragsrechnung erfolgen. Der Stückdeckungsbeitrag ist durch die Subtraktion der gegebenen variablen Kosten vom Umsatzerlös je Stück einfach zu ermitteln (siehe Tabellenblatt „Produktportfolio" der Datei „Details-Aufgabenstellung.xls").

Für den Bezug auf die Fertigungszeit ist dagegen zunächst eine Aggregation der Fertigungsminuten je Produkt notwendig (siehe Tabellenblatt „BA Gesamt" der Datei „Details-Musterlösung.xls" – spätere Verweise auf Tabellenblätter in dieser Musterlösung beziehen sich ebenfalls auf diese Datei, wenn nicht anders angegeben). Der Deckungsbeitrag ergibt sich dann durch die Differenz zwischen Umsatzerlös und variablen Kosten, dividiert durch die Bearbeitungszeit in Minuten[42] (vgl. Tabelle 3-52 und Tabellenblatt „Produktportfolio").

Tabelle 3-52 Deckungsbeitragsrechnung

Produkte der Antriebstechnik	DB/Stück je min	Reihenfolge
Torsendifferential	1,60 €	1
Lamellensperrdifferential	1,45 €	2
Zahnrad 60 mm	0,66 €	4
Zahnrad 80 mm	0,67 €	3
Zahnrad 100 mm	0,61 €	6
Zahnrad 120 mm	0,60 €	7
Schnecke 70 mm	0,65 €	5

Weiterhin sollten die Bearbeitungsschritte herausgefiltert werden, die, über alle zu produzierenden Produkte betrachtet, einen Engpass darstellen. Dazu muss zunächst für jedes einzelne Produkt die Gesamtbearbeitungszeit je Bearbeitungsschritt ermittelt werden. Dazu wird für jeden Bearbeitungsschritt der Wochenbedarf des Produktes mit der Bearbeitungszeit pro Bearbeitungsschritt und Stück multipliziert. Anschließend wird pro Bearbeitungsschritt über alle Produkte aufsummiert und man erhält die benötigte Wochenkapazität an Maschinen bzw. Montagezeiten je Bearbeitungsschritt.

---

[42] Hier wird vereinfacht nach dem stückbezogenen Deckungsbeitrag geordnet. Da gemäß Aufgabenstellung jedoch die kleinste Entscheidungseinheit ein Auftrag ist (Stückelungen sind verboten), wäre streng genommen eine Ordnung nach dem auftragsbezogenen Deckungsbeitrag mit anschließender kombinatorisch-ganzzahliger Optimierung durchzuführen. Weiterhin erfolgt hier die Berechnung über die Summe der Fertigungsminuten, was eine weitere Vereinfachung darstellt, da dadurch die Engpässe erst später berücksichtigt werden müssen.

In einem weiteren Schritt muss nun die verfügbare Wochenkapazität an Maschinen-bzw. Montageplätzen je Bearbeitungsschritt bestimmt werden. Diese ergibt sich aus den Zeitkapazitäten der Maschinen bzw. des Montageplatzes abzüglich des prozentualen Anteils für die Wartungs- bzw. Ausfallzeit. Auf diese Weise können effektive Wochenkapazitäten von 6.960 min (Maschinen) und 6.840 min (Montageplätze) berechnet werden (siehe Tabellenblatt „Zeitkapazität").

Die verfügbare Wochenkapazität je Maschine bzw. Montageplatz, multipliziert mit der Anzahl verfügbarer Maschinen bzw. Montageplätze, ergibt die verfügbare Wochenkapazität je Bearbeitungsschritt. Der Vergleich zwischen benötigten und zur Verfügung stehenden Maschinen/Montagezeiten zeigt, dass für die Bearbeitungsschritte Sägen, Räumen, Zahnformfräsen und Montage nicht genügend eigene Kapazitäten zur Verfügung stehen (vgl. Tabelle 3-53 sowie Tabellenblatt „BA-Gesamt", Teilschritt 1).

Tabelle 3-53 Problembereiche bei Herstellung aller Produkte

	Bearbeitungsschritte							
	Sägen	Drehen	Bohren	Räumen	Wälzfräsen	Zahnformfräsen	Schleifen	Montage
Summe benötigte Zeit in min	87.110	143.980	18.930	31.200	150.750	229.200	180.620	94.200
verfügbare Zeit in min	34.800	174.000	69.600	27.840	174.000	208.800	208.800	34.200
Problembereiche	X			X		X		X

Da der Bearbeitungsschritt Montage nur durch die Produkte Torsendifferential und Lamellensperrdifferential in Anspruch genommen wird und beide die höchsten Deckungsbeiträge/Stück je Fertigungsminute aufweisen, bietet es sich an, zunächst hier zu untersuchen, ob die Möglichkeit besteht, eines von beiden im eigenen Unternehmen zu produzieren.

3.5.7.2 Kapazitätsabgleich - Montage

Da mit dem Torsendifferential der größere Stückdeckungsbeitrag pro Fertigungsminute erzielt werden kann, sollte versucht werden, dieses vorrangig im eigenen Unternehmen zu produzieren.

Torsendifferential:

Im ersten Schritt ist zu prüfen, ob die Kapazitäten in der Montage ausreichen, um das Torsendifferential in seiner geforderten Stückzahl von 1.800 Stück/Woche herzustellen. Dies ist ohne weitere Berechnung möglich, da die Zeitbedarfe bereits bei der Bestimmung der Kapazitätsengpässe im vorherigen Abschnitt erfolgte (siehe Tabellenblatt „BA Gesamt", Teilschritt 1). Alternativ kann der Bearbeiter auch auf den gegebenen bisherigen Montagegraphen und den Montageablauf zurückgreifen. Die benötigte Montagezeit pro Torsendifferential beträgt 29 min. Diese 29 min, multipliziert mit einem Bedarf von 1.800 Stück/Woche, ergeben ebenfalls den Kapazitätsbedarf von 52.200 min. Die bereits berechnete Wochenkapazität der Montage beträgt nur 34.200 min. Da die Wochenlose nur in ganzer Stückzahl gefertigt werden können, kann das Torsendifferential mit dem alten Montagegraph nicht montiert werden. Auf Grund der Möglichkeit, Vormontageplätze einzurichten, kommt es nun zu einer kleinen Iteration, bei der die Auswirkung der Einrichtung dieser Vormontageplätze überprüft wird.

Anhand des vorliegenden Montageablaufes und dem Strukturbaum ist es dem Bearbeiter möglich, einen neuen Montagegraph mit Hilfe eines Vorgangspfeilnetzes (VPN) zu erstellen (siehe Datei „CPM-Torsendiff-neu.cpmd"). Die Herstellung unterschiedlicher Baugruppen kann nun parallel ablaufen.

Es ergibt sich eine verkürzte Durchlaufzeit von 24 min pro Torsendifferential, die bei einer Stückzahl von 1.800 eine Gesamtzeit von 43.200 Minuten zur Folge haben. Es erfolgt deshalb wiederum keine Freigabe des Torsendifferentials zur Fertigung, da weiterhin nur 34.200 min/Woche an den Endmontageplätzen zur Verfügung stehen. Das Torsendifferential kann somit endgültig nicht produziert werden. Damit kommt es zur „Iteration im Großen", d. h. jetzt muss untersucht werden, ob das nächste Produkt in der Deckungsbeitragsrangfolge, also das Lamellensperrdifferential, welches auch die Montage beansprucht, durch die im eigenen Unternehmen zur Verfügung stehenden Montagekapazitäten hergestellt werden kann.

Lamellensperrdifferential:

Ein Bedarf von 1.200 Stück/Woche und eine Durchlaufzeit von 35 min/Stück ergibt einen Kapazitätsbedarf von 42.000 min. Auch dieser übersteigt das Angebot von 34.200 min/Woche an den Endmontageplätzen.

Erneut bietet sich dem Bearbeiter die Möglichkeit, mit dem Montageablauf und dem Strukturbaum in der Toolbox einen neuen Montagegraphen zu entwickeln. Durch diese Maßnahme kommt es zu einer Durchlaufzeitverkürzung um 14 min auf eine Gesamtmontagezeit von 21 min (siehe Datei „CPM-Lamellensperrdiff-neu.cpmd"). Anschließend erfolgt die Überprüfung der Durchlaufzeit bei gegebenen Kapazitäten/Endmontageplätzen.

Eine Übernahme der Daten aus dem VPN in die Nivellierungsheuristik zeigt jedoch, dass zur Einhaltung der Montagezeit von 21 min zeitweise mindestens eine Kapazität von drei zur Verfügung stehen müsste (siehe Datei „Nivellierungsheuristik.krhd"), jedoch nur ein Vormontage- und ein Endmontageplatz vorhanden sind. Durch den Einsatz der Beschränkte-Einsatzmittelheuristik wird zwar die geforderte Kapazität eingehalten, die Montagezeit verlängert sich aber dadurch auf 23 min (siehe Datei „BEM-Heuristik.krhd").

Auch eine Kopplung der Heuristiken (z. B. Nivellierung mit anschließender Beschränkte-Einsatzmittelheuristik) führt zu keiner besseren Lösung (siehe Datei „NIV-BEM-Heuristik.krhd").

Somit wird also bei einer gegebenen Kapazität von zwei (1 Endmontageplatz + 1 Vormontageplatz) eine Durchlaufzeit von 23 min benötigt. Der Vergleich der verfügbaren Kapazitäten von 34.200 min/Woche an den Endmontageplätzen und einen Bedarf an 27.600 min/Woche (23 min/Stück · 1.200 Stück) für die Montage der Lamellensperrdifferentiale führt zur Produktionsfreigabe.

Auf Grund des Engpasses im Montagebereich kommt somit nur das Lamellensperrdifferential zur Herstellung im eigenen Unternehmen in Frage. Für die Herstellung des Torsendifferentials muss nach geeigneten Partnern Ausschau gehalten werden. Für die noch zur Verfügung stehende Restkapazität im Montagebereich in Höhe von 6.600 min pro Woche sollte versucht werden, Aufträge von außerhalb des Unternehmens zu akquirieren.

Für die weiteren Problembereiche Sägen, Räumen und Zahnformfräsen muss nun wiederum neu untersucht werden, ob sie auf Grund der nicht mehr benötigten Kapazitäten für das Torsendifferential weiterhin noch Engpässe darstellen (siehe Tabelle 3-54 und im Tabellenblatt „BA-Gesamt", Teilschritt 2).

Tabelle 3-54 Problembereiche ohne Torsendifferential

	Bearbeitungsschritte							
	Sägen	Drehen	Bohren	Räumen	Wälz-fräsen	Zahn-form-fräsen	Schlei-fen	Monta-ge
Summe benötigte Zeit in min	53.810	95.380	9.390	24.000	85.950	121.200	115.820	27.600
verfüg-bare Zeit in min	34.800	174.000	69.600	27.840	174.000	208.800	208.800	34.200
Problem-bereiche	X							

Dabei zeigt sich, dass nur noch der Bearbeitungsschritt Sägen mehr Kapazität benötigt als zur Verfügung steht. Daher muss nun im nächsten Schritt untersucht werden, welche der Produkte auf Grund des Kapazitätsengpasses an der Säge im eigenen Unternehmen hergestellt werden können. Dabei ist weiterhin das von der Controllingabteilung vorgegebene Ziel des größtmöglichen Stückdeckungsbeitrags pro Fertigungsminute zu berücksichtigen.

3.5.7.3 Kapazitätsabgleich - Säge

Zunächst ist zu überprüfen, wie viel Kapazität durch die Einplanung des Lamellensperrdifferentials gebraucht wird und ob gegebenenfalls noch freie Kapazitäten zur Verfügung stehen. Die Kapazität der Sägen pro Woche von 34.800 min ergibt sich durch Multiplikation der Kapazität einer Maschine/Woche von 6.960 min (siehe Tabellenblatt „Zeitkapazität") mit der Anzahl von fünf Maschinen (siehe Tabellenblatt „Schadensbilanz").

Anhand von Deckungsbeiträgen muss der Bearbeiter im nächsten Schritt weitere Produkte einplanen. Da zu diesem Zeitpunkt bekannt ist, dass nur noch ein einzelner Kapazitätsengpass vorliegt, wird hier von der Reihenfolge der ersten Deckungsbeitragsrechnung abgewichen und eine neue, nunmehr engpassbezogene Rangfolge bestimmt (vgl. Tabelle 3-55 und Tabellenblatt „Produktportfolio"). In dieser neuen Reihenfolge werden weitere Produkte eingeplant. Bei Überschreitung der Gesamtkapazität von 34.800 min bricht man ab und erhält das gewünschte Produktionsportfolio.

Tabelle 3-55 Engpassbezogene Deckungsbeitragsrechnung

übrige Produkte der Antriebstechnik	Belastung der Säge (min)	DB/Stück je min	Reihenfolge
Zahnrad 60 mm	1	5,77 €	4
Zahnrad 80 mm	1,5	6,25 €	2
Zahnrad 100 mm	2	6,08 €	3
Zahnrad 120 mm	3	5,10 €	5
Schnecke 70 mm	1,5	9,27 €	1

Nach der Einplanung des Lamellensperrdifferentials sind noch 18.240 min (Gesamtzeit 34.800 min – Bearbeitungszeit LSD 16.560 min) verfügbar. Entsprechend der obigen Rangfolge (vgl. Tabelle 3-55) wird zuerst die Schnecke 70mm mit einer Dauer von 8.250 min (Restkapazität 18.240 min – Bearbeitungszeit SCH-70 8.250 min = 9.990 min) eingeplant. Nun folgt das Zahnrad ZR-80 mit 4.500 min (Restkapazität 9.990 min – Bearbeitungszeit ZR-80 4.500 min = 5.490 min). Danach wird das Zahnrad ZR-100 mit 3.000 min (Restkapazität 5.490 min - Bearbeitungszeit ZR-100 3.000 min =

2.490 min) eingeplant. Zwar sind noch Restkapazitäten an der Säge in Höhe von 2.490 min vorhanden, jedoch kann eine zusätzliche Einplanung der restlichen Produkte (ZR-60, ZR-120) nicht erfolgen, da die vorhandene Kapazität ansonsten überschritten wird.

Mit der eben ermittelten Kombination ZR-80, ZR-100, SCH-70 erzielt man einen Deckungsbeitrag von 122.842,50 Euro (= 4.500min · 6,25 €/min + 3.000 min · 6,08 €/min + 8.250 min · 9,27 €/min) bei einer Restkapazität von 2.490 min. Bezüglich des Deckungsbeitrages ist dies jedoch nicht die beste betriebsinterne Lösung, da nur ganze Aufträge angenommen werden dürfen und eine Stückdeckungsbeitragsrechnung somit nicht zwingend das beste Ergebnis liefert. So ergibt z. B. die Deckungsbeitragsrechnung in Tabelle 3-52 die alternative Kombination ZR-60, ZR-80, SCH-70 mit dem höheren Deckungsbeitrag von 133.452,50 Euro (= 5.000 min · 5,77 €/min + 4.500 min · 6,25 €/min + 8.250 min · 9,27 €/min) bei einer Restkapazität von lediglich 490 min. Können keine zusätzlichen externen Aufträge akquiriert werden, um diese restliche Zeit zu nutzen, so ist diese zweite Kombination zu bevorzugen. Kann dagegen ein zusätzlicher Deckungsbeitrag erzielt werden, so ist es von dessen Höhe abhängig, ob die Lösung mit der größeren Restzeit (aber geringerem internen Deckungsbeitrag) oder diejenige mit der geringeren Restzeit (aber höherem internen Deckungsbeitrag) zu bevorzugen ist. Im Folgenden wird von der betriebsintern besseren Kombination ZR-60, ZR-80, SCH-70 ausgegangen. Für die Herstellung der anderen Aufträge muss, wie bereits beim Torsendifferential, nach geeigneten Partnern Ausschau gehalten werden.

3.5.7.4 Auftragsplanung im n-Maschinenfall

Nach der Festlegung des Produktionsportfolios (Lamellensperrdifferential, ZR-60, ZR-80, SCH-70) erfolgt die Einplanung der Aufträge an den Maschinen (siehe Tabellenblatt „BA-Gesamt", Teilschritt 3). Es muss beachtet werden, dass die Zeitbedarfe jedes Auftrages zunächst in Stunden/Woche umzurechnen und anschließend durch die Anzahl der tatsächlich zur Verfügung stehenden Maschinen je Prozess zu teilen sind (also eine Zusammenfassung aller Maschinen an einer Station zu einer Maschine).

Weiterhin kann die Aufgabenstellung (rechnerisch) als eine Fließfertigung mit insgesamt acht Maschinen (inkl. Montage) interpretiert und somit eine Lösung mit Hilfe der Heuristik von Campell, Dudeck & Smith ermittelt werden[43]. Es ergibt sich folgende Reihenfolge:Lamellensperrdifferential, Zahnrad ZR-60, Zahnrad ZR-80, Schnecke SCH-70 (siehe Datei „CaDuSm-Säge.mbfn"). Die sich so ergebende Zykluszeit von 216,7 Stunden entspricht bei einer 5-Tage-Woche jedoch 43,3 Stunden je Tag. Die obige Reihenfolge ist aber trotzdem realisierbar, wenn man die Bearbeitung der Wochenbedarfe überlappt.

---

[43] Dadurch wird jedoch vernachlässigt, dass Aufträge unterbrochen oder durch andere Aufträge „überholt" werden können. Die Auftragsfolge der Maschinen wird hier demzufolge vereinfachend als identisch angenommen.

Der Bearbeiter hat nach diesen Schritten das neue Produktionsportfolio festgelegt und die Aufträge an den Maschinen eingeplant. Damit ist der Bereich Antriebstechnik abgeschlossen.

II. Bereich Fahrwerkstechnik

Für das Modul Sänfte sind lediglich die Losgrößen zu den gegebenen Bedarfen gefordert. Ein wesentlicher Teil des Aufwandes liegt hier jedoch darin, die Lagerhaltungskostensätze für die Losgrößenplanung zu bestimmen. Wiederum soll in der folgenden Abbildung 3-12 ein kurzer Überblick über die Vorgehensweise gegeben werden:

Abbildung 3-12 Schrittfolge der Musterlösung im Bereich Fahrwerkstechnik

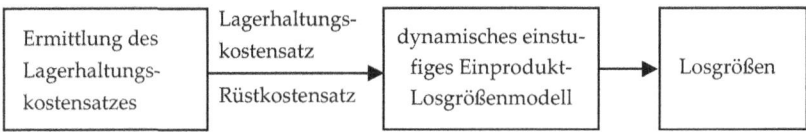

3.5.7.5 Losgrößenbestimmung

Um die optimalen Losgrößen für das Produkt „Sänfte" zu bestimmen, muss auf die Verfahren der dynamischen Losgrößenplanung zurückgegriffen werden. Da keine näheren Informationen zur Herstellung vorliegen, erfolgt die Planung hier einstufig. Weiterhin bleibt auf Grund der gegebenen Daten keine andere Wahl, als die Losgrößenplanung unkapazitiert durchzuführen, also z. B. mit dem Modell nach Wagner-Whitin. Es ist aber aus der Unternehmensvorstellung bekannt, dass die betreffende Abteilung weitere Produkte herstellt – ein Verfahren, das die Kapazitätsbeanspruchung der Lose berücksichtigt, wäre also weitaus angebrachter (z. B. Dixon-Silver). Für dieses Vorgehen fehlen jedoch die Daten.

Der zur Ermittlung benötigte Rüstkostensatz ist mit 250 Euro pro Los angegeben (siehe Tabellenblatt „Sänfte Lagerkosten"). Der Lagerhaltungskostensatz muss dagegen anhand der im Text enthaltenen Daten ermittelt werden. Dabei sollte insbesondere die durchschnittliche Lagerauslastung der letzten Jahre und die Stückzahl des Produktes „Sänfte", die sich in einem Behälter befindet, berücksichtigt werden (siehe Tabellenblatt „Sänfte Lagerkosten"). In der Tabelle 3-56 sind die Ausgangsdaten und Zwischenergebnisse zusammengefasst, die Rechenschritte sind darunter zu finden.

Tabelle 3-56 Lagerkostenberechnung Sänfte

Notwendige Parameter des Lagers	
Merkmal	**Wert**
verfügbarer Stauraum	1.500,00 m³
Platzbedarf je Behälter	1,50 m³
Volumen je Behälter	0,77 m³
Kosten des Lagers	
(Rechenschritt)	**Kosten**
Summe pro Jahr	802.000,00 €
Kosten pro Woche	15.423,08 €
Kosten pro Behälter und Woche	19,28 €
Kosten pro Modul und Woche	4,82 €

Die Summe der Lagerkosten beträgt 802.000 Euro im Jahr, so dass pro Woche Kosten von 802.000 € / 52 = 15.423,08 € anfallen. Unter Berücksichtigung einer durchschnittlichen Lagerauslastung von 80% ergibt sich pro Behälter und Woche ein Kostensatz von 15.423,08 € / (0,8 · 1.500 m³/1,5 m³) = 19,28 €. Die Standardbehälter mit einem Volumen von 0,77 m³ können maximal vier Module „Sänfte" aufnehmen (0,77 m³ / 0,18 m³ = 4,28), so dass ein Lagerkostensatz von 19,28 € / 4 = 4,82 € pro Modul und Woche zu berücksichtigen ist. Um den für die Losgrößenplanung notwendigen Lagerhaltungskostensatz zu ermitteln, müssen nun noch die Kapitalbindungskosten berücksichtigt werden: 10% (kalkulatorischer Zinssatz) · 625 € (Herstellkosten) / 52 = 1,20 €. In Summe ergibt sich demzufolge ein Lagerhaltungskostensatz von 6,02 Euro je Woche und Modul. Unter Berücksichtigung des ermittelten Lagerhaltungskostensatzes sowie der Rüstkosten und gegebenen Bedarfe erhält man mit Hilfe der dynamischen Einprodukt-Losgrößenplanung die in Tabelle 3-57 aufgeführten optimalen Losgrößen.

Tabelle 3-57 Lose Sänfte (andere Wochen: keine Losauflage)

Woche	1	2	4	5	6	7	8	9	10	12	13	14	15
Losgröße	40	90	70	65	90	70	50	50	90	60	45	80	125

In allen anderen Wochen wird kein Los aufgelegt. Insgesamt entstehen Kosten in Höhe von 3.882,10 Euro (siehe Datei „Losgrößenplanung-Sänfte.gzr"). Abschließend muss auch angemerkt werden, dass bei Übernahme dieses Plans sicherheitshalber zu überprüfen wäre, ob die Kapazitäten eine Wochenproduktion von maximal 125 Stück auch zulassen.

3.6   ProMed Pharma AG - Produktion auf dem Generika-Markt

Sehr geehrte Dame, sehr geehrter Herr,

herzlich willkommen bei der ProMed Pharma AG. Sie haben erfolgreich die ersten Hürden des Bewerbungsmarathons genommen und sind jetzt hier, um als einer der aussichtsreichsten Kandidaten für den Eintritt in die Abteilung „Operative Produktionsplanung" (OPP) unseres prosperierenden Unternehmens an unserem Assessment-Center teilzunehmen.

Um Ihnen ein erfolgreiches Mitwirken in unserem Unternehmen zu ermöglichen, werden Sie in diesem Rahmen einige Problemstellungen zu bewältigen haben. Dabei sollen Sie Ihre sozialen, organisatorischen und fachlichen Kompetenzen unter Beweis stellen. Hierzu haben Sie, neben Interviews, Rollenspielen und anderen Tests, als erstes eine praxisbezogene Fallstudie zu bearbeiten. Es wird hier insbesondere darauf ankommen, Ihr an der Universität erworbenes fundiertes theoretisches Wissen in angemessener Zeit auf ein Problem aus unserer Unternehmenspraxis anzuwenden. Ebenfalls ist es wichtig, dieses Problem zur Bearbeitung softwarekompatibel adaptieren zu können.

Die Lösungsvorschläge aller Teilnehmer werden dann im Anschluss vor einer Jury präsentiert, welche aus dem Abteilungsleiter der OPP Herrn Schnederpelz und dessen Stellvertreterin Frau Meier-Rings besteht.

Die Fallstudie beinhaltet zunächst eine Darstellung unseres Unternehmens, welche auch branchenspezifische Marktbesonderheiten, sowie einige wirtschaftliche Eckdaten aufführt. Danach folgt die eigentliche Aufgabenstellung. Die dafür bereitgestellten Excel-Tabellen finden Sie auf dem Ihnen zur Verfügung gestellten Datenträger.

Nun wünschen wir Ihnen viel Erfolg und sind gespannt auf Ihr Ergebnis.

B. Sandmann

Dr. Dr. Bernd Sandmann

Leiter Personal / HR

3.6.1 Rahmenbedingungen

Die ProMed Pharma AG ist ein Hersteller generischer, das heißt patentfreier Arzneimittel. Das Unternehmen ist aus einer Apotheke in Stuttgart hervorgegangen und wurde 1985 unter dem heutigen Namen in das Handelsregister eingetragen. Nach dem plötzlichen Ableben des Firmengründers und der daraus resultierenden Übernahme der Geschäfte durch seinen Sohn wurde das Unternehmen im Jahr 2001 in eine Aktiengesellschaft umgewandelt, sowie eine Umstrukturierung des Unternehmens durchgeführt. Im Rahmen dessen wurden unter anderem die Verpackung und der Vertrieb in ein Tochterunternehmen ausgelagert. Weiterhin besteht schon eine langjährige Beziehung zwischen der ProMed Parma AG und dem Medikamentengroßhandel Medigro AG. Mit diesem Unternehmen, das als Handelsmittler zwischen Apotheken und produzierender Pharmabranche auftritt, pflegt die ProMed Pharma AG Einjahresverträge über den Verkauf einzelner Medikamente abzuschließen. In diesen Verträgen werden Mengen, Preise und Bereitstelldatum genau festgelegt. Im Jahr 2004 wurde nach erfolgreicher Einführung des Protonenpumpenhemmers „OmeProMed" mit 860 Mitarbeitern ein Umsatz von 1.010 Mio. Euro erzielt.

Der Arzneimittelmarkt, speziell der Generika-Markt, ist ein relativ konjunkturunabhängiger, dafür aber umso härter umkämpfter Markt, der zudem auch noch teilweise sehr spezifische Eigenschaften besitzt. So ist zum Beispiel bei Patentauslauf eines Wirkstoffes und dessen Übergang in den Generika-Markt mit einem massiven und kontinuierlichen Preisverfall zu rechnen, verursacht durch den meist sprunghaften Anstieg der Anbieterzahl. Dessen ungeachtet wächst der weltweite Generika-Markt jährlich um durchschnittlich 12%. Dies hat, neben der demografischen Entwicklung in den Industrieländern, den massiven Nachholbedarf an moderner medizinischer Versorgung in Entwicklungs- und Schwellenländern als Ursache. Auch in Deutschland ist, durch die Bemühungen der Bundesregierung das Gesundheitssystem zu sanieren, mit einer Stärkung des bisher im internationalen Vergleich schwach ausgeprägten Generika-Marktes zu rechnen. So wird auch die ProMed Pharma AG ihr durchschnittliches jährliches Wachstum von bisher 8% noch ausbauen können. Um dieses sich kurzfristig bietende Marktpotenzial optimal nutzen zu können, wurde kürzlich ein kleinerer Wettbewerber aufgekauft. Zweck dieser Übernahme war es, durch dessen Produktionsanlagen weitere Kapazitäten bereitstellen zu können.

Ein wesentlicher Unterschied zwischen Herstellern noch patentierter und inzwischen patentfreier Arzneimittel ist die Bereitschaft der Zusammenarbeit im generischen Bereich. So ist es unter den Anbietern generischer Medikamente durchaus üblich, komplette Vorprodukte in Form von fertigen Mischungen, einschließlich des Wirkstoffes, an Wettbewerber zu liefern. Eine weitere Besonderheit des Arzneimittelmarktes ist, dass für die Herstellung von Medikamenten eine Genehmigung erforderlich ist. Zur Erlangung dieser müssen strenge Auflagen erfüllt sein. So schreibt zum Beispiel die „Good Manufacturing Practice" (GMP) vor, dass die gesamte Produktionsanlage mindestens jeden Monat, sowie zusätzlich vor jedem Produktwechsel aufwendig gereinigt und desinfiziert werden muss. Die ProMed Pharma AG hat diese Forderung durch die Betriebsvorschrift, zu jedem Monatswechsel eine Reinigung vorzunehmen, fest im Produktionsablauf verankert.

3.6.2 Das Produktspektrum

Ihnen kommt nun die verantwortungsvolle Aufgabe zu, das Marktvolumen auf dem deutschen Generikamarkt optimal zu nutzen. Dazu stehen für die Fertigung auf der Produktionslinie des organisatorisch mittlerweile gut integrierten übernommenen Wettbewerbers eine Reihe von Produkten aus dem firmeneigenen Produktportfolio zur Disposition. Diese werden entweder als Tablette oder als Dragee angeboten. Die von Ihnen zu bearbeitenden Produkte werden momentan (fast) ausschließlich an die Medigro AG geliefert, deren voraussichtliche Bestellmengen je Produkt auch bereits vorliegen (siehe Tabellenblatt „Datenübersicht" der Datei „Daten-PMP-AG.xls"). Sollten nicht die gewünschten Mengen aller Produkte vollständig produziert werden, so nimmt der Kunde auch geringere Mengen ab, fordert jedoch erstens, dass jeweils ganze Monatsbedarfe geliefert werden (Lieferung jeweils am Monatsende) und zweitens, dass die Medikamente jeweils auch in Form von Kapseln angeboten werden und zwar in dem Verhältnis, welches die vollständige Bestellung („Absatzmenge") vorgibt. Monatsbedarfe, die nicht bedient werden, bezieht die Medigro AG ohne negative Folgen für die ProMed Pharma AG von Wettbewerbern. Für ChloroProMed besteht noch zusätzlich zur Lieferverpflichtung mit der Medigro AG eine vertragliche Lieferverpflichtung für Vorprodukte („Mischung") an die Firma Tóxico S.A. in Madrid.

Alle Medikamente beinhalten die gleichen Grundstoffe (R10 bis R13), welche im ersten Schritt je nach Rohstoff auf verschiedene Weise granuliert werden. Der jeweilige Wirkstoff R_w (R1 bis R9) wird ebenfalls in der gleichen Fertigungsstufe produktabhängig granuliert. Die Zusatzstoffe (R14 bis R16) werden erst in den später anfallenden Arbeitsgängen Verkapselung, Tablettierung oder Dragierung verarbeitet. Die Ermittlung der genauen Periodenbedarfe der einzelnen Rohstoffe wird in der Beschaffungsabteilung auf Basis der von Ihnen zu ermittelnden Daten vorgenommen.

Die hier beschriebenen Zusammenhänge sind in der Abbildung 3-13 noch einmal grafisch dargestellt. In der Tabelle 3-58 finden Sie außerdem Angaben über die Preise der einzelnen Rohstoffe.

Abbildung 3-13 Produktbezogene Prozessstrukturen

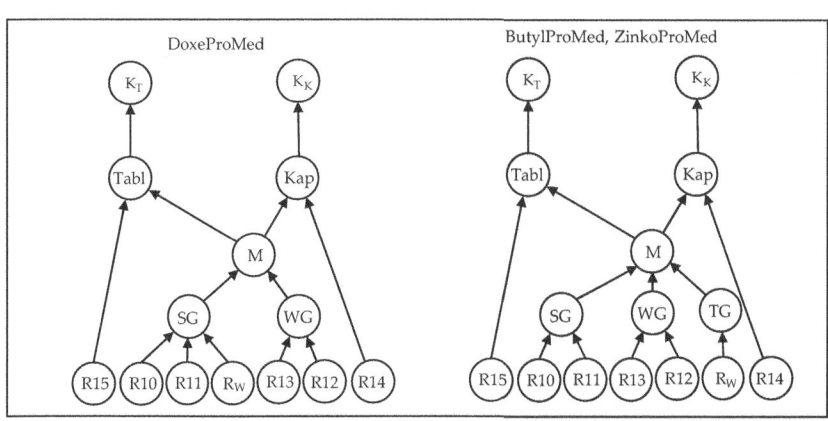

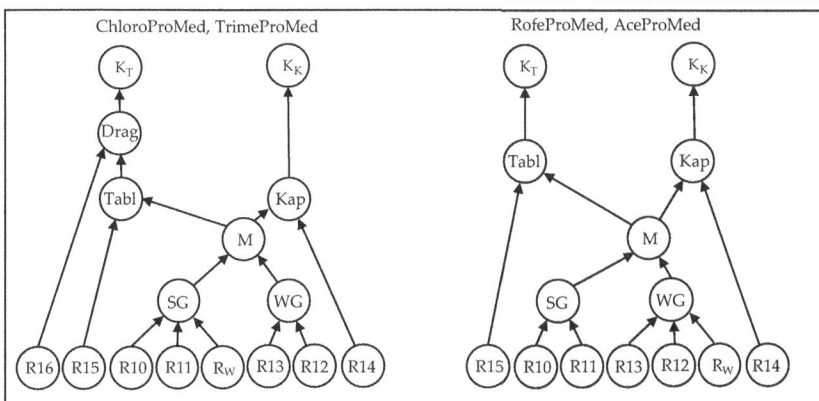

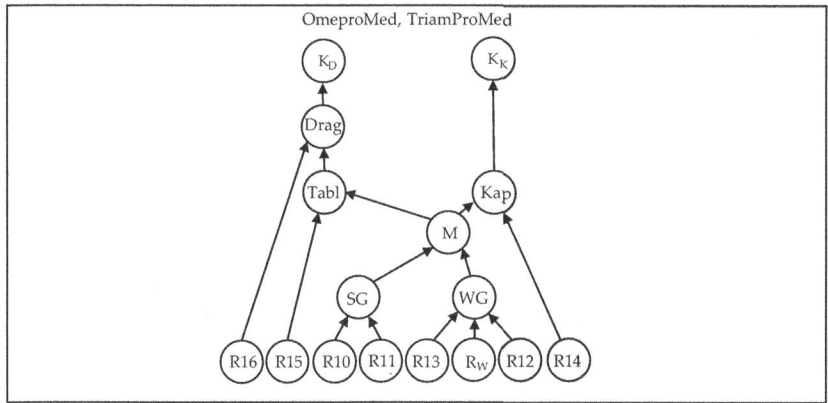

Tabelle 3-58 Rohstoffübersicht

	Sach-Nr.	Rohstoffe	Preis je kg	Verarbeitungsart
Wirkstoffe	R1	Omeprazol	1.258,50 €	Wirbelschichtgranulierung
	R2	Hydrochlorothiazid	439,25 €	Schmelzgranulierung
	R3	Butylbromid	220,21 €	Trockengranulierung
	R4	Doxepin-HCI	227,14 €	Schmelzgranulierung
	R5	Triamteren	98,54 €	Wirbelschichtgranulierung
	R6	Rofecoxib	1.140,12 €	Wirbelschichtgranulierung
	R7	Trimethoprim	67,52 €	Schmelzgranulierung
	R8	Zinkorotat-2H2O	210,12 €	Trockengranulierung
	R9	Acetylsalicylsäure	10,54 €	Wirbelschichtgranulierung
Grundstoffe	R10	Lactose-Monohydrat	26,21 €	Schmelzgranulierung
	R11	Polymethacrylsäure	40,65 €	Schmelzgranulierung
	R12	Siliciumdioxid	7,54 €	Wirbelschichtgranulierung
	R13	Talkum	59,00 €	Wirbelschichtgranulierung
Zusatz-stoffe	R14	Gelatine	1,89 €	Verkapselung
	R15	Maisstärke	0,84 €	Tablettierung
	R16	Hartparaffin	1,31 €	Dragierung

3.6.3   Die Produktionsanlage

Zur Vorbereitung der Wirk- und Grundstoffe dienen die Schmelz-, Wirbelschicht- und Trockengranulierungsanlagen (SG, WG und TG). Diese arbeiten unabhängig voneinander der Mischanlage (M) zu. Die granulierten und gut vermischten Wirk- und Grundstoffe werden dann, je nach Darreichungsform, an den Verkapselungs- (Kap) oder an den Tablettierungsbereich (Tab) weitergeleitet. Letzterem kann bei Bedarf noch eine Dragierungsanlage (Drag) nachgeschaltet werden. Am Ende des Fertigungsprozesses steht eine einzige Konfektionierungsmaschine, welche in beliebiger Reihenfolge, jedoch nicht gleichzeitig, die produzierten Tabletten (Konf T), Dragees (Konf D), Kapseln (Konf K) und gegebenenfalls Mischungen (Konf M) in Pfandbehälter zu Liefereinheiten (LE) von je 10.000 Stück abfüllt. Zu beachten sind folgende Punkte:

Auf Grund eines Leasingvertrages darf die Konfektionierungsmaschine maximal 40 Stunden pro Woche bei 21 Arbeitstagen im Monat betrieben werden und stellt somit derzeit die Kapazitätsbeschränkung der Fertigung dar. Alle anderen Arbeitsschritte (inkl. Mitarbeiter und Maschinen) können bei Bedarf zeitlich auch länger ausgedehnt werden.

- Die Behälter des firmeneigenen Pfandsystems sind vollständig abgeschrieben und verursachen daher keine produktbezogenen Kosten.

- Der Materialfluss in der Produktion verläuft schubweise, d. h. die Maschinen geben in Intervallen bestimmte Mengen im Ganzen an die jeweils nachfolgenden Maschinen weiter. Diese Schübe („Chargen") sind so dimensioniert, dass die Mischanlage ihr Fassungsvermögen (500 kg je Charge) ausschöpft.

Während des gesamten Fertigungsprozesses findet keinerlei Gewichtsveränderung statt. Das Gewicht des Endproduktes entspricht exakt dem aggregierten Gewicht der zugeführten Rohstoffe. Die Einzelkapazitäten der Maschinen, die Abgabepreise, Fertigungs- und Rüstkosten (für die gesamte Anlage) sowie die Lagerhaltungskostensätze (LHK) und Absatzprognosen sind Tabelle 3-59 und Tabelle 3-61 zu entnehmen. Bei den Fertigungskosten ist zu beachten, dass darin bereits sämtliche produktionsbezogenen Kosten (mit Durchschnittswerten aus der Vergangenheit) schon berücksichtigt sind. Die produktspezifischen Kapazitätsbedarfe ergeben sich aus den Rezepturen (Stücklisten), die in Tabelle 3-60 exemplarisch für zwei Produkte abgebildet sind. Diese Daten sowie weitere Stücklisten und Bedarfsmengen sind den entsprechenden Tabellenblättern der Datei „Daten-PMP-AG.xls" zu entnehmen.

Tabelle 3-59 Maschinenkapazitäten

Maschinentyp	Anzahl	Kurzbezeichnung	effektive Kapazität
Schmelzgranulierung	1	SG	980 kg/h
Wirbelschichtgranulierung	2	WG	je 510 kg/h
Trockengranulierung	2	TG	je 160 kg/h
Mischung	1	M	1.500 kg/h
Tablettierung	1	Tab	1.665 kg/h
Verkapselung	1	Kap	625 kg/h
Dragierung	1	Drag	1.980 kg/h
Konfektionierung	1	K	1.240 kg/h

3

Tabelle 3-60 Mengenübersichtsstücklisten (Auszug, Mengen je 1 Mio. Stück)

Sachnummer	OmeProMed D	OmeProMed K	AceProMed T	AceProMed K
R1	20,00 kg	20,00 kg	0,00 kg	0,00 kg
R9	0,00 kg	0,00 kg	200,00 kg	200,00 kg
R10	128,35 kg	128,35 kg	78,35 kg	78,35 kg
R11	39,08 kg	39,08 kg	39,08 kg	39,08 kg
R12	33,79 kg	33,79 kg	33,79 kg	33,79 kg
R13	85,15 kg	85,15 kg	55,15 kg	55,15 kg
R14	0,00 kg	193,63 kg	0,00 kg	93,63 kg
R15	40,54 kg	0,00 kg	93,63 kg	0,00 kg
R16	153,09 kg	0,00 kg	0,00 kg	0,00 kg

Tabelle 3-61 Produktkosten und -bedarfe (Auszug)

Produkt	Form	Preis [€/LE]	Fertigungskosten [€/LE]	Rüstkosten [€]	LHK [€/LE/ZE]	Absatzprognose [LE] Jan	Feb
OmeProMed	Drag	2.582	450	50.000	3,20	9.000	9.000
	Kap		470			3.000	3.000
Chloro-ProMed	Drag	1.170	220	24.000	2,30	8.000	16.000
	Kap		260			2.500	5.000
	Misc	430	150			-	7.000
ButylProMed	Tabl	1.400	400	19.000	1,20	2.500	2.500
	Kap	1.250	300			1.000	1.000
DoxeProMed	Tabl	1.150	185	18.000	1,15	15.000	15.000
	Kap		230			5.000	5.000
TriamProMed	Drag	589	95	24.500	0,70	3.000	3.000
	Kap	699	109			1.000	1.000
RofeProMed	Tabl	2.700	410	17.000	1,90	11.000	11.000
	Kap		490			3.500	3.500
TrimeProMed	Drag	750	126	24.500	0,85	5.000	5.000
	Kap		138			2.000	2.000
ZinkoProMed	Tabl	2.300	220	20.500	1,00	5.500	5.500
	Kap	2.100	190			2.500	2.500
AceProMed	Tabl	300	78	17.500	0,63	9.000	9.000
	Kap		110			3.000	3.000

(LE = Liefereinheit zu 10.000 Stück; ZE = Zeiteinheit)

3.6.4   Aufgabenstellung

a) Grobplanung (Monatsbasis): Ermitteln Sie für die Monate des kommenden Jahres einen gewinnmaximalen Produktionsplan und beachten Sie hierbei, dass Sie mit der Medigro AG nur Verträge über Monatsbedarfe abschließen, welche Sie auch zu den gegebenen Auslieferungsterminen bereitstellen können. In welchen Monaten sollten welche Lose aufgelegt werden?

b) Feinplanung (Stundenbasis): Außerdem wird gewünscht, dass Sie für das erste Los des zu Beginn des Jahres zuerst zu produzierenden Produkts angeben, welche Produktionszeit insgesamt für dieses Los inkl. aller dafür notwendigen Chargen (Tabletten- und Kapselchargen) benötigt wird. (Die Rüstzeiten können bei der Zeitplanung generell vernachlässigt werden, da hierfür gesonderte Zeiten außerhalb der regulären Produktion einplanbar sind.)

3.6.5 Lösungsvorschlag

3.6.5.1 Vorbereitende Überlegungen

Zunächst muss erkannt werden, dass sich die Teilaufgabe a) in zwei Schritte unterteilt. Es ist für das gesamte Jahr zu entscheiden, welche der Monatsbedarfe bedient werden sollen, um einen möglichst hohen Gewinn zu erwirtschaften. Da keinerlei Fixkosten gegeben sind, erfolgt dieser Teil der Lösung auf Basis der Deckungsbeiträge (siehe 3.6.5.2).

Diese Monatsbedarfe sind anschließend unter Beachtung der monatlichen Kapazität in Produktionslose zu unterteilen, um sicherzustellen, dass diese Mengen auch tatsächlich hergestellt werden können.

Abschließend sind gemäß Teilaufgabe b) die Ergebnisse der obigen Losgrößenplanung (Monat Januar) zu verwenden, um für das erste im Jahr zu produzierende Produkt einen detaillierten Zeitplan aufzustellen.

(Da die Ausgangsdaten in die Datei „Lösung-PMP-AG.xls" übernommen wurden, beziehen sich alle folgenden Angaben zu Tabellenblättern auf diese Datei.)

3.6.5.2 PPS-Stufe 1 - Der Master Production Schedule

Für die Bestimmung der gesuchten Ergebnisse ist zunächst ein „Master Production Schedule" (MPS) für das kommende Jahr zu erstellen, der die im folgenden Jahr produzierten Medikamente enthält. Dabei ist zu beachten, dass die Summe der maximalen Absatzmengen weit höher ist, als die zur Verfügung stehende Kapazität. Somit muss eine Auswahl bezüglich der im Vertrag zu vereinbarenden Produkte getroffen werden. Hierbei sind jedoch folgende Rahmenbedingungen zu beachten:

Die Bereitstellungstermine für die bereits vertraglich vereinbarten Medikamente müssen eingehalten werden.

Es besteht eine Kapazitätsbeschränkung durch den Leasingvertrag.

Der Absatz der Produktvarianten Tablette und Kapsel bzw. Dragee und Kapsel ist nur kombiniert möglich.

Die Lieferung des Vorproduktes ChloroProMed muss stattfinden.

Für die angestrebte Gewinnmaximierung ist hier eine einfache Deckungsbeitragsrechnung unter Beachtung der Nebenbedingungen ausreichend. Es müssen also für jede Produktvariante die Material- und die Fertigungskosten je LE vom Preis abgezogen werden[44]. Da die Produkte jedoch in gewissen vorgegebenen Mengenverhältnissen

---

[44] Da die angegebenen Fertigungskosten bereits sämtliche produktionsbezogenen Kosten enthalten, sind darin auch die Rüstkosten berücksichtigt.

auch in Kapseln an die Medrigo AG zu liefern sind, erfolgt hier die Reihung der Produkte nicht einzeln nach Darreichungsvarianten, sondern für das gesamte Produkt anhand von gewichteten Deckungsbeiträgen (vgl. Tabelle 3-62 und Tabellenblatt „Deckungsbeiträge"; Erläuterungen unterhalb der Tabelle 3-62):

Tabelle 3-62 Deckungsbeiträge

Produkt	Variante	DB / LE (Variante)	DB / LE (Produkt)	Rang
OmeProMed	Dragee	1.775,64 €	1.770,43 €	2
	Kapsel	1.754,33 €		
ChloroProMed	Dragee	739,82 €	730,01 €	5
	Kapsel	698,31 €		
	Mischung	72,34 €	72,34 €	10
ButylProMed	Tablette	701,86 €	687,52 €	6
	Kapsel	650,44 €		
DoxeProMed	Tablette	744,71 €	733,45 €	4
	Kapsel	698,47 €		
TriamProMed	Dragee	357,03 €	379,84 €	8
	Kapsel	451,46 €		
RofeProMed	Tablette	1.881,93 €	1.858,65 €	1
	Kapsel	1.800,45 €		
TrimeProMed	Dragee	493,95 €	490,14 €	7
	Kapsel	480,62 €		
ZinkoProMed	Tablette	1.784,66 €	1.735,78 €	3
	Kapsel	1.613,92 €		
AceProMed	Tablette	128,63 €	96,47 €	9
	Kapsel	95,64 €		

Beispielsweise wird OmeProMed in 2004 im Mengenverhältnis 102:33 in den Formen Dragee (DB = 1.775,64 €/LE) zu Kapsel (DB = 1.754,33 €/LE) nachgefragt. Der verwendete Deckungsbeitrag ergibt sich somit folgendermaßen:

$$(102 \cdot 1.775,64 \text{ €/LE} + 33 \cdot 1.754,33 \text{ €/LE}) / 135 = 1.770,43 \text{ €/LE}$$

Eine Ausnahme von dieser gewichteten Bestimmung der Deckungsbeiträge stellt lediglich die ChloroProMed-Mischung dar, da sich diese Verpflichtung aus einem Vertrag mit einer anderen Firma ergibt.

Für die folgende Programmplanung wurde die Jahresbasis gewählt. Sie hat im Vergleich zu einer Rechnung auf Monatsbasis zwar den Nachteil, dass im Anschluss eine

Fallstudien

Prüfung auf Realisierbarkeit erfolgen muss (Kapazitätseinhaltung pro Monat ist nicht garantiert!), aber dafür ist eine bessere Ausnutzung der Deckungsbeitragspotenziale zu erwarten. Eine monatsweise Rechnung ist aber deshalb nicht unbedingt falsch.

Da bekannt ist, dass die Konfektionieranlage die Kapazitätsbeschränkung vorgibt, wird zunächst deren Gesamtkapazität bestimmt: 1.240 kg/h · 8 h/Tag · 21 Tage/Monat · 12 Monate/Jahr = 2.499.840 kg/Jahr.

Diese Kapazität ist nun möglichst gewinnbringend auf die Produkte zu verteilen, d. h. beginnend mit dem höchsten Deckungsbeitrag. Da jedoch die ChloroProMed-Mischung bereits vertraglich zugesichert ist, sollte dieses Produkt trotz des niedrigen Deckungsbeitrags vorrangig eingeplant werden. Dessen Kapazitätsverbrauch entspricht seinem Gewicht und berechnet sich aus der Stückliste (vgl. Tabelle 3-63).

Tabelle 3-63 Gewichtsberechnung ChloroProMed-Mischung

Rezeptur ChloroProMed-Mischung	
Rohstoff	Gewicht (für 1 Mio.)
R2	25,00 kg
R10	100,58 kg
R11	70,38 kg
R12	20,95 kg
R13	70,00 kg
Summe	286,91 kg

Gemäß Absatzmengenangabe sind insgesamt 42.000 LE = 420 Mio. Stück vereinbart, die 120.502,2 kg entsprechen. Somit ergibt sich für die Konfektionieranlage eine Restkapazität von 2.379.337,8 kg, die zur Konfektionierung der anderen Produkte zur Verfügung steht. Bei Betrachtung der Stücklisten sieht man, dass alle Produkte 500 kg je 1 Mio. Stück (= 5 kg je LE) wiegen, weshalb man schon an dieser Stelle die Berechnung in der Einheit „Anzahl Liefereinheiten" durchführen kann: Restkapazität 2.379.337,8 kg entspricht bei 5 kg / LE abgerundet 475.867 LE.

Tabelle 3-64 Einplanungsversuch anhand der Deckungsbeiträge

Reihung nach DB	Produkt	Absatz (LE)	Restkapazität (LE)
10.	ChloroProMed-Mischung	42.000	475.867
1.	RofeProMed	133.000	342.867
2.	OmeProMed	135.000	207.867
3.	ZinkoProMed	124.000	83.867
4.	DoxeProMed	137.500	-53.633

Es ergibt sich in Tabelle 3-64 ein Einplanungsversuch, wenn zunächst versucht wird, stets den kompletten Jahresbedarf jedes hergestellten Produkts zu bedienen.

Das Produkt DoxeProMed kann demzufolge nicht vollständig produziert werden. Gemäß Aufgabenstellung darf der Jahresbedarf der Medrigo AG zwar in Summe auch teilweise erfüllt werden, jedoch müssen stets vollständige Monatsbedarfe geliefert werden. Die bestmögliche Art, die nach der Einplanung von ZinkoProMed verbleibenden 83.867 LE zu verwenden, ist demzufolge die Kombination der DoxeProMed-Monatsbedarfe für Januar bis April, sowie Juni und November, woraus in Summe ein Kapazitätsbedarf von 83.500 LE resultiert. Gäbe es unter den noch nicht eingeplanten Produkten ein oder mehrere Produkt(e), dessen (deren) Monatsbedarfe sich zu einer höheren Zahl kombinieren ließen, so wären die jeweiligen Gesamtdeckungsbeiträge zu vergleichen. Da jedoch die Einplanung jedes anderen noch nicht eingeplanten Produkts als DoxeProMed zwar keine höhere Stückzahl (größter gemeinsamer Teiler aller Monatsbedarfe ist 500), aber einen geringeren durchschnittlichen Deckungsbeitrag zur Folge hat, ist die optimale Kombination bereits gefunden (vergleiche die Stückelungen der Absatzmengen im Tabellenblatt „Datenübersicht").

Unter Berücksichtigung dieser Kapazität und der Deckungsbeiträge wählt man deshalb neben dem Vorprodukt („Mischung") die Produkte RofeProMed, OmeProMed, ZinkoProMed und DoxeProMed für den MPS aus.

3.6.5.3 PPS-Stufe 2 - Die Losgrößenberechnung

Da laut Fallstudie die periodenbezogene Bedarfsauflösung der Beschaffungsabteilung überlassen wird (vgl. 3.6.2), beschränkt sich die zweite Stufe der PPS in diesem Fall auf die Losgrößenermittlung in der Produktion. Auf Grund des dynamischen Bedarfsverlaufs bietet sich die Heuristik von Dixon/Silver an. Für dieses Verfahren sind folgende Größen notwendig:

- Rüstkosten und Lagerhaltungskostensätze (siehe Tabellenblatt „Datenübersicht")

- Kapazitätsangebote und -bedarfe

- Absatzmengen (siehe Tabellenblatt „Datenübersicht")

Werden die Bedarfsmengen und das Kapazitätsangebot in der Einheit LE verwendet, so ist für jedes der vier „regulären" Produkte der Kapazitätskoeffizient 1 zu verwenden. Lediglich für die ChloroProMed-Mischung muss ein abweichender Faktor aus den Gewichtsverhältnissen Mischung : Fertigprodukt bestimmt werden: 286,91 kg / 500 kg = 0,5738 (siehe auch Tabellenblatt „Stücklisten", Zeile 106).

Die Kapazitätsangebote von 41.664 LE pro Monat ergeben sich, indem die jährliche Gesamtkapazität von 499.968 LE zu gleichen Teilen auf die zwölf Perioden verteilt wird.

Nachdem nun die in der Erstellung des MPS ausgewählten Monatsbedarfe in die Toolbox eingegeben wurden, stellt man jedoch fest, dass diese Periodenbedarfe mit den vorhandenen Kapazitäten nicht gedeckt werden können (siehe Datei „Dixon-Silver.dmpl"). Dies liegt in der unvorteilhaften Verteilung der Bedarfe über die Monate begründet. Der angedachte Produktmengenplan ist demzufolge nicht realisierbar und muss deshalb modifiziert werden.

Eine solche Modifikation kann mit der Überlegung begonnen werden, dass zunächst versucht werden sollte, lediglich durch Umschichtungen innerhalb der Monatsbedarfe der bereits eingeplanten Produkte einen realisierbaren Produktionsplan zu erstellen, d. h. ohne Einbeziehung anderer Produkte, die alle einen geringeren Deckungsbeitrag je LE aufweisen, um eine Senkung des Gesamtdeckungsbeitrags zu vermeiden. Raum für derartige Umschichtungen bietet jedoch lediglich DoxeProMed, da sämtliche anderen Produkte vollständig produziert werden. Betrachtet man nun die Verteilung der Monatsbedarfe von DoxeProMed, so ist ersichtlich, dass insbesondere die hohen Bedarfe zu Beginn des Jahres (Januar-März) den ursprünglichen Plan scheitern lassen. Beim Versuch, diese Bedarfe durch Bedarfe des gleichen Produkts in späteren Monaten zu ersetzen, ohne die Kapazitätsschranken zu verletzen, lässt sich wie in Tabelle 3-65 dargestellt eine geringere Kapazitätsauslastung jedoch nicht vermeiden.

Tabelle 3-65 Umschichtung der Monatsbedarfe von DoxeProMed

Monat	Bedarfsmenge [LE]	ursprünglicher Plan [LE]	modifizierter Plan [LE]
Januar	20.000	20.000	
Februar	20.000	20.000	
März	13.000	13.000	
April	8.000	8.000	8.000
Mai	8.000		8.000
Juni	2.500	2.500	2.500
Juli	2.500		2.500
August	2.500		
September	8.000		8.000
Oktober	13.000		13.000
November	20.000	20.000	20.000
Dezember	20.000		20.000
Summe	137.500	83.500	82.000

Ohne die Einbeziehung eines weiteren Produktes würden demzufolge 1.500 LE weniger produziert und abgesetzt. Da sich kein anderer vollständiger Monatsbedarf eines Produkts durch diese freigewordene Kapazität herstellen lässt, ist für eine bessere Auslastung ein Tausch eines momentan eingeplanten Monatsbedarfs (im Folgenden: „MB-alt") durch einen etwas höheren, momentan noch nicht eingeplanten Monatsbedarf („MB-neu") notwendig. Da das Endziel ein möglichst hoher Gewinn ist, scheinen bei einem solchen Tausch folgende Ziele sinnvoll:

- „MB-alt" sollte einen möglichst geringen Stückdeckungsbeitrag aufweisen

- „MB-neu" sollte einen möglichst hohen Stückdeckungsbeitrag aufweisen

- Beide Bedarfe sollten zahlenmäßig möglichst gering sein, „MB-neu" jedoch größer als „MB-alt" (idealerweise um 1.500 LE)

Bei einer Suche unter Beachtung dieser Bedingungen bietet es sich an, den August-Bedarf von ChloroProMed (4.000 LE) gegen den Juni- oder Juli-Bedarf von DoxePro-Med (je 2.500 LE) zu tauschen. Damit würde nicht nur die Kapazitätslücke bestmöglich geschlossen, sondern außerdem ein Tausch mit dem geringstmöglichen Deckungsbeitragsverlust je Stück realisiert (733,45 Euro gegenüber 730,01 Euro). Das sich so ergebende neue Produktionsprogramm kann daher auch ohne rechnerische Optimierung als deckungsbeitragsmaximal angesehen werden.

Fraglich ist nun lediglich noch, ob die Realisierung des Juni- oder des Juli-Bedarfes von DoxeProMed vorteilhafter ist, da beide Alternativen realisierbar wären. Hier kann, da bei allen bisherigen Rechnungen auf eine Einbeziehung der unterjährigen Verzinsung (Vorteile durch frühere Einnahmen/spätere Ausgaben) verzichtet wurde, lediglich anhand der Kosten der Losgrößenplanung selbst entschieden werden, also anhand der jeweils anfallenden Summe von Rüst- und Lagerhaltungskosten[45]. Da diese Kosten bei Produktion des Juni-Bedarfes geringer sind, wird diese Variante realisiert (siehe Datei „Dixon-Silver-Chloro.dmpl").

Es ergeben sich die in Tabelle 3-66 und Tabelle 3-67 vermerkten Fertigungslose [LE] (Monatslieferungen in Klammern [LE]).

---

[45] Die Kosten der Losgrößenplanung wären streng genommen von Beginn an in die Auswahl der zu produzierenden Produkte einzubeziehen. Einerseits ist jedoch der Aufwand für eine solche Simultanplanung deutlich höher und andererseits sind im vorliegenden Fall die Rüst- bzw. Lagerhaltungskosten im Vergleich zu den Deckungsbeiträgen je Los so gering, dass ein solcher Schritt wenig Verbesserungspotenzial birgt.

Tabelle 3-66 Losplan (Januar bis Juni)

Monat	1	2	3	4	5	6
ChloroProMed-Mischung	0 (0)	14.000 (7.000)	0 (0)	0 (7.000)	0 (0)	14.000 (7.000)
RofeProMed	14.500 (14.500)	14.500 (14.500)	14.500 (14.500)	17.300 (12.000)	0 (5.300)	10.600 (5.300)
OmeProMed	12.000 (12.000)	12.000 (12.000)	24.000 (12.000)	0 (12.000)	21.000 (10.500)	0 (10.500)
ZinkoProMed	14.637 (8.000)	7.184 (8.000)	3.164 (8.000)	10.015 (11.000)	13.000 (13.000)	23.084 (13.000)
DoxeProMed	0 (0)	0 (0)	0 (0)	14.349 (8.000)	7.664 (8.000)	0 (2.500)
ChloroProMed	0 (0)	0 (0)	0 (0)	0 (0)	0 (0)	0 (0)

Tabelle 3-67 Losplan (Juli bis Dezember)

Monat	7	8	9	10	11	12
ChloroProMed-Mischung	0 (0)	0 (7.000)	0 (0)	14.000 (7.000)	0 (0)	0 (7.000)
RofeProMed	0 (5.300)	37.664 (5.300)	0 (5.300)	0 (22.000)	9.436 (14.500)	14.500 (14.500)
OmeProMed	21.000 (10.500)	0 (10.500)	20.925 (10.500)	12.075 (10.500)	0 (12.000)	12.000 (12.000)
ZinkoProMed	20.664 (13.000)	0 (13.000)	16.252 (13.000)	0 (8.000)	16.000 (8.000)	0 (8.000)
DoxeProMed	0 (0)	0 (0)	4.487 (8.000)	21.608 (13.000)	16.228 (20.000)	15.164 (20.000)
ChloroProMed	0 (0)	4.000 (4.000)	0 (0)	0 (0)	0 (0)	0 (0)

3.6.5.4 PPS Stufe 3 - Die Durchlaufterminierung

Gemäß des obigen Losplans werden im Januar drei Lose aufgelegt (RofeProMed, OmeProMed und ZinkoProMed), es sind jedoch keine Angaben über deren Reihenfolge innerhalb des Monats enthalten. Deshalb ist zunächst zu entscheiden, welches dieser drei Produkte zuerst zu produzieren ist. Sinnvollerweise sollte sich auch diese

Entscheidung an den dadurch verursachten Kosten orientieren. Unter den gegebenen Daten sind dafür lediglich die Lagerhaltungskosten geeignet (Tabellenblatt „Datenübersicht"). Um möglichst geringe Lagerhaltungskosten bis zum Liefertermin (gemäß Aufgabenstellung jeweils am Monatsende) zu verursachen, sollte demzufolge unter den drei genannten Produkten dasjenige mit dem geringsten Lagerhaltungskostensatz zuerst produziert werden - im vorliegenden Fall also das Los ZinkoProMed mit 14.637 LE (vgl. Tabelle 3-66).

Diese 14.637 LE unterteilen sich in die Formen Tabletten und Kapseln. Da Ende Januar 5.500 LE Tabletten und 2.500 LE Kapseln zu liefern sind, ist noch für die restlichen 6.637 LE zu prüfen, in welcher Form sie hergestellt werden sollen, d. h. ob als Tablette oder Kapsel. Da die Lagerhaltungskosten für beide Formen gleich sind, stellen sie keine Hilfe bei dieser Entscheidung dar. Die fraglichen 6.637 LE sind Teil des Monatsbedarfs im Februar. Dieser Bedarf enthält ebenfalls 5.500 LE Tabletten und 2.500 LE Kapseln, weshalb für die folgenden Rechnungen festgelegt werden soll, dass auch die restliche Produktionsmenge im Verhältnis 5,5 : 2,5 aufgeteilt wird. Somit ergeben sich insgesamt 10.063 LE Tabletten und 4.574 LE Kapseln.

Gemäß der Information aus den Stücklisten (Gewichte, hier normiert auf 500 kg an der Mischanlage) und der Kapazitätsübersicht (Produktionsgeschwindigkeiten) kann für beide Varianten die jeweilige Dauer der einzelnen Prozessschritte ermittelt werden. Wie dem Tabellenblatt „Feinplanung" zu entnehmen ist, ist zunächst das Gewicht der Vorprodukte an jeder Maschine zu berechnen, bezogen auf eine Charge. Dies ist deshalb notwendig, weil die Produktionsgeschwindigkeit in Gewicht je Zeit angegeben ist. Die sich so ergebenden Zeiten je Produktionsschritt (vgl. Tabelle 3-68 und Tabelle 3-69) dienen als Eingabe für das Vorgangspfeilnetz (VPN).

Tabelle 3-68 Zeitbedarf je Arbeitsgang (Tabletten)

Arbeits-gang	Gewicht je Charge [kg]	Maschinen-Gesamtkapazität [kg/h]	Zeit je Charge [h]	Zeit je Charge [min]
SG	194,81	980,00	0,20	12
WG	214,43	1.020,00	0,21	13
TG	90,76	320,00	0,28	17
M	500,00	1.500,00	0,33	20
Tab	581,77	1.665,00	0,35	21
Konf T	581,77	1.240,00	0,47	28

Tabelle 3-69 Zeitbedarf je Arbeitsgang (Kapseln)

Arbeits-gang	Gewicht je Charge [kg]	Maschinen-Gesamtkapazität [kg/h]	Zeit je Charge [h]	Zeit je Charge [min]
SG	194,81	980,00	0,20	12
WG	214,43	1.020,00	0,21	13
TG	90,76	320,00	0,28	17
M	500,00	1.500,00	0,33	20
Kap	581,77	625,00	0,93	56
Konf K	581,77	1.240,00	0,47	28

Modelliert man diese Arbeitsgänge als VPN, so ergeben sich Durchlaufzeiten von 86 min für eine Charge Tabletten bzw. 121 min für eine Charge Kapseln (siehe Dateien „CPM-T1Charge.cpmd" und „CPM-K1Charge.cpmd"). Da sich die Chargen bei einer aufeinanderfolgenden Produktion mehrerer Chargen jedoch zeitlich überlappen, ist noch gesondert der Zeitmehrbedarf je „angehängter" Charge zu ermitteln. Dies geschieht, indem man die bereits erstellten Vorgangspfeilnetze um weitere Chargen erweitert. Dabei sind bei den Vorgängerbeziehungen nun nicht mehr lediglich die Arbeitsgänge der jeweiligen Charge zu beachten (z. B. „Mischung von Charge X abgeschlossen bevor ihre Tablettierung beginnt"), sondern auch die Verfügbarkeit der Maschinen („Charge 1 fertig gemischt bevor Charge 2 gemischt werden darf").

Es ergeben sich folgende Durchlaufzeiten aus den Vorgangspfeilnetzen der Dateien „CPM-TxChargen.cpmd" und „CPM-KxChargen.cpmd":

- 1 Charge Tabletten: 86 min
- 2 Chargen Tabletten: 114 min
- 3 Chargen Tabletten: 142 min
- 1 Charge Kapseln: 121 min
- 2 Chargen Kapseln: 177 min
- 3 Chargen Kapseln: 233 min

Man kann also beobachten, dass sich bei Anhängen einer weiteren Charge die benötigte Produktionszeit um die Dauer des jeweils längsten Arbeitsganges einer Charge verlängert: 28 min bei Tabletten und 56 min bei Kapseln. Rechnet man diese Werte auf das komplette Produktionslos um, so ergeben sich folgende Zeiten:

Tabletten:

10.063 LE entsprechen 87 Chargen (bei 5 kg/LE und 581,77 kg/Charge)

87 Chargen Tabletten benötigen 2.494 min

Kapseln:

> 4.574 LE entsprechen 40 Chargen (bei 5 kg/LE und 581,77 kg/Charge)
>
> 40 Chargen Tabletten benötigen 2.304 min

Werden diese beiden Chargenreihen hintereinander produziert (z. B. erst 87mal Tabletten, danach 40mal Kapseln), so überlappen sich auch diese. Durch Anfügung einer Kapsel-Charge an eine Tabletten-Charge ergibt sich eine Verlängerung um 55 min (siehe Datei „CPM-TK1DoppelCharge.cpmd"), wodurch sich insgesamt 4.733 min ergeben:

> $86 \text{ min} + 86 \cdot 28 \text{ min} + 55 \text{ min} + 39 \cdot 56 \text{ min} = 4.733 \text{ min}$

Diese Lösung würde jedoch wertvolle Produktionszeiten verschwenden, da sich bei einer Verzahnung der Tabletten- und Kapselchargen eine deutliche Zeitersparnis ergibt:

> Chargenfolge T-K-T-K: 197 min

Verglichen mit der Chargenfolge T-T-K-K (225 min) können auf diese Weise bereits in diesem kleinen Beispiel 28 min gespart werden (siehe auch „CPM-TK2DoppelChargen.cpmd"). Bezüglich des gesamten Loses ergibt sich:

> 40mal Chargenfolge T-K: 2.325 min $(141 \text{ min} + 39 \cdot 56 \text{ min})$
>
> <u>47 folgende T-Chargen: 1.316 min</u> $(47 \cdot 28 \text{ min})$
>
> Summe: 3.641 min

Durch die Verzahnung erreicht man so eine gesamte Zykluszeit von 3.641 min, ca. 18 Stunden (4.733 min – 3.641 min) weniger als ohne Verzahnung. Man beginnt demzufolge nach obiger verzahnter Reihenfolge mit der Produktion des Januar-Loses von ZinkoProMed, was die hier vorgeschlagene Lösung dieser letzten Teilaufgabe darstellt.

Die in der Aufgabenstellung geforderten Ergebnisse liegen somit vollständig vor und die Lösung der Fallstudie ist deshalb abgeschlossen.

3.7 SnowIndustrials

3.7.1 Vorstellung des Unternehmens

Das Unternehmen *SnowIndustrials* ist ein kleines Unternehmen mit Sitz in München, welches hochwertige Ski für ambitionierte Wintersportler herstellt. Vor einigen Jahren hat *Nelix Feureuther* seine Leidenschaft zum Beruf gemacht und zusammen mit zwei Freunden aus dem Studium, *Warkus Masmeier* und *Fosef Jerstl,* ihr persönliches Projekt *SnowIndustrials* gegründet. Bereits seit mehreren Jahren entwickelt das Team, bestehend aus mittlerweile 18 Mitarbeitern, innovative Ski, welche ein einzigartiges Skierlebnis bieten sollen. Die sogenannten Komfort-Ski überzeugen besonders durch ihre einzigartige Leichtigkeit bei gleichzeitiger Widerstandsfähigkeit, sodass Skisportbegeisterte spielerisch und leichtgängig auch anspruchsvolle Pisten bewältigen können. *Nelix Feureuther* stellt immer wieder heraus, dass genau diese Kombination das Erfolgsrezept von *SnowIndustrials* darstellt. Ihr Produktportfolio umfasst drei verschiedene Ski-Modelle: den *SnowStar White,* den *SnowStar Silver* und den *SnowStar Gold.* Getrieben von seiner perfektionistischen Einstellung zum Wintersport möchte *Nelix* auch seine Unternehmung an die Einzigartigkeit seiner Produkte anpassen.

3.7.2 Problematik des Epoxidharzlieferanten

Da der Lieferant *Unpünktlich AG,* welcher das Unternehmen mit Epoxidharz versorgt, bereits seit Längerem Probleme bereitet, soll dieser ausgetauscht werden. Dafür hat die Einkaufsabteilung, beraten durch das Fachwissen von *Nelix* und *Fosef,* bereits sechs potenzielle neue Lieferanten ermittelt (vgl. Tabelle 3-70). Diese verlangen jedoch eine bestimmte monatliche Mindestabnahmemenge. Nach langen Verhandlungen wurde *Nelix* zu verstehen gegeben, dass die angegebene Mindestmenge für eine Zusammenarbeit keinesfalls unterschritten werden darf.

Tabelle 3-70 Lieferantendaten

Lieferant	monatl. Mindest-abnahmemenge [kg]	Preis pro kg [€]	Lieferzeit [d]	Qualität	Flexibilität
Atlas GmbH	2	8,55	7	sehr hoch	sehr hoch
Berg AG	1	10,59	3	hoch	hoch
Chemie GmbH	2,5	9,15	8	gering	gering
Diamant AG	1,5	10,24	5	mittel	hoch
Epoxy GmbH	1,8	10,10	6	mittel	mittel
Frost GmbH	1,7	9,99	5	gering	sehr hoch

Der Absatz an Ski pro Quartal in den letzten drei Jahren kann Tabelle 3-71 entnommen werden.

Tabelle 3-71 Absatzdaten nach Ski-Modellen

	2017				2018				2019			
	Q1	Q2	Q3	Q4	Q1	Q2	Q3	Q4	Q1	Q2	Q3	Q4
White	33	12	41	57	36	15	47	64	38	19	48	71
Silver	39	20	55	84	42	24	54	86	33	23	50	92
Gold	19	10	23	26	20	9	27	33	15	12	25	36

Es kann davon ausgegangen werden, dass sich der Absatz pro Quartal ungefähr gleichmäßig auf die jeweiligen Monate verteilt.

Die Erzeugnisstruktur des Komfort-Ski kann in Tabelle 3-72 nachvollzogen werden. Da eine neuartige Epoxidharzmasse zur unterschiedlichen Klebung der einzelnen Komponenten verwendet wird, ist eine Aufführung in gleichartigen Mengeneinheiten nicht realisierbar. Aus dem ergiebigen Erfahrungsschatz des Produktionsleiters *Warkus* ist aber bekannt, dass eine Schicht des Harzes 5 g umfasst, während ein Streifen desselben Rohstoffes 3 g auf die Waage bringt.

Da die Bedarfsbetrachtung quartalsweise erfolgen soll, fallen eventuelle Vorlaufverschiebungen von wenigen Tagen bis zu einer Woche nicht ins Gewicht. Es ist also davon auszugehen, dass die benötigten Teile ohne relevante Verzögerung bereitstehen.

Tabelle 3-72 Produktstruktur

Produkt	Hauptbaugruppe	Unterbaugruppe 1	Unterbaugruppe 2	Menge
Komfort-Ski				-
	Laufbelag			1
		Polyethylenlage		2
		Graphitschicht		1
		Werkswachslage		1
		Epoxidharzschicht		3
	Ski-Kern			1
		Gurtschicht		2
			Carbonatfaserschicht	1
			Glasfaserlage	1
			Epoxidharzschicht	3
		Holzkern		1
			Alpenpappel-Bogen	2
			Epoxidharzschicht	3
		Epoxidharzschicht		2
	Flankenverkleidung			2
		Stahlkante		1
		Flankenfolie		2
		Epoxidharzstreifen		2
	Druckfolie			1
	Bindung (in Einzelteilen)			1
	Epoxidharzschicht			3

Eine ausführliche Inventur zum Ende letzten Jahres hat ergeben, dass SnowIndustrials noch bestimmte Mengen an Baugruppen auf Lager hält (vgl. Tabelle 3-73).

Tabelle 3-73 Lagerbestände

Bau-gruppe	Laufbelag	Ski-Kern	Gurt-schicht	Holzkern	Flankenver-kleidung	Bindung
Lagerbe-stand	24	31	18	13	11	45

Die Sicherheitsbestände für Hauptbaugruppen betragen 10 Stück, während für Unterbaugruppen lediglich ein Sicherheitsbestand von 5 Stück gefordert wird.

3.7.3 Unklarheiten in der Fertigung

Während sich *Nelix* und *Fosef* mit den Lieferanten und den Absatzzahlen beschäftigen, ist *Warkus* für den nächsten Monat auf der größten Skihersteller-Messe Europas, der ISPO, eingeladen, um dort ihr neues, patentiertes Produktionsverfahren vorzustellen.

In der Fertigungshalle herrscht derzeit ein Ein-Schicht-Betrieb mit einer Schichtlänge von acht Stunden, der täglich zwölf Mitarbeiter bindet. Diese befinden sich in einer Art Aufgabenkarussell und teilen sich in zwei Gruppen. Die eine Gruppe betreut die Fertigung, während die zweite die Qualitätssicherung übernimmt. Laut Branchenrichtlinien beträgt die Verteilung der Mitarbeiteranzahl von Produktion zu Qualitätssicherung 2:1.

Da *Warkus* von offizieller Seite der ISPO Vorgaben bezüglich der Präsentationsinhalte bekommen hat, werden von ihm Aussagen über die Zykluszeiten und die Kapazitätsausnutzung erwartet. Laut den Erfahrungen der Messeorganisatoren ist eine Skiproduktion nur dann lohnend, wenn die Produktion durchgehend von den produktionsbezogenen Mitarbeitern bewältigt werden kann, da es mindestens ein Drittel der Belegschaft zur Qualitätssicherung der Ski braucht. Darüber hinaus sollte der präsentierte Prozess einen realistischen Bedarfsverlauf befriedigen können, das heißt er sollte die maximal nachgefragte Menge des kommenden Jahres produzieren können. Da *Warkus* nicht zweifelsfrei beide Anforderungen bestätigen kann, erhofft er sich Hilfe, um einem Vortrag bei der ISPO zusagen zu können.

Die Fertigung eines Paar Ski läuft für jedes Modell prinzipiell gleich ab. Der schichtweise Aufbau der Sportgeräte wird durch die Verklebung unterschiedlich steifer Spezialwerkstoffe realisiert, dafür muss zuallererst die Epoxidharzmasse (EHM) durch drei Mitarbeiter reaktionsverdünnt werden (5 min). Jene Masse wird in späteren Prozessschritten in präziser Zusammensetzung benötigt. Weitere vorbereitende Tätigkeiten sind das Schleifen der Holzkerne (15 min), das Zurechtschneiden der Carbon- und Glasfasern (10 min) und die Vormontage der Bindung (15 min), jeweils durch vier Arbeiter, sowie das schichtweise Bedrucken der Oberfolie (15 min), welches durch drei Arbeiter ausgeführt wird. Im Anschluss werden die geschliffenen Holzkerne mit der EHM verklebt (10 min), während parallel die Gurtschichten, bestehend aus Glas- und Carbonfaser, mithilfe der EHM gepresst werden (10 min). Beide Vorgänge binden vier Mitarbeiter (MA). Nachdem die beiden Herzbestandteile des Skis gefertigt wurden, werden sie durch drei Arbeiter zum Ski-Kern pressgeklebt (15 min) und im Anschluss für 30 min wärmebehandelt. Während dieser Wartezeit können einerseits die Schichten des Gleitbelags (20 min) und andererseits die Bestandteile der Flankenverkleidung (10 min) mit der EHM verklebt werden. Dabei werden für den Belag vier und für die Flankenverkleidung drei Mitarbeiter eingeplant. Im Anschluss an das Verkleben des

Belags werden von drei Kollegen darauf Graphitpartikel aufgerußt (15 min) und fortfolgend, mit Hinzunahme einer weiteren Arbeitskraft, Werkswachsschichten aufgebügelt (20 min), die den gerußten Belag sättigen sollen. Nachdem der Belag gebügelt und der Kern wärmebehandelt worden ist, kann der Gesamtski durch fünf Arbeiter gepresst werden (15 min). Ist dies erfolgt, wird der Skibelag in zehn Minuten auf eine Fischgrätenstruktur geschliffen, um die Nässe des Schnees vom Belag weg zu transportieren (4 MA). Unabhängig von diesem Schritt können die bereits geklebten Flankenteile an den Gesamt-Ski pressgeklebt werden (15 min, 3 MA). Alternativ kann auch zuerst die gedruckte Oberfolie durch die Arbeitskraft von vier Arbeitern auf den Ski gesintert werden (15 min). Zum Schluss wird die vormontierte Bindung präzise auf den Ski geschraubt (10 min, 5 MA). Dabei ist es wichtig, dass sowohl der Belag-Schliff als auch das Sintern der Folie und das Presskleben der Flankenverkleidung erfolgte.

Manche Prozessschritte beinhalten eine essenzielle Ruhezeit, die für die nötige Verfestigung des Sportgeräts wichtig ist. Es können somit keine Verkürzungen einzelner Arbeitsschritte betrachtet werden.

Da das Skigeschäft von saisonalen Schwankungen geprägt ist, haben *Nelix* und seine Kollegen erkannt, dass eine feste Produktionslosgröße, wie sie bisher implementiert ist, nicht zielführend sein wird. Sie streben also eine kostenoptimalere Produktionspolitik an und nehmen sich dabei die prognostizierten Bedarfsmengen des kommenden Jahres vor. Dabei sollen stets ganze Paare produziert werden. Sollte dies nicht möglich sein, empfiehlt die Leitung der ISPO absteigende Bedarfszahlen innerhalb eines Quartals. Außerdem ist davon auszugehen, dass sich die Anzahl der Mitarbeiter in der Produktion zum kommenden Jahr nicht verändert.

Die produzierten Ski, die gelagert werden sollen, müssen mit einem speziellen, den Belag schonenden Lagerwachs versehen werden, damit sie eine einheitliche Qualität aufweisen können. Diese aufgetragene Wachsschicht muss einmal pro Monat erneuert werden. Die dafür benötigten Personalkosten fallen unabhängig vom Modell für 3 min/Paar an und werden mit einem Stundenlohn von 12 € vergütet.

Allgemein ist davon auszugehen, dass sich die dafür relevanten Daten der Modelle *SnowStar White*, *Silver* und *Gold* wie in Tabelle 3-74 darstellen.

Tabelle 3-74 Losgrößendaten

Produkt	Ski-Preis [€/Paar]	Rüstkosten [€]	MA-Bedarf [MA/Paar]	Lagerwachs-Kosten [€/Paar]
SS White	100	30	3	0,40
SS Silver	160	70	4	0,60
SS Gold	240	85	4,5	0,90

Da es in den letzten Jahren immer im Dezember zu zahlreichen Konventionalstrafen kam, ist es sowohl im Interesse der Kunden als auch in *Nelix'* Interesse, im kommenden Jahr eine genaue, einhaltbare Lieferdeadline für jedes Modell zu definieren. Die Modelle werden als ganzes Los produziert und nach Fertigstellung geschlossen zur Auslieferung bereitgestellt.

Demzufolge soll die benötigte Fertigungszeit auf dem Maschinenpark sowie eine pauschale Lieferzeit von einem halben Arbeitstag ausschlaggebend für den Termin sein. Die benötigten Maschinenzeiten für die unterschiedlichen Modelle sind in Tabelle 3-75 gegeben.

Tabelle 3-75 Maschinenbelegungszeiten

Stückzeit [min/Paar]	TT	SP	IK	WM	WP	SD	FP	MP
SS White	15	30	60	30	15	30	15	30
SS Silver	60	60	90	30	60	30	30	60
SS Gold	90	90	120	30	60	60	60	90

Die Reihenfolge der Fertigung entspricht der aufgeführten Maschinenfolge.

3.7.4 Aufgabenstellung

Wählen Sie aus den sechs potenziellen Lieferanten für Epoxidharz den besten aus. Berücksichtigen Sie dabei die monatliche Mindestabnahmemenge, wobei als Zeitraum das Jahr 2020 betrachtet werden soll und die prognostizierten Bedarfe auf ganze Zahlen zu runden sind. Außerdem sollte durch die saisonal schwankenden Nachfragemengen darauf geachtet werden, dass der Lieferant mindestens eine hohe Flexibilität besitzt! Falls diese Einschränkungen noch keine eindeutige Entscheidung ermöglichen, so soll die endgültige Entscheidung mittels des Scoring-Verfahrens ermittelt werden. Dabei ist die Lieferzeit laut des Einkaufsleiters dreifach so wichtig wie der Preis. Die Qualität und Flexibilität sind hingegen doppelt so wichtig wie dieser.

Überprüfen Sie, ob der beschriebene Produktionsprozess unter allen gegebenen Beschränkungen zur Präsentation auf der ISPO geeignet ist! Eine Woche umfasst fünf Arbeitstage, ein Monat vier Wochen.

Weisen Sie außerdem aus, wann welche Mengen an *SnowStar White*, *Silver* und *Gold* im Laufe des nächsten Jahres pro Monat produziert werden sollten! Es wird ein kalkulatorischer Zinssatz von 6 % p.a. zu Grunde gelegt.

Welchen Liefertermin kann *Warkus* den Kunden für die Lose der drei Modelle im Dezember 2020 unter der Prämisse einer möglichst optimalen Maschinenbelegung nennen? Vereinfachend ist davon auszugehen, dass die benötigten Lose im gleichen Monat produziert und anschließend ausgeliefert werden.

3.7.5 Lösungsvorschlag

Durch die umfangreichen Informationen zur Ausgangslage bietet sich eine Strukturierung der Bearbeitung an, damit der Überblick über die Situation bewahrt wird.

3.7.5.1 Auswahl des Epoxidharzlieferanten

Im ersten Schritt soll der neue Lieferant für das Epoxidharz ermittelt werden. Dabei sollen alle gegebenen Beschränkungen genutzt werden, um vor einer Lieferantenbewertung alle nicht zu betrachtenden Möglichkeiten zu eliminieren. Zuerst wird das Kriterium der monatlichen Mindestabnahmemenge betrachtet.

Dafür muss der minimale monatliche Bedarf an Ski für das Jahr 2020 bestimmt werden. Da lediglich die Absatzzahlen je Quartal der letzten drei Jahre für die drei Ski-Modelle gegeben sind, muss im ersten Schritt für jedes Ski-Modell einzeln eine Prognose des Bedarfes für das Jahr 2020 erfolgen. Aus diesen Prognosen kann dann der Gesamtbedarf an Ski je Quartal als Summe aus den drei Modellen ermittelt und auf Monatsbasis umgerechnet werden.

Aus den letzten zwölf gegebenen Quartalsdaten lässt sich für jedes Modell eine saisonale Schwankung des Bedarfsverlaufs erkennen, demnach soll die Prognose mit dem Verfahren von Winters durchgeführt werden. Die Zykluslänge umfasst durch die jährliche Struktur der Daten vier Quartale. Außerdem erscheint es sinnvoll, die Prognosewerte auf ganze Zahlen zu runden, da nur vollständige Paar Ski herzustellen sind.

Zur Anpassung der Glättungsparameter, der Beurteilung der Prognose und der Auswahl des besten saisonalen Modells wird der Theil'sche Ungleichheitskoeffizient (TUK) herangezogen (vgl. Tabelle 3-76). Das Prognosemodell mit dem geringsten TUK soll demnach als Bedarfsprognose im weiteren Verlauf genutzt werden.

Tabelle 3-76 Auswahl Prognosemodell

Produkt	SnowStar White		SnowStar Silver		SnowStar Gold	
Prognosemodell	additiv	multiplikativ	additiv	multiplikativ	additiv	multiplikativ
TUK	0,117	0,081	0,115	0,122	0,276	0,224
Wahl		x	x			x

Auf Basis der gewählten Prognoseverfahren ergeben sich die vier Prognosewerte des kommenden Jahres wie in Tabelle 3-77 aufgeführt.

Tabelle 3-77 Bedarfsprognosen

	Q1 2020	Q2 2020	Q3 2020	Q4 2020
SS White	41	18	54	78
SS Silver	41	26	58	93
SS Gold	20	12	30	38
Summe	102	56	142	209

Als Nächstes gilt es, aus diesem Gesamtbedarf an Ski den Gesamtbedarf an Epoxid-harz pro Quartal zu ermitteln. Dafür bietet sich das Dispositionsstufen-Verfahren an, um eine Sekundärbedarfsauflösung durchzuführen. Der hierfür benötigte Gozinto-graph lässt sich aus der gegebenen Produktstruktur ableiten und auf diejenigen Kno-ten reduzieren, die für das Epoxidharz von Bedeutung sind. Damit Streifen und Schichten der selbigen Masse verrechnet werden können, wird jegliche Mengenangabe in Gramm bevorzugt. Zusätzlich werden die disponiblen Bestände der relevanten Teile berücksichtigt, welche sich aus den vorhandenen Lagerbeständen abzüglich der jewei-ligen Sicherheitsbestände ergeben. Nach der Bedarfsauflösung ergeben sich die quar-talsweise summierten Bedarfe an der Epoxidharzmasse (vgl. Tabelle 3-78).

Für die Lieferantenauswahl ist das Quartal mit dem geringsten Bedarf von Bedeutung. Da sich die Mengen näherungsweise gleichmäßig auf die drei Monate pro Quartal verteilen, wird resultierend aus Quartal Q2 von einer Bestellmenge von 1.810,67 g ausgegangen.

Tabelle 3-78 Prognostizierte Epoxidharzmengen

	Q1 2020	Q2 2020	Q3 2020	Q4 2020
Epoxidharzmasse [g]	8.208	5.432	13.774	20.273

Nach dem ersten Kriterium, der Mindestbestellmenge, wird ebenfalls eine hohe Flexi-bilität von den Lieferanten gefordert. Aufgrund dieser beiden Bedingungen kommen die *Chemie GmbH*, die *Atlas GmbH* (beide: Mindestbestellmenge) und die *Epoxy GmbH* (Flexibilität) nicht mehr in Frage. Aus den übrigen drei Lieferanten wird folgend mit dem Scoring-Verfahren der endgültige Lieferant bestimmt (vgl. Tabelle 3-79). Dabei sind die Gewichte der Kriterien in den Präferenzen des Unternehmens gegeben und werden auf eins normiert. Die Bewertungsskalen der Kriterien bieten Interpretations-spielraum. Die hier aufgeführten Werte sollen eine möglichst ausgeglichene Entschei-dungsfindung ermöglichen.

Tabelle 3-79 *Daten des Scoring-Verfahrens*

Kriterium	Gewicht	Punkteskalen				
		1	2	3	4	5
Preis (€)	0,125	≥ 10,5	(10,5;10]	(10;9,5]	(9,5;9,0]	< 9,00
Lieferzeit (Tage)	0,375	>8	[8;6)	[6;4)	[4;2)	≤ 2
Qualität	0,25	sehr gering	gering	mittel	hoch	sehr hoch
Flexibilität	0,25	sehr gering	gering	mittel	hoch	sehr hoch

In die definierten Skalen können nun die Werte der jeweiligen Lieferanten eingesetzt werden, was zu gewichteten Punktbewertungen führt. Als Resultat weist die *Diamant AG* einen Wert von 3,125 auf und die *Frost GmbH* einen leicht höheren von 3,25. Die *Berg AG* liegt mit einem Wert von 3,625 etwas über den beiden Alternativen und ist damit als neuer Lieferant zu wählen und durch intensive Bestellprozesse an das Unternehmen zu binden.

Nachdem die termingerechte Versorgung der Produktionshalle mit dem Grundwerkstoff Epoxidharz sichergestellt wurde, können die Problemstellungen um den Fertigungsprozess gelöst werden.

3.7.5.2 Überprüfung des Produktionsprozesses

Ausgehend von der Prozessbeschreibung lässt sich ein Vorgangspfeilnetz erstellen, von dem ausgehend dann die Betrachtung zur Machbarkeit nach den Kriterien der Messeorganisatoren durchgeführt werden kann. Im Text sind 18 Schritte in ihrer Verflechtung untereinander und mit ihren Zeit- und Kapazitätsbeanspruchungen gegeben. Es bietet sich an, die Zeiteinheit auf Minuten zu belassen und einen Arbeitstag zu betrachten. Dabei wurde die Bedingung gestellt, der Prozess solle einen realitätsnahen Bedarfsverlauf bewältigen können. Demnach wird der höchste Wert aus Tabelle 3-77 auf einen Arbeitstag (AT) heruntergerechnet, um die nötige tägliche Produktionsmenge zu bestimmen. Um 209 Paar Ski im Quartal produzieren zu können, sollten also täglich rund 3,5 Paar Ski gefertigt werden.

209 Paar / Quartal ÷ (3 Monate / Quartal · 20 AT / Monat) ≈ 3,5 Paar / AT

Damit dieses Pensum zu bewältigen ist, sollte der Produktionsprozess maximal so lang dauern, dass pro Arbeitstag mindestens diese 3,5 Paar Ski produziert werden. Laut Aufgabenstellung befindet sich die Produktion im Ein-Schicht-Betrieb mit einer täglichen Arbeitszeit von 8h:

$$(8 \text{ h} / \text{AT} \cdot 60 \text{ min} / \text{h}) \div 3,5 \text{ Paar} / \text{AT} = 137,14 \text{ min} / \text{Paar}$$

Es sollte dementsprechend nur ein Prozess auf der Messe präsentiert werden, der pro Paar Ski kürzer dauert als 137 min.

Für die Kapazitätseinheiten wurde die Beschränkung genannt, dass die Produktion durch die Gruppe an Arbeitern vollzogen werden soll, die für die Fertigung eingeteilt ist. Da ein Drittel der zwölf Produktionsmitarbeiter für die Qualitätssicherung eingeteilt ist, lautet die obere Schranke der Kapazitätseinheiten (= Anzahl an benötigten Mitarbeitern) $2 / 3 \cdot 12 = 8$.

Mit diesen Prozessbeschränkungen kann das Vorgangspfeilnetz aufgestellt werden. Dieses soll anschließend mittels der Beschränkten-Einsatzmittel-Heuristik und der Nivellierungsheuristik darauf überprüft werden, ob beide Schranken gleichzeitig eingehalten werden können (vgl. Tabelle 3-80).

Tabelle 3-80 Prozessdaten

Vorgangs-nummer	Vorgang	Vorgänger	Dauer [min]	MA - Bedarf
1	Epoxidharz reaktionsverdünnen	-	5	3
2	Holzkerne schleifen	-	15	4
3	Faser (Carbon- und Glas-) schneiden	-	10	4
4	Oberfolie drucken	-	15	3
5	Vormontage Bindung	-	15	4
6	HK verkleben	1,2	10	4
7	Gurtschicht pressen	1,3	10	4
8	Ski-Kern presskleben	6,7	15	3
9	Wärmebehandlung Kern	8	30	3
10	Belag-Schichten verkleben	1	20	4
11	Graphitschicht aufrußen	10	15	3

Vorgangs-nummer	Vorgang	Vorgänger	Dauer [min]	MA - Bedarf
12	Werkswachs aufbügeln	11	20	4
13	Gesamtski pressen	9,12	15	5
14	Ski-Belag schleifen	13	10	4
15	Flanken folienverkleben	1	10	3
16	Flankenverkleidung presskleben	13,15	15	3
17	Folie aufsintern	4,13	15	4
18	Bindung aufschrauben	5,14,16,17	10	5

Nach dem Durchführen der Critical Path Method (CPM) ergibt sich eine Prozessdauer von 110 min pro Paar Ski, was deutlich unter der errechneten Grenze von 137 min liegt. Da bei der CPM keine Kapazitäten betrachtet werden, muss die Kapazitätsobergrenze von 8 Mitarbeitern, die gleichzeitig in einer Schicht verfügbar sind, mit Hilfe der Beschränkte-Einsatzmittel-Heuristik berücksichtigt werden. Unter Anwendung dieser Kapazitätsschranke verlängert sich die Durchlaufzeit des Fertigungsprozesses auf 135 min pro Paar Ski.

Da das Belastungsdiagramm keine gleichmäßig hohe Auslastung erzielt, bietet es sich an, eine Nivellierungsheuristik anzuschließen. Gerade in dem betrachteten Fall der Fließfertigung ist eine kontinuierliche Auslastung sehr wichtig, um einen einheitlichen Stofffluss zu ermöglichen. Durch die Anwendung der Nivellierungsheuristik kann keine beachtliche Glättung der Auslastung erreicht werden und die Prozessdauer bleibt bei 135 min pro Paar.

Nachdem sowohl die zeitliche als auch die kapazitätsorientierte Beschränkung geprüft wurde, kann der vorhandene Fertigungsprozess auf der ISPO vorgestellt werden.

3.7.5.3 Losgrößenplanung im kommenden Jahr

Im ersten Schritt sollte eine geeignete, kostenoptimalere Produktionspolitik als das Verfahren der festen Losgröße gewählt werden. Da drei verschiedene Ski-Modelle mit unterschiedlichen (dynamischen) Bedarfen pro Quartal produziert werden, wird das Verfahren von Dixon und Silver für die dynamische Losgrößenplanung herangezogen. Die zugrundeliegenden Bedarfe entsprechen den für 2020 prognostizierten Werten aus Tabelle 3-77.

Die Periodenanzahl beträgt zwölf, da die Produktionsmengen pro Monat bestimmt werden sollen. Dementsprechend muss der Prognosewert des Bedarfs an Ski-Modellen auf den Monat heruntergerechnet werden. Hierbei sollten nur ganze Paare produziert werden und von absteigenden Bedarfszahlen innerhalb des Quartals im Rahmen eines pessimistischen Ansatzes ausgegangen werden.

Beispielhaft ergibt sich für die ersten drei Monate des Modells *SS White*:

$$41 \text{ Paar / Quartal} \div 3 \text{ Monate / Quartal} = 13{,}67 \text{ Paar / Monat}$$

Laut des pessimistischen Ansatzes ergibt sich ein Bedarf im ersten Monat von 14 Paar, im zweiten Monat von 14 Paar und im dritten Monat von 13 Paar. Höhere Bedarfe sollten, den Hinweisen in der Aufgabenstellung entsprechend, zeitiger produziert werden. Äquivalent dazu ergeben sich die dynamischen Bedarfe in Tabelle 3-81 in Paaren pro Monat für das zukünftige Jahr für die Losgrößenberechnung.

Tabelle 3-81 Monatlich zu produzierender Bedarf

	1	2	3	4	5	6	7	8	9	10	11	12
SS White	14	14	13	6	6	6	18	18	18	26	26	26
SS Silver	14	14	13	9	9	8	20	19	19	31	31	31
SS Gold	7	7	6	4	4	4	10	10	10	13	13	12

Neben den dynamischen Bedarfen werden der Rüstkostensatz für jedes Modell und der Kapazitätsbedarf pro Einheit jedes Modells benötigt, die in der Tabelle 3-74 gegeben sind. Des Weiteren muss das generelle Kapazitätsangebot pro Periode angegeben werden. In diesem Fall wird die Kapazität als die Anzahl der Arbeitereinheiten betrachtet, die im Laufe eines Monats in der Fertigung zum Einsatz kommen. Dabei ist zu berücksichtigen, dass sich die Anzahl der Mitarbeiter in der Produktion im kommenden Jahr nicht ändert. Somit ergibt sich ein Kapazitätsangebot von 160 Mitarbeiter-"Einheiten" pro Monat. Die Betrachtung auf diese Weise bietet sich hier an, da nicht von einer Arbeitszeit pro Paar, sondern von der benötigten Mitarbeiterzahl pro Paar ausgegangen wird und somit von einem täglichen Bedarf auf den monatlichen Bedarf an Mitarbeitern umzurechnen ist.

$$8 \text{ MA / d} \cdot 4 \text{ Wochen / Monat} \cdot 5 \text{ d / Woche} = 160 \text{ MA / Monat}$$

Daneben spielen die Lagerhaltungskosten als Entscheidungskriterium eine Rolle. Neben den Kapitalbindungskosten müssen dafür noch Materialkosten und entsprechende Personalkosten für die Lagerung berücksichtigt werden, da produzierte Ski für die Lagerung mit einem speziellen, den Belag schonenden Lagerwachs versehen werden müssen, damit die Qualität aufrechterhalten werden kann. Somit müssen drei verschiedene Lagerhaltungskostensätze bestimmt werden. Als kalkulatorischer Zinssatz wird von 6 % p.a. ausgegangen.

$$c_i = (Kapitalbindungskosten_i) + (Materialkosten_i) \\ + (Personalk. für\ Lagerung)$$

Für das Modell *SnowStar White* ergibt sich folgender Lagerhaltungskostensatz:

$$c_W = \left(\frac{0{,}06}{a} * \frac{1\,a}{12\,Monate} * \frac{100\,€}{Stk} \right) + \left(\frac{0{,}4\,€}{Stk*Monat} \right) + \left(3\,\frac{min}{Stk*Monat} * 12\,\frac{€}{h} * \frac{1\,h}{60\,min} \right)$$

$$= 1{,}5\,\frac{€}{Stk*Monat}$$

Analog ermitteln sich die Lagerhaltungskosten der beiden anderen Modelle (vgl. Tabelle 3-82).

Tabelle 3-82 Eingangsdaten der Losgrößenplanung

Produkt	Rüstkosten [€]	MA-Bedarf [MA/Paar]	Lagerhaltungskosten [€/Paar*Monat]
SS White	30	3	1,50
SS Silver	70	4	2,00
SS Gold	85	4,5	2,70

Nach der Anwendung des Verfahrens von Dixon & Silver ergibt sich Tabelle 3-83 mit den zu produzierenden Losgrößen x_{ij} des Produktes i in der Periode j.

Tabelle 3-83 Losgrößenplanung

x_{ij}	1	2	3	4	5	6	7	8	9	10	11	12
SS White	14	14	25	0	0	54	0	0	6	52	0	26
SS Silver	14	17	21	0	39	0	40	40	0	0	40	7
SS Gold	9	11	0	36	0	0	0	0	32	0	0	12

Der resultierende Produktionsplan führt zu Gesamtrüstkosten von 1195 €, zu Lagerkosten von 1135,30 € und damit zu Gesamtkosten von 2330,30 €.

3.7.5.4 Maschinenbelegungsplanung zur Bestimmung einer Liefer- deadline

Es soll eine genau einhaltbare Lieferdeadline für die Lose im Dezember zur Verbesserung der Kundenbeziehung ermittelt werden, da es in den vergangenen Jahren zu zahlreichen Konventionalstrafen kam. Dies soll unter der Prämisse einer optimalen Maschinenbelegung erfolgen. Es handelt sich bei der Produktion um eine Fließfertigung, da alle Prozesse in einer festen Reihenfolge ausgeführt werden müssen. Die Reihenfolge der Fertigung entspricht der aufgeführten Maschinenreihenfolge, es ist kein Wechsel von Aufträgen zulässig und alle Aufträge müssen komplett durchproduziert werden. Da acht Maschinen an der Produktion der Ski Modelle beteiligt sind, wird das Verfahren von Campbell, Dudek & Smith gewählt. Für die Durchführung der Heuristik werden die Bearbeitungszeiten pro Stück pro Maschine (vgl. Tabelle 3-75) in Stunden umgerechnet und mit den Produktionslosgrößen des Monats Dezember multipliziert, um die Bearbeitungszeit der Modelle auf den Maschinen zu erhalten. Beispielhaft ergibt sich für das Modell *SS White* mit den zu produzierenden 26 Stück aus der Losgrößenplanung eine Maschinenzeit auf Maschine 1 von:

$$15 \text{ min / Stk} \cdot (1 \text{ h}) / (60 \text{ min}) \cdot 26 \text{ Stk / Monat} = 6{,}5 \text{ h / Monat}$$

Analog errechnen sich die Maschinenzeiten der Modelle im Dezember in Tabelle 3-84.

Tabelle 3-84 Maschinenbelegungszeiten in Stunden

[h/Monat]	M1	M2	M3	M4	M5	M6	M7	M8
SS White	6,5	13	26	13	6,5	13	6,5	13
SS Silver	7	7	10,5	3,5	7	3,5	3,5	7
SS Gold	18	18	24	6	12	12	12	18

Nach Anwendung des Verfahrens ergibt sich eine Zykluszeit von 136,5 Stunden pro Monat. Diese errechnete Zykluszeit liegt unter der verfügbaren Zeit von 160 Stunden pro Monat.

Die Modelle werden dabei als ganzes Los produziert und nach Fertigstellung geschlossen zur Auslieferung bereitgestellt. Demnach ist unter Berücksichtigung der Schichtdauer von acht Stunden *SS White* nach 97,5 Stunden (12,2 Arbeitstagen), *SS Silver* nach 136,5 Stunden (17,1 Arbeitstagen) und *SS Gold* nach 129,5 Stunden (16,2 Arbeitstagen) fertiggestellt. Zusätzlich sollte die pauschale Lieferdauer von einem halben Arbeitstag berücksichtigt werden.

Um den Termin einhalten zu können und Konventionalstrafen zu umgehen, sollten außerdem Fehler in der Produktion und Produktionsstillstände berücksichtigt werden. Deswegen wird auf die Fertigstellzeit ein Aufschlag von 10% gerechnet.

Nach der Addition mit der pauschalen Lieferzeit ergeben sich dann die Liefertermine. Beispielhaft wird hier die Berechnung für den Liefertermin von *SS White* aufgezeigt:

$$(97,5 \text{ h} \cdot 1,1 + 4\text{h}) \div 8 \text{ h} / \text{AT} = 14 \text{ AT}$$

SS White kann nach 14 Tagen, *SS Silver* nach 19,3 Tagen und *SS Gold* nach 18,4 Tagen unter Berücksichtigung von Ineffizienzen in der Produktion geliefert werden.

Somit wären bezüglich der Auslieferungen die in Tabelle 3-85 aufgeführten Deadlines zu nennen.

Tabelle 3-85 Lieferzeitpunkte

Produkt	lieferbar ab
SS White	dem 14. Arbeitstag im Dezember, zu Schichtende
SS Gold	dem 19. Arbeitstag im Dezember, nach 3,2 h der Tagesschicht
SS Silver	dem 20. Arbeitstag im Dezember, nach 2,4 h der Tagesschicht

Diese Liefertermine sollten dem Kunden genannt werden. Bei optimaler Produktion kann aber durchaus schon zeitiger geliefert werden.

3.8 Radeberger und Hochfeld – Fusion zweier Tiefkühlkosthersteller

3.8.1 Vorstellung der Unternehmen

Im vorliegenden Fall handelt es sich um die Radeberger GmbH und die Hochfeld GmbH, die beide auf dem deutschen und europäischen Markt Tiefkühlprodukte vertreiben. Beide Unternehmen bieten das gleiche Produktspektrum, bestehend aus den tiefgekühlten Produkten Pizza, Hamburger, Cheeseburger, Baguette, Obst und Gemüse, im unteren bis mittleren Preissegment an.

Auf Grund der verschärften konjunkturellen Rahmenbedingungen in Mitteleuropa (z. B. nahezu stagnierendes Bruttoinlandsprodukt) verschärft sich auch zunehmend der Wettbewerb in der Konsumgüterindustrie. Die geringen Margen zwingen die Unternehmen dazu, Kosten zu senken. In der Branche ist momentan eine Konsolidierung zu beobachten. Radeberger und Hochfeld, wie auch weitere Konkurrenten auf dem deutschen Markt, suchen schon seit einiger Zeit nach geeigneten Partnern, um den neuen Herausforderungen dieses Marktes erfolgreich entgegenzutreten.

Von der Öffnung der Europäischen Union in Richtung Osten erhoffen sich die Unternehmen langfristig steigende Auslandsumsätze. Dies würde auch die Auslastung der vor ca. acht Jahren errichteten Lager in den neuen Bundesländern positiv beeinflussen.

Da sich aus unterschiedlichen Gründen eine Zusammenarbeit von Radeberger und Hochfeld anzubieten schien, haben beide Unternehmen nach bisher positiv verlaufenen Gesprächen eine Unternehmensberatung damit beauftragt, die Wirkungen einer Fusion zu untersuchen. Die Arbeitsgruppe der Unternehmensberatung hat Zugang zu allen benötigten Daten der beiden Firmen. Sie sind Mitglied dieser Arbeitsgruppe und sollen überprüfen, inwieweit Einsparmöglichkeiten im operativen Logistikbereich mit Fokus auf Produktion und Distribution bestehen. Ihre Auswertungen sind von besonderer Bedeutung, da die Logistikkosten auf Grund der notwendigen ununterbrochenen Lieferkette bei höchstens -18°C einen hohen Anteil der Gesamtkosten ausmachen. Ihnen liegen zahlreiche Daten in der Datei „Aufgabenstellung.xls" vor, auf die im Folgenden noch näher eingegangen wird.

3.8.2 Radeberger GmbH, Coburg

Radeberger hat seinen Stammsitz mit Werk in Coburg. Auch seine Kunden, die überwiegend schon lange in guter Partnerschaft mit dem Unternehmen zusammenarbeiten, sind in Süddeutschland konzentriert. Radeberger ist bereits seit 30 Jahren im Pizzageschäft tätig. Grundstein war die Übernahme einer Pizza-Versandbäckerei 1974 in Coburg. Im Laufe seiner Geschichte machte das Unternehmen durch kontinuierliche

Produktinnovationen und Produktprämierungen von sich reden. Auch im Bereich der Produktion gehörte das Unternehmen seit jeher zu den Fortschrittlichsten seiner Branche. Zum Beispiel errichtete es bereits 1986 die größte Pizzafabrik Europas auf dem Stammbetriebsgelände. Diese Spitzenposition hat es auch heute noch inne, vor allem durch die kürzliche Installation der neuesten und bisher größten Schockgefrieranlage der Welt. Doch auch diese Innovation ermöglichte es dem Unternehmen nicht, die Nachfrage nach allen Produkten immer zu befriedigen. Ein Problem liegt darin, dass sich die Erneuerer in der Geschäftsführung mit ihrem Wunsch nach Verschlankung des Produktspektrums noch nicht durchsetzen konnten. Diese hoffen nun, dass im Rahmen der Fusionsüberlegungen und der Unterstützung der Unternehmensberatung der Durchbruch gelingt.

Ein weiterer Problempunkt stellt das nach dem Mauerfall in Brandenburg eröffnete Lager dar. Die prognostizierte große Nachfrage ebbte nach drei Jahren ab und pendelte sich weit unterhalb der Erwartungen ein. Demzufolge ist das Distributionslager in Ostdeutschland nur zu 21,5% ausgelastet. Trotzdem sind die Umsätze vor allem auf Grund des steigenden Auslandsanteils kontinuierlich gestiegen (vgl. Abbildung 3-14).

Abbildung 3-14 Umsatzentwicklung Radeberger GmbH

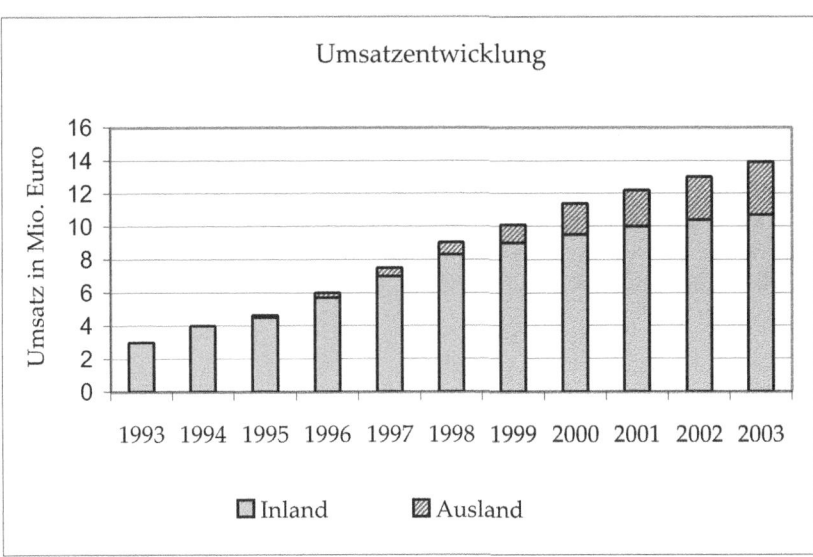

Der Absatz der Produkte erfolgt in Deutschland über den zentralen Vertrieb am Stammsitz und in Europa über vier Vertriebsgesellschaften, die sich auf bestimmte Regionen spezialisiert haben (Skandinavien, Westeuropa, Südeuropa, Osteuropa).

Die vertikale Distributionsstruktur ist aus Sicht des Unternehmens zweistufig aufgebaut. Vom Werk werden die Paletten von einem Dienstleister (TX Logistik AG) an drei Lagerstandorte verteilt. Die Auslieferung der Paletten von diesen drei Lagern an die Häfen (Hamburg, Bremen und Sassnitz) und Umschlagpunkte sowie Lager der Kunden erfolgt dann über das 100%ige Tochterunternehmen FuldaTrans GmbH. Der Grund für die Vergabe des Werkversands an TX Logistik AG liegt in den großen Mengen, die täglich zu jedem der drei Lager transportiert werden müssen. Da es nur drei Destinationen sind, liegt der Preis pro Kleinpalette und km bei 0,018 Euro (FuldaTrans GmbH: 0,02 Euro). Lage und Bedarfe der Kunden sowie Daten zu den Regionallagern von Radeberger sind in den Tabellenblättern „Daten Radeberger" und „Kundenbedarfe Radeberger" der Datei „Aufgabenstellung.xls" gegeben.

3.8.3 Hochfeld GmbH, Göttingen

Die in Göttingen gegründete Hochfeld GmbH mit derzeit 1.320 Mitarbeitern existiert seit 1980 und konnte im hart umkämpften Tiefkühlmarkt durch die in ihrem Werk vorgenommene Spezialisierung auf sechs Produkte und die damit einhergehenden Kostenvorteile einen deutschland- und europaweit hohen Marktanteil sichern und seinen Umsatz in den letzten Jahren beständig steigern. Auf Grund des kontinuierlichen Verbesserungsprozesses, der seit langem im Unternehmen etabliert ist und rege von Mitarbeitern aller Unternehmensbereiche getragen wird, konnte Hochfeld in der Vergangenheit immer wieder Spitzenleistungen entlang der gesamten Wertschöpfungskette vorweisen. Unterstützt wird diese starke Position von der Bestrebung der Unternehmensleitung, dass die Produktionsanlagen stets dem neuesten Stand der Technik entsprechen. Um die Kundenansprüche bezüglich Produktqualität noch besser erfüllen zu können und gleichzeitig Kosten zu senken, erwägt die Geschäftsleitung eine weitere Verschlankung des Produktprogramms in der näheren Zukunft. Der Kundenstamm, der sich im Wesentlichen auf den norddeutschen Raum konzentriert und sowohl Großhändler als auch Vertriebsgesellschaften beinhaltet, wurde kontinuierlich erweitert.

Durch die Wiedervereinigung Deutschlands ergab sich die Chance, auch auf dem ostdeutschen Markt Fuß zu fassen, wobei das Ergebnis weniger erfolgreich als zunächst angenommen war. Inzwischen beläuft sich die Zahl der Kunden auf zwölf (siehe Tabellenblatt „Kundenbedarfe Hochfeld" der Datei „Aufgabenstellung.xls"). Leider ist die Umsatzentwicklung im letzten Jahr rückläufig gewesen, was im Unternehmen vor allem auf einige gescheiterte Marketing-Aktionen in der Vergangenheit zurückgeführt wird. Dies hat zu einer Unterauslastung der Kapazitäten geführt, wobei sich jedoch aktuell eine Besserung der Auftragslage abzeichnet. Mit den Kunden werden rollierende Bedarfsprognosen für die folgenden sechs Wochen erarbeitet. Dabei kann davon ausgegangen werden, dass der Bedarf über die Wochen gleichverteilt ist. Aus diesen Bedarfen wird jedoch erst nach der Zusage durch die Hochfeld GmbH eine

Lieferverpflichtung, so dass das Unternehmen, wenn nötig, zwischen der Bedienung verschiedener Bedarfe wählen kann. Dasselbe gilt auch für die Radeberger GmbH.

Die Distribution erfolgt in zwei Stufen. Die Belieferung der beiden Lager ab Werk (und auch die Kommissionierung in den Lagern und im Werk) wurde bereits vor einiger Zeit auf Grund des zunehmenden Güteraufkommens und der erzielbaren Kosteneinsparungen an die FreezeLog GmbH fremd vergeben. Diese berechnet den Preis pro Palette und km mit 0,018 Euro. Durch intensive Kommunikation und kontinuierlichen Informationsaustausch bezüglich der Kommissionierung und des Transportes wird sichergestellt, dass es nicht zu Zeitverzögerungen und Falschlieferungen kommt. Hierfür wurde die Informationstechnik des Dienstleisters mit der des Unternehmens verknüpft.

Sowohl die Belieferung der Standorte der Vertriebsgesellschaften, die ihrerseits für die Belieferung des europäischen Raums verantwortlich sind, als auch die der Kundendepots von den Lagern aus wird von der HoFeLogistik AG, einem Tochterunternehmen der Hochfeld GmbH, durchgeführt, wobei Kosten von 0,02 Euro pro Kleinpalette und km anfallen. Lage und Bedarfe der Kunden sowie Daten zu den Regionallagern der Hochfeld GmbH sind in den Tabellenblättern „Daten Hochfeld" und „Kundenbedarfe Hochfeld" der Datei „Aufgabenstellung.xls" gegeben.

3.8.4 Strukturinformationen

Beide Unternehmen sind Musterbeispiele der deutschen Produktivität. Sie besitzen eine nahezu vollständig automatisierte Produktion. Radeberger und Hochfeld stehen zum Zeitpunkt der Betrachtung die gleiche Anzahl und Art der Produktionsanlagen in ihren Stammwerken zur Verfügung. Beide Unternehmen haben in ihren Werken die Ausrüstung für die Herstellung der vollständigen Produktpalette. Der Aufbau der Produktion soll im Folgenden erklärt werden. Die Produktion ist als getaktete Fließfertigung ausgelegt. Maschine 1 stellt dabei den jeweils verwendeten Teig der Backware her oder versieht zum Beispiel Gemüse und Obst mit einer entsprechenden Wärmebehandlung. Maschine 2 belegt die Backware oder fügt dem Gemüse bzw. Obst entsprechende Zusatzstoffe hinzu. Von diesen Maschinen sind in jedem Werk acht Fließstraßen aufgebaut. Diese münden in die einzige Schockgefrieranlage. Alle nachfolgenden Anlagen sind bezüglich der zur Verfügung stehenden Kapazitäten ausreichend dimensiert (vgl. Abbildung 3-15).

Beide Werke haben das Ziel, im Schichtbetrieb 16 Stunden täglich an sechs Tagen in der Woche (= 1 Periode) zu produzieren, um somit ein günstiges Verhältnis der Löhne zur Auslastung zu erreichen. Aktuell herrscht bei Hochfeld eine geringere Auslastung als bei Radeberger. Ein Ziel des Zusammenschlusses ist es demnach, die Produktionskapazitäten auszugleichen, so dass beide Unternehmen auf eine nahezu gleiche Auslastung kommen.

Die großen Distributionslager der Unternehmen haben eine Lagerreichweite von ca. einer Woche und liefern von Montag bis Samstag aus.

Abbildung 3-15 *Produktionsablauf*

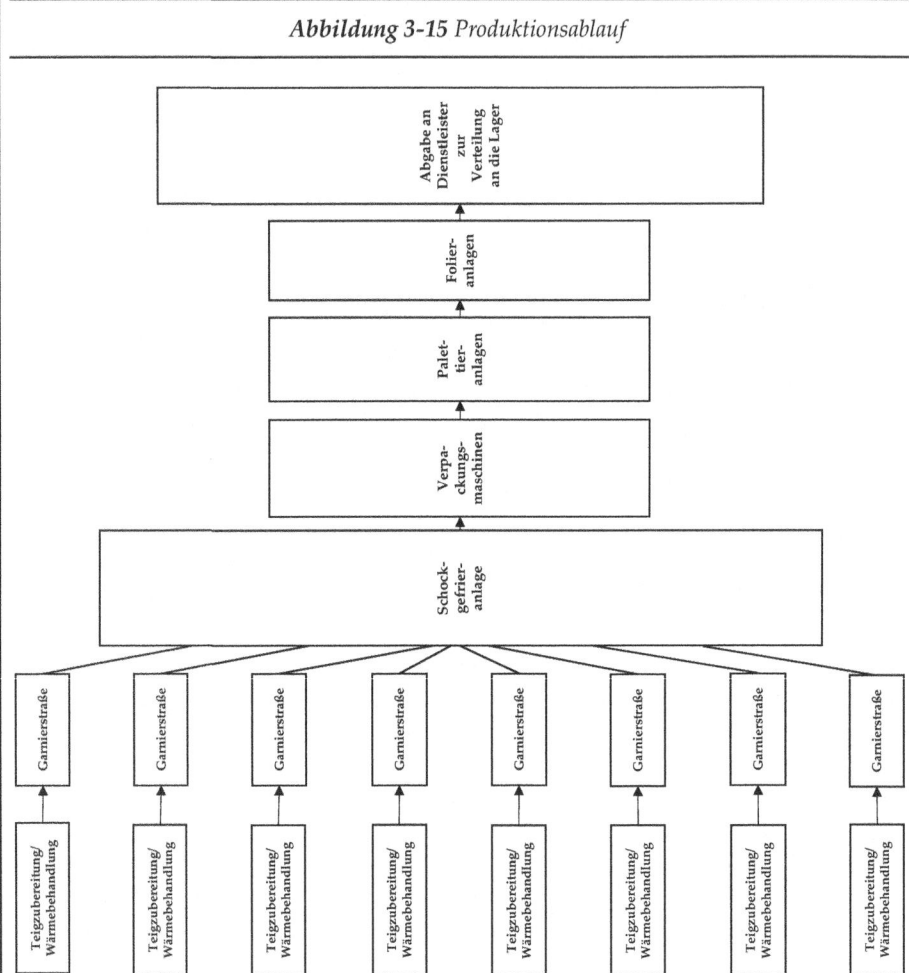

Neben dem Aspekt der Auslastung war eine weitere wichtige Triebfeder für die Bemühungen zur Fusion die Studie eines Beratungsunternehmens bei Hochfeld. Diese Studie ergab, dass bei Umstellung der Produktion auf nur zwei verschiedene Produkte langfristige Einsparpotenziale in Höhe von 37.900 Euro pro Woche zuzüglich der kurzfristig abbaubaren Fixkosten in Höhe von 7.000 Euro pro eingespartes Produkt möglich sind. Diese Summe setzt sich aus dem Verkauf spezieller Einrichtungen und Anlagen sowie geringeren Kosten in Beschaffung und Verwaltung zusammen. Auf Grund der vergleichbaren Struktur bei Radeberger wird dort von einem Potenzial in ähnlicher Höhe ausgegangen.

Da die Maschinen für diese Spezialisierung jedoch umgebaut werden müssten, wären Investitionskosten zu veranschlagen. Das interne Rechnungswesen hat bereits unter Berücksichtigung der Nutzungsdauer eine Belastung durch die Investitionen in Höhe von insgesamt 42.000 Euro pro Jahr ermittelt.

Noch nicht in den oben genannten Einsparpotenzialen enthalten sind zwei weitere positive Effekte der Spezialisierung: Es wären dadurch Steigerungen der Produktionsraten erreichbar und die Rüstkosten würden sinken. Ein Team von Ingenieuren der Unternehmen und des Maschinenherstellers hat in einer tiefgründigen Untersuchung folgende Verbesserungen für die Radeberger GmbH (Werk R) und die Hochfeld GmbH (Werk H) ermittelt (vgl. Tabelle 3-86 bzw. Tabelle 3-87).

Tabelle 3-86 Produktivität nach einer Spezialisierung (Werk R)

Spezialisierung	Maschine	Steigerung der Produktionsrate
Werk R, spezialisiert auf Hamburger und Cheeseburger	Teigzubereitung	7%
	Garnierstraße	9%
	Schockgefrieranlage	17%
Werk R, spezialisiert auf Pizza und Baguette	Teigzubereitung	6%
	Garnierstraße	9%
	Schockgefrieranlage	11%
Werk R, spezialisiert auf Obst und Gemüse	Wärmebehandlung	7%
	Garnierstraße	9%
	Schockgefrieranlage	9%

Tabelle 3-87 Produktivität nach einer Spezialisierung (Werk H)

Spezialisierung	Maschine	Steigerung der Produktionsrate
Werk H, spezialisiert auf Hamburger und Cheeseburger	Teigzubereitung	6,5%
	Garnierstraße	9%
	Schockgefrieranlage	9%
Werk H, spezialisiert auf Pizza und Baguette	Teigzubereitung	6,5%
	Garnierstraße	9%
	Schockgefrieranlage	13%
Werk H, spezialisiert auf Obst und Gemüse	Wärmebehandlung	7,9%
	Garnierstraße	9,8%
	Schockgefrieranlage	11%

Tabelle 3-88 Rüstkosten nach der Spezialisierung

Werk	Produkt	Rüstkosten unspez.	Rüstkosten spez.
Werk R, spezialisiert auf Hamburger und Cheeseburger	Hamburger	365 €	345 €
	Cheeseburger	390 €	370 €
Werk R, spezialisiert auf Pizza und Baguette	Pizza	700 €	685 €
	Baguette	640 €	595 €
Werk R, spezialisiert auf Obst und Gemüse	Obst	765 €	730 €
	Gemüse	850 €	800 €
Werk H, spezialisiert auf Hamburger und Cheeseburger	Hamburger	425 €	410 €
	Cheeseburger	400 €	380 €
Werk H, spezialisiert auf Pizza und Baguette	Pizza	660 €	645 €
	Baguette	640 €	595 €
Werk H, spezialisiert auf Obst und Gemüse	Obst	725 €	690 €
	Gemüse	810 €	770 €

Die momentanen Produktivitätswerte können dem Tabellenblatt „Produktionsprogramm" in der Datei „Aufgabenstellung.xls" entnommen werden. Weiterhin wurden die Beträge ermittelt, um die die Rüstkosten sinken, wenn die Maschinen auf bestimmte Produktgruppen spezialisiert werden (zum Beispiel auf Grund universeller Einsatzteile, die sonst für jedes Produkt spezialisiert sind; vgl. Tabelle 3-88). Die Produktion ist so zu gestalten, dass ein Los nicht länger als einen Tag (16h) aufgelegt wird, da die Maschinen nach einem Stillstand von länger als einer Stunde vollständig gereinigt, d. h. gerüstet werden müssen.

Die Kunden versuchen ebenfalls, ihre Lagerhaltung gering zu halten und wünschen daher tägliche Anlieferungen gleicher Größe und Zusammensetzung, um ihrem eigenen durchschnittlichen Tagesbedarf gerecht zu werden.

Einigkeit zwischen den beiden Unternehmen herrscht bereits über die zukünftigen Verkaufspreise der Produkte. Weiterhin kamen die Controlling-Abteilungen beider Firmen auf dasselbe Ergebnis bezüglich der Deckungsbeiträge der Produkte (vgl. Tabelle 3-89, Angaben in Euro/Kleinpalette; siehe auch Tabellenblatt „Produktionsprogramm" in der Datei „Aufgabenstellung.xls"). Diese Deckungsbeiträge enthalten zwar noch nicht die die Logistik betreffenden Kosten, diese werden jedoch zumindest für die Produktionsplanung nicht benötigt, da die Logistikkosten im jährlichen Mittel kaum von der jeweiligen Produktart abhängen.

Tabelle 3-89 Verkaufspreise der Produkte (Euro/Kleinpalette)

Produkt	Pizza	Hamburger	Cheeseburger	Baguette	Obst	Gemüse
Verkaufspreis	56,53	59,61	61,53	54,48	57,99	59,94
Deckungsbeiträge	26,08	28,72	28,96	25,36	27,24	28,48

Die Materialkosten (Zutaten) betragen etwa 40% des jeweiligen Verkaufspreises. Bezüglich der verwendeten Paletten (Typ „Kleinpalette") ist noch zu erwähnen, dass diese je 40 Kartons der jeweiligen Tiefkühlprodukte enthalten. Die entsprechenden Daten für die Fusion beider Unternehmen können den Tabellenblättern „Daten fusioniertes UN", „Kundenbedarfe nach Fusion" und „Entfernungsmatrix fusioniert" der Datei „Aufgabenstellung.xls" entnommen werden.

3.8.5 Aufgabenstellung

Ihre Aufgabe ist es, die Einsparpotenziale im operativen Logistikbereich durch die Fusion zu quantifizieren, wobei Ihr Bereich auf die Distributions- und Produktions-struktur beschränkt ist.

Teilaufgabe 1:

Als Unternehmensberater stehen Sie als erstes vor der Aufgabe, die Produktprogram-me (Anzahl und Art der hergestellten Produkte) der Unternehmen im Falle einer Fusi-on (Spezialisierung und Nicht-Spezialisierung) und auch bei Nichtfusion zu überprü-fen. Dabei sollen die von den Controlling-Abteilungen beider Firmen ermittelten De-ckungsbeiträge im Mittelpunkt stehen. Mittel- und langfristige Fixkosten sowie die Logistikkosten sind hierbei nicht zu berücksichtigen. Es muss lediglich sichergestellt werden, dass jedes Produkt zumindest die kurzfristig abbaubaren Fixkosten in Höhe von 7.000 Euro pro Produkt und Woche abdecken kann. Quersubventionen sollen nicht stattfinden.

Zur Vereinfachung können die Daten der ersten Periode auch als geeignete Schätzwer-te für die folgenden Perioden herangezogen werden. Radeberger und Hochfeld stellen Ihnen die Bedarfsprognosen für das fusionierte Unternehmen zur Verfügung (siehe Tabellenblatt „Kundenbedarfe nach Fusion" der Datei „Aufgabenstellung.xls").

Teilaufgabe 2:

Wie bereits aus der Situationsbeschreibung hervorgeht, wurden im Vorfeld Rationali-sierungspotenziale im Bereich der Produktionsgestaltung in Zusammenarbeit der beiden Unternehmen mit den Anlagenherstellern untersucht. Es stellt sich nun die Frage, in wie weit diese Verbesserungen sich positiv auf die Gesamtkosten der Werke auswirken. Untersuchen Sie bitte, auf welche Logistikbereiche (z. B. Transport, Lager-kosten etc.) die vorgestellten Rationalisierungspotenziale Auswirkungen haben und berechnen Sie etwaige Kostenvorteile unter dem Gesichtspunkt der Ganzheitlichkeit. Entscheiden Sie anhand der quantitativen Ergebnisse, ob im Falle der Fusion eine **Spezialisierung** der Werke auf bestimmte Produkte durchgeführt werden sollte! (Also z. B. produziert Werk R zukünftig nur die Produkte A und B und Werk H nur C und D.) Verwenden Sie dazu wieder Periode 1 als Referenz.

Weiterhin bitten die Unternehmen Sie, die **insgesamt im Logistik-Bereich möglichen Einsparungen** im Falle der Fusion zu ermitteln. Sollte eine Fusion durchgeführt wer-den? Periode 1 soll hier wieder als Referenz verwendet werden.

Bemerkungen:

- Ohne Berücksichtigung der Ausgleichswirkung der periodisch normalverteilten Bedarfshöhen wird gewünscht, dass die Lager den innerhalb des Planungszeitraums maximalen Bedarfen der einzelnen Kunden gleichzeitig gerecht werden können. Bei der Zuordnung der Kunden zu den Lagern sollte daher von der oben aufgestellten Regel, nach der Periode 1 als Referenz dient, abgewichen werden.

- Lagerneubauten oder Lagerumbauten werden in absehbarer Zukunft nicht befürwortet, Schließungen sind dagegen denkbar.

- Falls aus Kapazitätsgründen die komplette Nachfrage eines Produkts nicht gedeckt werden kann, sollten die wöchentlichen Auslieferungsmengen an die einzelnen Kunden entsprechend dem Verhältnis „Auslieferungsmenge aller Kunden / Nachfrage aller Kunden" angepasst werden.

- FuldaTrans berechnet 0,02 Euro pro Palette pro Kilometer (Entfernungen: siehe Tabellenblatt „Entfernungsmatrix fusioniert" in der Datei „Aufgabenstellung.xls"), unberührt davon, ob der LKW voll ist und ob die Rückfahrt leer ist. Es wird also immer ein voller LKW abgerechnet. In beiden Unternehmen soll sowohl bei Fusion als auch im Falle der Nichtfusion zukünftig von 16 h pro Tag als Kapazitätsrestriktion ausgegangen werden.

3.8.6 Lösungsvorschlag

Im Folgenden werden die Lösungsschritte erläutert, wobei die genauen Berechnungen den entsprechenden Excel-Mappen zu entnehmen sind. Import- bzw. Exportmatrizen für die Verfahren der Tollbox sind dort jeweils mit einem roten bzw. grünen Rahmen hervorgehoben.

Die Aufgabenstellung ist bei dieser Fallstudie bereits in zwei Teilaufgaben gegliedert, die auch in dieser Reihenfolge bearbeitet werden können.

3.8.6.1 Lösung Teilaufgabe 1

Die Aufgabenstellung fragt nach dem optimalen Produktionsprogramm bei Maximierung der gegebenen Deckungsbeiträge. Demnach ist eine Produktionsprogrammplanung durchzuführen, wobei die Deckungsbeiträge in die Zielfunktion eingehen und diese maximiert wird. Als Nebenbedingungen müssen einerseits die Maschinenkapazitäten und andererseits die Absatzbedingungen berücksichtigt werden.

Im Falle der Fusion besteht die Möglichkeit, dass das fusionierte Unternehmen von der Spezialisierung Gebrauch macht. Somit muss die Produktionsprogrammplanung zweimal durchgeführt werden, einerseits für die Nutzung dieser Option und andererseits für die Nichtspezialisierung (vgl. Abbildung 3-16).

Abbildung 3-16 Verfügbare Optionen

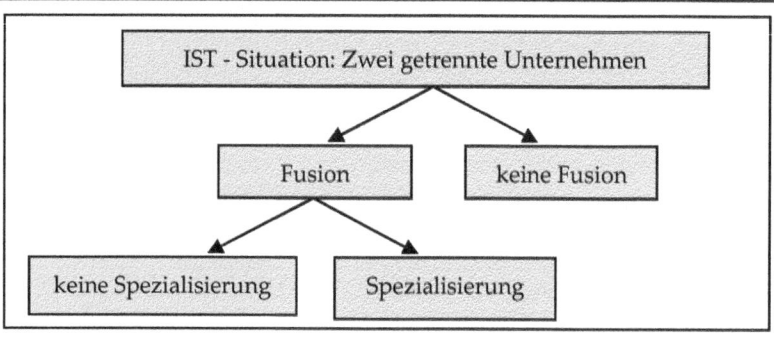

Die Bestimmung des Produktionsprogramms erfolgt jeweils folgendermaßen:

1. Festlegung der Anzahl der Variablen und Restriktionen

   Da die jeweilige Produktionsmenge der Produkte gesucht ist, muss jedem Produkt eine Entscheidungsvariable in der Zielfunktion zugeordnet werden. Für die Zielfunktion werden somit sechs Variablen benötigt (x1 bis x6).

   Es gibt in diesem Fall zwei Arten von Restriktionen, die in die Berechnung Eingang finden. Zum einen die Restriktionen der Maschinenkapazitäten, zum anderen die

Absatzbeschränkung für jedes der Produkte in Form der gegebenen Kundenbedarfe. In der Produktion müssen von jedem Produkt drei Maschinen durchlaufen werden und es liegen Absatzbeschränkungen für alle Produkte vor, so dass sich in Summe neun relevante Restriktionen ergeben.

2. Aufstellen der Funktionen

Laut Aufgabenstellung sollen die Deckungsbeiträge im Mittelpunkt stehen, demzufolge werden diese maximiert (vgl. Tabelle 3-89):

$$26{,}08 \cdot 1 + 28{,}72 \cdot 2 + 28{,}96 \cdot 3 + 25{,}36 \cdot 4 + 27{,}24 \cdot 5 + 28{,}48 \cdot 6 \rightarrow \max$$

Die drei Nebenbedingungen für die Maschinen können aus der Aufgabenstellung übernommen werden. Die „rechte Seite" für die Maschinennebenbedingungen, trägt die Einheit „min pro Palette" und entspricht den in einer Periode zur Verfügung stehenden Minuten pro Palette. Für Maschine 1 und 2 ergeben sich identische Restriktionen, da beide Maschinen sechs Tage pro Woche und 16 Stunden pro Tag laufen. Für die Schockgefrieranlage erfolgt die Berechnung der „rechten Seite" analog, nur dass nicht acht Fließstraßen pro Werk zur Verfügung stehen, sondern jeweils eine. Im Falle der Fusion werden die sogenannten „rechten Seiten" beider Unternehmen addiert.

Die sechs Absatzrestriktionen werden in der „rechten Seite" beschränkt durch die Bedarfe, d. h. der maximal möglichen Absatzmenge. Laut Aufgabenstellung sollen hier die Werte der ersten Periode als geeignete Repräsentanten aller Perioden gelten. Um die Werte der „rechten Seite" zu erhalten, müssen die Bedarfe der Kunden beider Unternehmen produktweise aufsummiert werden (siehe auch Tabellenblatt „Berechnung Fus unspezialisiert" in der Datei „Lösung-Teilaufgabe1.xls").

3. Optimales Produktionsprogramm ermitteln (z. B. mit der Toolbox) und interpretieren.

Es ergeben sich die in Tabelle 3-90 dargestellten Lösungen[46] (vgl., Tabellenblatt „Berechnung Fus unspezialisiert" der Datei „Lösung-Teilaufgabe1.xls" und Datei „Simplex-fusioniert.simp").

---

[46] Die in der Toolbox angebotene lineare Optimierung erlaubt keine Ganzzahligkeitsbedingungen. Im vorliegenden Fall muss das Ergebnis jedoch ganzzahlig sein. Die Optimalität ist dennoch garantiert, solange die Lösung des Simplex-Verfahrens nur ganzzahlige Werte enthält. Unter Berücksichtigung der Ganzzahligkeitsbedingung ändert sich lediglich die Palettenanzahl für Obst von 235,35 auf 235.

Tabelle 3-90 *Lösung 1 gemäß Simplex-Verfahren (nicht spezialisiert)*

Produkt	Pizza	Hamburger	Cheeseburger	Baguette	Obst	Gemüse
Palettenzahl	12.992	13.425	11.302	12.708	235,35	0
DB [€]	338.831,36	385.566	327.305,92	322.274,88	6.410,93	0

Im Falle der Nichtspezialisierung bei Fusion muss der Bearbeiter erkennen, dass die Auflage von Tiefkühl-Obst nicht sinnvoll ist, da der erzielbare Deckungsbeitrag von 6.410,93 Euro pro Woche nicht ausreicht, um die in der Aufgabenstellung genannten Fixkosten von 7.000 Euro pro Woche und Produkt abzudecken. Es werden also nur tiefgekühlte Pizzen, Hamburger, Cheeseburger und Baguettes hergestellt. Der Gesamtdeckungsbeitrag ergibt sich aus der Summe der Deckungsbeiträge der einzelnen Produkte, multipliziert mit der hergestellten Anzahl der Produkte und beträgt 1.373.978,16 Euro pro Woche.

Für den Fall der Spezialisierung bei Fusion müssen zuerst die neuen Produktionsraten berechnet werden. Bestimmt man für jedes Werk die dominanten Steigerungsprozentsätze der Produktionsraten, dann wählt man sinnvollerweise für Hamburger und Cheeseburger die Steigerungswerte von Werk R und für die Produkte Pizza und Baguette die des Werkes H. Unter Berücksichtigung der Rüstkosten ist dieses Vorgehen ebenfalls sinnvoll. Mit Hilfe der gewählten Steigerungsraten werden die Leistungsfähigkeiten der Maschinen entsprechend angepasst[47] und das Simplex-Verfahren erneut durchgeführt (vgl. Tabelle 3-91 und Tabellenblatt „Berechnung spezialisiert" der Datei „Lösung-Teil-aufgabe1.xls" sowie die Datei „Simplex-fusioniert-spezialisiert.simp"). Nach Durchführung des Simplex-Verfahrens lässt sich anhand der Deckungsbeiträge erkennen, dass sich Werk R auf die Produktion von TK-Hamburger und TK-Cheeseburger spezialisieren wird.

Tabelle 3-91 *Lösung 2 gemäß Simplex-Verfahren (spezialisiert)*

Produkt	Pizza	Hamburger	Cheeseburger	Baguette	Obst	Gemüse
Palettenzahl	12.992	13.425	11.302	12.708	4.403,19	0
DB [€]	338.831,36	385.566	327.305,92	322.274,88	119.942,90	0

Bei den Produkten TK-Obst und TK-Gemüse (im Falle der Spezialisierung eine Produktkombination) kommt es in Werk H ebenfalls nicht zur Produktion, da bei einer Beschränkung auf nur zwei Produkte die Zielfunktionswerte bei Produktion der Al-

---

[47] Im Folgenden wurde mit auf zwei Stellen nach dem Komma gerundeten Produktivitätswerten (Minuten pro Palette) gerechnet, wodurch die Ergebnisse sich aber lediglich beim letztlich nicht produzierten Produkt „TK-Obst" marginal ändern (siehe oben).

ternative TK-Pizza und TK-Baguette wesentlich größer sind. Auf diese Weise hat man jetzt unter Betrachtung der Spezialisierungsmöglichkeiten ein optimales Produktionsprogramm ausgewählt.

Vergleicht man nun die Produktionsprogramme ohne und mit Spezialisierung, erkennt man, dass trotz Steigerung der Produktivität durch die Spezialisierung nicht mehr Produkte abgesetzt bzw. produziert werden. Dies liegt daran, dass man sich einerseits nur auf vier Produkte spezialisieren kann und somit nicht noch die Nachfrage nach Obst oder Gemüse decken kann und andererseits die Nachfrage nach den anderen Produkten, auf die sich spezialisiert wird, schon gedeckt ist. Demzufolge ergibt sich bezüglich des Deckungsbeitrags kein Vor- oder Nachteil durch die Spezialisierung (siehe auch Tabellenblatt „Berechnung spezialisiert" in der Datei „Lösung-Teilaufgabe1.xls"). Der Vorteil der Spezialisierung beschränkt sich in Teilaufgabe 1 somit auf die Fixkosten in Höhe von 7.000 Euro pro eingespartes Produkt. Da durch die Spezialisierung in jedem Werk zwei Produkte weniger hergestellt werden, ergibt sich ein Vorteil von 28.000 Euro im Falle der Spezialisierung. Da sich die Spezialisierung noch auf weitere Bereiche auswirkt, kann die endgültige Entscheidung über eine Spezialisierung aber erst in Teilaufgabe 2 fallen.

Anschließend muss noch überprüft werden, ob die durch das gemeinsame Simplex-Tableau ermittelten Produktionsmengen auch wirklich anhand der verfügbaren Kapazitäten der einzelnen Werke realisiert werden können, da im Simplex-Tableau vereinfachend die Kapazitäten beider Werke addiert wurden. Diese Überprüfung kann für den spezialisierten Fall schon hier erfolgen, da die Zuordnung der Kunden zu den Werken auf Grund der klaren Produkttrennung bereits gegeben ist (vgl. Tabelle 3-92 sowie Tabellenblatt „Berechnung Spezialisiert" der Datei „Lösung-Teilaufgabe1.xls"). Jedes Werk muss mit seinen beiden Produkten die eigenen Kapazitätsbeschränkungen einhalten.

Tabelle 3-92 Zeitbedarfe je Werk (spezialisiert)

Werk	Restriktion	Kapazitätsbedarf [min]	Kapazitäts-angebot [min]
	Maschine 1	$13.425 \cdot 1,4 + 11.302 \cdot 1,87 = 39.945$	46.080
Werk R	Maschine 2	$13.425 \cdot 1,74 + 11.302 \cdot 1,93 = 45.176$	46.080
	Schock-GA	$13.425 \cdot 0,18 + 11.302 \cdot 0,15 = 4.148$	5.760
	Maschine 1	$12.992 \cdot 1,41 + 12.708 \cdot 1,13 = 32.617$	46.080
Werk H	Maschine 2	$12.992 \cdot 1,65 + 12.708 \cdot 1,38 = 38.943$	46.080
	Schock-GA	$12.992 \cdot 0,19 + 12.708 \cdot 0,21 = 5.228$	5.760

Die ermittelten Produktionsmengen lassen sich somit auch bei Betrachtung der einzelnen Werke herstellen.

Im unspezialisierten Fall kann lediglich festgestellt werden, dass die Mengen insgesamt bedient werden können. Ob die jedem einzelnen Werk zugeordnete Produktionsmenge auch realisierbar ist, lässt sich jedoch erst im Laufe der Beantwortung von Teilaufgabe 2 beantworten, da dort die Zuordnung der Kunden zu den Lagern und der Lager zu den Werken erfolgt.

Um abschließend den Beitrag des Produktionsprogramms zur Bewertung der Fusion zu ermitteln, müssen nun noch die Deckungsbeiträge für jedes Unternehmen im Falle des Ausbleibens der Fusion berechnet werden. Es ergeben sich (bei zu oben analogem Vorgehen) Deckungsbeiträge von 702.275,72 Euro (Radeberger, siehe Datei „Simplex-Radeberger.simp" und Tabellenblatt „Prod.prog.Radeberger") und 675.197 Euro (Hochfeld, siehe Datei „Simplex-Hochfeld.simp" und Tabellenblatt „Prod.prog.Hochfeld"). Durch die Fusion sinkt die Summe der Deckungsbeiträge demzufolge um 3.495,04 Euro. Dagegen werden jedoch nach einer Fusion bei Hochfeld zwei Produkte weniger produziert, wodurch 14.000 Euro fixe Kosten nicht anfallen. Weitere, mittel- und langfristige produktbezogene Fixkosten könnten vermutlich eingespart werden, sind jedoch hier nicht gegeben. In Summe ergibt sich demzufolge in Teilaufgabe 1 ein Gewinn von (mindestens) 10.504,96 Euro pro Woche durch die Fusion ohne Spezialisierung (siehe auch Tabellenblatt „Berechnung Fus unspezialisiert" in der Datei „Lösung-Teilaufgabe1.xls") bzw. 38.504,96 Euro pro Woche mit Spezialisierung (Unterschied von 28.000 Euro auf Grund der wegfallenden Fixkosten, siehe oben).

3.8.6.2 Lösung Teilaufgabe 2

Zunächst muss man erkennen, dass eine Spezialisierung der Werke nicht nur zu Vorteilen in der Produktionslogistik führt, sondern auch Auswirkungen auf den angrenzenden Bereich des Werkversands hat. Durch die Spezialisierung der Produktionsanlagen kommt es zu einer Änderung der Lagerbelieferung, d. h. dass jetzt jedes Werk alle Lager mit den bei sich hergestellten Produkten beliefern muss. Im Falle einer Nichtspezialisierung werden dagegen nur die Lager, die nach Transportgesichtspunkten optimal sind, beliefert. Es sind deshalb die Kostenersparnisse der Spezialisierung in der Produktion mit den eventuellen Mehrkosten in der Distribution zu vergleichen. Hierbei müssen die Transportkosten für die Transportverbindungen Werk – Lager und Lager – Kunde berücksichtigt werden.

Hierzu wird das in Teilaufgabe 1 ermittelte Produktionsprogramm bei Fusion herangezogen. Für diese Produkte ist nun eine Losgrößenplanung sowie eine Transportplanung zwischen den Werken und den Lagern für den Fall der Spezialisierung und den der Nichtspezialisierung durchzuführen. Um dies berechnen zu können, ist jedoch vorerst eine Standortplanung für den Fall der Fusion durchzuführen, da nach einer Zusammenführung der Lagernetze eventuell Einsparungen durch Lagerschließungen erreichbar sind.

In den für diese Standortplanung notwendigen Graphen werden die Kunden als Bedarfsknoten und die Lager als Angebotsknoten übernommen (siehe Tabellenblatt „Daten fusioniertes UN" der Datei „Aufgabenstellung.xls"). Die Werkstandorte müssen nicht mit in den Graphen aufgenommen werden, da sie bei dieser Berechnung keine Rolle spielen.

Zu den vorhandenen Knoten müssen nun Daten über Angebote, Bedarfe und Kosten eingegeben werden:

- Die Lagerangebote entsprechen den Palettenlagerplätzen (siehe Tabelle „Daten fusioniertes UN" der Datei „Aufgabenstellung.xls").

- Die Kundennachfrage entspricht jeweils der Summe der einzelnen Produktbedarfe. Dafür wird gemäß Aufgabenstellung diejenige Periode gewählt, in der diese Summe maximal ist (siehe Tabelle „Kundenbedarfe nach Fusion" der Datei „Aufgabenstellung.xls"). Die Berechnung findet sich im Tabellenblatt „Bedarfe+Standortpl fus." in der Datei „Lösung-Teilaufgabe2.xls".

- Die Lagerfixkosten sind in die Toolbox bei „Kosten 1" in Cent einzutragen (siehe Tabelle „Daten fusioniertes UN" der Datei „Aufgabenstellung.xls").).

Nachdem die Knoten eingetragen wurden, müssen noch die Transportkosten zwischen ihnen in den Graphen eingetragen werden. Das Tabellenblatt „Entfernungsmatrix fusioniert" der Datei „Aufgabenstellung.xls" enthält bereits die Entfernungen zwischen allen Knoten. Um diese Werte in den notwendigen Kostenwert zu überführen, sind sie mit den Transportkosten von 2 Cent pro Palette und Kilometer zu multiplizieren. Da sich die so ergebenden Transportkosten auf den Verbindungen nicht ohne Rundung in Euro umrechnen lassen, sollte die gesamte Rechnung (inkl. der Lagerfixkosten) in Cent durchgeführt werden.

Nun ist der Graph (siehe Datei „Auslieferung-fusioniert.graph") komplett und es kann ein Verfahren der Standortplanung angewendet werden. Da die Lagerkapazitäten beschränkt sind und als potenzielle Standorte nur die schon vorhandenen Lager in Frage kommen, ist ein kapazitiertes Verfahren der diskreten Standortplanung zu verwenden.

In diesem Beispiel ergibt sich sowohl beim Add-, als auch beim Drop-Algorithmus, dass das Lager 5 geschlossen wird. Die Zuordnung der Kunden erfolgt auf Grund der nicht ausgeschöpften Lagerkapazitäten immer zu dem jeweils günstigsten Standort.

Nun sind noch die Transporte von den Werken zu den Lagern zu bestimmen. Für den Fall der Spezialisierung ist für jedes Werk ein eigenes Transportproblem mit Angebotsknoten (Werk) und Bedarfsknoten (Lager) aufzustellen (siehe Dateien „Transportpl-Spez-[...].graph"). Für die Lösung von Transportplanungsproblemen ist üblicherweise das MODI-Verfahren anzuwenden. Auf Grund der Tatsache, dass es hier jeweils nur einen Anbieter (= das jeweilige Werk) gibt, ist die Lösung im vorliegenden Fall jedoch trivial und dient lediglich der Kostenbestimmung. Unter Berücksichtigung des beim Transport zwischen Werken und Lagern günstigeren Transportkostensatzes von 1,8 Cent je Palette und km ergeben sich so Transportkosten von 306.122,90 Euro (Werk R) bzw. 366.798,60 Euro (Werk H), in Summe 672.921,50 Euro (siehe Tabellenblatt „Transportplanung mit Spez." der Datei „Lösung-Teilaufgabe2.xls").

Ohne Spezialisierung ergibt sich hier der Spezialfall, dass jedes Lager gemäß des Ergebnisses der Transportplanung nur von einem Werk bedient werden soll (siehe Datei „Transportpl-fusioniert.graph"). Werk R beliefert die Lager L2 und L3, Werk H beliefert die Lager L1 und L4. Ob die Kapazitäten der Werke allerdings für diese Mengen ausreichen, konnte in Teilaufgabe 1 (Produktionsprogrammplanung) noch nicht überprüft werden, da dort die Zuordnung der Kunden bzw. Lager zu den Werken fehlte. Aus der Standortplanung für die Lager und der Transportplanung der Werke haben sich bislang folgende Zuordnungen der Kunden zu den Lagern und der Lager zu den Werken ergeben, die in den Bedarfssummen aus Tabelle 3-93 resultieren (in Paletten, siehe Dateien „Auslieferung-fusioniert.graph" und „Transportpl-fusioniert.graph" sowie Tabellenblatt „Transportplanung ohne Spez." der Datei „Lösung-Teilaufgabe2.xls"):

Tabelle 3-93 Mengen je Werk und Lager (unspezialisiert, in Paletten)

Werk	Lager	Kunden	Pizza	Hamburger	Cheeseburger	Baguette
R	L2	bb1,cc1,dd1,f1,s1,y1	6.301	7.072	5.946	6.362
R	L3	aa1,g1,k1,o1,p1,q1,r1,z1				
H	L1	c2,d2,e2,h2,v2,w2,x2	6.691	6.353	5.356	6.346
H	L4	a2,b2,i1,j1,l1,m2,n1,t2,u2				

Hierbei ergeben sich die Mengen der Produkte (die letzten vier Spalten in Tabelle 3-93) aus der Aufsummierung der Bedarfe der zugeordneten Kunden (Spalte „Kunden" in Tabelle 3-93). Setzt man nun diese Mengen in die Nebenbedingungen der Produktionsprogrammplanung ein, so ist in Tabelle 3-94 ersichtlich, dass eine Nebenbedingung des Werks R verletzt wird.

Tabelle 3-94 Zeitbedarfe je Werk [min], Kapazität in Klammern (unspez.)

Werk	Zeitbedarf M1 (Max.)	Zeitbedarf M2 (Max.)	Zeitbedarf SGA (Max.)
R	39.585,90 (46.080)	**46.808,20 (46.080)**	5.468,50 (5.760)
H	37.893,20 (46.080)	44.881,10 (46.080)	5.293,27 (5.760)

Lager 2 und 3 können also nicht vollständig durch Werk R bedient werden. Deshalb muss eine Lieferung von Werk H an Lager 2 oder 3 erfolgen, um Werk R zu entlasten. Zunächst muss bedacht werden, dass jede Belieferung der südlichen Lager (2 und 3) aus dem nördlichen Produktionsstandort höhere Transportkosten als die ursprünglich geplante Lieferung von Werk R verursacht und die gelieferte Menge deshalb möglichst gering gehalten werden sollte. Es ist daher für diese Lieferung das Produkt „Cheeseburger" zu wählen, da es im Vergleich zu den anderen Produkten die größte Kapazitätsbeanspruchung pro Palette auf der fraglichen Maschine aufweist (2,1 [min/Palette]) und dadurch die notwendige Kapazitätsentlastung von rund 728 Minuten mit der geringsten Anzahl an Paletten erbringt:

Situation Werk R, Maschine 2:

Kapazitätsangebot	46.080,00 min
Kapazitätsbedarf	46.808,20 min
Zeitüberschreitung	728,20 min
entspricht	<u>347 Paletten Cheeseburger</u>
	(= 728,2 [min] / 2,1 [min/Palette])

Um nun noch zu bestimmen, ob diese 347 Paletten von Werk H an Lager 2 oder 3 zu liefern sind, stellt man ein Transportproblem mit den Werken und Lagern auf, das lediglich die Bedarfe und Angebote an Cheeseburgern enthält (siehe „Transportpl-fusioniert-Cheeseburger-Ausgleich.graph"). Durch diese Rechnung ergibt sich, dass Lager 3 die Ausgleichslieferung von Werk H erhält.

Ohne Ausgleichslieferung ergaben sich Kosten von 495.725,40 Euro (siehe Datei „Transportpl-fusioniert.graph"), wenn Lager 2 und 3 nur von Werk R und Lager 1 und 4 nur von Werk H bedient werden. Dazu kommen nun noch die Kosten der Ausgleichslieferung über eine Strecke von 1.800 km:

347 Paletten · 1,8 Cent / (km · Palette) · 1.800 km = 11.242,80 €.

Da aber gleichzeitig gegenüber dem ursprünglichen Plan die Lieferung der 347 Paletten durch Werk R entfällt, ist nur die zusätzliche Strecke von 900 km anzusetzen:

347 Paletten · 1,8 Cent / (km · Palette) · 900 km = 5.621,40 €

Somit fallen bei der unspezialisierten Transportplanung insgesamt 495.725 € + 5.621,40 € = 501.346,40 € an. Diese Rechnung kann auch anhand des Tabellenblatts „Transportplanung ohne Spez.", Zeile 128ff, der Datei „Lösung-Teilaufgabe2.xls" nachvollzogen werden.

Im Fall der Spezialisierung ergaben sich dagegen in Summe Transportkosten von 672.921 Euro zwischen Werken und Lagern (siehe oben), was eine Erhöhung um 171.574,20 Euro im Vergleich zur unspezialisierten Lösung bedeutet (siehe Tabellenblatt „Transportplanung mit Spez." in der Datei „Lösung-Teilaufgabe2.xls"). Entsprechend den Erwartungen wird der Werksversand durch die Spezialisierung also teurer.

Dagegen ist auf Grund der dann möglichen Senkung der Rüstkosten eine Kostenersparnis durch die Spezialisierung in der Produktionslogistik zu erwarten. Hierfür ist es wichtig zu beachten, dass die Maschine 2 („Garnierstraße") den Kapazitätsengpass darstellt, wie in der eben durchgeführten Restriktionsüberprüfung (siehe oben) zu erkennen war. Demzufolge ist die Losgrößenplanung auf Maschine 2 zu beziehen. Weiterhin ist bereits aus Teilaufgabe 1 bekannt, dass Werk R sich auf Hamburger und Cheeseburger und Werk H auf Pizza und Baguette spezialisieren (günstigere Verbesserungspotenziale bei Produktionskoeffizienten und Rüstkosten, siehe auch Teilaufgabe 1).

Im Lager fallen folgende Kosten an: Kapitalbindungskosten, Lagerfixkosten und die Kosten für die Ein- und Auslagerung. Die Kapitalbindungskosten sind auf den Materialwert zu beziehen (40 % vom Verkaufspreis, vgl. Tabelle 3-89). Es ergeben sich (mit Hilfe des Zinssatzes von 8,75 %) recht geringe Kapitalbindungskosten von rund 4 Cent je Palette und Woche (vgl. Tabelle 3-95), z. B. beim Produkt „TK-Pizza":

$$56,53 \ \frac{€}{\text{Palette}} \ * \ 0,4 \ * \ \frac{0,0875 \ \% \ \text{p. a.}}{52 \ \text{Wochen}} \ = 0,038 \ \frac{€}{\text{Palette} * \text{Woche}}$$

Tabelle 3-95 Kapitalbindungskosten der Produkte, in Euro pro Palette und Woche

Pizza	Hamburger	Cheeseburger	Baguette
0,038	0,040	0,041	0,037

Da Lagerumbauten (z. B. Kapazitätsveränderungen) momentan nicht zur Debatte stehen, fließen die Lagerfixkosten nicht in den Lagerhaltungskostensatz ein. Ähnlich die Ein- und Auslagerung: Solange kein Cross-Docking oder andere Ein- und Auslagerungen vermeidende Konzepte angewendet werden, ist die Ein- und Auslagerung in jedem Fall zu erbringen, unabhängig von der Lagerdauer. Diese Kostengrößen werden hier deshalb nicht in die Rechnung einbezogen. Somit bleiben lediglich die Kapitalbindungskosten und die variablen Kosten der Lagerung (siehe Tabellenblatt „Daten fusioniertes UN" der Datei „Aufgabenstellung.xls"). Es ergeben sich für alle Produkte etwa 0,35 Euro (= 0,04 € + 0,31 €) pro Palette und Woche, d. h. bei sieben Tagen pro Woche entspricht das 0,05 Euro pro Palette und Tag. Die Rüstkosten sind Tabelle 3-88 zu entnehmen. Die Zeitbedarfe je Produkt können dem Tabellenblatt „Produktionsprogramm" der Datei „Aufgabenstellung.xls" entnommen werden, müssen im Fall der Spezialisierung jedoch um die Verbesserungspotenziale in Tabelle 3-86 und in Tabelle 3-87 verringert werden.

Als Verfahren für die nun anstehende Losgrößenplanung bietet sich das Verfahren nach Dixon-Silver an[48]. Dafür werden folgende Daten benötigt: Bedarfe und Kapazitätsangebot/-bedarfe je Periode, Rüst- und Lagerhaltungskosten sowie die Produktionskoeffizienten. Da die Produktivität der einzelnen Maschinen im Tabellenblatt „Produktionsprogramm" der Datei „Aufgabenstellung.xls" in Minuten pro Palette angegeben ist, müssen zur Umrechnung der Produktivität auf die Gesamtanlage (= acht Fertigungsstraßen) die gegebenen Zeitbedarfe durch acht geteilt werden. Da die Lose gemäß Aufgabenstellung maximal einen Arbeitstag belegen können, sollte als Basisperiode auch ein Tag gewählt werden. Die Bedarfe je Tag ergeben sich aus der Teilung der Wochenbedarfe, die bezüglich der hergestellten Produkte bei den Werken anfallen, durch sechs, da die Kunden täglich in gleicher Weise beliefert werden möchten. Analog wird auch das Kapazitätsangebot durch sechs geteilt (siehe Tabellenblätter „Losgrößenplanung[...]" in der Datei „Lösung-Teilaufgabe2.xls"). Bei der Lösung ergeben sich sowohl im spezialisierten als auch im unspezialisierten Fall Lose, die jeweils nur den Tagesbedarf bedienen (vgl. Tabelle 3-96 und siehe Dateien „Dixon-[...].dmpl", Achtung: Kapazitäten wurden in Sekunden umgerechnet).

Tabelle 3-96 Gesamte Rüst- und Lagerhaltungskosten der ersten Woche

Werk	mit Spezialisierung	ohne Spezialisierung	Einsparung
R	4.290 €	12.570 €	8.280 €
H	7.440 €	12.750 €	5.310 €
Summe	11.730 €	25.320 €	13.590 €

Nun kann man zu einer abschließenden Bewertung der Spezialisierung kommen. Die wöchentlichen Kostenersparnisse durch die Spezialisierung belaufen sich gemäß der Beratungsstudie (2 · 37.900 Euro), der Fixkosteneinsparungen (4 · 7.000 Euro) und der Losgrößenplanung (13.590 Euro) auf insgesamt 117.390 Euro. Dieser Betrag kann aber die höheren Kosten von 172.381,90 Euro, die durch den Umbau (anteilige Investitionskosten pro Woche belaufen sich auf 42.000 € / 52 = 807,69 €) und vor allem durch den aufwendigeren Transport zu den Lagern entstehen (siehe oben), nicht kompensieren. Eine Spezialisierung würde sich deshalb aus logistischer Sicht nicht lohnen (siehe auch Tabellenblatt „Ergebnis" in der Datei „Lösung-Teilaufgabe2.xls"). Eventuell können diese Mehrkosten durch weitere, hier nicht bestimmbare, Kosteneinsparungen bzw. Ertragssteigerungen in anderen Bereichen gedeckt werden. So könnte z. B. eine mögliche Nachfragesteigerung bezüglich der spezialisierten Produkte auf Grund der gestiegenen Produktionsraten gedeckt werden und sich somit die Summe der Deckungsbei-

---

[48] Die in der Toolbox alternativ für Mehrproduktfälle angebotene Power-of-Two-Heuristik geht von einem kontinuierlichen Zeitverlauf aus, der hier auf Grund der achtstündigen Pause nach der zweiten Schicht nicht vorliegt. Außerdem garantiert diese Heuristik nicht die Einhaltung der Kapazitätsschranken.

träge erhöhen. Im Rahmen dieser Fallstudie und den darin zur Verfügung stehenden Daten wird die Spezialisierung jedoch abgelehnt. Auf Grund dieser Ergebnisse wird im Weiteren von einer Nichtspezialisierung nach einer möglichen Fusion ausgegangen.

Damit liegen nun die Kosten aller zu betrachtenden Bereiche für den Fall der Fusion vor. Für eine Bestimmung der Vorteilhaftigkeit der Fusion sind aber noch die Kostenwerte in der Produktion und der Distribution für den Fall ohne Fusion zu bestimmen, da hierfür bislang lediglich das Produktionsprogramm aus Teilaufgabe 1 vorliegt.

Dazu wird wiederum zunächst die jeweilige Zuordnung der Kunden zu den Lagern der beiden einzelnen Unternehmen mit Hilfe der kapazitierten Standortplanung bestimmt. Das Vorgehen ist dabei analog zur bereits durchgeführten Planung für die Fusion, basiert jedoch auf den Ergebnissen der Produktionsprogrammplanung ohne Fusion. Zu beachten ist hierbei, dass es bei einigen Produkten zu Teillieferungen kommt. Es ergeben sich die Kundenzuordnungen und Kosten aus Tabelle 3-97, Spalte „Vom Lager zu den Kunden" (siehe auch die Dateien „Auslieferung-keineFusion-[...].graph").

Tabelle 3-97 Kostenwerte je Woche ohne Fusion

Firma	Vom Lager zu den Kunden	Vom Werk zu den Lagern	Losgrößen-planung
Radeberger	L2 beliefert f1,s1,y1,bb1,cc1,dd1 L3 bedient g1,k1,o1,p1,q1,r1,z1,aa1 L4 beliefert i1,j1,l1,n1 → Kosten: 210.228 €	Kosten: 275.157 €	Kosten: 12.570 €
Hochfeld	L1 beliefert c2,d2,e2,h2,v2,w2,x2 L5 beliefert a2,b2,m2,t2,u2 → Kosten: 197.240 €	Kosten: 254.637 €	Kosten: 21.960 €

Weiterhin sind auch die Planung des Werkversands und die Berechnung der Kosten der Losproduktion beider Unternehmen ohne Fusion notwendig (vgl. Tabelle 3-97, Spalten 3 und 4; für die Berechnungen siehe die Tabellenblätter „Losgrößenplanung bei Nichtfusio", „Bedarfe+Standortpl.UNR", „Bedarfe+Standortpl.UNH" der Datei „Lösung-Teilaufgabe2.xls" sowie die Dateien „Transportpl-keineFusion-[...].graph" und „Dixon-ohneSpez-[...].dmpl").

Abschließend ergibt sich die in Tabelle 3-98 dargestellte Übersicht.

Tabelle 3-98 Auswirkungen der Fusion

Bereich	ohne Fusion	mit Fusion
Deckungsbeitrag	+ 1.377.473 €	+ 1.373.978 €
Produktbezogene Fixkosten	- 70.000 €	- 56.000 €
Produktionslogistik	- 34.530 €	- 25.320 €
Lieferung ab Werk zu den Lagern	- 529.794 €	- 495.725 €
Belieferung der Kunden	- 407.468 €	- 376.548 €
„Deckungsbeitrag II", inkl. Logistik	335.681 €	420.385 €

Die Deckungsbeitrage und die produktbezogenen Fixkosten der Tabelle 3-98 ergaben sich bereits bei der Programmplanung. Die Werte für die Produktionslogistik stammen aus der Losgrößenplanung. Die Kosten der Belieferung der Lager und der Kunden wurden ebenfalls bereits erklärt.

Durch eine Fusion würden somit wöchentlich 84.704 Euro eingespart werden. Eine Fusion lohnt sich aus Logistiksicht demzufolge deutlich (siehe auch Tabellenblatt „Ergebnis" in der Datei „Lösung-Teilaufgabe2.xls"). Als Antworten auf die beiden zentralen Fragen dieser Fallstudie können deshalb folgende Aussagen festgehalten werden: „Ja" zur Fusion, „Nein" zur Spezialisierung.

Abschließend ist noch zu erwähnen, dass auch die Möglichkeit besteht, für das im Falle der Fusion geschlossene Lager einen Verkaufserlös zu erzielen. Dies ist jedoch auf Grund der wirtschaftlichen Lage in Deutschland und vor allem in Brandenburg unsicher (Grund u. a.: Nähe zu den neuen EU-Mitgliedsstaaten und den dortigen Kostenstrukturen). Da außerdem keine Angaben zu Verkaufserlösen gemacht wurden, sind hierfür keine Erlöse anzusetzen.

3.9 VeloSprinter – Distributionsplanung eines Fahrradkuriers

3.9.1 Ausgangssituation

Um die theoretischen Kenntnisse aus Ihrem Logistikstudium mit praktischen Erfahrungen zu ergänzen, haben Sie eine Praktikantenstelle bei dem Fahrradkurierdienst VeloSprinter angenommen. Ihr Chef, Herr Scott, hat vor zehn Jahren sein Hobby zum Beruf gemacht und den inzwischen größten Kurierdienst der Stadt aufgebaut. Durch die Nähe zur Universität verfügt das Unternehmen über ein großes Potenzial an flexiblen Arbeitskräften. Derzeit sind ca. 40 Fahrer auf Teilzeitbasis bei einem Stundenlohn von 8,45 Euro angestellt, die täglich ein bis zwei Stunden oder halbtags für VeloSprinter fahren. Zum angestammten Kundenkreis gehören vor allem Kunden in der Innenstadt wie Werbeagenturen, Versicherungen, Reprobüros, Buchhandlungen, Behörden und Kanzleien. Die Leistungen erstrecken sich dabei von Termintransporten über Postfachentleerungen bis zu Einkaufstätigkeiten.

Durch die schlechte wirtschaftliche Lage der letzten Jahre ist das Auftragsvolumen der Stammkunden allerdings rückläufig, weshalb Herr Scott ständig nach neuen Geschäftsfeldern sucht. Dabei ist ihm die Zunahme von Terminaufträgen für Arztpraxen, Apotheken, Analyse- und Dentallabore aufgefallen.

Ein Analyselabor hat erst kürzlich neue Geräte angeschafft und damit seine Kapazität und den Leistungsumfang gesteigert. Im Innenstadtbereich konnte dieses Labor mehrere Fach- und Allgemeinärzte als neue feste Kunden gewinnen. Die Proben können frühestens 8:00 Uhr bei den Ärzten abgeholt werden und müssen bis 10:00 Uhr im Labor zur Verfügung stehen, damit die Proben noch am selben Tag untersucht werden können. Bisher hat das Labor täglich die Analyseproben mit einem eigenen PKW bei den Kunden abgeholt. Durch den starken Berufsverkehr in den Morgenstunden und die gestiegene Kundenanzahl konnte das Labor die Proben häufig nicht termingerecht abholen und musste bereits vereinzelt auf die Dienste von VeloSprinter zurückgreifen. Durch die Anschaffung eines weiteren Fahrzeugs könnte dieser Umstand zwar verbessert werden, jedoch stehen dafür nicht genügend liquide Mittel zur Verfügung.

Herr Scott ist durch den verstärkten geschäftlichen Kontakt ebenfalls auf die Probleme des Analyselabors aufmerksam geworden. Als Alternative schlägt er daher vor, die Abholung bei den Ärzten in der Innenstadt komplett zu übernehmen. Da das Labor am Stadtrand liegt, erscheint es sinnvoll, alle Proben zentral in der Geschäftsstelle von VeloSprinter durch die Fahrradkuriere zu sammeln und von dort mit dem PKW des Labors abholen zu lassen. Konkret handelt es sich dabei um 15 Ärzte, welche täglich die Proben jeweils in einer speziellen Box ab 8:00 Uhr zur Abholung bereitstellen. Ein Fahrradkurier kann maximal drei dieser Boxen transportieren. Pünktlich 9:30 Uhr würde das Laborfahrzeug die gesammelten Proben im VeloSprinter-Büro abholen und die leeren Boxen am nächsten Morgen um 8:00 Uhr wieder im Büro abgeben. Die Kuriere würden die leeren Boxen bei dem jeweiligen Arzt gegen die bestückten Boxen umtauschen, was im Schnitt vier Minuten dauert.

Gleichzeitig mit dem potenziellen neuen Auftrag denkt Herr Scott auch über einen neuen Geschäftssitz der Firma nach. Die derzeitigen Räumlichkeiten sind ohnehin zu klein und für die üblichen Kurierfahrten ist die Lage des Standortes nicht wichtig. Allerdings wäre in Verbindung mit den täglichen Fahrten für das Analyselabor eine zentrale Lage entscheidend. Natürlich sollten bei der Wahl eines neuen Standortes auch die monatlichen Mietkosten berücksichtigt werden. Herr Scott hat dazu bereits verschiedene Angebote eingeholt. Die fünf Standorte in Tabelle 3-99 erfüllen dabei alle firmeninternen Anforderungen und auch die Bedingung, das Analyselabor innerhalb von 30 Minuten mit dem PKW zu erreichen.

Tabelle 3-99 Potenzielle Standorte

Standort	Koordinaten	Miete pro Monat inkl. Nebenkosten
S1	(9,13)	1.670 €
S2	(17,11)	1.920 €
S3	(3,7)	1.790 €
S4	(9,3)	1.840 €
S5	(21,1)	1.810 €

Die Koordinatenangaben beziehen sich auf den Stadtplan, der Ihnen bereits in elektronischer Form vorliegt und am Ende der Aufgabenstellung abgebildet ist.

3.9.2 Aufgabenstellung

Nachdem Sie sich mit der Situation vertraut gemacht haben, bittet Sie Herr Scott, ihn bei der Lösung seiner Probleme zu unterstützen. Er möchte dem Laborleiter ein langfristig ausgelegtes Angebot für den täglichen Abholdienst der Proben erstellen. Welchen neuen Standort würden Sie Herrn Scott empfehlen? Er bittet Sie zu prüfen, wie viele Fahrer für diese Aufgabe eingeplant werden müssen und welche Kosten zu erwarten sind. Das Labor hat Herrn Scott weiterhin mitgeteilt, dass für die Einsammlung der Proben in der Innenstadt von zwei weiteren Kurierdiensten Angebote eingeholt werden und dass diese die Kurierfahrten per PKW erledigen. Welche Kurierdienste Angebote unterbreiten, erfahren Sie jedoch nicht. Für die Kalkulation eines Angebotes bittet Sie Herr Scott daher, als Vergleichswert außerdem die Kosten zu ermitteln, die ein PKW vom ermittelten eigenen Standort aus für die Innenstadttour verursacht. Die durchschnittliche Geschwindigkeit eines PKW liegt bei 36 km/h, der

Fahrer würde den gleichen Stundenlohn erhalten und ebenfalls vier Minuten Wartezeit je Arzt benötigen.

Als Ausgangspunkt für Ihre Analyse existiert bei VeloSprinter bereits ein Stadtplan der Innenstadt. Dieser enthält die wichtigsten Straßenverbindungen, U-Bahn-Haltestellen und die Standorte der 15 Arztpraxen. Es wurde außerdem bereits ein entsprechendes Kantenmodell mit Hilfe der Logistik-Toolbox erstellt (siehe Datei „Graph Stadtplan.graph"). Die darin enthaltenen Kantenbewertungen entsprechen der Strecke im Stadtplan (in cm). Zusätzlich zum Straßennetz steht den Kurieren die U-Bahn kostenlos zur Verfügung (Studententicket). Eine entsprechende Karte des U-Bahnnetzes ist ebenfalls vorhanden. Aus Erfahrungswerten rechnen Sie mit einer durchschnittlichen Geschwindigkeit von 18 km/h für Fahrradkuriere und 54 km/h für die U-Bahn. Die U-Bahn fährt alle zehn Minuten, so dass mit einer durchschnittlichen Wartezeit von fünf Minuten zu rechnen ist. Die Haltezeit je Station beträgt eine Minute.

Bearbeitungshinweise:

- Da die Polizei in der Innenstadt sehr aktiv ist, sind die Verkehrsregeln zu beachten, insbesondere die Einbahnstraßen.

- Im Studententicket ist die Mitnahme eines Fahrrads enthalten.

- Ein Monat hat vier Wochen und 20 Arbeitstage (Mo-Fr).

- Der PKW kann alle Boxen auf einmal transportieren.

- Das Labor liegt zehn PKW-Minuten westlich der Arztpraxis „A7".

- Der Arbeitgeberanteil für Kranken-, Renten- und Arbeitslosenversicherung beträgt 42% vom Stundenlohn des Arbeitnehmers.

Anlagen für die Bearbeitung der Fallstudie:

- Stadtplan der Innenstadt mit U-Bahnstationen (Knotennamen „U...") und Arztpraxen (Knotennamen „A..."), vgl. Abbildung 3-17

- U-Bahnnetz der Innenstadt (vgl. Abbildung 3-18) mit drei U-Bahnlinien:

  o Linie 1 mit den Haltestellen U1, U2, U3, U4

  o Linie 2 mit den Haltestellen U2, U6, U5, U4

  o Linie 3 mit den Haltestellen U3, U7, U5

- Stadtplan als Datei („Graph Stadtplan.graph"), Kantenbewertungen in cm, abgelesen vom Stadtplan (siehe unten, Maßstab 1:30.000 in Bezug auf die verkleinerte Skala innerhalb der Bilder in cm)

Abbildung 3-17 Straßennetzausschnitt (verkleinert, 1 Skaleneinheit ≙ 1 cm)

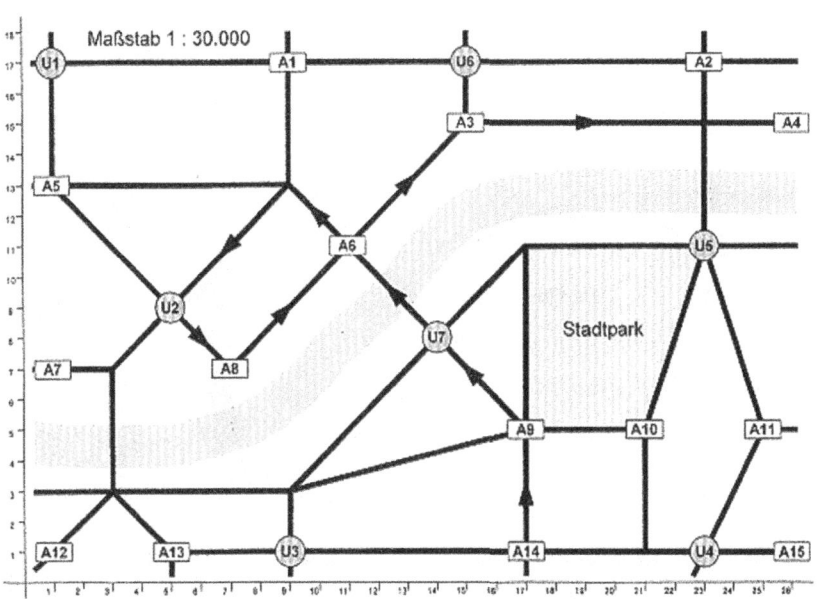

Abbildung 3-18 U-Bahnnetzausschnitt (verkleinert, 1 Skaleneinheit ≙ 1 cm)

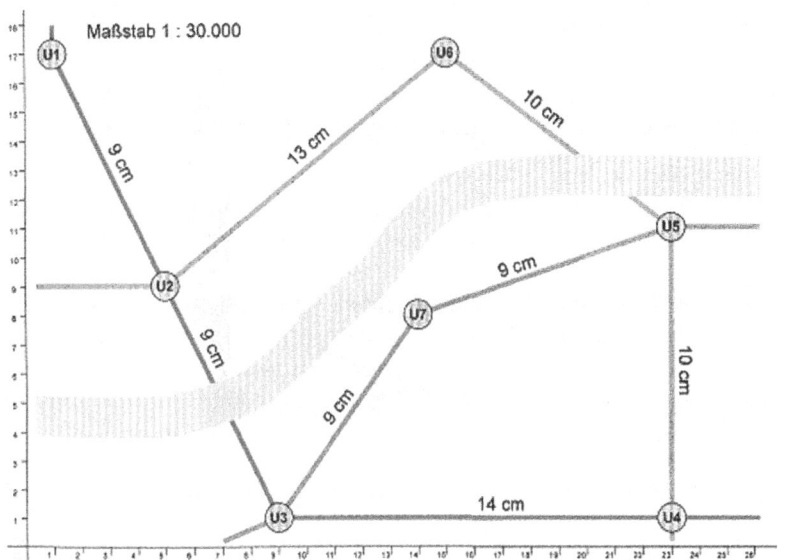

3.9.3   Lösungsvorschlag

Als erstes sollte sich der Bearbeiter einen Überblick über die Aufgabenstellung, die daraus resultierenden Teilaufgaben und die notwendigen Daten machen. Zunächst ist ein einheitlicher Graph zu generieren, der die Straßen- und U-Bahnverbindungen enthält. Da die kürzesten Wege vom Startpunkt abhängen, ist anschließend der neue Standort von VeloSprinter zu ermitteln. Erst danach kann die eigentliche Tourenplanung sowie die Ermittlung des Vergleichswertes folgen. Es ergeben sich somit folgende Bearbeitungsschritte:

1)   Anpassung des gegebenen Stadtplans

2)   Standortplanung durchführen

3)   Tourenplanung für mehrere Fahrradkuriere

4)   Tourenplanung für einen PKW

3.9.3.1   Anpassung des gegebenen Stadtplans

Der Stadtplan liegt als ungerichtetes Kantenmodell in der Toolbox vor und muss auf Grund der Einbahnstraßen zunächst auf einen Digraphen erweitert werden (siehe Datei „Ausgangsgraph als Digraph.graph").

Die Kosten eines Fahrradkuriers errechnen sich auf der Basis eines Stundenlohnes. Daher muss im nächsten Schritt eine Transformation der Pfeilbewertungen von Strecken- in Zeiteinheiten erfolgen. Bei dem gegebenen Maßstab von 1:30.000 entspricht eine Einheit auf der Karte (1 cm) genau 300 m in der Stadt. Die Durchschnittsgeschwindigkeit eines Kuriers beträgt 18 km/h (= 300 m/min). Also kann ein Kurier in einer Minute genau 300 m in der Stadt und eine Einheit auf der Karte zurücklegen. Zur Bewertung der Pfeile in Minuten kann der Bearbeiter somit die cm-Werte im vorgegebenen Graphen ohne umständliche Umrechnungen übernehmen.

Im nächsten Schritt ist das U-Bahnnetz zu integrieren. Die Übertragung der Entfernungen ist nicht praktikabel, da die Geschwindigkeit der U-Bahn der dreifachen Geschwindigkeit eines Fahrradkuriers entspricht. Somit muss das U-Bahnnetz auch in Zeiteinheiten umgerechnet werden. Die reine Fahrzeit einer Strecke in Minuten beträgt (analog zum Fahrradfahrer): Kantenlänge in cm geteilt durch drei, plus eine Minute Haltezeit. Da die zusätzliche Wartezeit von fünf Minuten bei der Fahrt über mehrere Stationen einer Linie nur einmal anfällt, ist es notwendig, für jede nutzbare (Teil-)Strecke einer U-Bahnlinie auch eine zusätzliche Kante oder entsprechend zwei Pfeile einzufügen (siehe Datei „Teildigraph für das U-Bahnnetz.graph").

Das so erstellte U-Bahnnetz muss in das Straßennetz integriert werden, um eine gülti-ge Grundlage für die nachfolgenden Berechnungen zu erhalten (siehe Datei „Aus-gangsgraph als Digraph incl. U-Bahnnetz.graph" [49]).

3.9.3.2 Standortplanung durchführen

Da die potenziellen Standorte bekannt sind und diese in den Knoten liegen, handelt es sich um ein diskretes Standortproblem. Es kann z. B. mit Hilfe des ADD- oder DROP-Algorithmus gelöst werden. Diese Algorithmen benötigen für jeden potenziellen Standort die fixen Kosten und die variablen Kosten der Bedienung der Kunden. Somit sind hier die fünf möglichen Standorte aus der Aufgabenstellung mit ihren jeweiligen monatlichen Mietkosten als Standorte zu übernehmen und die restlichen Knoten als Standorte auszuschließen, z. B. durch Verwendung prohibitiv hoher fixer Kosten.

Im nächsten Schritt sind die monatlichen variablen Kosten des Arbeitgebers zu ermit-teln, da diese den gleichen zeitlichen Bezug wie die fixen (Miet-)Kosten aufweisen müssen. Diese Kosten ergeben sich aus der monatlichen Fahrzeit und dem Personal-kostensatz je Stunde: 8,45 Euro Bruttolohn je Fahrer und Stunde plus zusätzlich 42% des Bruttolohnes für den Arbeitgeberanteil an der Sozialversicherung ergibt zwölf Euro je Stunde und Fahrer an Personalkosten. Dies entspricht 20 Cent je Minute gefah-rener Strecke. Da diese Strecke täglich zurückzulegen ist, müssen die Kosten für die Umrechnung auf Monatsbasis noch mit 20 multipliziert werden (hier vereinfacht vier Wochen à fünf Tage). Die variablen (Personal-)Kosten für die Fahrten betragen somit vier Euro je Minute im Monat. Der Zeit-Graph kann also durch die Multiplikation aller Pfeilbewertungen mit vier in einen Kosten-Graphen überführt werden[50].

Nun folgt die Berechnung des Standorts. Dabei liefert der ADD-Algorithmus ein Er-gebnis mit den geringeren Kosten (S4 mit Kosten von 2.672 Euro) gegenüber dem Drop-Algorithmus (S1 mit Kosten von 2.678 Euro, siehe Datei „Standortpla-nung.graph").

Allerdings geht man bei diesem Modell der Standortplanung (auch „Warehouse loca-tion problem") davon aus, dass die einzelnen Kunden vom Standort aus jeweils direkt angefahren werden. In diesem speziellen Fall ist aber bereits abzusehen, dass die Kunden in Touren angefahren werden sollten. Daher ist es vorteilhaft, statt dem obi-gen Vorgehen eine Tourenplanung für jeden einzelnen Standort durchzuführen. Fol-gende Lösungen wurden ermittelt (für das jeweils notwendige Vorgehen siehe die Erläuterungen im nächsten Abschnitt):

---

[49] In diesem Graphen wurden die Kantenbewertungen auf ganze Minuten gerundet. Alternativ ist auch eine genauere Rechnung auf Sekundenbasis denkbar, wobei jedoch zu bedenken ist, dass bestimmte Eingangsdaten ohnehin lediglich Mittelwerte sind (Geschwindigkeiten, War-tezeiten etc.).

[50] Die Arbeitszeitkosten für die Wartezeiten in den Praxen von je vier Minuten gehören zu den variablen Kosten. Sie werden bei diesem Rechenweg jedoch nicht berücksichtigt, da sie die Standortwahl nicht beeinflussen, weil sie stets in der gleichen Höhe anfallen.

- S1: Gesamtkosten 876 € + Miete 1.670 € = 2.546 €

- S2: Gesamtkosten 924 € + Miete 1.920 € = 2.844 €

- S3: Gesamtkosten 936 € + Miete 1.790 € = 2.726 €

- S4: Gesamtkosten 876 € + Miete 1.840 € = 2.716 €

- S5: Gesamtkosten 920 € + Miete 1.810 € = 2.730 €

(siehe Dateien „Standortplanung Sx+Tourenplanung.graph")

Dabei zeigt sich, dass nun nicht mehr Standort 4 die geringsten Kosten aufweist, sondern Standort 1. Daher wird Herrn Scott empfohlen, Standort 1 zu eröffnen.

3.9.3.3 Tourenplanung für mehrere Fahrradkuriere

Zur Bestimmung der täglichen Touren kann das „Savings-Verfahren" genutzt werden. Hierfür werden ein Graph, die Bedarfsmengen der Kunden, ein Fuhrpark mit Fahrzeugen, die Wartezeiten und die Maximalfahrzeit benötigt.

Da die Restriktionen im gesamten Netz durch die Fahr- und Wartezeiten bestimmt werden, ist für die Berechnung das bereits erstellte Digraphmodell auf Basis von Zeitbewertungen zu verwenden. Die Pfeilbewertungen stellen dabei die Zeit in Minuten dar, um die entsprechende Strecke zurückzulegen.

Das Laborfahrzeug bringt um 8:00 Uhr die leeren Boxen und holt um 9:30 Uhr die vollen wieder ab. Somit steht den Fahrradkurieren eine Zeit von maximal 90 Minuten zur Verfügung, um ihre Touren zu absolvieren, was bei der Berechnung als obere Grenze für die Dauer einer Tour einfließen muss. Die Anzahl der Fahrer ist nicht vorgegeben und muss vom Bearbeiter selbst bestimmt werden. Bei 15 Ärzten und einer Kapazität von drei Probenboxen je Kurier und Tour bietet es sich an, die Berechnung mit einem Fuhrpark von fünf Fahrzeugen mit einer Kapazität von je drei Boxen zu beginnen. Weiterhin ist die Wartezeit von vier Minuten bei jedem Arzt als Standzeit zu berücksichtigen. Folgende Dauer (und angefahrene Arztpraxen) je Tour (inkl. Standzeiten) wird als Ergebnis ermittelt (siehe Datei „Tourenplanung Fahrradkuriere.graph"):

- Tour 1: 57 min (A1, A14, A9)

- Tour 2: 60 min (A3, A2, A4)

- Tour 3: 38 min (A5, A8, A6)

- Tour 4: 66 min (A15, A11, A10)

- Tour 5: 58 min (A7, A12, A13)

Insgesamt werden also tatsächlich nur fünf Fahrer benötigt. Die Gesamtdauer für das Einsammeln und Bereitstellen aller Probeboxen beträgt 279 Minuten. Somit ergeben sich für Herrn Scott Personalkosten in Höhe von 55,80 Euro je Tag (279 min · 0,20 Cent/min) oder 1.116 Euro pro Monat für diesen Auftrag, mit denen er dann sein Angebot für das Labor kalkulieren kann.

3.9.3.4 Tourenplanung für einen PKW

Um die Tour für einen PKW zu bestimmen, sind zunächst die U-Bahnlinien aus dem Digraphen zu entfernen, da diese hierbei natürlich nicht genutzt werden können. (Tipp: Alternativ kann auch eine frühere Variante des Stadtplanes geladen werden, in dem die U-Bahnlinien noch nicht vorhanden sind.)

Zunächst soll analog zur Lösung mit den Radfahrern davon ausgegangen werden, dass die Boxen durch das Labor bei VeloSprinter abgeholt werden. Die Ermittlung der Lösung kann dafür auch hier mit dem „Savings-Verfahren" erfolgen. Als Fuhrpark ist in diesem Falle ein Fahrzeug mit einer Kapazität von mindestens 15 Boxen zu verwenden. Folgende Rundreise vom und zum Standort („S") wird so bestimmt (siehe Datei „Tourenplanung PKW-Savings.graph"):

S-A1-A5-A8-A6-A3-A2-A4-A11-A15-A10-A7-A12-A13-A14-A9-S

Die sich ergebende Dauer von 143 Minuten entsprechen jedoch noch immer der Fahrzeit eines Fahrradkuriers ohne Wartezeiten. Da die Geschwindigkeit des PKW doppelt so hoch ist, wird eine reine Fahrzeit von 71,5 Minuten benötigt, zzgl. 60 Minuten Wartezeit. Für eine Abholung der Boxen um 9:30 Uhr wäre diese Rundreise also zu lang.

Alternativ zum Savings-Verfahren ist hier jedoch, auf Grund des Spezialfalls mit nur einer einzigen Tour, eine Betrachtung als Traveling-Salesman-Problem sinnvoller. Dafür muss zunächst ein neuer Graph gebildet werden, der nur den Startpunkt und alle Arztpraxen enthält, da sonst eine Rundreise durch alle Knoten bestimmt wird. Um trotz der nun fehlenden Knoten immer noch alle im Ursprungsgraphen möglichen Wege zu berücksichtigen, bietet es sich z. B. an, einen vollständigen Graphen zu verwenden, der als Bewertung die jeweiligen Entfernungen zwischen den Knoten im Originalgraphen enthält (siehe Datei „Tourenplanung PKW-TSP.graph" [51]). Es ergibt sich nach dem Vergleich aller Verfahren der Toolbox (jeweils kombiniert mit dem Verbesserungsverfahren 3opt) folgende beste Route:

S-A1-A3-A2-A4-A11-A15-A14-A9-A10-A13-A12-A7-A5-A8-A6-S

Die von der Toolbox angezeigte Dauer von 122 Minuten entspricht wiederum der Fahrzeit eines Fahrradkuriers, also für den PKW 61 Minuten, was 10,5 Minuten kürzer als das Ergebnis des Savings-Verfahrens ist. Werden die Wartezeiten der 15 Ärzte à vier Minuten noch hinzugerechnet, ergibt sich eine Gesamtzeit von 121 Minuten. Dies

---

[51] In der Toolbox sind vollständige Untergraphen einfach zu bilden, indem man die gewünschten Knoten mit STRG+Maus markiert und danach per Menüpfad „Graph/Aktion mit Selektion/Untergraph bilden/mit Entfernungen" den gewünschten Graphen erstellt.

ist für eine Abholung durch das Labor um 9:30 Uhr jedoch immer noch zu lang, da der Pkw im Durchschnitt erst um 10:01 Uhr zurück bei VeloSprinter wäre.

Geht man nun davon aus, dass der Pkw zwar bei VeloSprinter startet, jedoch nach der Abholung der Boxen direkt zum Labor fährt, so stellt das vorliegende Problem kein Rundreise- oder Tourenplanungsproblem mehr dar, da Start- und Endpunkt der zu minimierenden Strecke nicht identisch sind (sog. „Offenes TSP"). Aber auch ohne genau passendes Verfahren lässt sich eine Lösung ermitteln, z. B. auf Basis der TSP-Lösung, jedoch mit dem Endpunkt bei A7. Bei Bedienung der Praxen in der so gewonnenen (heuristischen) Reihenfolge

S-A5-A8-A6-A1-A3-A2-A4-A11-A15-A14-A9-A10-A13-A12-A7

benötigt man 59,5 Minuten Fahrzeit + 60 Minuten Standzeit = 119,5 Minuten bis zur Praxis A7, die gemäß Aufgabenstellung zehn Pkw-Minuten vom Labor entfernt liegt. Demzufolge würde auch bei Direktbelieferung des Labors der Pkw nicht pünktlich ankommen, sondern im Durchschnitt 10,5 Minuten zu spät. Die Erfahrungen des Labors, von denen zu Beginn der Fallstudie berichtet wurde, werden somit auch in der Planung durch VeloSprinter bestätigt.

Ein Ausweg ist die Verwendung von zwei Pkw, wofür wieder das Savings-Verfahren einzusetzen ist. Zur Beschränkung der Touren auf 90 Minuten ist nun sowohl diese Angabe als auch die Wartezeit in den Praxen einzugeben. Zusätzlich müssen die Pfeilbewertungen auf Pkw-Fahrzeiten umgerechnet werden, um während der gesamten Rechnung die gleiche Einheit zu verwenden (siehe Datei „Tourenplanung PKW-Savings (2Pkw).graph"[52]). Die Zeitvorgabe kann nun eingehalten werden, wobei die erste Tour 86 Minuten und die zweite Tour 46,5 Minuten dauert.

Da ein PKW-Fahrer den selben Arbeitslohn wie ein Fahrradfahrer erhält, entstehen hier Personalkosten in Höhe von 26,50 Euro. Es werden somit im Vergleich zur Fahrrad-Lösung 29,30 Euro Personalkosten pro Tag gespart. Demgegenüber stehen noch zusätzliche Kosten für Benzin, die jedoch im Vergleich dazu gering sind[53].

Bei dauerhaftem Einsatz von zwei PKW für diesen Zweck sind außerdem (gemäß Vollkostenansatz) anteilige Kosten für Abschreibung, Versicherung, Wartung etc. zu berücksichtigen. Je nach PKW-Typ ist zu vermuten, dass die Fahrrad-Lösung dadurch preislich konkurrenzfähig bleibt. Stehen die PKW jedoch ohnehin zur Verfügung und werden in der Zeit von 8:00 Uhr bis 9:30 Uhr nicht benötigt, kann auch eine Teilkostenrechnung durchgeführt werden, in die z. B. nur die obigen Personalkosten zzgl. Kraftstoffkosten einbezogen werden. In diesem Fall ergibt sich in Summe ein Kostenvorteil für die PKW-Lösung.

---

[52] Hier wurde die Einheit „Zehntelminute" gewählt, um grobe Rundungen zu vermeiden.
[53] Benzinkosten-Abschätzung: Summe der reinen Fahrzeit beider Touren: 72,5 min, was einer Strecke von 43,5 km entspricht, wofür im Stadtverkehr überschlägsweise 4 bis 6 Euro Benzingeld angesetzt werden können.

Ein Vorteil des Fahrradkurierdienstes gegenüber Kurierdiensten mit dem PKW ist jedoch die geringere Abhängigkeit vom Verkehrsfluss und der Verfügbarkeit von Parkmöglichkeiten, die nicht in den ermittelten Durchschnittswerten zum Ausdruck kommt. Damit bieten Sie dem Auftraggeber eine höhere Sicherheit bei der Einhaltung von Terminen. Dies führt Ihrer Meinung nach dazu, dass Herr Scott durchaus Chancen besitzt, den Auftrag zu erhalten, da der Wunsch des Labors nach Fremdvergabe durch zeitliche Schwierigkeiten entstand. Sie empfehlen ihm daher, keinen „Kampfpreis" anzubieten, sondern auf Basis der von Ihnen ermittelten Kosten vernünftig zu kalkulieren, um langfristig mit dem Labor zusammenarbeiten zu können. In den Verhandlungen mit dem Labor sollte Herr Scott die höhere Terminsicherheit durch die Fahrradkuriere hervorheben und, falls nötig (z. B. um einem eventuellen Kampfpreis der anderen Anbieter entgegenzuwirken), lieber höhere Entschädigungszahlungen bei verspäteten Lieferungen akzeptieren als ein geringeres Entgelt.

3.10 KAUFGUHT AG - Erschließung des polnisches Marktes

3.10.1 Beschreibung des Unternehmens

Die KAUFGUHT AG ist in der Nahrungs- und Genussmittelindustrie tätig, wobei als Konkurrenten ALDI, NORMA und LIDL angesehen werden können. Die KAUFGUHT AG operiert im deutschen Bundesgebiet mit 2.500 Filialen und ist in anderen europäischen Staaten vertreten, in denen circa 21.000 Mitarbeiter arbeiten. Das Unternehmen erzielt einen Umsatz von fünf Mrd. Euro und erwirtschaftet einen Gewinn von 250 Mio. Euro. Der deutsche Markt ist derzeit durch eine hohe Konkurrenz gekennzeichnet, so dass sich als Folge niedrige Preise und stagnierende Umsätze ergeben. Diese Probleme in Betracht ziehend, verfolgt das Unternehmen die Strategie der Erschließung neuer Märkte durch Akquisitionen bzw. Kooperationen. Durch die EU-Erweiterung und deren zehn neue Mitgliedstaaten eröffnen sich neue Märkte, in denen sich die KAUFGUHT AG positionieren möchte.

3.10.2 Beschreibung der polnischen Handelskette

Der Vorstand des deutschen Unternehmens hat die günstige Gelegenheit genutzt und eine polnische Handelskette erworben. Diese Handelskette beinhaltet ein Standortnetz von 100 Filialen, das sich über das gesamte polnische Staatsgebiet erstreckt. Das Distributionsnetz des polnischen Unternehmens leidet jedoch auf Grund der vormals schlechten Finanzlage der Handelskette unter zu geringen Investitionen. Weiterhin könnte ein Zentrallager, das sich unweit der Filiale Warschau2 befindet, übernommen werden. Große Investitionen, wie z. B. ein neues Zentrallager, sollen sich gemäß Firmenvorgabe innerhalb von zehn Jahren amortisieren, wobei ein Kalkulationszinssatz von 10% unterstellt wird.

Eine Analyse der vorhandenen Distributionsstrukturen ergab eine unbefriedigende Logistikeffizienz. Ihre Vorgesetzten favorisieren deshalb (und weil sie sich Fördergelder dafür erhoffen) die Einrichtung einer zusätzlichen vertikalen Distributionsstufe. Dabei würden von einem Zentrallager (dessen Standort noch nicht feststeht) zunächst mehrere neu zu errichtende Regionallager bedient, von denen aus dann die Filialen beliefert werden.

Als Mitarbeiter der Logistikabteilung in der Niederlassung Görlitz werden Sie auf Grund Ihrer Kompetenz, Erfahrung und guten Kontakte nach Polen beauftragt, Vorschläge dafür zu erarbeiten. Zunächst setzen Sie sich mit dem Leiter des Zentrallagers in Warschau in Verbindung. Er ist sehr hilfsbereit und stellt Ihnen folgende aktuelle Materialien zur Verfügung:

Sie erhalten einen Graphen (siehe Datei „Graph Polen.graph"[54]), der die 100 Filialen enthält und mit Hilfe einer polnischen Landkarte erstellt wurde. Die dargestellten Kanten zwischen den Knoten sind in Euro bewertet und die einzigen Möglichkeiten für Transporte, weil kleinere Landstraßen mit den im Fuhrpark befindlichen LKWs nicht befahren werden können. Zur Bestimmung der Kantenbewertungen wurde zunächst die euklidische Entfernung (Luftlinie in km) mit einem Straßenfaktor von 1,3 multipliziert und anschließend auf ganze Zahlen gerundet. Für die Regionen Südost und Südwest wurde auf Grund der unterschiedlichen Reliefbedingungen ein Straßenfaktor von 1,4 verwendet. Um den Kostenfaktor in die Bewertung der Kantenlängen einfließen zu lassen, war es notwendig, die Entfernungskilometer mit einem Straßenkilometerkostensatz [Euro/km] zu multiplizieren. Um diesen Faktor zu berechnen, wurden folgende Daten berücksichtigt: Der LKW benötigt ca. 37,6 Liter/100 km bei einem Dieselpreis von 0,85 Euro/Liter. Die Reparaturkosten belaufen sich auf 10.000 Euro/Jahr. Die jährliche Laufleistung eines LKWs beträgt 100.000 km. Für Lohnkosten, Steuer und Versicherungen pro Fahrzeug wird mit 20.000 Euro/Jahr kalkuliert. Der Kaufpreis eines LKWs beträgt 100.000 Euro bei einer Lebenslaufleistung von 500.000 km. Die auf diese Weise ermittelten und bereits im Graphen angegebenen Kantenbewertungen entsprechen den Transportkosten auf den jeweiligen (Teil-)Strecken.

Weiterhin teilt man Ihnen mit, dass es auf Grund der verbesserten Infrastruktur nun auch möglich ist, direkt zwischen Warschau2-Bialstak1 (Luftlinie 170km), Krakau2-Novi Tay (Luftlinie 50km) und Gorozow W.-Bydgoszczl (Luftlinie 210km) mit den im Fuhrpark befindlichen Fahrzeugen zu verkehren.

Des Weiteren haben Ihre polnischen Kollegen eine Tabelle (siehe Datei „Standort- und Investitionsbedingungen.xls") mitgeschickt, in der alle 100 Standorte mit ihren Standort-/Investitionsbedingungen aufgeführt sind. Unter Beachtung der bei der KAUFGUHT AG üblichen Prioritäten wurden diese Bedingungen auch schon bewertet und gewichtet.

In einem ersten Gespräch mit der Unternehmensleitung erfahren Sie, dass auch daran gedacht wird, die Anzahl der Arbeitskräfte zu reduzieren. Um die schlechte Stimmung innerhalb der polnischen Belegschaft auf Grund der feindlichen Übernahme nicht weiter zu steigern, schlagen Sie vor, als zukünftige Zentral- oder Regionallagerstandorte nur die derzeitigen Standorte der Filialen zuzulassen, um die vorhandenen Ressourcen (wie z. B. Personal, Lagereinrichtungen, Grundstücke) nutzen zu können. Diesem Vorschlag wird sofort zugestimmt.

Für die Durchführung Ihrer Aufgabe benötigen Sie noch weitere Daten, die Sie auf einer Dienstreise mit Besuch aller Standorte in Erfahrung bringen. Nach einer anstrengenden Woche in Polen haben Sie folgende zusätzliche Informationen herausgefunden:

---

[54] Aus Platzgründen wurden nicht alle Knoten benannt. Die konkrete Zuordnung einer Knotennummer zum Stadtnamen kann der Datei „Standort- und Investitionsbedingungen.xls" entnommen werden.

Eine Transporteinheit (TE) entspricht ca. zehn Paletten. Die geplanten Fahrzeuge haben eine maximale Ladekapazität von vier TE. Die Bedarfe werden von den Standorten bestimmt und betragen zwischen eins und drei TE (Durchschnittswerte; vgl. Tabelle 3-100). Sie sind in der Datei „Bedarfsdaten der Standorte.xls" gegeben.

Tabelle 3-100 Bedarfe der Filialen (Auszug)

Standort	Warschau2	Szczecin1	Tamow	Lodz1	Lukao	Chlem	Sidlize
Knoten-nummer	1	2	29	47	62	63	64
Bedarf	3 TE	3 TE	2 TE	3 TE	2 TE	1 TE	2 TE

Weiterhin haben Sie folgende Daten erhoben: Für die zukünftigen Regionallager planen Sie (auf Grund der für die Zukunft erhofften hohen Nachfrage) mit 13 LKW-Fahrern, zehn Lagerarbeitern und sieben Angestellten. Diese Zahlen dienen zunächst als erste Schätzwerte, die später noch standortspezifisch konkretisiert werden müssen. Unter Berücksichtigung eines durchschnittlichen polnischen Einkommens entstehen pro Mitarbeiter jeweils Kosten von ca. 500 Euro pro Monat. Dabei gilt es zu beachten, dass auf Grund der unterschiedlichen Regionen für die Knoten 29, 30, 32, 33, 34, 35, 63, 89 mit um 20% niedrigerem Einkommen gerechnet werden kann. Hingegen muss für die Knoten 1, 2, 3, 4, 5, 7, 8, 9, 15, 17, 18, 19, 26, 27, 28, 37, 38, 40, 44, 45, 47, 48 und 92 mit um 20% höheren Einkommen gerechnet werden. Die zu errichtenden Gebäude haben jeweils einen Wert von 1,8 Mio. Euro und werden über 50 Jahre linear abgeschrieben. Die Lagereinrichtungen belaufen sich auf 1,35 Mio. Euro pro eröffneten Regionalstandort und werden über zehn Jahre linear abgeschrieben. Als Kostenblock für Betriebsmittel, Reparaturen, Energie und Versicherung liegt Ihnen bereits eine Angabe von 87,5 Euro je Tag vor.

Im Rahmen der Expansionspolitik des Unternehmens wird die Kapazität der Regionallager höher ausgelegt als momentan benötigt. Alle Regionallager sollen eine Lagerfläche für 85 TE bzw. 850 Paletten zur Verfügung stellen. Der durchschnittliche Wareneinkaufswert pro Palette beträgt 500 Euro. In einem Zeitraum von zwei Tagen wird jeder Supermarkt einmal vollständig beliefert, wobei an sieben Tagen pro Woche und 360 Tagen pro Jahr verkauft wird. Der Kalkulationszinssatz für die kalkulatorischen Zinsen beläuft sich auf 10% per anno. Die gesetzlich erlaubte Fahrzeit eines LKW-Fahrers beträgt neun Stunden pro Tag. Die Standzeiten der Be- und Entladevorgänge werden nicht als Fahrzeit angerechnet. Von deutschen Erfahrungswerten ausgehend, wird eine Durchschnittsgeschwindigkeit von 50 km/h angenommen.

3.10.3 Aufgabenstellung

Als Basis für weitere Berechnungen ist es Ihre Aufgabe, einen Vorschlag dafür zu erarbeiten, von welchem Standort aus die Filialen jeweils zu bedienen sind und wo das Zentrallager errichtet werden sollte. Bei der Auswahl der Standorte sollen Sie vor allem nach Kostengesichtspunkten entscheiden. Auf Ihre Nachfrage hin, inwieweit Sie dann überhaupt die weitergehenden Informationen, die Ihre polnischen Kollegen bereits für Sie gesammelt und aufbereitet haben, berücksichtigen sollen, weist Ihr Vorgesetzter Sie auf das damalige Vorgehen bei der Standortwahl im Osten Deutschlands hin. Sie erfahren, dass dafür die Vorgabe galt, dass an Orten, die im Vergleich mit den besten Standorten nicht einmal 60% von deren Nutzwert erreichten, kein Standort eröffnet werden durfte.

Außerdem bittet Sie die Unternehmensleitung für die Planung der Investitionskosten zu ermitteln, wie viele LKWs und Fahrer an denen von Ihnen ermittelten Regionallagerstandorten zur Befriedigung des derzeitigen Bedarfs unabhängig von den obigen Schätzwerten (z. B. 13 Fahrer) tatsächlich benötigt werden. Gehen Sie dabei von einer durchschnittlichen Be- und Entladezeit pro Tour von 60 Minuten aus.

Da die Einrichtung der zusätzlichen Regionallager zwar geplant, aber noch nicht sicher beschlossen ist, weist man Sie darauf hin, dass es durchaus auch bei zwei vertikalen Stufen (Zentrallager und Filialen) bleiben könnte, z. B. wenn die Fördergelder für die Investitionen ausbleiben. Sie sollen daher untersuchen, ob der momentane Standort des Zentrallagers in Warschau für die direkte Belieferung der Filialen optimal gewählt ist. Wenn dies nicht der Fall ist, ist es Ihre Aufgabe, dem Vorstand relevante Finanzdaten als Grundlage für die Entscheidung über eine kostspielige Verlegung des Zentrallagerstandortes zur Verfügung zu stellen.

3.10.4 Lösungsvorschlag

Gemäß Aufgabenstellung teilt sich eine Lösung in drei große Blöcke. Zunächst ist eine Standortwahl für die Regionallager durchzuführen, wofür sich eine diskrete Standortplanung im Anschluss an die angesprochene Nutzwertanalyse anbietet. Nachdem auf diese Weise die Regionallager lokalisiert wurden, sollen diese bezüglich Fahrer- und Fahrzeuganzahl dimensioniert werden, wofür eine Tourenplanung notwendig ist, da ein Fahrzeug den Bedarf mehrerer Filialen transportieren kann. Abschließend soll die Optimalität des Zentrallagerstandortes bei Ausbleiben der Regionallagereröffnungen überprüft werden, um auch für dieses Szenario einen Plan vorrätig zu haben.

3.10.4.1 Standortwahl

Zunächst muss der zur Verfügung gestellte Graph um die nun möglichen drei neuen Direktverbindungen vervollständigt werden. Für die Berechnung der Kantenbewertungen ist es notwendig, zuerst den Straßenkilometerkostensatz zu ermitteln (vgl. Tabelle 3-101).

Tabelle 3-101 Straßenkilometersatz

Kostenbestandteil	Berechnung	Wert
Diesel	37,6 l/100km · 0,85 €/l	0,32 €/km
Vers./Steuer/Lohn	20.000 € / 100.000km	0,20 €/km
Abschreibung	20.000 €/Jahr / 100.000 km/Jahr	0,20 €/km
Reparatur & Wartung	10.000 € / 100.000km	0,10 €/km
Straßenkilometerkostensatz		**0,82 €/km**

Durch Multiplikation des errechneten Straßenkilometerkostensatzes mit den gegebenen Luftlinienentfernungen und dem für die unterschiedlichen Regionen zutreffenden Straßenfaktor ergeben sich folgende Kantenbewertungen in Tabelle 3-102:

Tabelle 3-102 Berechnung der Kantenbewertungen

Startknoten - Zielknoten	Transportkosten
1 – 10	170 km · 1,3 · 0,82 €/km = 181 €
26 – 68	50 km · 1,4 · 0,82 €/km = 57 €
4 – 13	210 km · 1,3 · 0,82 €/km = 224 €

Diese drei Verbindungen sind in den gegebenen Graphen einzutragen (siehe „Ausgangsgraph.graph"), der nun die Basis für alle folgenden Berechnungen darstellt.

Für die Standortwahl gab die Aufgabenstellung die Empfehlung, mit Hilfe der gegebenen Standort-/Investitionsbedingungen die Anzahl der potenziellen Standorte im Voraus zu reduzieren. Die gegebene Tabelle enthält bereits die gewichteten Werte im Sinne der sog. Nutzwertanalyse. Durch Addieren kann der Gesamtnutzwert jedes Standortes bestimmt werden. So können die Standorte eliminiert werden, die Nutzwerte mit weniger als 60% der Maximalpunktzahl 128, d. h. 128 · 0,6 = 76,8 aufweisen. Standorte mit einem Nutzwert kleiner als 77 Punkten werden demzufolge gestrichen.

Eliminiert werden aus den Regionen

- Ost: Knoten 64, 65, 80, 81, 82, 90

- Südost: Knoten 68, 78, 79, 84, 85, 86, 92, 93, 98, 99

- Südwest: Knoten 25, 42, 83, 87, 91

- Mitte: Knoten 50, 51, 54, 77, 96, 97

- Nord: Knoten 60, 61, 70, 71, 72, 75

(siehe Datei „Standort- und Investitionsbedingungen-lösung.xls")

Gemäß Aufgabenstellung wurde zwar dieses Vorgehen empfohlen, jedoch nicht zwingend vorgeschrieben. Im Folgenden soll daher zusätzlich eine kurze Analyse erfolgen, welche Nachteile unter (Transport-)Kostengesichtspunkten aus der Nichtbeachtung obiger Standortalternativen resultieren. Dafür wird bei der Standortwahl eine Lösung mit und eine Lösung ohne Eliminierung der obigen potenziellen Standorte ermittelt, um die Kostenwirkung zu untersuchen.

Für die Auswahl unter den Standorten mit Hilfe der Verfahren der Standortplanung müssen zunächst die fixen Kosten eines Regionallagers berechnet werden. Da in einem Zeitraum von zwei Tagen jeder Supermarkt einmal vollständig beliefert wird, erfolgt die Kalkulation aller Kosten bezüglich einer Periode von zwei Tagen (1 Jahr ≈ 360 Tage = 180 Perioden).

I. Personalkosten

Summe Lohnempfänger: 30 (13 Fahrer + 10 Lagerarbeiter + 7 sonstige Angestellte)

<u>fixe Personalkosten:</u>   1.000 €/Periode (30 · 500 €/Monat / 15Perioden)

II. Kosten des Lagers pro Periode (2 Tage)

kalk. Afa Gebäude	200 €	[1,80 Mio. € / 50 Jahre / 180]
kalk. Afa Lagereinrichtung	750 €	[1,35 Mio. € / 10 Jahre / 180]
kalk. Zinsen Gebäude[55]	500 €	[0,5 · 1,80 Mio. € · 10% / 180]
kalk. Zinsen Lagereinrichtung	375 €	[0,5 · 1,35 Mio. € · 10% / 180]
Lagerkosten	1.825 €/Periode	

III. Betriebskosten:

Energie, Betriebsmittel, Reparatur: 175 €/Periode

Summe Depotkosten: 3.000 €/Periode

Für die Knoten 29, 30, 32, 33, 34, 35, 63, 89 ergeben sich auf Grund der Lohnunterschiede Depotkosten von 2.800 Euro. Im Gegensatz dazu betragen die Depotkosten der Knoten 1, 2, 3, 4, 5, 7, 8, 9, 15, 17, 18, 19, 26, 27, 28, 37, 38, 40, 44, 45, 47, 48 und 92 auf Grund der um 20% höheren Lohnkosten 3.200 Euro.

Da die Menge der potenziellen Standorte für die Regionallager bereits vorgegeben ist (nämlich die Städte der Filialen), erfolgt die Ermittlung der Regionallagerstandorte sinnvollerweise mit Hilfe der Verfahren der diskreten Standortplanung. Auf Grund der Tatsache, dass jedes Regionallager eine Lagerfläche für 85 TE bzw. 850 Paletten zur Verfügung stellen soll, bietet es sich an, zur Bestimmung der Lösung den kapazitierten ADD- bzw. DROP-Algorithmus zu verwenden. Dafür sind neben den oben bestimmten Fixkosten auch die Bedarfe und die variablen Kosten notwendig. Die Bedarfe liegen bereits in einer Excel-Tabelle vor und können deshalb einfach in die Toolbox importiert werden, die variablen Kosten sind in den Kantenbewertungen enthalten[56].

---

[55] Durch die Abnahme des Finanzierungsbedarfs auf Grund der laufenden kalkulatorischen Abschreibung sind diese Kosten von Jahr zu Jahr rückläufig, müssen jedoch für die Preiskalkulation auf den Durchschnitt über die Gesamtnutzungsdauer zurückgerechnet werden. Somit wird von 50% der ursprünglichen Anschaffungskosten ausgegangen.

[56] Das hier verwendete Vorgehen resultiert jedoch in einer Interpretation der variablen Kosten als *Kosten pro TE*, da der kapazitierte Add- bzw. Drop-Algorithmus auf das MODI-Verfahren zurückgreift. Dies entspräche einer Belieferung mit LKWs, die lediglich 1 TE laden können. Ausgeglichen wird dieser Nachteil durch den Umstand, dass für den Rückweg keine Kosten betrachtet werden, wodurch effektiv 2 TE pro Transport angenommen werden. Da die diskrete Standortplanung von einer Direktbelieferung ausgeht, sind 2 TE für Filialen, deren Bedarf zwischen 1 und 3 TE liegt, akzeptabel.

Kapazitierter ADD-Algorithmus	Kapazitierter DROP-Algorithmus

1) *ohne* Eliminierung der „schlechten" Standorte:

Gesamtkosten:	38.869	Gesamtkosten:	37.868
davon fix:	15.400	davon fix:	15.000
5 geöffnete Standorte:		5 geöffnete Standorte:	
Knoten 1, 2, 22, 14, 39		Knoten 22, 39, 60, 75, 81	

(siehe Datei „Diskrete Standortplanung Regionallager (komplett).graph")

2) *mit* Eliminierung der „schlechten" Standorte (in der Toolbox z. B. durch Setzen der betreffenden Standortfixkosten auf prohibitiv hohe Werte):

Gesamtkosten:	38.869	Gesamtkosten:	38.085
davon fix:	15.400	davon fix:	15.400
5 geöffnete Standorte		5 geöffnete Standorte	
Knoten 1, 2, 22, 14, 39		Knoten 1, 12, 26, 39, 46	

(siehe Datei „Diskrete Standortplanung Regionallager (reduziert).graph")

Beim Vergleich der Ergebnisse zeigt sich, dass die Gesamtkosten mit 37.868 Euro dort am geringsten sind, wo die Standort-/Investitionsbedingungen nicht berücksichtigt wurden. Die so ermittelten Standorte Kohlegebiet 4 (Knoten 22), Wroclaw (Knoten 39), Gdansk2 (Knoten 60), Gorozow O. (Knoten 75) und Warschau5 (Knoten 81) weisen zusammen allerdings bei den Standort-/Investitionsbedingungen nur einen Nutzwert von 396 Punkten auf. Im Gegensatz dazu sind die Gesamtkosten beim DROP-Algorithmus (mit Berücksichtigung der Standort-/Investitionsbedingungen) zwar um 217 Euro pro Periode (zwei Tage) höher, aber die Nutzwerte der dort zu errichtenden Standorte Warschau2 (Knoten 1), Gdynia2 (Knoten 12), Krakau2 (Knoten 26), Wroclaw3 (Knoten 39) und Poznan2 (Knoten 46) betragen zusammen 528 Punkte. Somit muss zwischen einer Kostendifferenz von ca. 39.060 Euro pro Jahr und einem Nutzwertunterschied von 132 Punkten abgewogen werden. Da der Kostenunterschied im Vergleich zu den Gesamtkosten von ca. 6,8 Mio. Euro relativ gering ist und schlechtere Standort-/Investitionsbedingungen auch langfristig zu erheblichen Mehrbelastungen führen können, wird hier die Lösung des DROP-Algorithmus mit Eliminierung übernommen. Es werden an folgenden Standorten Regionallager eröffnet:

Warschau2 (Knoten 1), Gdynia2 (Knoten 12), Krakau2 (Knoten 26), Wroclaw3 (Knoten 39) und Poznan2 (Knoten 46)

Jedem Regionallager muss ein bestimmtes Distributionsgebiet zugeordnet werden. Eine solche optimale Zuordnung erfolgt z. B. im Rahmen der Transportplanung mit Hilfe des MODI-Verfahrens. Bei Anwendung des kapazitierten ADD- bzw. DROP-Algorithmus entfällt allerdings eine separate Transportplanung, da diese schon innerhalb der kapazitierten Algorithmen enthalten ist und eine MODI-Rechnung in jedem

Teilschritt erfolgt. Somit stellen die im Rahmen des DROP-Verfahrens (mit Eliminierung) ermittelten Ergebnisse bereits die für diese Standortauswahl beste Zuordnung der Filialen zu den Regionallagern dar.

Warschau2 (1):   Knoten 1, 6, 7, 8, 9, 10, 16, 35, 47, 48, 49, 51, 52, 58, 61, 62, 63, 64, 65, 73, 80, 81, 82, 89, 90, 96, 100   (Auslastung: 56/85)

Gdynia2 (12):   Knoten 3, 5, 12, 14, 53, 55, 56, 57, 59, 60, 70, 71, 72 (Auslastung: 27/85)

Krakau2 (26):   Knoten 15, 17, 18, 19, 20, 21, 22, 23, 24, 25, 26, 27, 28, 29, 30, 31, 32, 33, 34, 36, 40, 66, 67, 68, 78, 79, 83, 84, 85, 86, 87, 88, 91, 92, 93, 98, 99   (Auslastung: 77/85)

Wroclaw3 (39):   Knoten 37, 38, 39, 41, 42, 43, 54, 69, 74 (Auslastung: 20/85)

Poznan2 (46):   Knoten 2, 4, 11, 13, 44, 45, 46, 50, 75, 76, 77, 94, 95, 97 (Auslastung: 30/85)

3.10.4.2 Dimensionierung der Fuhrparks

Auf Grundlage der Ergebnisse der Standort- und Transportplanung ist es mit den Verfahren der Tourenplanung möglich, die zur Befriedigung der Nachfrage benötigte Anzahl an Fahrzeugen und Fahrern zu bestimmen. Die Lösung des Problems erfolgt in dieser Fallstudie mittels des Savings-Verfahrens.

Um bei rechnergestützter Lösung dieses Verfahrens die Restriktion der maximalen Fahrzeit von neun Stunden je Fahrer zu beachten, muss die Fahrgeschwindigkeit der LKWs mit Hilfe eines Geschwindigkeitsfaktors berücksichtigt werden. Dabei ist Folgendes zu beachten: Alle Berechnungen erfolgen im vorliegenden Graphen nicht primär auf Grund von Streckenkilometern, sondern auf Grund von Kosten pro Strecke. Daher wird auch der Geschwindigkeitsfaktor in Euro/Stunde angegeben und als Inverse (Stunden/Euro) in die Toolbox eingegeben. (Da dieser Faktor nur zwei Nachkommastellen verwendet, ist es zur Verbesserung der Genauigkeit sinnvoll, die maximale Fahrzeit und den inversen Geschwindigkeitsfaktor mit jeweils zehn zu multiplizieren, was sich in Summe ausgleicht.)

Berechnung des inversen Geschwindigkeitsfaktors:

$$1 / (50km/h \cdot 0,82\ €/km) = 0,024h/€$$

inverser Geschwindigkeitsfaktor = 0,24h/€ (Multiplikation mit 10)

Zeitfenster = 90h/Tag

Weiterhin muss die Anzahl der Fahrzeuge und deren Kapazität angegeben werden. Da bei der Standortplanung von 13 Fahrern in jedem Regionallager ausgegangen wurde, bietet es sich an, von 13 Fahrzeugen auszugehen, die jeweils eine Kapazität von vier TE aufweisen.

Nun wird für jedes Regionallager eine separate Tourenplanung durchgeführt. In einem ersten Schritt sind deshalb auf Grundlage des Ausgangsgraphen mehrere Untergraphen zu generieren, die lediglich das jeweilige Regionallager mit seinen zu beliefernden Filialen enthalten. Die Untergraphen müssen alle kürzesten Entfernungen zwischen den Knoten dieses Untergraphen aus dem Ausgangsgraphen enthalten. Eine sichere und einfache Lösung, dies zu garantieren, ist z. B. die Verwendung *vollständiger*[57] Untergraphen, wobei die Bewertungen der Kanten den Entfernungen des Originalgraphen entsprechen (siehe Dateien „Untergraph-SavingsKnotenX.graph", wobei X für die jeweilige Knotennummer des Regionallagers im Ausgangsgraphen steht). Alternativ könnte aber auch der Ausgangsgraph mehrfach verwendet werden, indem die nicht durch das momentan betrachtete Regionallager belieferten Filialen ignoriert werden (Bedarfe auf Null setzen).

Auffälliges Problem bei der Berechnung ist, dass es für Filialen, die sehr weit von ihrem Regionallager entfernt sind, nicht möglich ist, eine Belieferung mit einem einzelnen Kraftfahrer durchzuführen, ohne die gesetzlichen Bestimmungen (maximal 9h Fahrzeit pro Tag) zu missachten. Dieses Problem kann gelöst werden, indem auf den Touren, welche die Zeitrestriktion von 9h/Tag überschreiten, zwei Fahrer pro LKW eingesetzt werden. Somit erhöht sich die maximale Tour-Zeit auf 18h (rechnerintern auf 180h, siehe oben). Eine andere Möglichkeit, um den gleichen Effekt zu erreichen, ist die Anordnung an die Fahrer, in ihren Fahrzeugen zu übernachten. Dann wären überlange Touren bis zu 18 Stunden ebenfalls möglich, da auf jeden Tag höchstens neun Fahrstunden entfielen. Für diese Variante müssten jedoch die Fahrzeuge entsprechend ausgestattet sein (Schlafkabine). Da hierzu keine Angaben vorliegen, wird im Folgenden die Variante mit zwei Fahrern verfolgt. Falls jedoch die Lösung mit Übernachtung möglich ist, wären die weiter unten bestimmten Fahrerzahlen je Lager entsprechend nach unten zu korrigieren (vgl. Tabelle 3-103).

Nun kann das Savings-Verfahren für jedes Regionallager durchgeführt werden. Für das Regionallager in Wroclaw3 (Knoten 39) ergeben sich folgende Ergebnisse, wobei zur Fahrzeit (max. 9h pro Fahrer) jeweils noch die Beladezeit (1h) hinzukommt (die Dauer einer Tour ergibt sich aus der Multiplikation der Tour bezogenen Kostenergebnisse der Toolbox mit dem oben berechneten Geschwindigkeitsfaktor oder durch Ablesen und Umformen der Endausgabe im Algorithmusfenster zzgl. der Beladungszeit):

---

[57] Jeder Knoten ist mit jedem anderen Knoten durch eine Kante verbunden. Die Erstellung vollständiger Untergraphen wird in der Toolbox direkt unterstützt (siehe Kapitel 4.3.2).

- Tour 1 bedient Filiale 37 (Dauer: 1,5 Stunden)

- Tour 2 bedient Filiale 38 (Dauer: 1,5 Stunden)

- Tour 3 bedient die Filialen 41 und 42 (Dauer: 8,1 Stunden)

- Tour 4 bedient die Filialen 43 und 69 (Dauer: 10,1 Stunden)

- Tour 5 bedient die Filialen 54 und 74 (Dauer: 8,2 Stunden)

Diese Ergebnisse des Savings-Verfahrens sollten jedoch kritisch betrachtet werden. So können bspw. mehrere kurze, meist innerstädtische Touren von einem Fahrzeug und Fahrer nacheinander abgefahren werden. Es besteht also die Möglichkeit, Kurztouren zusammenzufassen, wodurch die benötigte Anzahl der Fahrzeuge und Fahrer gesenkt werden:

- Tour 1/2 bedient die Filialen 37 und 38 (Dauer: 3 Stunden)

- Tour 3 bedient die Filialen 41 und 42 (Dauer: 8,1 Stunden)

- Tour 4 bedient die Filialen 43 und 69 (Dauer: 10,1 Stunden)

- Tour 5 bedient die Filialen 54 und 74 (Dauer: 8,2 Stunden)

Ebenso besteht die Möglichkeit, jeweils eine kurze und eine längere Tour zusammenzufassen:

- Tour 1/3 bedient die Filialen 37, 41 und 42 (Dauer: 9,6 Stunden)

- Tour 2/5 bedient die Filialen 38, 54 und 74 (Dauer: 9,7 Stunden)

- Tour 4 bedient die Filialen 43 und 69 (Dauer: 10,1 Stunden)

Sollte die reine Fahrzeit (ohne Be-/Entladung) einer Tour mehr als neun Stunden betragen, müssen zwei Fahrer gemeinsam fahren. Dies ist hier lediglich bei Tour 4 der Fall (Annahme hierbei: strikte Einhaltung der Höchstwerte). Beispielhafte Vorschläge zur Zusammenfassung der Touren aller Regionallager sind in der Datei „Tourenplanung-Lösung.xls" enthalten. Daraus ergeben sich folgende Werte für die (Mindest-) Ausstattung der Regionallager mit Fahrzeugen und Fahrern (in Klammer: + 20% Zuschlag):

Tabelle 3-103 Fahrzeuge und Fahrer

Regionallager	Knoten	Fahrzeuge	Fahrer
Warschau2	1	8 (10)	13 (16)
Gdynia2	12	4 (5)	7 (8)
Krakau2	26	7,5 (9)	10,5 (13)
Wroclaw3	39	2 (2)	3 (4)
Poznan2	46	5 (6)	8 (10)

Die Werte aus der Datei sind noch zu runden und mit eventuellen Sicherheitsaufschlägen für Ausfallzeiten (für Reparaturen bzw. Krankheit, Urlaub etc.) zu versehen. Bei einem beispielhaften Sicherheitszuschlag von 20% ergeben sich die obigen Werte in Klammern.

Es fällt auf, dass im Vergleich zu den Annahmen im Vorfeld der diskreten Standortplanung zumeist weniger Fahrer benötigt werden. Eine Überprüfung der Ergebnisse der diskreten Standortplanung mit den vorliegenden Informationen über die fixen Standortkosten wäre nun denkbar, wird aber hier unterlassen.

3.10.4.3 Ermittlung des Zentrallagerstandortes für die neue Vertriebsstruktur

Ausgangspunkt zur Berechnung ist der um die möglichen drei Direktverbindungen erweiterte Graph. Die Berechnung des bestmöglichen Standortes erfolgt wiederum mit Hilfe der Verfahren der diskreten Standortplanung. Die Bedarfsknoten sind in diesem Fall die Regionallagerstandorte (Knoten 1, 12, 26, 39 und 46) und können mit Ihrer jeweils momentan geplanten Auslastung (siehe Ergebnis der Regionallagerplanung) gewichtet werden. Auf Grund der erhofften höheren Nachfrage in der Zukunft wird hier aus Vergleichszwecken zusätzlich eine gleichmäßige Gewichtung (alle Regionallagerstandorte mit Bedarf = 1) vorgenommen.

Alle Knoten stellen potenzielle Zentrallagerstandorte dar. Da die Bestimmung des Zentrallagerstandortes einerseits anhand der variablen Kosten erfolgen soll und andererseits aber nur genau ein Zentrallager errichtet werden soll, müssen die Standortfixkosten höher sein als die gesamten variablen Streckenkosten. Hier wurde mit Fixkosten von 99.999 Euro gerechnet. Da das Angebot hierbei keine Rolle spielt (das Zentrallager muss alle Regionallager beliefern können), kann hierfür der unkapazitierte ADD- bzw. DROP-Algorithmus verwendet werden. Als bestmöglicher Standort des Zentrallagers stellt sich Lodz Nord (Knoten 48) heraus und zwar sowohl in der gewichteten als auch in der ungewichteten Version. Bei einer Weiterverwendung dieses Ergebnisses (hier nicht gefordert) ist jedoch zu beachten, dass die hierfür in der Toolbox angezeigten variablen Kosten nicht dem wirklichen Wert entsprechen, da dieser von den später tatsächlich transportierten Mengen abhängt (siehe Datei „Zentrallagerlösung neue Vertriebsstruktur-(un)gewichtet.graph").

Weiterhin sollten Sie die Unternehmensleitung darauf hinweisen, dass die Kosten für die Erweiterungsinvestition in das neue Regionallager Warschau somit (teilweise) nicht mehr nötig wären, da die vorhandenen Lagereinrichtungen und die Gebäude des Zentrallagers dafür genutzt werden können. Somit würde ein größerer finanzieller Spielraum für den Neubau eines Zentrallagers in Lodz zur Verfügung stehen.

3.10.4.4 Ermittlung des Zentrallagerstandortes für die alte Vertriebs-struktur

Ausgangspunkt zur Berechnung ist wiederum der um die möglichen drei Direktver-bindungen erweiterte Graph („Ausgangsgraph.graph"). Zur Berechnung des bestmög-lichen Zentrallagerstandortes bietet sich wiederum die diskrete Standortplanung an, ebenfalls in der unkapazitierten Version. Die Planung erfolgt dabei anhand der mo-mentanen Nachfragewerte der Filialen. Für die Planung langfristiger Standorte wären zwar die zukünftig zu erwartenden, langfristigen Nachfragewerte zu verwenden, diese liegen jedoch hier nicht vor.

Da die Bestimmung des Zentrallagerstandortes ausschließlich anhand der variablen Kosten erfolgen soll (Grund: Anzahl der gesuchten Standorte (= 1) steht fest), müssen die Standortfixkosten sehr hoch sein, um die Eröffnung weiterer Standorte zu vermei-den. Hier wurden die Fixkosten höher als die gesamten variablen Streckenkosten für Polen gesetzt (99.999 Euro/2 Tage). Im Vergleich von Add- und Drop-Algorithmus ergibt sich ein bestmöglicher Standort in Lodz1 (Knoten 47) mit angezeigten variablen Kosten von 56.078 Euro (vgl. Tabelle 3-104 und siehe Datei „Zentrallager (alt) Diskret.graph").

Um den Kostenvorteil abzuschätzen, den ein Zentrallager im Knoten 47 gegenüber dem bestehenden Zentrallager im Knoten 1 aufweist, können die bisherigen kumulier-ten variablen Streckenkosten mit Hilfe des MODI-Verfahrens errechnet werden. Dabei muss der Gesamtbedarf aller Filialen (210 TE) als Angebotsmenge bei dem aktuellen Zentrallager-Knoten eingegeben werden, um dann mit dem MODI-Verfahren die minimalen Kosten zu generieren (siehe Datei „Zentrallager (alt) Modi Knoten 1.graph").

Tabelle 3-104 Variable Kosten der Zentrallageroptionen

Knoten	variable Kosten (in 2 Tagen)
1 (momentanes ZL in Warschau)	61.177 €
47 (Lodz West)	56.078 €

Diese Berechnung erfolgt jedoch unter der Annahme, dass jede Transporteinheit ein-zeln transportiert wird. Die obigen Werte werden deshalb hier durch zwei geteilt, da einerseits sicher versucht wird, die sehr langen Fahrten vom Zentrallager zu den Filia-len auszulasten und deshalb stets volle LKWs (mit vier TE) fahren. Andererseits kommt noch der Rückweg hinzu, was in Summe einen Faktor von 0,5 ergibt. (Für realistischere Rechnungen wären weitere Daten notwendig.)

Die mögliche Kosteneinsparung beträgt demzufolge 2.549,50 Euro/Periode, wenn das Zentrallager in Lodz West gebaut wird. Dies gilt natürlich nur unter der hier notwendigen Annahme, dass für das neue Zentrallager die gleichen Fixkosten entstehen würden.

Alternativ können die Kosten für die Belieferung auch direkt mit der Tourenplanung ermittelt werden. Es ergeben sich 35.470 Euro (Knoten 1) bzw. 32.828 Euro (Knoten 47). Der sich ergebende Unterschied liegt mit 2.642 Euro nahe am obigen Wert, der im Folgenden beibehalten wird. (Für eine erfolgreiche Tourenplanung ist allerdings die Zeitrestriktion aufzugeben, da zwei Tage nicht für jeden Knoten ausreichen. Dies kann damit erreicht werden, dass die nächste Belieferung für eine bestimmte Tour bereits startet, obwohl das Fahrzeug der aktuellen Belieferung dieser Tour noch nicht zurück ist.)

Bei einem Zeithorizont von zehn Jahren, der am Anfang der Aufgabenstellung vorgegeben wird, und einem kalkulatorischen Zinssatz von 10% per anno wird ein Barwert von 2.819.818 Euro ausgewiesen:

$$180 \text{ Perioden/Jahr} \cdot 2.549,50 \text{ €/Periode} = 458.910 \text{ €/Jahr}$$

$$\text{Rentenbarwertfaktor (10\%, 10 Jahre)} = \frac{1,1^{10}-1}{0,1 \cdot 1,1^{10}} = 6,1444$$

$$BW = 458.910 \cdot 6,1446 = 2.819.818 \text{ €}$$

Daraus lässt sich folgendes abschließendes Urteil für das Szenario ohne zusätzliche Regionallagerstufe generieren:

Sollte die für ein neues Zentrallager notwendige Investition geringer sein als die Summe aus dem obigen Transportkostenvorteil von 2,8 Mio. Euro und einem eventuellen Erlös durch Verkauf bzw. dem Vorteil einer anderweitigen Verwendung des bisherigen Zentrallagers, so schlagen Sie den Standort Lodz1 (Knoten 47) für eine Errichtung des neuen Zentrallagers vor.

3.11 VeloCity Manufaktur

3.11.1 Beschreibung der Manufaktur

Die VeloCity-Manufaktur mit Sitz in Nürnberg stellt maßgefertigte Trekking-City-Bikes her. Die ursprüngliche Idee bestand darin, dass Fahrräder so gefertigt werden sollten, dass der Kunde optimal und somit möglichst bequem auf seinem Fahrrad sitzen kann. Um dies zu erreichen, werden die Maße der Kunden (Arm-, Bein- und Rumpflänge) in ein spezielles Computerprogramm eingegeben, das die exakte Rahmenhöhe, den optimalen Radabstand, die Länge der Pedalkurbeln, die Höhe und Weite des Lenkers sowie andere kundenspezifische Konstruktionsmaße ermittelt. Die Fahrräder werden nur aus den hochwertigsten Materialien gefertigt und ausschließlich manuell hergestellt. Obwohl es sich bei den maßgefertigten Fahrrädern um Edelware handelt, verbucht die VeloCity-Manufaktur immer höhere Umsatz- und Gewinnzahlen.

Bisher erfolgte die Auftragsbearbeitung (Bestelleingang, Produktion, Versand bzw. Abholbereitstellung) immer je nach aktueller Nachfragesituation. Diese Vorgehensweise war im Sinne einer noch überschaubaren Nachfrage in der Vergangenheit gerechtfertigt. Da die Bestellungen aufgrund einer Vielzahl zufriedener Kunden und der damit einhergehenden Mundpropaganda in letzter Zeit sprunghaft angestiegen sind, soll ab sofort eine professionelle Mengen-, Bestell- und Tourenplanung erfolgen.

3.11.2 Die Produktstruktur des City-Bikes

Das fertige Fahrrad wird im Wesentlichen aus den Hauptbaugruppen Rad, Rahmen, Lenker und Lichtanlage zusammengesetzt, wobei zu beachten ist, dass jede (Unter-) Baugruppe, die in eine übergeordnete Baugruppe eingeht, jeweils eine Woche vor der nächsten Fertigungsstufe vorhanden sein muss:

- Die Baugruppe Rad besteht aus den Bauteilen Reflektor, Nabe, Speiche, Schnellspanner, Nippel, Schlauch, Felge, Mantel, Ventil.

- Der Rahmen wird aus den Bauteilen Bremse (bestehend aus Bremsgummi, Bowdenzug [1m] und Bremskörper), Kette, Hauptrahmen, Gepäckträger, Schutzblech, Federgabel, Vorbau, Kurbel (bestehend aus Zahnrad und Pedalen) sowie der Gangschaltung (mit einer Einheit Schaltkörper, einem Zahnkranz und einem Bowdenzug [0,7m]) montiert.

- Der Lenker besteht aus einem gebogenen Alurohr, zwei Gummigriffen, zwei Gangwahlhebeln, zwei Bremshebeln sowie einer Klingel.

- Die Baugruppe Lichtanlage umfasst die Einzelteile Dynamo, Kabel, Vorderlicht sowie Rücklicht.

Jede Bestellung, die zur Beschaffung dieser Komponenten ausgelöst wird, bringt Personal- und Kontrollaufwand in der VeloCity Manufaktur mit sich. Hierfür fallen unabhängig von der Artikelart 50 Euro pro Bestellung an.

Im Rahmen der Bestellplanung sieht die Unternehmensleitung eine programmorientierte Bedarfsrechnung für hochwertige Beschaffungspositionen (entspricht einem kumulierten Umsatzanteil von 70 %) sowie für Güter mit mittlerem Wert (entspricht einem kumulierten Umsatzanteil von 85 %) vor. Die Hauptbaugruppen des Fahrrads, die Anzahl der zu verbauenden Teile, die zugehörigen Einkaufspreise sowie die jeweiligen Bestände entnehmen Sie bitte der Tabelle 3-105 (siehe Datei „VeloCity-Aufgabendaten.xls").

Tabelle 3-105 Produktstruktur

Knoten-Nr.	Produkt	Haupt-baugruppe	Unterbaugruppe 1	Unterbaugruppe 2	Menge	Preis/Stück	Lagerbestand	Sicherheitsbestand	Vormerkbestand	Gesamtbedarf Vorjahr
1	Trekking-bike				-	-	-	-	-	-
2		Rad			2	-	-	-	-	-
3			Reflektor		2	0,5	50	20	10	1080
4			Nabe		1	10	13	2	1	540
5			Speiche		34	0,5	100	34	34	18360
6			Schnellspanner		1	45	20	4	2	540
7			Nippel		34	0,5	100	34	34	18360
8			Schlauch		1	15	20	5	2	540
9			Felge		1	150	10	2	2	540
10			Mantel		1	20	20	5	2	540
11			Ventil		1	2	40	20	5	540
12		Rahmen			1	-	-	-	-	-
13			Bremsen		2	-	-	-	-	-
14				Bremsgummi	2	5	40	20	5	1080
15				Bowdenzug 1m	2	5	50	25	5	1080
16				Bremskörper	2	75	15	5	5	1080
17			Kette		1	35	30	10	5	540
18			Hauptrahmen		1	1250	0	0	0	540
19			Gepäckträger		1	150	15	2	2	540
20			Schutzblech		2	45	30	4	4	1080
21			Federgabel		1	500	15	2	2	540
22			Vorbau		1	350	15	2	2	540
23			Kurbel		1	-	-	-	-	-
24				Zahnrad	1	50	30	10	4	540
25				Pedal	2	25	30	10	4	1080
26			Gangschaltung		1	-	-	-	-	-
27				Schaltkörper	1	175	10	2	2	540
28				Bowdenzug 0,7m	1	5	50	25	5	540
29				Zahnkranz	1	50	20	4	4	540
30		Lenker			1	-	-	-	-	-
31			Gummigriffe		2	10	40	20	10	1080
32			Klingel		1	10	35	10	5	540
33			Gangwahlhebel		2	25	32	8	4	1080
34			Alurohr		1	75	20	4	4	540
35			Bremshebel		2	25	20	4	4	1080
36		Lichtanlage			1	-	-	-	-	-
37			Dynamo		1	35	25	8	2	540
38			Kabel		1	3	15	2	2	540
39			Vorderlicht		1	15	30	8	4	540
40			Rücklicht		1	15	30	6	2	540

Für die unternehmensinterne Kalkulation hat die Geschäftsleitung einen Kalkulationszinssatz von 20 % pro Jahr festgelegt. Zudem reagierte die Unternehmensführung auf die allgemeine Krisensituation in der Wirtschaft mit der Vorgabe eines zusätzlichen Risikoaufschlags in Höhe von 10 % pro Jahr.

Die hergestellten Produkte werden auf Grund mittel- und kurzfristiger Aufträge verkauft. Letztere werden erst in der jeweiligen Lieferwoche bekannt, wogegen die mittelfristigen Aufträge mehrere Wochen im Voraus vereinbart werden. Für die vergangenen und kommenden sechs Wochen meldet die Vertriebsabteilung Auftragsmengen gemäß Tabelle 3-106 (aktuelle Woche = Woche 6).

Tabelle 3-106 Auftragsdaten

Woche	1	2	3	4	5	6	7	8	9	10	11	12
Auftragssumme	87	87	91	93	93	93	88	86	85	87	88	87
... davon kurzfristig	12	14	16	17	19	20						

Des Weiteren ist geplant, ein Vertriebskonzept für den bayerischen Absatzmarkt zu erstellen. Die Firmenleitung hat Sie beauftragt, einen Vorschlag bezüglich der Anzahl sowie der genauen Standorte für Zentrallager auszuarbeiten. Beachten Sie, dass hierbei nur Städte des Kundengebiets (vgl. Abbildung 3-19) als potenzielle Standorte in Frage kommen. Einziges Vorauswahlkriterium, das Sie bei Ihrem Vorschlag beachten müssen, besteht in der Minimierung der Gesamtkosten, die bei der Eröffnung der von Ihnen vorgeschlagenen Standorte entstehen. Dabei ist zu beachten, dass abhängig von den jeweiligen Regionen des bayerischen Kundengebiets unterschiedliche Fixkosten pro zu eröffnendem Standort anfallen, die in Tabelle 3-107 angegeben sind.

Tabelle 3-107 Kosten

Region	Fixe Standortkosten [€/Monat]	Kosten pro gefahrenem Kilometer
Franken	750,00	
Ostbayern	700,00	0,30 €
Schwaben	800,00	
Oberbayern	650,00	

Abbildung 3-19 Kundengebiet Bayern

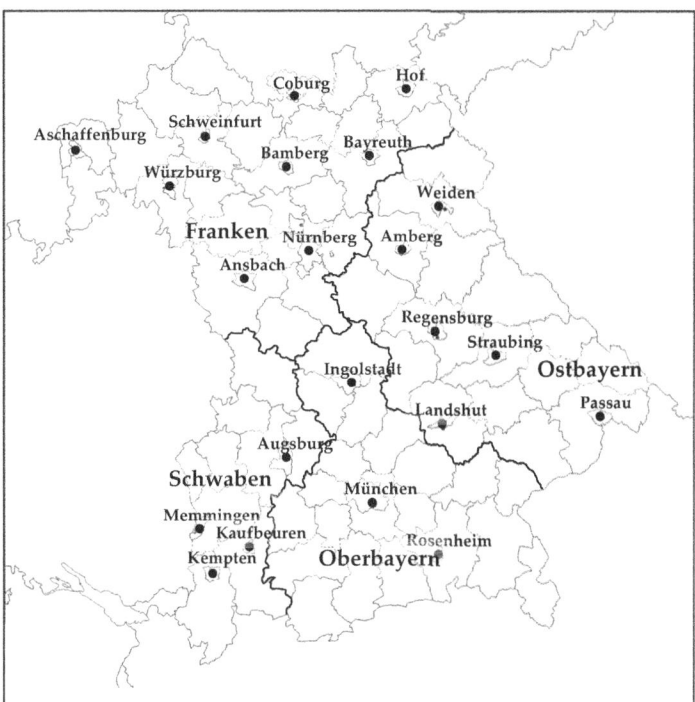

Die jeweiligen Entfernungen zwischen den Städten des Kundengebietes können Sie der Tabelle Entfernungen in der Datei VeloCity-Aufgabendaten.xls entnehmen. Die durchschnittliche Geschwindigkeit eines LKW beträgt 60 km/h.

3.11.3 Aufgabenstellung

Als Mitarbeiter der Inhouse Consulting Abteilung werden Sie aufgrund Ihrer fachlichen Kompetenz im Bereich Logistik mit der Betreuung der beschriebenen Veränderungen beauftragt. Um dieser Aufgabe nachzukommen, sollen Sie zunächst den Kollegen in der Beschaffungsabteilung die zukünftige Herangehensweise zur Bestellplanermittlung erklären und anschließend die Mengen- bzw. Bestellplanung für die Aufträge der kommenden acht Perioden erstellen. Sie haben sich dazu entschieden, den zukünftig für die Planung verantwortlichen Mitarbeitern das Vorgehen jeweils für das erste Klassenelement je hoch-, mittel- und geringwertiger Güter vorzustellen.

Neben der Schulung der Mitarbeiter in der Beschaffungsabteilung erwartet die Unternehmensleitung von Ihnen einen Überblick über die zu eröffnenden Lagerstandorte sowie die damit in Verbindung stehenden Gesamtkosten. Von Interesse für die Geschäftsführung sind ferner die Fahrtkosten pro Tour, die bei Eröffnung der Standorte entstünden, sowie die monatlichen Gesamtkosten, wenn einmal wöchentlich ausgeliefert wird. Zu beachten ist, dass eine Tour maximal 8,5 Stunden dauern darf, Standzeiten zu vernachlässigen und Übernachtungen nicht zulässig sind.

3.11.4 Lösungsvorschlag

Die dargestellte Fallstudie erfordert eine getrennte Betrachtung der beiden zu optimierenden Bereiche in der Bestellmengenplanung sowie der Auswahl eines Standortes für das neue Zwischenlager.

3.11.4.1 Bestellmengenplanung

Um die Bestellmengenplanung durchführen zu können, müssen die konkreten Materialbedarfe bekannt sein. Laut Aufgabenstellung soll die Ermittlung der Bestellmengen für die kommenden acht Perioden erfolgen. Bei Betrachtung der gegebenen Daten wird deutlich, dass die vorhandenen kurz- und mittelfristigen Auftragsdaten nicht ausreichen, um dieser Forderung gerecht zu werden. In einem ersten Schritt muss daher die zukünftige Auftragsmenge kalkuliert werden. Darüber hinaus ist für die beispielhaft zu betrachtenden Güter zu entscheiden, ob eine programm- oder verbrauchsorientierte Materialbedarfsrechnung angebracht ist.

Prognose der Auftragsdaten für die kommenden acht Perioden

Die bekannten Bedarfsdaten der vergangenen sowie kommenden sechs Perioden setzen sich aus kurz- und mittelfristigen Auftragsmengen zusammen. Da diese eine unterschiedliche Reichweite aufweisen, sind beide Zeitreihen getrennt zu betrachten. Hierzu wird zunächst aus der Differenz zwischen Auftragssumme und kurzfristigen Aufträgen in den Perioden 1 bis 6 die Anzahl mittelfristig bekannter Aufträge ermittelt. Die Analyse der kurzfristigen Auftragsdaten zeigt einen trendförmigen Verlauf, während die mittelfristige Auftragsentwicklung eher konstant ist (vgl. Tabelle 3-108 sowie siehe Dateien „Prognose-kurzfristig.spvk" und „Prognose-mittelfristig.spvk").

Tabelle 3-108 Kurz- und mittelfristige Auftragsdaten für die Perioden 1-12

Woche	1	2	3	4	5	6	7	8	9	10	11	12
Auftragssumme	87	87	91	93	93	93	88	86	85	87	88	87
Kurzfristig	12	14	16	17	19	20						
mittelfristig	75	73	75	76	74	73	88	86	85	87	88	87

Aufgrund der im Rahmen der Materialbedarfsrechnung zu berücksichtigenden Vorlaufverschiebung von insgesamt zwei Perioden müssen die zukünftigen Auftragsdaten bis zur Periode 16 ermittelt werden. Bestimmt man die Güte der Prognose mit dem Theil'schen Ungleichheitskoeffizienten, dann wählt man bei den kurzfristigen Auftragssummen das Prognoseverfahren von Smith und bei der mittelfristigen Auftragssumme die exponentielle Glättung 1. Ordnung. Die prognostizierten Bedarfsmengen aus den kurzfristigen und mittelfristigen Auftragsdaten werden abschließend wieder summiert. Damit ergeben sich die Auftragsdaten in Tabelle 3-109 für die kommenden Perioden.

Tabelle 3-109 Auftragsdaten der Perioden 7-11 und 12-16

Woche	7	8	9	10	11
kurzfristig	21,47	22,84	24,21	25,58	26,96
mittelfristig	88	86	85	87	88
Auftragssumme (gerundet)	109	109	109	113	115

Woche	12	13	14	15	16
kurzfristig	28,33	29,7	31,07	32,44	33,82
mittelfristig	87	87,16	87,16	87,16	87,16
Auftragssumme (gerundet)	115	117	118	120	121

Auf dieser Basis kann mit der Materialbedarfsplanung für die zu bestellenden Güter begonnen werden. Laut Aufgabenstellung ist hierbei für hochwertige Beschaffungspositionen sowie für Güter mit mittlerem Wert eine programmorientierte Materialbedarfsrechnung durchzuführen.

3.11.4.2 Teileklassifikation anhand einer ABC-Analyse

Um festzulegen, ob für die zu betrachtenden Produkte eine programmorientierte oder eine verbrauchsorientierte Materialbedarfsrechnung erfolgen muss, ist zunächst eine ABC-Analyse notwendig. Als A-Artikel sind dabei laut Aufgabenstellung Güter mit einem kumulierten Umsatzanteil von bis zu 70 % einzustufen, während B-Artikel zusammen zwischen 71 % und 85 % des gesamten Einkaufswertes ausmachen. Alle darüber hinaus im Unternehmen für die Herstellung der Fahrräder verwendeten Güter werden als C-Artikel bezeichnet.

Für die Ermittlung der Zugehörigkeit der einzelnen Güter zu den Artikelklassen sind die vorgegebenen Gesamtbedarfe aus dem Vorjahr sowie die zugehörigen Preise pro Stück zu verwenden. Die entsprechende Gruppeneinteilung wird mit Hilfe der ABC-Analyse in der Toolbox ermittelt (siehe Datei „ABC-Analyse.abcp"). Nach Anpassung der aus der Aufgabenstellung zu entnehmenden Gruppengrenzen stellen Hauptrahmen (A-Gut), Felge (B-Gut) und Gangwahlhebel (C-Gut) die jeweils ersten Klassenelemente dar.

3.11.4.3 Materialbedarfsplanung für Gangwahlhebel (C-Gut)

Für C-Güter empfiehlt es sich, Planungsmethoden zu verwenden, welche gewährleisten, dass die Kosten für die Behandlung der entsprechenden Artikel nicht größer als deren Wert sind. Da von der Unternehmensleitung laut Aufgabenstellung kein aufwendiges programmorientiertes Verfahren für geringwertige Güter gefordert ist, wird für den Gangwahlhebel eine verbrauchsorientierte Planung durchgeführt.

Unter Berücksichtigung des vorhandenen disponiblen Bestandes, der sich aus den Lagerbeständen abzüglich des Sicherheits- und Vormerkbestandes berechnet, ergibt sich aus den zuvor ermittelten Auftragsdaten (vgl. Tabelle 3-110) folgender Bedarf für den Gangwahlhebel:

Tabelle 3-110 Bedarfe Gangwahlhebel

Woche	7	8	9	10	11	12	13	14	15	16
Gesamtbedarf brutto (aus Prognose)	218	218	218	226	230	230	234	236	240	242
Gesamtbedarf netto (Berücksichtigung des disponiblen Bestandes)	198	218	218	226	230	230	234	236	240	242

Auf Basis der Bedarfe kann die Bestellmengenrechnung durchgeführt werden. Aufgrund der unterschiedlichen Auftragswerte in den einzelnen Perioden muss dabei ein dynamisches Bestellmengenmodell gewählt werden. Dafür werden sowohl die Lagerhaltungskosten als auch die fixen Bestellkosten benötigt. Während letztere bereits mit 50 Euro pro Bestellung in der Aufgabenstellung vorgegeben waren, müssen die Lagerhaltungskosten noch ermittelt werden.

Unter Berücksichtigung des internen Kalkulationszinssatzes (20 %) sowie des Risikoaufschlags (10 %) ergibt sich folgender Lagerhaltungskostensatz:

(20 % + 10 %) · 25 € pro Stück / 52 Wochen = 0,14 € je Stück und Woche

Im Ergebnis ergibt sich unter Berücksichtigung der Vorlaufverschiebung der Bestellplan in Tabelle 3-111 für den Gangwahlhebel (siehe Datei „Bestellmengen–Gangwahlhebel.gzr"). Da sich das Unternehmen aktuell in der sechsten Woche befindet, müsste die Bestellung in der Woche 5 bereits ausgeführt sein.

Tabelle 3-111 Bestellmengenplanung Gangwahlhebel

Woche	5	6	7	8	9	10	11	12	13	14	15
Gesamtbedarf (aus Bestellrechnung)			416		444		460		470		482
Vorlaufverschiebung (2 Wochen)	(416)		444		460		468		482		

3.11.4.4 Materialbedarfsrechnung für Hauptrahmen (A-Gut) und Felge (B-Gut)

Laut Aufgabenstellung ist für die hochwertigen Güter sowie für solche mit einem mittleren Wertanteil eine programmorientierte Materialbedarfsplanung durchzuführen. Für die Durchführung des hierfür benötigten Dispositionsstufenverfahrens mit Hilfe der Toolbox ist es notwendig, die Produktstruktur des Fahrrads in einem Gozintographen abzubilden (siehe Datei „Allgemeine Produktstruktur Fahrrad.graph"). Da in diesem Fall bereits bekannt ist, dass das Dispositionsstufenverfahren lediglich für die mit Hilfe der ABC-Analyse ermittelten Elemente Hauptrahmen und Felge durchgeführt werden soll, kann der Gozintograph auch auf die hierfür notwendigen Baugruppen beschränkt werden (siehe Datei „Dispositionsstufendarstellung.graph").

Weiterhin ist bekannt, dass eine Dispositionsstufe jeweils eine Woche Vorlaufverschiebung bedeutet. Zudem sind die disponiblen Bestände bei der Nettobedarfsrechnung zu berücksichtigen. Diese werden auf Basis der gegebenen Produktdaten durch Subtraktion des Sicherheits- und Vormerkbestandes vom Lagerbestand ermittelt. Nach Eingabe dieser Daten in der Toolbox erhält man die pro Periode benötigten Gesamtbedarfe der beiden betrachteten Komponenten (siehe Datei „Lösung-Dispositionsstufenverfahren.dvst"). Aus den prognostizierten Auftragsdaten ergeben sich somit die in Tabelle 3-112 aufgelisteten Bedarfe für den Hauptrahmen und die Felge.

Tabelle 3-112 Bedarfe Hauptrahmen und Felge

Woche	7	8	9	10	11	12	13	14
Gesamtbedarf Hauptrahmen	109	113	115	115	117	118	120	121
Gesamtbedarf Felge	218	226	230	230	234	236	240	242

Auf Basis der Bedarfe kann wiederum die dynamische Bestellmengenrechnung durchgeführt werden. Analog zur Berechnung der Bestellmengen für den Gangwahlhebel betragen die fixen Kosten pro Bestellung 50 Euro. Für die Lagerhaltung ergeben sich unter Berücksichtigung des jeweiligen Produktwertes folgende Kostensätze:

Hauptrahmen: (20 % + 10 %) · 1250 € pro Stück / 52 Wochen = 7,20 € je Stück und Woche

Felge: (20 % + 10 %) · 150 € pro Stück / 52 Wochen = 0,87 € je Stück und Woche

Im Ergebnis entstehen für den Hauptrahmen und die Felge gemäß Tabelle 3-113 folgende Bestellpläne (siehe Dateien „Bestellmengen–Hauptrahmen.gzr" und „Bestellmengen–Felge.gzr"):

Tabelle 3-113 Bestellmengenplanung Hauptrahmen und Felge

Woche	7	8	9	10	11	12	13	14
Bestellmengen Hauptrahmen	109	113	115	115	117	118	120	121
Bestellmengen Felge	218	226	230	230	234	236	240	242

Der Bestellplan für die drei ausgewählten Komponenten sowie die jeweiligen Gesamtkosten sind in Tabelle 3-114 angegeben.

Tabelle 3-114 Bestellplan

Woche	5	6	7	8	9	10	11	12	13	14
Gang-wahlhebel Kosten: 330,76 €	(416)	(0)	444	0	460	0	470	0	482	0
Haupt-rahmen Kosten: 400,00 €	(109)	(109)	109	113	115	115	117	118	120	121
Felge Kosten: 400,00 €	(212)	(218)	218	226	230	230	234	236	240	242

Die Aufgabenstellung zur Bestellmengenrechnung ist hiermit vollständig bearbeitet. Es kann daher mit dem Teilbereich der Standortplanung begonnen werden.

3.11.4.5 Standortplanung

Zur Ermittlung des optimalen Standortes für das neue Zentrallager muss zunächst das Kundengebiet als Graph in der Toolbox dargestellt werden (siehe Datei „Standortplanung.graph"). Die Kanten im Graphen werden mit den Transportkosten pro Jahr (52 Wochen) bewertet. Darüber hinaus müssen die monatlichen Fixkosten mit 12 multipliziert und für jeden potenziellen Standort in den Knotendaten eingetragen werden. Da in der Toolbox nur ganzzahlige Werte eingetragen werden können, müssen die Entfernungen mit 30 und die fixen Standortkosten mit 100 multipliziert werden (siehe Datei „Standortplanung-Transportkosten.graph").

Die Standortplanung kann in der Ebene, im Netzwerk oder diskret erfolgen. Im vorliegenden Fall ist in der Aufgabenstellung vorgegeben, dass das neue Zentrallager in einem bereits existierenden Knoten geplant werden soll, was einer diskreten Standortplanung entspricht. Wendet man die beiden für die diskrete Standortplanung implementierten Verfahren in der Toolbox an, erhält man für die potenziellen Standorte folgende Ergebnisse:

Add-Algorithmus: 3 Standorte (Ingolstadt, Bamberg, München) mit Gesamtkosten in Höhe von 49.092,00 Euro pro Jahr

Drop-Algorithmus: 2 Standorte (Coburg, München) mit Gesamtkosten in Höhe von 48.468,00 Euro pro Jahr

Das Auswahlkriterium für die zu favorisierende Lösung ist laut Aufgabenstellung die Minimierung der entstehenden Gesamtkosten. Folglich wird das Ergebnis aus dem Drop-Algorithmus bevorzugt. Es sollten die zwei Standorte Coburg und München eröffnet werden. Die Zuordnung der Kundenstandorte zu den Lagerstandorten ist als Ergebnis der Standortplanung wie folgt vorzunehmen:

Tabelle 3-115 Zuordnung der Kunden zu Lagerstandorten

Lagerstandort	Zu bedienende Kunden
Coburg	Aschaffenburg, Schweinfurt, Coburg, Hof, Würzburg, Bamberg, Bayreuth, Weiden, Nürnberg, Amberg, Ansbach, Regensburg, Ingolstadt
München	Straubing, Landshut, Passau, Augsburg, München, Memmingen, Kaufbeuren, Kempten, Rosenheim

Um nun zu bestimmen, welche Kosten für die Auslieferung von diesen Standorten aus entstehen würden, ist eine Tourenplanung für jeden Standort durchzuführen. Bei dem in der Toolbox implementierten Verfahren zur Tourenplanung werden alle im Graphen enthaltenen Knoten einbezogen. Dies ist für die vorliegende Problemstellung jedoch nicht zielführend, da die unterschiedlichen Kundenstandorte jeweils einem Lagerstandort zugeordnet sind (vgl. Tabelle 3-115). Deshalb wird für jeden Lagerstandort ein Untergraph gebildet, der die zugeordneten Kunden enthält (siehe Dateien „Untergraph Coburg.graph" und „Untergraph München.graph"). Innerhalb dieser Untergraphen kann anschließend eine Tourenplanung ausgehend von dem jeweiligen Lagerstandort durchgeführt werden. Unter Beachtung der maximalen Tourdauer von 8,5 Stunden ergeben sich in Tabelle 3-116 folgende vier Touren:

Tabelle 3-116 Ergebnisse der Tourenplanung für die zwei Standorte

Standort		Rundreise	Dauer der Tour (Min)
Coburg	Tour 1	Coburg, Würzburg, Aschaffenburg, Schweinfurt, Coburg	240 Min
	Tour 2	Coburg, Bamberg, Nürnberg, Ansbach, Ingolstadt, Regensburg, Amberg, Weiden, Bayreuth, Hof Coburg	425 Min
München	Tour 3	München, Passau, Straubing, Landshut, München	500 Min
	Tour 4	München, Augsburg, Kempten, Memmingen, Kaufbeuren, Rosenheim, München	495 Min

Versucht man die Dauern der Touren durch Änderung der Reihenfolge zu verkürzen, dann ergibt sich lediglich bei der Tour 4 durch Anwendung einer 3-opt-Verbesserung eine Reduzierung der Dauer (vgl. Tabelle 3-117 und siehe Datei „Untergraph München Tour 4.graph").

Tabelle 3-117 Touroptimierung durch 3-opt-Verbesserung

Standort		Rundreise	Dauer der Tour (Min)
München	Tour 4*	München, Augsburg, Memmingen, Kempten, Kaufbeuren, Rosenheim, München	470 min

Die Fahrtkosten der Touren berechnen sich durch Multiplikation der Tourlänge mit den Kosten pro Kilometer. Basierend auf der jeweils kostengünstigsten Rundreisevariante können abschließend noch die Kosten ermittelt werden, die jährlich bei einer wöchentlichen Belieferung der Kunden anfielen. Diese setzen sich aus den Fixkosten für die zwei Standorte sowie die variablen Kosten für das Anfahren der Kunden zusammen:

Gesamtkosten: 12 Monate · (750 € + 650 €) + 52 Wochen · 0,30 €/km · (240 km + 425 km + 500 km + 470 km) = 42.306,00 €

3.12 Mobility GmbH

3.12.1 Neue Wettbewerbsstrategie

Die Mobility GmbH mit Sitz der Unternehmensleitung in Berlin ist seit der Gründung des Unternehmens im Jahr 1902 ein traditionsbewusstes Familienunternehmen. Ursprünglich fertigte die Mobility GmbH lediglich ein spezifisches Fahrrad, da die Herstellung der Einzelteile und die Montage größtenteils in Handarbeit erfolgten. Im Laufe der Zeit konnten Teile der manuellen Tätigkeiten automatisiert oder an qualitätsbewusste Anbieter von Bauteilen vergeben werden. Dadurch war es den Eigentümern der Mobility GmbH möglich, das Produktangebot auszuweiten. Heute umfasst das Produktprogramm des Unternehmens Angebote für alle Altersgruppen – vom Laufrad für Kinder bis zum Fahrrad für Senioren. Ein entsprechender Zielgruppenbezug wird bereits durch die Namensgebung für die einzelnen Modelle deutlich – die Angebotspalette umfasst bspw. das Laufrad „Mini" sowie die Fahrradtypen „Sport" und „Senior". Die Fertigung der Produkte erfolgt ausschließlich in fünf deutschen Städten – Berlin, Hamburg, Hannover, München und Stuttgart. Aufgrund der geltenden Absprachen mit dem Betriebsrat wird an allen Fertigungsstandorten lediglich im Zwei-Schicht-Betrieb, also 16 Stunden pro Tag, gearbeitet.

Um weiterhin auf dem Markt wettbewerbsfähig zu sein, strebt die Mobility GmbH die Fertigung einer Damenvariante ihres Fahrrads „Sport" an, das als Typ „Lady" bezeichnet wird. Einigkeit besteht in diesem Zusammenhang darin, dass an den bereits existierenden Produktionsstandorten des Unternehmens in Deutschland gefertigt wird. Für jeden neu zu eröffnenden Produktionsstandort würden dabei fixe Kosten in Höhe von 500 Euro pro Woche anfallen. Potenzielle Kunden erwartet das Unternehmen vor allem in Süd- und Westeuropa. Die Unternehmensleitung hat daher bereits Vertriebspartner in verschiedenen europäischen Städten ausgewählt und erste Gespräche geführt (vgl. Abbildung 3-20).

In den folgenden Wochen wird die Unternehmensleitung die neuen Vertriebspartner zur Kontaktpflege noch einmal persönlich besuchen. Die Unternehmensleitung geht davon aus, dass für jeden neuen Vertriebspartner eine Gesprächszeit von 90 Minuten notwendig sein wird. Darüber hinaus ist der mit dem Besuch der Vertriebspartner beauftragte Unternehmensvertreter dazu bereit, bis zu zwölf Stunden am Tag zur Verfügung zu stehen. Für den Besuch der Vertriebspartner werden dieselben Routen wie für den späteren Transport der Produkte genutzt. Die Entfernungen zwischen den Städten auf dem Landweg können der Tabelle Entfernungen (siehe Datei „Basisdaten.xls") entnommen werden.

Abbildung 3-20 Geographische Lage der Vertriebspartner

Für die Reise der Geschäftsleitung sind – im Gegensatz zum späteren Versand der Produkte – jedoch nicht die Kosten der Reise relevant, sondern eine möglichst kurze Reisezeit zwischen den Städten. Aufgrund der Flugangst des reisenden Unternehmensvertreters kommt eine Reise per Flugzeug nicht in Frage. Um dennoch möglichst schnell und bequem zu reisen, kann die Reise mit dem Schnellzug zurückgelegt werden, der mit einer durchschnittlichen Geschwindigkeit von 120 km pro Stunde fährt.

Für die Belieferung der Vertriebspartner wurden bereits Gespräche mit einem Transportunternehmen geführt, das sowohl Transporte auf dem Land- als auch auf dem Seeweg anbietet, die jeweils einmal pro Woche durchgeführt werden. Das Transportunternehmen hat angegeben, dass es für die Kalkulation der Zeitbedarfe davon ausgeht, dass die Bewältigung von 60 km Strecke auf dem Land in 60 Minuten möglich ist, während auf dem Seeweg vier Stunden benötigt werden. Im Ergebnis der Gespräche muss für die Strecke über Land mit Kosten von zehn Cent pro Kilometer kalkuliert werden. Diese Kosten decken alle mit dem Transport verbundenen Aufwendungen von der Be- bis zur Entladung ab. Für den Transport über Wasser fallen lediglich fünf Cent pro Kilometer an.

Aufgrund der ähnlichen Zeitbedarfe der Verladung für den Land- und Seeweg ist sich die Unternehmensleitung einig, dass auf die Berücksichtigung dieser Zeiten verzichtet werden kann. Für die Auslieferung der Waren ist das jeweils kostengünstigste Verkehrsmittel zu nutzen.

Die Verbindungen (Entfernungen) für die existierende Möglichkeit des Schiffstransportes sind der Tabelle 3-118 zu entnehmen.

Tabelle 3-118 Städteverbindungen auf dem Seeweg (in km)

	Hamburg	Rotterdam	Calais	Lissabon	Valencia	Genua	Neapel
Hamburg	0	500	700	3.000			
Rotterdam	500	0	300				
Calais	700	300	0				
Lissabon	3.000			0	1.500		
Valencia				1.500	0	900	1.200
Genua					900	0	700
Neapel					1.200	700	0

Aufgrund der Bindung an die Routen der Transportdienstleister sind neben den vorgegebenen Land- und Seewegen keine weiteren Verbindungen zwischen den europäischen Städten nutzbar.

Sobald die Standortentscheidung abgeschlossen und eine entsprechende Produktionsanlage installiert ist, soll mit der Produktion begonnen werden. Zunächst wird das Fahrrad vom Typ „Lady" in zwei verschiedenen Farbtönen – rosa (R) und lila (L) – angeboten. Abgesehen von der Farbe sind alle Fahrräder des Typs „Lady" identisch. Der entsprechende Aufbau der Damenräder ist der Tabelle Fahrradstruktur (siehe Datei „Basisdaten.xls") zu entnehmen. Die Unternehmensleitung geht davon aus, dass das Fahrrad „Lady" die Hälfte der Absatzzahlen des Fahrrads „Sport" erreichen wird, dessen Verkaufszahlen für zehn Kalenderwochen (KW) der Tabelle 3-119 entnommen werden können (aktuelle Kalenderwoche = KW 25).

Tabelle 3-119 Absatzzahlen Fahrrad „Sport" für KW 20 bis 29

KW	20	21	22	23	24
Verkaufszahlen	1.740	1.780	1.400	1.780	1.940
KW	25	26	27	28	29
Verkaufszahlen	1.890	1.860	1.966	2.000	2.020

Die Einzelteile, die für das Fahrrad „Lady" benötigt werden, möchte das Unternehmen bei den bisherigen Lieferanten beziehen. Deshalb ist die Unternehmensleitung davon überzeugt, dass auch die für die Beschaffungsvorgänge kalkulierten Kosten übertragbar sind. Hier fielen bisher für jedes einzelne Produkt fixe Kosten in Höhe von 200 Euro pro Bestellung an. Aufgrund interner Umstrukturierungen können diese Kosten jedoch in Zukunft um 20 Prozent gesenkt werden. Darüber hinaus werden alle Entscheidungen bei der Mobility GmbH auf Basis eines internen Zinssatzes von fünf Prozent p. a. getroffen. Lediglich über die möglicherweise zusätzlich zur bisherigen Lagerhaltung entstehenden fixen Lagerkosten besteht bei der Mobility GmbH noch Unklarheit. Aufgrund der hohen Flexibilität der bisherigen Lieferanten gehen die Entscheidungsträger der Mobility GmbH weiterhin davon aus, dass die Anlieferung der bestellten Einzelteile und Rohmaterialien innerhalb von 24 Stunden möglich ist. Die Fertigung der Fahrräder erfolgt hauptsächlich in Handarbeit, wodurch sehr hohe Bearbeitungszeiten entstehen. So sind für die Fertigung jedes Laufrads (Speichen, Nabe, etc.) für die Fahrradvariante „Lady" 60 Minuten notwendig. Für die Vormontage der Lichtanlage und des Lenkers beträgt die Dauer pro Fahrrad jeweils 30 Minuten.

Für die Herstellung des Fahrrads „Lady" ist vorgesehen, dass die benötigten Hauptrahmen unlackiert vom Lieferanten bezogen werden und im Laufe des Produktionsprozesses ihre Farbe erhalten. Hierzu ist ein Hauptrahmen zunächst mit der Farbkomponente FF4D33 und in einem zweiten Schritt mit der Farbkomponente 4C33FF zu bearbeiten, um den Farbton lila zu erhalten. Für die rosafarbenen Hauptrahmen ist die umgekehrte Reihenfolge einzuhalten. Um den aufwendigen Reinigungsprozess der Lackieranlage zu vermeiden, wird für die Farbkomponenten FF4D33 und 4C33FF je eine Lackieranlage errichtet. Zur Sicherung der Auslastung der Lackieranlagen werden auch Fahrradrahmen des Typs „Senior" in beiden Farben lackiert, während für Hauptrahmen des Typs „Mini" nur die Farbe lila eingeplant ist. Darüber hinaus werden Aufträge zur Lackierung von Fahrradrahmen (Typ „Kunde 1" und Typ „Kunde 2") von zwei befreundeten Unternehmen bearbeitet, wobei Kunde 1 die Farbe lila und Kunde 2 die Farbe rosa in Auftrag gegeben hat. Die entsprechenden Bearbeitungszeiten sind der Tabelle 3-120 zu entnehmen.

Tabelle 3-120 Bearbeitungszeiten für verschiedene Fahrradtypen

Rahmen	Dauer in Lackieranlage FF4D33 [Min.]	Dauer in Lackieranlage 4C33FF [Min.]
„Lady" (L)	15	30
„Lady" (R)	30	15
„Mini" (L)	5	10
„Senior" (L)	10	20
„Senior" (R)	20	10
„Kunde 1" (L)	25	50
„Kunde 2" (R)	40	20

Um die Umrüstzeiten, die für die Anpassung der Lackieranlagen auf die jeweilige Rahmengröße notwendig sind, möglichst gering zu halten, werden jeweils Chargen von 10 Hauptrahmen lackiert. Im Zusammenhang mit der Lackierung hat die Unternehmensleitung ausdrücklich darauf hingewiesen, dass sich die zugehörigen Daten ausschließlich auf einen Standort beziehen. Darüber hinaus seien weder die Aufträge für Kunde 1 und Kunde 2 noch die Lackierung anderer Rahmentypen für die Standortwahl ausschlaggebend. Nach dem Lackieren und Trocknen der Hauptrahmen kann die Montage des Rahmens erfolgen. Dieser Prozess dauert ca. zwei Stunden pro Fahrrad. Im Anschluss daran werden alle Baugruppen (Laufräder, Rahmen, Lichtanlage und Lenker) in der Endmontage zusammengeführt. Dieser Prozess nimmt je Fahrrad noch einmal eine Stunde in Anspruch.

3.12.2 Aufgabenstellung

Sie befinden sich seit einem Jahr in einem Traineeprogramm bei der Mobility GmbH. Ihr derzeitiger Vorgesetzter aus der Vertriebsabteilung hat Sie mit der Standortplanung für den neuen Produktionsstandort beauftragt. Darüber hinaus plant die Vertriebsleitung Gespräche mit den deutschen Vertriebspartnern. Auf Wunsch Ihres Vorgesetzten sollen Sie ihn auch bei der Planung der zeitoptimalen Rundreise zu den deutschen Vertriebspartnern unterstützen. Welche Vorschläge würden Sie ihm unterbreiten, wenn Sie die Rundreise in Berlin beginnen?

Nach Ihren Eindrücken in der Vertriebsabteilung wechseln Sie Ihren Einsatzort und lernen so den Produktionsbereich des Unternehmens kennen. Ihre erste Aufgabe in Ihrem neuen Arbeitsumfeld besteht darin, die optimale Reihenfolge zur Lackierung jeweils einer Charge Rahmen unter der Maßgabe einer möglichst geringen Gesamtbearbeitungszeit zu bestimmen. Darüber hinaus sollen Sie anhand der bereits vorliegenden Informationen die voraussichtliche Gesamtdauer für die Fertigung einer Charge der Fahrradvariante „Lady" in der Farbe rosa ausgehend von der Bestellung bei den Lieferanten ermitteln. Welche Ergebnisse können Sie dem Produktionsleiter überreichen?

Neben den aktuell anfallenden Aufgaben hat Sie ein Kollege aus der Beschaffungsabteilung um Rat gebeten, da er von den Fähigkeiten, die Sie während Ihrer Traineephase in seiner Abteilung gezeigt haben, begeistert war. Er kommt mit der programmorientierten Bestellplanung des Bauteils „Federgabel" für den Produktionsanlauf (Beginn in KW 30) nicht zurecht. Wie sollte der Bestellplan für die Federgabel aussehen, damit sichergestellt ist, dass das Bauteil für die ersten acht Kalenderwochen der Produktion der neuen Fahrradvariante in ausreichender Menge verfügbar ist?

3.12.3 Lösungsvorschlag

Die vorliegende Fallstudie ist in unterschiedliche Aufgabenbereiche gegliedert, die jeweils eine getrennte Betrachtung erfordern. Im Folgenden wird zunächst auf die Standort- sowie die Rundreiseplanung eingegangen. Anschließend erfolgt die Betrachtung der produktionsspezifischen Problemstellungen der Lackierreihenfolge sowie der Fertigungsdauer. Abschließend wird der Bestellplan für die Federgabel ermittelt.

3.12.3.1 Standortplanung

Zur Ermittlung des optimalen Standortes für die neue Fertigung muss zunächst ein Graph mit den potenziellen Vertriebspartnern erstellt werden (siehe Datei „Standortplanung.graph"). Die Kanten im Graph sind für die Standortplanung mit Kosten zu bewerten, da für die zukünftige Auslieferung der neu zu fertigenden Fahrradvariante eine Kostenminimierung im Vordergrund steht. Da aus den Basisdaten lediglich die Entfernungen auf dem See- und auf dem Landweg entnommen werden können, sind diese zunächst in Kosten umzurechnen. Die Zusammenfassung der möglichen Verbindungen auf dem Land- und Seeweg können der Tabelle 3-121 entnommen werden.

Die dargestellten Bewertungen wurden im Graph (siehe Datei „Standortplanung.graph") bereits berücksichtigt. Prinzipiell kann die Standortplanung diskret, im Netzwerk oder in der Ebene erfolgen. In der Aufgabenstellung ist in diesem Fall angegeben, dass eine neue Produktion nur an den bereits bestehenden Produktionsstandorten in Deutschland (Berlin, Hamburg, Hannover, München, Stuttgart) in Frage kommt. Dementsprechend erfolgt eine diskrete Standortplanung und die Fixkosten in Höhe von 500 Euro sind nur für diese deutschen Städte in den Knotendaten einzutragen. Sowohl mit dem Drop- als auch mit dem Add-Algorithmus erhält man als optimalen Standort München, für den Gesamtkosten in Höhe von 1.653 Euro anfallen würden.

Tabelle 3-121 *Kostenbewertung auf dem Land- und Seeweg innerhalb Europas*

	Hamburg	Bremerhaven	Rotterdam	Calais	Lissabon	Valencia	Stuttgart	Genua	München	Hannover	Berlin	Wien	Rom	Neapel
Hamburg	0	18	25	35	150		67			16	29			
Bremerhaven	18	0	47							19				
Rotterdam	25	47	0	15										
Calais	35		15	0	200		75							
Lissabon	150		200	0		75	225							
Valencia					75	0	160	45						60
Stuttgart	67			75	225	160	0	67	23					
Genua						45	67	0	70				51	35
München							23	70	0	63	59	44		
Hannover	16	19							63	0	29			
Berlin	29								59	29	0			
Wien									44			0		
Rom								51					0	23
Neapel						60		35					23	0

3.12.3.2 Rundreiseplanung innerhalb Deutschlands

Der zweite Teil der Aufgabenstellung erfordert die Planung einer Rundreise innerhalb Deutschlands. Dementsprechend muss ein neuer Graph generiert werden, der lediglich die Standorte deutscher Vertriebspartner umfasst (siehe Datei „Rundreiseplanung-Entfernung.graph"). Da für den Vertreter der Unternehmensleitung für seine Reise nicht die Kosten, sondern die Zeiten relevant sind, müssen die Kanten des Graphen mit Zeitwerten versehen werden. Diese sind aus den gegebenen Entfernungsdaten sowie der angegebenen Reisegeschwindigkeit von 120 Kilometern pro Stunde zu ermitteln (siehe Datei „Rundreiseplanung.graph"). Unter der Berücksichtigung indirekter Verbindungen zwischen den Städten ergeben sich folgende Zeitwerte in Tabelle 3-122.

Tabelle 3-122 Fahrtzeiten in Minuten innerhalb Deutschlands (inkl. indirekter Verbindungen)

	Hamburg	Bremerhaven	Stuttgart	München	Hannover	Berlin
Hamburg	0	90	335	395	80	145
Bremerhaven	90	0	425	410	95	235
Stuttgart	335	425	0	115	415	410
München	395	410	115	0	315	295
Hannover	80	95	415	315	0	145
Berlin	145	235	410	295	145	0

Vom Sitz der Unternehmensleitung aus kann nun eine entsprechende Rundreise geplant werden. Hierzu werden zunächst die Eröffnungsverfahren sowie die jeweilige 3-
opt-Verbesserung durchgeführt. Für alle drei Verfahren ergibt sich dieselbe Rundreise
(Berlin, Hannover, Bremerhaven, Hamburg, Stuttgart, München, Berlin) mit einer
Gesamtzeit von jeweils 1.075 Minuten. Aus der sich ergebenden Rundreise ist anschließend unter Berücksichtigung der jeweiligen Gesprächsdauer bei den einzelnen
Vertriebspartnern zu ermitteln, an welchen Orten der Vertreter der Unternehmensleitung übernachten muss, um die vorgegebenen zwölf Stunden Arbeitszeit nicht zu
überschreiten. In der Tabelle 3-123 ist die Rundreise detailliert angegeben.

Tabelle 3-123 Rundreise zum Besuch der Vertriebspartner in Deutschland

	Start	Ziel	Fahrtdauer [min]	Aufenthaltsdauer [min]	Dauer je Knoten [min]	Dauer je Tag [min]
Tag 1	6	5	145	90	235	235
	5	2	95	90	185	420
	2	1	90	90	180	600
Tag 2	1	3	335	90	425	425
	3	4	115	90	205	630
Tag 3	4	5	295	90	385	385

Nach Abschluss der Reiseplanung kann nun zum Aufgabenteil mit Produktionsbezug
übergegangen werden.

3.12.3.3 Planung der Gesamtdauer zur Bearbeitung einer Charge

Die Planung der Gesamtdauer zur Bearbeitung einer Charge setzt sich aus zwei Teilschritten zusammen. Zunächst muss ermittelt werden, wie viel Zeit das Lackieren der Rahmen unter Berücksichtigung der Aufträge für die befreundeten Unternehmen in Anspruch nimmt. Anschließend kann eine Durchlaufterminierung zur Ermittlung der Gesamtbearbeitungszeit durchgeführt werden.

Die Anwendung der Verfahren für die Bestimmung von Bearbeitungsreihenfolgen ist abhängig von der zugrundeliegenden Organisationsform der Produktion. Im vorliegenden Fall handelt es sich aufgrund der unterschiedlichen Bearbeitungsreihenfolgen für die beiden Farbvarianten der Fahrräder um eine Werkstattfertigung mit zwei Maschinen.

Für die Berechnung der Bearbeitungsreihenfolge muss beachtet werden, dass jeweils Chargen à 10 Stück gefertigt werden. Entsprechend muss für die Bearbeitung einer Charge das Zehnfache der in der Aufgabenstellung angegebenen Bearbeitungszeit pro Stück eingeplant werden. Im Ergebnis ergibt sich die folgende Reihenfolge, in der die zu lackierenden Rahmen eingeplant werden sollten (siehe Datei „Lackierreihenfolge.mbw2"):

Lackieranlage FF4D33: Mini L, Senior L, Lady L, Kunde 1, Senior R, Lady R, Kunde 2

Lackieranlage 4C33FF: Senior R, Lady R, Kunde 2, Mini L, Senior L, Lady L, Kunde 1

Die letzten Rahmen für die eigene Produktion werden bei dieser Planung bereits nach 1.050 Minuten fertig gestellt. Dieser Zeitwert kann dementsprechend für die weitere Planung der Gesamtbearbeitungszeit für die Fertigung von 10 Fahrrädern verwendet werden.

Die Dauer bis zur Fertigstellung einer Charge von 10 Fahrrädern setzt sich gemäß Tabelle 3-124 aus unterschiedlichen Bearbeitungsschritten zusammen.

Tabelle 3-124 Dauer der Bearbeitungsschritte für die Fertigung von 10 Fahrrädern

Bearbeitungsschritt	Gesamtdauer je Fahrradcharge [min]
Anlieferung Bauteile	1.440
Fertigung Laufrad (2 pro Fahrrad)	1.200
Vormontage Lichtanlage	300
Vormontage Lenker	300
Lackierung Hauptrahmen	1.050
Fertigung Rahmen	1.200
Endmontage	600

Die Eingabe dieser Werte in der Toolbox ermöglicht die Durchlaufterminierung für die Fertigung (siehe Datei „Durchlaufterminierung.cpmd"). Insgesamt wird eine Charge

Fahrräder nach 4.290 Minuten fertig gestellt. Dies entspricht unter der Voraussetzung einer maximalen Arbeitszeit von 16 Stunden am Tag einer Dauer von ca. 4,5 Tagen.

3.12.3.4 Ermittlung des Bestellplanes für die Federgabel

Die Produktion der neu geplanten Fahrradvariante soll in KW 30 beginnen. Eine entsprechende Absatzprognose kann laut Aufgabenstellung in Anlehnung an die bekannten Verkaufszahlen für die Fahrradvariante „Sport" erfolgen. Aufgrund der im Rahmen der Materialbedarfsrechnung zu berücksichtigenden Vorlaufverschiebung von einer Woche müssen die zukünftigen Auftragsdaten bis zur Periode 39 ermittelt werden. Bestimmt man die Güte der Prognose mit dem Theil'schen Ungleichheitskoeffizienten, dann wählt man für die trendförmig ansteigenden Absatzzahlen die exponentielle Glättung 2. Ordnung. Aus der Prognose ergeben sich in Tabelle 3-125 folgende Daten (siehe Datei „Prognose.spvk"):

Tabelle 3-125 Prognostizierte Auftragsdaten für die ersten 10 Produktionswochen

KW	30	31	32	33	34	35	36	37	38	39
Auftragsprognose	1038	1057	1076	1095	1115	1134	1153	1172	1191	1211

Basierend auf diesen Daten kann die programmorientierte Materialbedarfsplanung für die Federgabel erfolgen. Für die Durchführung des hierfür benötigten Dispositionsstufenverfahrens mit Hilfe der Toolbox ist es notwendig, den strukturellen Zusammenhang zwischen der Federgabel und der Fahrradvariante Lady darzustellen (siehe Datei „Dispositionsstufendarstellung.graph"). Aus der Datei Basisdaten.xls ist erkennbar, dass jede Dispositionsstufe jeweils eine Woche Vorlaufverschiebung bedeutet. Es ist davon auszugehen, dass die derzeit existierenden Lagerbestände der Federgabel bis zum Produktionsbeginn aufgebraucht sind, weshalb diese nicht mehr in der Planung berücksichtigt werden. Nach Eingabe der Daten in der Toolbox erhält man die pro Kalenderwoche benötigten Gesamtbedarfe für die Federgabel (siehe Datei „Lösung-Dispositionsstufenverfahren.dvst"). Aus den prognostizierten Auftragsdaten ergeben sich somit die in Tabelle 3-126 aufgeführten Bedarfe für die Federgabel.

Tabelle 3-126 Bedarfe Federgabel

KW	28	29	30	31	32	33	34	35	36	37
Gesamtbedarf Federgabel	1038	1057	1076	1095	1115	1134	1153	1172	1191	1211

Auf Basis der Bedarfe kann die Bestellmengenrechnung durchgeführt werden. Aufgrund der unterschiedlichen Auftragswerte in den einzelnen Perioden muss ein dynamisches Bestellmengenmodell gewählt werden. In diesem Rahmen sind für die Berechnung sowohl die Lagerhaltungskosten als auch die fixen Bestellkosten nötig. Die Fixkosten, die pro Bestellung anfallen können von 200 Euro auf 160 Euro reduziert werden. Unter Berücksichtigung des internen Zinssatzes von 5 % p.a. ergibt sich folgender Lagerhaltungskostensatz:

5 % · 100 € pro Stück / 52 Wochen = 0,096 Euro pro Stück und Woche

Unter Verwendung der Bestellmengenrechnung in der Toolbox ergibt sich der Bestellplan in Tabelle 3-127 (siehe Datei „Bestellmengen-Federgabel.grz").

Tabelle 3-127 *Bestellmengenplanung Federgabel*

KW	28	29	30	31	32	33	34	35	36	37
Bestellmenge	2095		2171		2249		2325		2402	

3.13 Cargo Tube Consulting GmbH

3.13.1 Vorstellung des Unternehmens

Die Cargo Tube Consulting GmbH, welche von der Schweizerischen Eidgenossen-schaft im Jahre 2013 gegründet wurde um die verkehrlichen Herausforderungen des Güterverkehrs der Zukunft in der Schweiz zu lösen, hat ihren Hauptsitz in Zürich. Insbesondere in den Ballungsgebieten Zürich, Basel, Bern und Luzern, sowie auf den Güterverkehrswegen zwischen diesen, werden die Kapazitätsgrenzen der Straßen- und Schieneninfrastruktur in den nächsten Jahren immer häufiger erreicht. Die Folgen für Wirtschaft und Gesellschaft werden als sehr hoch eingeschätzt. Ein Ausbau der vorhandenen Verkehrsinfrastruktur ist aufgrund der geographischen Gegebenheiten nur begrenzt und mit immensen Folgen für die Umwelt zu realisieren. Als Hauptprob-lem wird der zunehmende Straßengüterverkehr gesehen. Daher hat sich die Schweizer Eidgenossenschaft entschlossen nach einer unterirdischen Lösung für die Verlagerung des Straßengüterverkehrs zu suchen. Die dafür gegründete Cargo Tube Consulting GmbH hat in einem ersten Schritt die Realisierung eines unterirdischen Güterver-kehrssystems in einer Machbarkeitsstudie untersucht. Das positive Ergebnis konnte im Januar 2016 der Öffentlichkeit präsentiert werden. Die geplante Funktionsweise des unterirdischen Güterverkehrssystems kann der Abbildung 3-21 entnommen werden.

Abbildung 3-21 *Funktionsweise des unterirdischen Güterverkehrssystems*[58]

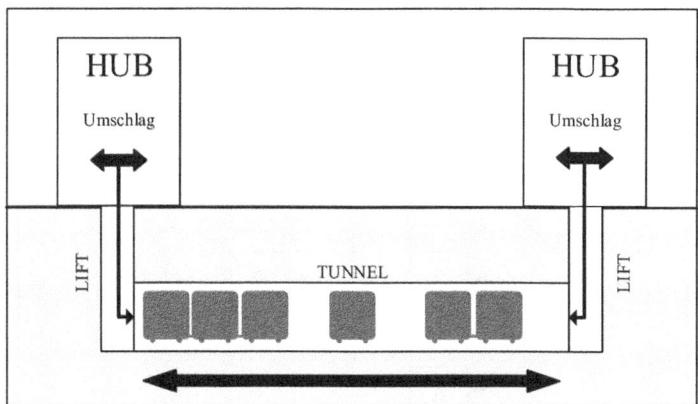

---

58 Vgl. Cargo sous terrain (2016): Menschen oberirdisch - Güter unterirdisch. http://www.cargosousterrain.ch/de/grundprinzip.html. Zugegriffen am 11. März 2016.

Einen Monat später fiel die Entscheidung das Projekt zu realisieren und dafür die Cargo Tube Consulting GmbH deutlich zu vergrößern. Aufgrund der Größe des Projektes und der fehlenden Logistikkenntnisse beschließt die Cargo Tube Consulting GmbH eine Logistikabteilung zu gründen und Experten und Berater zusammenzuführen. Sie sollen die Planung beschleunigen und insbesondere im Bereich Logistik das Unternehmen unterstützen. Innerhalb kürzester Zeit konnte die Geschäftsleitung bereits 20 Experten für das Projekt gewinnen.

3.13.2 Problemstellung

3.13.2.1 Projektablaufplanung (AP1)

Während eines ersten Kick-Offs haben sich die verschiedenen Abteilungen der Cargo Tube Consulting GmbH zusammengesetzt und die Durchführung des Projektes „Tube" diskutiert. Dabei wurden verschiedene Arbeitsgruppen gebildet, die das Gesamtprojekt in mehrere kleine Arbeitspakete (AP) unterteilt haben. Für die Logistikabteilung wurden im Rahmen des Kick-Offs acht Arbeitspakete identifiziert, an deren Bearbeitung Sie in den kommenden Monaten beteiligt sind. Die Aufteilung der insgesamt 20 Arbeitspakete des Projekts „Tube" wurde zwischen allen Projektmitgliedern auf Basis ihrer Kernkompetenzen vorgenommen. Sofern genügend Mitarbeiter zur Verfügung stehen, können einige Arbeitspakete gleichzeitig bearbeitet werden. Abbildung 3-22 verdeutlicht die Abarbeitungsreihenfolge der einzelnen Arbeitspakete.

Abbildung 3-22 Abarbeitungsreihenfolge der Arbeitspakete

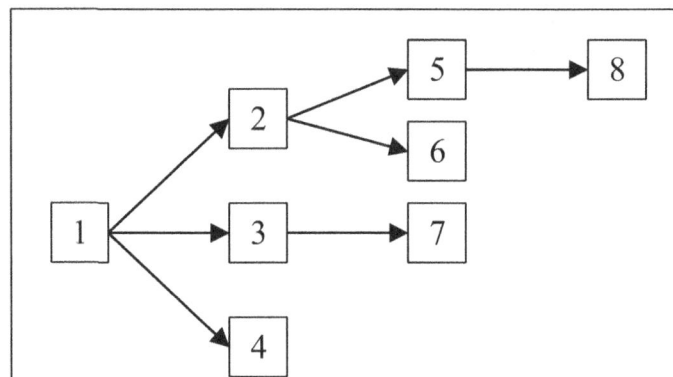

Um staatliche Fördermittel für das Projekt in Anspruch nehmen zu können muss eine Frist eingehalten werden. Diese gilt es unter allen Umständen zu halten, da der eigentliche Abgabetermin bereits verstrichen und eine Fristverlängerung um maximal 16 Wochen bewilligt wurde. Der Geschäftsführer steht deshalb unter enormem Druck, innerhalb der kommenden 80 Arbeitstage die insgesamt 20 Teilprojekte abzuschließen. Die anderen involvierten Abteilungen haben bereits die Einhaltung der Frist zugesagt, und es fehlt lediglich die Zusage der Logistikabteilung.

Für die Bearbeitung der beschlossenen Arbeitspakete stehen der Logistikabteilung vier motivierte Mitarbeiter zur Verfügung. Da nicht mehr mit einer Fristverlängerung gerechnet wurde und die Vergabe des Projekts kurzfristig erfolgte, stehen die vier Mitarbeiter nicht uneingeschränkt für das Projekt „Tube" zur Verfügung. Es muss deshalb in der Zeit der Projektbearbeitung mit einigen Kapazitätsengpässen in der Personalplanung gerechnet werden.

Herr Schmid befindet sich zu Projektbeginn für sechs Arbeitstage auf einer Weiterbildung, die an Tag drei des Projekts beginnt. Als zweiter Mitarbeiter wird das Team von Herrn Bissig unterstützt, der sich zu 100 % auf das Projekt konzentrieren möchte, jedoch schon angekündigt hat, dass er in den letzten 20 Tagen des Projekts im Urlaub und somit nicht im Büro sein wird. Frau Hefti und Herr Will stehen die kompletten Wochen ausschließlich für das Projekt „Tube" zur Verfügung und können frei eingeplant werden. Es gilt also an dieser Stelle zu klären, ob auf Basis des bestehenden Teams aus Herrn Schmid, Frau Hefti, Herrn Bissig und Herrn Will eine Umsetzung des Projekts innerhalb der vorgegebenen 80 Tage überhaupt realisierbar ist. Gearbeitet wird Montag bis Freitag jeweils von 8 bis 16 Uhr. Die Option Überstunden aufzubauen besteht nicht. Nach Beendigung des Kick-Offs ist sich Frau Hefti sicher im gesetzten Zeitrahmen das Projekt realisieren zu können, sodass sie mit Herrn Will zusätzlich einen Praktikantenworkshop am Tag 48 geben möchte.

Der Tabelle 3-128 können die zu bearbeitenden Arbeitspakete entnommen werden. Für jedes Paket wurden die geschätzte Bearbeitungsdauer und der Bedarf an Mitarbeitern festgelegt. Um Details zu klären und offene Fragen zu beantworten wird sich das Projektteam im ersten Schritt zusammensetzen und den Ablaufplan nochmals genau begutachten (AP1). Dieser bildet die Basis für das weitere Vorgehen. Die Investorenidentifikation und -suche (AP3 und AP7) erfolgt durch die Managementabteilung, die zur Unterstützung einen Mitarbeiter der Logistikabteilung anfordert. Alle weiteren Arbeitspakete mit ihren vorhandenen Daten und Informationen werden im Folgenden näher erklärt.

Tabelle 3-128 Auflistung aller Arbeitspakete des Projekts „Tube"

Arbeits-paket Nr.	Arbeitspaket	Dauer der Umsetzung (Tage)	Kapazitäts-bedarf (Mitarbeiter)
1	Projektablaufplan – Start von „Tube"	1	4
2	Prognose des Güteraufkommens	10	2
3	Identifikation potenzieller Investoren	20	1
4	Planung der Wartungs-Hubs	35	2
5	Bestellpolitik der Tunnelwände	18	1
6	Beschaffungsplanung für die Caps	23	1
7	Suche neuer Investoren	35	1
8	Berechnung der Bohrungsdauer für das Streckennetz	33	2

Dabei wurden für jedes Arbeitspaket auch Alternativen diskutiert, um die Bearbeitungszeit möglichst gering zu halten. Lediglich bei der Berechnung der Bohrungsdauer für das Streckennetz (AP8) könnte mit Hilfe von drei Mitarbeitern die Bearbeitungszeit um elf Tage reduziert werden.

3.13.2.2 Prognose des Güteraufkommens (AP2)

Das Interesse der Politik in der Schweiz an dem Projekt ist ungebrochen. Die Verringerung des LKW-Verkehrs und die damit einhergehende Steigerung der Lebensqualität in den Städten werden von den Wählern wohlwollend aufgenommen. Aufgrund der hohen staatlichen Zuschüsse für das Projekt formiert sich jedoch auch Protest. Den Unterstützern der Cargo Tube Consulting GmbH wird vorgeworfen, dass nicht genau gesagt werden kann wie viele Güter tatsächlich unter der Erde transportiert werden. Eine Koalition von Bürgermeistern aus den betroffenen Städten legt in Zusammenarbeit mit der Stelle zur Fördergeldbewilligung bei einer gemeinsamen Sitzung daher fest, dass für eine Förderung des Projektes das Potenzial von mindestens einer Milliarde Tonnenkilometer (tkm) durch die Cargo Tube Consulting GmbH im ersten Betriebsjahr (2025) nachgewiesen werden muss. Herr Will schüttelt den Kopf als er diese Zahl hört und behauptet, dass diese willkürlich ohne Bezug zu realen Werten festgelegt wurde. Frau Hefti versteht die Bedenken von Herrn Will und vermutet jedoch, dass aufgrund des Gütermengeneffekts deutlich mehr als eine Milliarde tkm realisiert werden können. In den Vorbetrachtungen der Cargo Tube Consulting GmbH konnte bereits durch intensive Marktforschung herausgefunden werden, dass sicher 7,5 % der jeweiligen Güterverkehrsleistung des Straßengüterverkehrs eines Jahres in der Schweiz durch die Cargo Tube Consulting GmbH realisiert werden würde. Aufgrund der Umweltfreundlichkeit der Verkehrsträger Schiene und Pipeline soll keine Verlagerung von selbigen erfolgen. Frau Hefti recherchiert im Internet und findet auf der Seite des Schweizer Statistikamtes weitreichende Informationen über die Verkehrsleistung in der Schweiz für die Jahre 2000 bis 2014 in Millionen tkm (vgl. Tabelle 3-129).

Tabelle 3-129 Güterverkehrsleistung in der Schweiz der Jahre 2000 bis 2014[59]

Jahr	Schiene	LKW	Pipeline
2000	11.080	13.609	216
2001	11.172	14.206	230
2002	10.746	14.489	226
2003	10.598	14.986	222
2004	11.489	15.341	238
2005	11.677	15.709	226
2006	12.466	16.259	256
2007	11.952	16.889	217
2008	12.265	17.310	248
2009	10.565	16.775	233
2010	11.074	16.906	218
2011	11.526	17.372	203
2012	11.061	17.109	183
2013	11.812	17.241	228
2014	12.313	17.541	237

Des Weiteren muss die Beschaffung der Ladungsträger (Caps) vorbereitet werden. Ein Manager aus der Beschaffungsabteilung, Herr Kaufmann, wird demnächst zu potenziellen Lieferanten reisen, um deren Leistungen und Preise zu eruieren. Da die Preise der Hersteller der Caps stark von der Bestellmenge abhängig sind, benötigt er die Information wie viele Caps für das Netz beschafft werden sollen. Aus der technischen Abteilung der Cargo Tube Consulting GmbH erhält Herr Will die Information, dass ein Cap zwei Europaletten transportieren kann. Die Europaletten sollen im Durchschnitt mit 750 kg pro Palette beladen werden. Zudem erhält er die Information, dass die Durchschnittsgeschwindigkeit von Caps im Lastlauf 30 km/h beträgt. Der Leiter der Technikabteilung ist stolz darauf, dass bei Tests sogar Höchstgeschwindigkeiten von bis zu 40 km/h erreicht werden konnten und ein Cap maximal bis zu zwei Tonnen Last befördern kann. Er führt weiter aus, dass die Durchschnittsgeschwindigkeit des Straßengüterverkehrs in Städten wie München bei lediglich 21,6 km/h liegt. Trotz eines „24/7"-Betriebs der Caps wird davon ausgegangen, dass sich die Caps durchschnitt-

[59] Vgl. Bundesamt für Statistik der Schweiz (2016): Leistungen im Güterverkehr. http://www.bfs.admin.ch/bfs/portal/de/index/themen/11/05/blank/01.html. Zugegriffen am 9. März 2016.

lich nur zu 70 % in Lastläufen befinden, da Leerfahrten und Zeiten für die Beladung der Caps berücksichtigt werden müssen.

3.13.2.3 Planung der Wartungs-Hubs (AP4)

Für eine langfristige strategische Ausrichtung und den Betrieb der Caps sollen in einem weiteren Planungsschritt die Wartungs-Hubs geplant werden. Eine Analyse von Frau Hefti ergab, dass dafür im gesamten Netz zehn Standorte geeignet sind. Sie werden nun damit beauftragt unter Berücksichtigung der Minimierung der Gesamtkosten einen Vorschlag auszuarbeiten, wo die Wartungs-Hubs am besten errichtet werden. Da der Straßengüterverkehr im Laufe der Zeit ein stetiges Wachstum aufweist, werden Sie gebeten die prognostizierten notwendigen Caps der Jahre 2025 und 2030 zu berücksichtigen, um langfristig die kostenminimalen Standorte der Wartungs-Hubs zu identifizieren. Die Standortkosten und Fahrtkosten können der Tabelle 3-130 entnommen werden.

Tabelle 3-130 Kostenübersicht

Nr.	Standort	Fixe Standortkosten [CHF/Jahr]	Kosten pro Kilometer
1	Genève	356.000	
2	Lausanne	455.000	
3	Thun	512.000	
4	Bern	438.000	
5	Luzern	350.000	
6	Härkingen	468.000	0,50 CHF
7	Basel	600.000	
8	Zürich	1.000.000	
9	Winterthur	408.000	
10	St. Gallen	240.000	

Die Entfernungen der jeweiligen Standorte zueinander sind in Tabelle 3-131 aufgeführt. Es kann angenommen werden, dass die Caps einmal im Jahr zur Wartung müssen, die Caps jeweils gleichverteilt den Hubs zugeordnet werden und die Caps leer mit einer Geschwindigkeit von 40 km/h zu den Wartungs-Hubs fahren. Weiterhin ist zu berücksichtigen, dass die Caps nach der Wartung sofort frei und leer sind und wieder für Gütertransporte zur Verfügung stehen.

Tabelle 3-131 Entfernungsmatrix der Hubs im Cargo Tube

Distanz in km	Genève	Lausanne	Thun	Bern	Luzern	Härkingen	Basel	Zürich	Winterthur	St. Gallen
Genève	-	63	-	-	-	-	-	-	-	-
Lausanne	63	-	-	110	-	-	-	-	-	-
Thun	-	-	-	29	-	-	-	-	-	-
Bern	-	110	29	-	-	58	-	-	-	-
Luzern	-	-	-	-	-	59	-	-	-	-
Härkingen	-	-	-	58	59	-	45	70	-	-
Basel	-	-	-	-	-	45	-	-	-	-
Zürich	-	-	-	-	-	70	-	-	24	-
Winter-thur	-	-	-	-	-	-	-	24	-	58
St. Gallen	-	-	-	-	-	-	-	-	58	-

3.13.2.4 Bestellpolitik der Tunnelwände (AP5)

Die Planung des Baus der Tunnel nimmt eine zentrale Rolle ein, da sie entscheidend für einen zeitnahen Betriebsbeginn ist. Um Kosten zu sparen erfolgt ein eigenständiger Einkauf von Tunnelfertigteilen, die hinter den Tunnelbohrmaschinen verlegt werden. Die Tunnelbohrmaschine arbeitet dabei 24 Stunden pro Tag und schafft es sich pro Tag durch 20 Meter Erdmasse zu bohren. Zur Stabilisierung des Tunnels ist es notwendig die Betonteile sofort nach der Tunnelbohrmaschine einzusetzen. Sollten die Betonfertigprodukte nicht verfügbar sein, muss die Tunnelbohrmaschine anhalten. Dies führt zu Kosten von 15.000 CHF pro Tag, die sich aus der Miete der Maschine und den Personalkosten zusammensetzen. Für jede Bestellung bei der Herstellerfirma fallen administrative Kosten in Höhe von 50 CHF an. Ein Betonfertigteil kostet 400 CHF und ist zwei Meter lang. Die Cargo Tube Consulting GmbH rechnet mit einem einheitlichen Kalkulationszinssatz von 5 %, p.a. wobei zu berücksichtigen ist, dass aufgrund des hohen Risikos des Projekts ein Aufschlag von zwei weiteren Prozentpunkten für dieses Vorhaben gilt.

3.13.2.5 Beschaffungspolitik für die Caps (AP6)

Für die oben beschriebene Pilotstrecke sowie die folgenden Abschnitte müssen die benötigten Caps gekauft werden. Herr Kaufmann ist soeben von Verhandlungen mit verschiedenen potenziellen Lieferanten der Caps wiedergekehrt. Aufgrund seiner Erfahrung in der Beschaffung hat er verschiedene Kriterien zur Bewertung der Lieferanten in Tabelle 3-132 aufgelistet.

Herr Kaufmann weist Sie darauf hin, dass die Qualität und Zuverlässigkeit der Caps eine sehr hohe Bedeutung haben, da bei den Kunden zunächst Vertrauen in das System hergestellt werden muss und somit Ausfälle unbedingt vermieden werden müssen. Aufgrund der hohen Investitionskosten ist der Preis von großer Bedeutung, ebenso wie der Wartungsaufwand, der die Kosten im Betrieb maßgeblich beeinflusst. Die Termintreue und die genutzte Technologie stellen relevante Faktoren dar, sie sollen jedoch ein etwas geringeres Gewicht erhalten. Das Image empfindet Herr Kaufmann als wenig relevant. Da Herr Kaufmann eine enge Freundschaft zu einem LKW-Spediteur, welcher Kunde bei Bobardier ist, pflegt, konnte er noch herausfinden, dass die von Bobardier angegebene Termintreue geschönt wurde. Er beziffert die Termintreue auf lediglich kleiner als zwei Wochen.

Tabelle 3-132 Angaben zur Lieferantenbewertung

	Deimla	**MHN**	**Siems**	**Bobardier**
Qualität / Zuverlässigkeit	Sehr gut	Mittel	Sehr gut	Gut
Preis pro Stück	8.000 CHF	7.500 CHF	10.000 CHF	8.000 CHF
Termintreue	< 1 Woche	< 3 Wochen	< 1 Woche	< 0,5 Wochen
Wartungsaufwand	Hoch	Mittel	Mittel	Niedrig
Technologie	Innovativ	Mittel	Sehr innovativ	Innovativ
Image	Positiv	Indifferent	Positiv	Positiv
Mindestabnahme-menge	5.000	4.000	8.000	4.500

3.13.2.6 Berechnung der Bohrungsdauer (AP8)

Das Netz der Cargo Tube Consulting GmbH soll sich aus verschiedenen Streckenabschnitten mit diversen Hubs zusammensetzen. Dabei zeigt sich, dass der Schweizer Güterverkehr durch eine Ost-West-Achse geprägt ist. Dies wird beim Bau berücksichtigt und ermöglicht eine relativ einfache Struktur (vgl. Abbildung 3-23). Die Distanzen zwischen den Hubs sind in Tabelle 3-131 gegeben.

Anfang 2017 soll mit dem Bau begonnen werden, welcher am Ende des Jahres 2024 abgeschlossen sein soll. Um möglichst viele Erfahrungen mit der völlig neuen Verkehrsalternative sammeln zu können, soll eine Pilotstrecke eingeplant werden. Es handelt sich dabei um die Strecke Härkingen - Zürich. Da dieser Teil innerhalb von zwei Jahren fertiggestellt sein soll, werden fünf Tunnelbohrmaschinen für diesen Abschnitt eingesetzt. Die beteiligten Bauingenieure haben den 70 km langen Abschnitt in neun Teilabschnitte untergliedert, in denen sich aus Sicherheitsgründen jeweils nur eine Maschine gleichzeitig befinden darf. Die Abschnittslängen sind in Tabelle 3-133 gegeben.

Abbildung 3-23 Cargo Tube Consulting GmbH Netzwerk und Hubs[60]

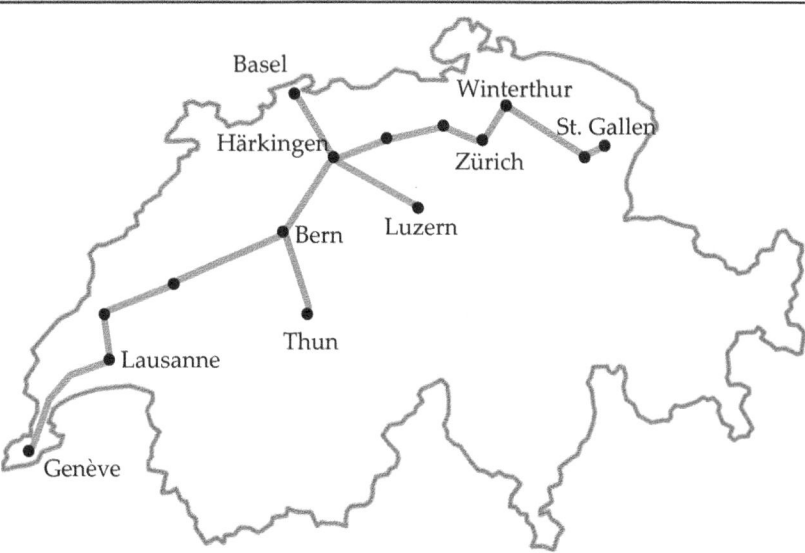

---

[60] Vgl. Cargo sous terrain (2016): Von jedem Hub in alle Städte des Netzes.
http://www.cargosousterrain.ch/de/prinzip.html. Zugegriffen am 9. März 2016.

Tabelle 3-133 Länge der Teilabschnitte

Abschnitt Nr.	1	2	3	4	5	6	7	8	9
Länge in km	12	5	7	14	10	9	4	2	7

3.13.3 Aufgabenstellung

Zunächst sollte festgestellt werden, inwieweit das Projekt im gegebenen Zeitrahmen überhaupt umgesetzt werden kann. Planen Sie dabei die Fortbildung von Herrn Schmid und den Urlaub von Herrn Bissig verpflichtend mit ein. Ist es außerdem möglich, Frau Hefti und Herrn Will für den Praktikantenworkshop freizustellen?

Anschließend kann mit der Bearbeitung der einzelnen Arbeitspakete begonnen werden. Kann die Forderung aus der Politik erfüllt werden? Prognostizieren Sie für das Jahr 2025 die voraussichtlich von der Cargo Tube Consulting GmbH getragene Verkehrsleistung. Zudem benötigt Herr Kaufmann aus der Beschaffung dringend eine Schätzung für die Anzahl benötigter Caps. Die Schätzung für die Caps ist für das Jahr 2025 durchzuführen.

Nach Beendigung dieser Aufgaben sind wieder einige Mitarbeiter verfügbar, um sich mit der Bestellpolitik für die Tunnelwände auseinander zu setzen. Wie viele Betonteile sollten vom Lieferanten in welchen Zeitabständen bestellt werden?

Nachdem die Bestellpolitik der Tunnelwände festgelegt worden ist können Sie die fünf vorhandenen Tunnelbohrmaschinen für die Tunnelfertigung der Teststrecke Härkingen - Zürich einplanen, wobei Sie die Transportzeiten der Maschinen zwischen den einzelnen Abschnitten vernachlässigen können. Wird die angestrebte Dauer von lediglich zwei Jahren eingehalten oder müssen weitere Maschinen zur Realisierung dieser Zeit eingesetzt werden?

Zeitgleich kommt Herr Kaufmann von seiner anstrengenden Verhandlungsreise zurück und beantragt ein paar Tage Urlaub. Auf Basis seiner Erkenntnisse bittet er Sie die Lieferantenbewertung durchzuführen.

Als letzte Aufgabe müssen Sie sich noch mit der Planung der Wartungs-Hubs beschäftigen. Ihre Aufgabe ist es, eine Standortplanung für die Jahre 2025 und 2030 durchzuführen um aufzuzeigen, wie viele Standorte wo eröffnet werden sollten.

3.13.4 Lösungsvorschlag

3.13.4.1 Projektablaufplanung (AP1)

Tabelle 3-128 gibt einen guten Überblick über die Kapazitäten und die Dauer jedes einzelnen Arbeitspaketes. Zur Untersuchung der Machbarkeit des Projekts in den vorgegebenen 80 Tagen fasst Tabelle 3-134 die Mitarbeiterverfügbarkeit zusammen.

Tabelle 3-134 Übersicht der Mitarbeitereinschränkungen

Mitarbeiter	Besonderheit
Frau Hefti	Workshop an Tag 48
Herr Bissig	Tag 60-80 Urlaub
Herr Schmid	Tag 3-8 Fortbildung
Herr Will	Workshop an Tag 48

Mit Hilfe der Logistik-Toolbox kann im Modul „Produktion" nun die Durchlaufterminierung (Critical Path Method) genutzt werden. Es muss dazu für jedes Arbeitspaket ein Vorgang mit Dauer und Kapazität sowie die Vorgangsreihenfolge und der einzuhaltende Termin eingepflegt werden (siehe Datei „CPM_Version1.cpmd").

Als Ergebnis ergibt sich ein Vorgangspfeilnetz. Das Arbeitspaket 8 (Durchlaufterminierung), welches ein Teil des kritischen Pfads ist, kann jedoch, wie zu Beginn erwähnt, optimiert werden. Mit Hilfe von drei Mitarbeitern kann die Bearbeitungszeit auf elf Tage verkürzt werden (siehe Datei „CPM_Version2.cpmd"). Die Optimierung dieses Vorgangs verschiebt nun auch den kritischen Pfad.

In beiden Fällen kann die Bearbeitung der acht Arbeitspakete im Rahmen der 80 Tage umgesetzt werden. Der früheste Zeitpunkt des ersten Ereignisses (AP1) liegt am Tag 0 und damit nicht im negativen Bereich, was für eine Verschiebung der Planung in die Vergangenheit und damit für eine Überschreitung der Zeit sprechen würde. Um auch die Mitarbeiterkapazitäten zu berücksichtigen erfolgt die Nutzung der Beschränkte-Einsatzmittel-Heuristik (BEM). Zunächst wird die ursprüngliche Projektplanung ohne die Veränderung des AP8 betrachtet.

Bei der BEM muss zunächst im oberen rechten Feld die Kapazitätsrestriktion von vier Mitarbeitern eingegeben werden (siehe Datei „BEM_Version1.krhd"). Abschließend können die Daten des Vorgangspfeilnetzes direkt in die Heuristik geladen werden. Es ergibt sich ein Gantt-Diagramm aus dem die Umsetzbarkeit des Projekts innerhalb von 79 Tagen abgelesen werden kann. Aus dem Belastungs-Diagramm kann nun der Kapazitätsbedarf über die 80 Tage abgelesen werden.

Abbildung 3-24 *Mitarbeiterauslastung im Projektablauf*

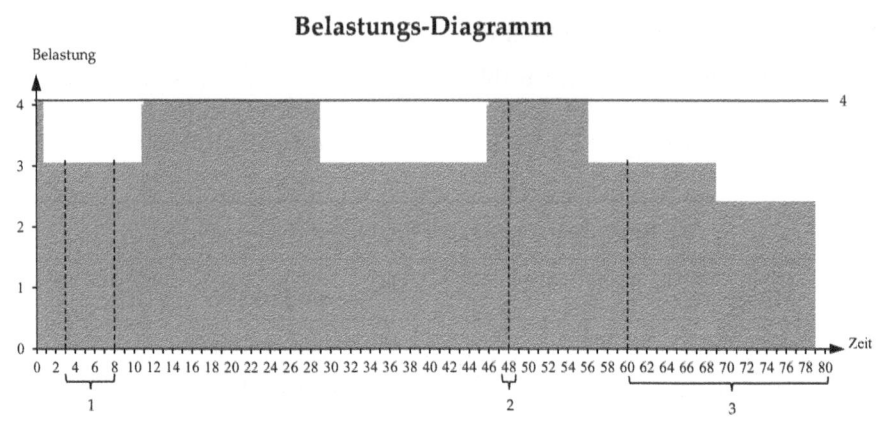

Der Abbildung 3-24 ist zu entnehmen, dass Herr Schmid seine Fortbildung wahrnehmen kann (1) und auch der Urlaub von Herrn Bissig (3) kein Problem für das Gelingen des Projekts darstellt. Nur Frau Hefti und Herr Will müssten sich für ihren Workshop einen anderen Termin suchen (2) unter der Voraussetzung, dass sie ihre Projektarbeit nicht unterbrechen.

Eine analoge Betrachtung kann nun auch für den Projektablaufplan mit dem optimierten Arbeitspaket Nr. 8 angestellt werden (siehe Datei „BEM_Version2.krhd"). Es zeigt sich, dass bereits nach 63 Tagen das Projekt „Tube" abgeschlossen wäre, was einen Vorteil von 16 Arbeitstagen mit sich bringt, die als Puffer genutzt werden können. Zusätzlich zur Fortbildung von Herrn Schmid und dem Urlaub von Herrn Bissig kann sogar der Workshop von Frau Hefti und Herrn Will bewilligt werden. Das dazugehörige Belastungs-Diagramm ist Abbildung 3-25 zu entnehmen.

Aufgrund der kürzeren Projektzeit und der Berücksichtigung aller Mitarbeiterwünsche sollte das AP8 von 3 Mitarbeitern innerhalb von 11 Tagen bearbeitet werden. Falls zusätzliche Aufgaben oder unvorhersehbare Änderungen innerhalb der einzelnen Arbeitspakete auftauchen, kann der zeitliche Puffer genutzt werden.

Abbildung 3-25 Mitarbeiterauslastung im optimierten Projektablauf

---

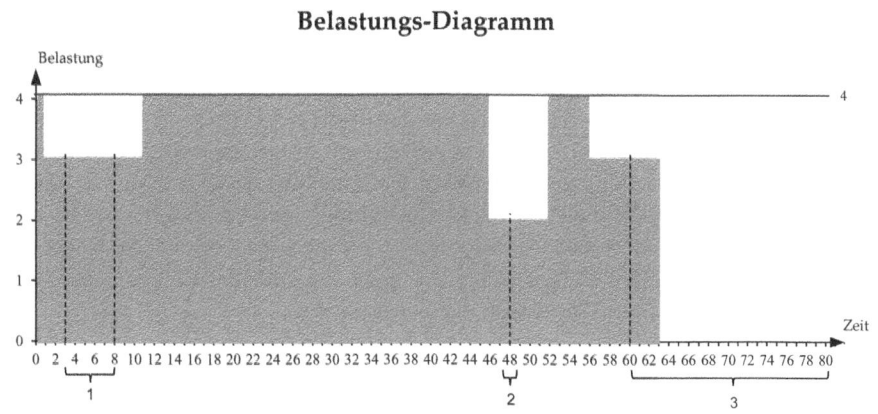

Belastungs-Diagramm

3.13.4.2 Prognose des Güteraufkommens (AP2)

Auf Basis der Daten des Schweizer Bundesamtes für Statistik wird eine Prognose durchgeführt. Diese Daten des Straßengüterverkehrs können per Austauschmatrix in die Logistik-Toolbox geladen werden (siehe Datei „Prognose.spvk"). Die Daten zeigen einen steigenden Verlauf (vgl. Abbildung 3-26), auch wenn die Folgen der Weltwirtschaftskrise in den Jahren 2009 und 2010 (Periode 10 und 11) sichtbar werden und zu einer vorübergehenden Reduktion der Verkehrsleistung geführt haben.

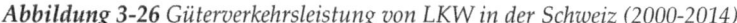

Abbildung 3-26 Güterverkehrsleistung von LKW in der Schweiz (2000-2014)

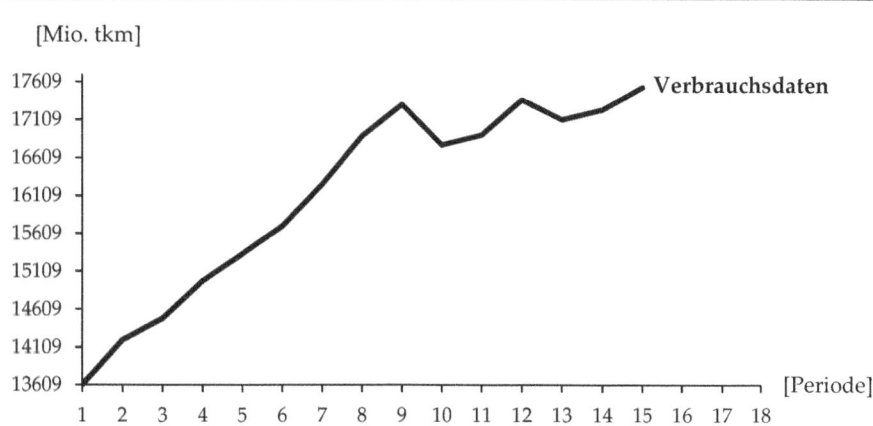

In der Toolbox sind sowohl das Verfahren der Exponentiellen Glättung zweiter Ordnung als auch das Verfahren von Smith für trendförmige Verläufe implementiert. Zur Bewertung der Güte der beiden Prognosen wird an dieser Stelle der Theil'sche Ungleichheitskoeffizient (TUK) genutzt. Dabei zeigt sich, dass das Verfahren von Smith mit anschließender Parameteroptimierung mit einem TUK von 0,726 vorteilhaft ist. Die Prognose ist bis einschließlich des Jahres 2025 durchzuführen, da für dieses Jahr der Start des Betriebs vorgesehen wird. Dies entspricht der Periode 26 in der Toolbox. Als Wert wird hierfür 18.974,75 Mio. tkm angegeben. An dieser Stelle werden die Ergebnisse der Marktforschung genutzt. Unter der Annahme, dass 7,5 % der Straßengüterverkehrsleistung durch die Cargo Tube Consulting GmbH realisiert werden, ergeben sich für das Jahr 2025 1.423,11 Mio. tkm, die durch die Cargo Tube Consulting GmbH im Jahr 2025 abgewickelt werden. Dies bedeutet, dass das Ziel von einer Milliarde tkm der Politiker aller Voraussicht nach erreicht wird.

Die Prognose kann auch für den zweiten Teil der Aufgabenstellung genutzt werden: Es ist zu klären, wie viele Caps zur Abwicklung der Verkehrsleistung von den oben berechneten 1.423,11 Mio. tkm benötigt werden. Die durchschnittliche Geschwindigkeit eines Caps von 30 km/h bedeutet, dass im „24/7"-Betrieb 262.800 km pro Jahr zurückgelegt werden können. Allerdings liegt der Lastanteil nur bei 70 %. Mit dieser Information ergeben sich 183.960 km/a. Die 1.423,11 Mio. tkm können nun durch die 183.960 km/a sowie die Ladung pro Cap von 1,5 t (2 · 750 kg) dividiert werden. Es ergibt sich eine benötigte Stückzahl von 5.157 Fahrzeugen, um die prognostizierte Güterverkehrsleistung im Jahr 2025 zu erbringen:

$$(1.423,11 \text{ Mio } (t \cdot km)/a) / (0,7 \cdot 262.800 \text{ km/a} \cdot 1,5 \text{ t/Fz}) = 5.157,32 \text{ Fz}$$

Diese Information kann nun an die Beschaffungsabteilung weitergeleitet werden, um in Verhandlungen mit potenziellen Herstellern zu treten.

3.13.4.3 Planung der Wartungs-Hubs (AP4)

Zur Ermittlung der optimalen Standorte für die Wartungs-Hubs kann die diskrete Standortplanung der Logistik-Toolbox im Modul Distributionslogistik verwendet werden. Dabei wird im ersten Schritt ein entsprechender Graph erstellt, welcher das Netz der Cargo Tube Consulting GmbH widerspiegelt (siehe Datei „Standortplanung.graph").

Im nächsten Schritt erfolgt die Berechnung der benötigten Caps. Wie bereits im vorherigen Abschnitt dargestellt, werden im Jahr 2025 ca. 5.157 Caps benötigt. Diese Prognose muss nun auf das Jahr 2030 erweitert werden. Die Prognose für das Jahr 2030 ergibt einen Wert von 19.594,49 Mio. tkm. Unter Berücksichtigung der Daten aus dem Kapitel „Prognose des Güteraufkommens" ergibt sich eine Anzahl von 5.326 Caps:

$$(0,075 \cdot 19.594,49 \text{ Mio } (t \cdot km)/a) / (0,7 \cdot 262.800 \text{ km/a} \cdot 1,5 \text{ t/Fz}) = 5.325,75 \text{ Fz}$$

Die Kanten des Graphen werden nun mit den Transportkosten bewertet. Aufgrund der Annahme, dass jedes Cap einmal pro Jahr zur Inspektion fährt und dass die zehn Wartungs-Hubs gleichstark ausgelastet sind, können die Kantenbewertungen mit einem Zehntel der Anzahl der Caps der jeweiligen Jahre multipliziert werden. Weiterhin müssen die Transportkosten je Kilometer sowie die fixen Standortkosten berücksichtigt werden. Der Rückweg der Caps ist laut Aufgabenstellung nicht zu berücksichtigen, da sie sofort nach der Wartung wieder für Warentransporte genutzt werden und somit nur die Hinfahrt zum Wartungs-Hub leer erfolgt.

Beispiel Bewertung Strecke Bern – Thun 2025:

$$29 \text{ km} \cdot 0{,}5 \text{ CHF/km} \cdot (1/10 \cdot 5.157 \text{ Caps}) = 7.477{,}65 \text{ CHF}$$

Aufgrund des begrenzten Definitionsbereichs der Toolbox können für den Standort Zürich die Fixkosten von 1 Million CHF nicht eingepflegt werden. Daher wird näherungsweise mit 999.999 CHF gerechnet. Anschließend erfolgt die Anpassung des Graphen an die jeweiligen Prognosen. Wichtig ist dabei, dass für das Jahr 2025 mit 5.157 und für das Jahr 2030 mit 5.326 Caps gerechnet wird, was eine unterschiedliche Kantenbewertung zur Folge hat (siehe Dateien „Standortplanung2025.graph", „Standortplanung2030.graph"). Nun können der Add- und Drop-Algorithmus zur diskreten Standortplanung angewandt werden. Die Ergebnisse sind in Tabelle 3-135 zusammengefasst.

Das Auswahlkriterium für die zu favorisierende Lösung ist laut Aufgabenstellung die Minimierung der entstehenden Gesamtkosten. Die Ergebnisse des Add-Algorithmus sind deshalb bei beiden Prognosen zu präferieren. Weiterhin muss an dieser Stelle ein Vergleich der Ergebnisse des Add-Algorithmus für das Jahr 2025 und 2030 durchgeführt werden, da eine strategische und somit langfristige Standortentscheidung getroffen werden soll. Durch die höhere Cap-Anzahl (169 Caps mehr) im System kommt es generell zu einer Erhöhung der relevanten variablen Fahrtkosten im gesamten Netzwerk im Jahr 2030. Dies führt dazu, dass Härkingen als potenzieller Standort für einen Wartungs-Hub ausgewählt werden sollte, da dieser die langfristigen Kosten minimiert. Im Vergleich zum Jahr 2025, in dem Bern der präferierte Standort gewesen wäre, kommt es zwar zur Erhöhung der fixen Standortkosten, jedoch sinken dadurch die im System anfallenden Fahrtkosten im Jahr 2030.

Tabelle 3-135 Ergebnisse diskrete Standortplanung

Prognose Jahr	Verfahren	Standort Wartungs-Hub	Wartungsgebiet	Gesamtkosten in CHF
2025	Drop-Algorithmus	St. Gallen	Genève, Lausanne, Thun, Bern, Luzern, Härkingen, Basel, Zürich, Winterthur, St. Gallen	717.536 (240.000 fix)
	Add-Algorithmus	Bern	Genève, Lausanne, Thun, Bern, Luzern, Härkingen, Basel, Zürich, Winterthur, St. Gallen	716.478 (438.000 fix)
2030	Drop-Algorithmus	Luzern	Genève, Lausanne, Thun, Bern, Luzern, Härkingen, Basel, Zürich, Winterthur, St. Gallen	732.408 (350.000 fix)
	Add-Algorithmus	Härkingen	Genève, Lausanne, Thun, Bern, Luzern, Härkingen, Basel, Zürich, Winterthur, St. Gallen	724.712 (468.000 fix)

3.13.4.4 Bestellpolitik der Tunnelwände (AP5)

Es handelt sich um einen konstanten Bedarf an Tunnelwänden, für den eine Bestellrechnung durchzuführen ist. Aufgrund des gleichmäßigen Bedarfs an Betonteilen ist eine statische Bestellrechnung erforderlich. Da ein Betonteil zwei Meter lang ist, werden zehn Betonteile pro Tag benötigt ((20 m/d) / (2 m/St) = 10 St/d). Die fixen Bestellkosten sind bereits gegeben und der Lagerhaltungskostensatz lässt sich mit den vorhandenen Daten wie folgt berechnen:

$$((0{,}05 + 0{,}02) \cdot 400 \text{ CHF/St}) / (365 \text{ d}) = 0{,}08 \text{ CHF/(St} \cdot \text{d)}$$

Des Weiteren sind die Stillstandskosten (15.000 CHF) als Fehlmengenkosten zu berücksichtigen, da sie anfallen sofern Fehlmengen auftreten. Mit Hilfe der Toolbox können die Daten im Modul Beschaffung in der statischen Bestellrechnung eingepflegt werden. Durch das EOQ-Model ergibt sich eine Bestellmenge von 111,8 Teilen pro Bestellung, welche alle 11,18 Tage geliefert werden muss (siehe Datei „EOQ.eoqd").

Somit sollten alle elf Tage 112 Einheiten und nach jeder vierten Bestellung 111 Einheiten nach zwölf Tagen geliefert werden.

3.13.4.5 Beschaffungsplanung für die Caps (AP6)

Um die Caps zu beschaffen wird zunächst eine Lieferantenauswahl durchgeführt. Die Bewertungskategorien und Bewertungen der vier Firmen liegen bereits vor. Aufbauend auf der Tabelle 3-136 ist, wie von Herrn Kaufmann empfohlen, eine Bewertungsskala zu entwerfen, um eine nachvollziehbare Lieferantenauswahl zu realisieren. Eine solche könnte folgende Form haben:

Tabelle 3-136 Schema zur Lieferantenbewertung

	Gewicht	5	4	3	2	1
Qualität/ Zuver- lässigkeit	0,25	Sehr gut	Gut	Mittel	Schlecht	Sehr schlecht
Preis pro Stück	0,2	< 8.000 CHF	8.000 CHF	8.500 CHF	9.000 CHF	> 9.000 CHF
Termintreue	0,15	0 Wochen	< 0,5 Wochen	< 1 Woche	< 2 Wochen	≥ 2 Wochen
Wartungs- aufwand	0,2	Sehr niedrig	Niedrig	Mittel	Hoch	Sehr hoch
Technologie	0,15	Sehr innovativ	Innovativ	Mittel	Veraltet	Sehr veraltet
Image	0,05	Sehr positiv	Positiv	Mittel	Negativ	Sehr negativ

Bei der Mindestabnahmemenge handelt es sich nicht um ein metrisches Bewertungskriterium. Es ist in diesem Falle als K.O.-Kriterium zu betrachten, da bereits ermittelt wurde, dass nur knapp über 5.000 Caps benötigt werden. Der Lieferant Siems kann somit in der Bewertung vernachlässigt werden, da die geforderte Abnahmemenge von der Cargo Tube Consulting GmbH nicht erreicht wird. Zudem muss die Bewertung von Bobardier entsprechend der neuen Informationen angepasst werden. Insgesamt ergibt sich für die drei verbliebenen Hersteller die in Tabelle 3-137 angegebene Bewertung.

Tabelle 3-137 Durchführung der Lieferantenbewertung

	Gewicht	Deimla	MHN	Siems	Bobardier
Qualität / Zuverlässigkeit	0,25	5	3	5	4
Preis pro Stück	0,2	4	5	1	4
Termintreue	0,15	3	1	3	2
Wartungsaufwand	0,2	2	3	3	4
Technologie	0,15	4	3	5	4
Image	0,05	4	3	4	4
Bewertung		3,7	3,1	3,45	3,7

Die Lieferantenbewertung ergibt kein eindeutiges Ergebnis. Die Lieferanten Deimla und Bobardier erreichen beide einen Wert von 3,7 und sind somit zu favorisieren. Dieses Ergebnis kann Herr Kaufmann nutzen und in Nachverhandlungen mit beiden Herstellern gehen.

3.13.4.6 Berechnung der Bohrungsdauer (AP8)

Die zu bohrenden Abschnitte können als Vorgänge in einem Vorgangspfeilnetz angesehen werden. Die Zeitdauer der Vorgänge ergibt sich durch die Berücksichtigung der Geschwindigkeit der Tunnelbohrmaschinen von 20 Metern pro Tag, z. B. gilt für Abschnitt 1:

$$(12.000 \text{ m}) / (20 \text{ m/d}) = 600 \text{ d}$$

Pro Abschnitt darf aus Sicherheitsgründen immer nur eine Maschine im Einsatz sein. Es ergibt sich entsprechend eine Kapazität von eins für jeden Abschnitt. Die Ergebnisse sind in Tabelle 3-138 zusammengefasst.

Die Vorgänge sind anschließend in die Logistik-Toolbox zu übertragen (siehe Datei „CPM-Tunnelbohrung.cpmd"). Um die Kapazitätsrestriktion von fünf Maschinen zu berücksichtigen, können die Daten nun in die Beschränkte Einsatzmittel-Heuristik übertragen werden (siehe Datei „BEM-Tunnelbohrung.krhd"). Die verfügbare Kapazität wird auf fünf festgelegt. Es ergibt sich eine Projektdauer von 700 Tagen, welche unterhalb der Zielvorgabe von zwei Jahren liegt. Der Termin kann entsprechend eingehalten werden und es müssen keine weiteren Maschinen für den Einsatz gemietet werden. Zudem ist im dargestellten Gantt-Diagramm der Toolbox ersichtlich, welche Tunnelbohrmaschine welchen Abschnitt bohrt (Maschine (M) 1: Abschnitte 1, 8; M2: 3, 9; M3: 4; M4: 5, 7; M5: 6, 2). Alle fünf Maschinen werden innerhalb der 700 Tage ohne zeitlichen Puffer benötigt.

Tabelle 3-138 *Vorbereitung Erstellung Vorgangspfeilnetz*

Abschnitt / Vorgang	Länge [m]	Dauer [d]	Benötigte Kapazität
1	12.000	600	1
2	5.000	250	1
3	7.000	350	1
4	14.000	700	1
5	10.000	500	1
6	9.000	450	1
7	4.000	200	1
8	2.000	100	1
9	7.000	350	1

3.14   Social Logistics GmbH

3.14.1 Das Unternehmen

Durch den Ausbruch des Bürgerkrieges in Syrien sind Gewalt und Chaos an der Tagesordnung. Die fehlende Stabilität und humanitäre Probleme zwingen die Menschen, Syrien zu verlassen. Wie auch andere europäische Länder muss Deutschland sich der Verantwortung stellen, Asylsuchende aufzunehmen und Schutz zu gewähren. Als führendes mittelständisches Logistikunternehmen in der Organisation von Großereignissen besitzt die Social Logistics Germany (SLG) GmbH mit Sitz in Dresden viel Erfahrung beim Aufbau, der Organisation und dem Betrieb von Erstaufnahmeunterkünften.

Die Gesellschaft gliedert sich in die Geschäftsfelder Planungsbüro und Campleitung. Dabei hat sich das Planungsbüro hauptsächlich auf die Planung und Errichtung von mobilen Wohnstätten spezialisiert. Der Bereich Campleitung bietet den Kunden die vollständige Verwaltung, den Betrieb und die Sicherung bestehender Einrichtungen an.

Aufgrund dieser umfangreichen Qualifikationen wurde die SLG GmbH kürzlich (Ende Dezember 2015) von der Landesdirektion Sachsen (LDS) mit der Verwaltung der Erstaufnahmeeinrichtungen in der Landeshauptstadt Dresden beauftragt. Zusätzlich konnte das Planungsbüro den Auftrag zur Planung und Errichtung einer neuen Erstaufnahmeeinrichtung für sich gewinnen. Außerdem erhielt die SLG GmbH noch den Zuschlag für die Verwaltung der Gemeinschaftsunterkünfte der Stadt Dresden.

3.14.2 Die aktuelle Situation

3.14.2.1 Planung der neuen Erstaufnahmeeinrichtung

Aufgrund der geforderten Flexibilität und Erweiterbarkeit hat sich das Planungsbüro der SLG GmbH in Absprache mit der LDS auf eine Ausführung der neuen Erstaufnahmeeinrichtungen in Form eines Containerdorfes entschieden. Für die Unterbringung von 700 Asylsuchenden werden 175 Wohn- sowie Sanitärcontainer benötigt. Der Markt bietet hier verschiedene Mietlösungen hinsichtlich Größe, Gestalt und Ausstattung an. Das Planungsbüro sieht Wohn- und Sanitärcontainer für jeweils vier Personen vor. Zudem werden für die Campleitung zwei Bürocontainer für Verwaltungsaufgaben und drei Großcontainer, in denen die Essensausgabe und ärztliche Untersuchungen stattfinden sollen, benötigt. Aufgrund der aktuell stark wachsenden Flüchtlingszahlen und dem daraus resultierenden Unterbringungsengpass werden Container in ganz Europa stark nachgefragt. Viele Lieferanten sind nicht mehr in der Lage neue Aufträge anzunehmen. Dennoch konnte das Planungsbüro drei Spezialisten auf dem

Gebiet des Containerbaus ausfindig machen. Diese sind die Container Tech GmbH (I), die Easy Living & Co. KG (II) sowie die Firma Conti Fix GmbH (III). Durch vorherige Kooperationen mit diesen Unternehmen ist die SLG GmbH im Stande, eine detaillierte Einschätzung dieser Firmen vorzunehmen. Diese ist Tabelle 3-139 zu entnehmen.

Tabelle 3-139 Bewertungskriterien

Kriterien	I	II	III
Zuverlässigkeit			
Lieferzeit inkl. Aufstellung	270 Tage	290 Tage	300 Tage
Mengentreue	91%	92%	91%
Qualität			
Haltbarkeit	gut	gut	rostanfällig
Funktionalität	ausreichend	gut	mit Mängeln
Kommunikation, Service, Image	kompetent, engagiert	freundlich	schlechte Erreichbarkeit

Im Projektteam wurde eine Priorisierung festgelegt. Danach haben die Kosten die höchste Priorität, dicht gefolgt von der Zuverlässigkeit. Da unbekannt ist wie lange die Container im Einsatz sein werden, wird die Haltbarkeit als wichtiger empfunden als die Funktionalität, solange die Container der Wohnfunktion gerecht werden. Die Kommunikation wird als nachrangig bewertet. Des Weiteren hat Frau Müller, die Sachbearbeiterin der SLG GmbH, bereits die Kostenkalkulation wie auch die Lieferzeiten der einzelnen Firmen in Tabelle 3-139 und Tabelle 3-140 zusammengefasst. Die Kosten sollen in der Bewertung einen Anteil von 40 % ausmachen.

Aufgrund der hohen Nachfrage ist keiner der Lieferanten fähig, die gesamte Anzahl an Wohncontainern sofort bereitzustellen. Da dringend weitere Kapazitäten an Erstaufnahmeeinrichtungen benötigt werden, plant das Planungsbüro zusammen mit der LDS eine zeitnahe und sukzessive Ausstattung der schon aufgestellten Container.

Tabelle 3-140 Preisliste der Lieferanten (Monat = 30 Tage, Jahr = 365 Tage)

Containerart	I	II	III
Bürocontainer	172,55 €/Monat	10,35 €/Tag	2.475,00 €/Jahr
Gemeinschafts-container	949,35 €/Monat	25,55 €/Tag	6.478,52 €/Jahr
Sanitärcontainer	28,56 €/Tag	977,25 €/Monat	9.137,14 €/Jahr
Wohncontainer	385,55 €/Monat	13,39 €/Tag	2.862,78 €/Jahr

Ein reibungsloser Ablauf der Bau- und Planungsmaßnahmen ist der SLG GmbH besonders wichtig. Um Engpasssituationen zu umgehen, achtet das Unternehmen stets auf ausreichend vorhandene Arbeitskräfte. Die Beschaffung von qualifiziertem sowie zuverlässigem Personal ist schwierig und zeitaufwendig. Aus diesem Grund investiert das Planungsbüro der SLG GmbH einen Monat Zeit in die Personalplanung. Diese steht zusammen mit der Erarbeitung eines Unterbringungskonzepts ganz am Anfang des Projekts „Neuerrichtung einer Erstaufnahmeeinrichtung in der Stadt Dresden". Unmittelbar nach der Personalplanung knüpft der Personalbeschaffungsprozess an. Das Planungsbüro setzt pessimistisch 50 Tage an, um Bewerbungen zu sichten und Gespräche mit potenziellen Arbeitskräften zu führen.

Bevor als letzter Planungsschritt in einer dreitägigen Aktion das Welcome Center eingerichtet werden kann und die Gesamtkapazität der Erstaufnahmeeinrichtung zur Verfügung steht, muss das Unterbringungskonzept vollständig ausgereift sein. Das Abwägen verschiedener Alternativen nimmt 15 Tage in Anspruch. Im Anschluss muss zügig die Containerplanung und -bestellung sowie die Standortfindung durchgeführt werden. Die Wahl des Lieferanten und die anschließende Bestellung der Container sind nach fünf Tagen abgeschlossen.

Die Lokalisierung eines geeigneten Standorts, welcher genügend Platz für die Erstaufnahmeeinrichtung bietet, kristallisiert sich als komplexe Aufgabe heraus. Die geringe Anzahl an nutzbaren Freiflächen sowie der bürokratische Aufwand zwingen die SLG GmbH für die Bearbeitungszeit 37 Tage anzusetzen. Die potenziellen Standorte sind in einem verwilderten Zustand. Um diese Grundstücke bewohnbar zu machen sind umfassende Arbeiten notwendig. Zum Schutz vor Vandalismus soll das Grundstück komplett eingezäunt werden. Für diese Aufgaben beauftragt die SLG GmbH einen Dienstleister, welcher seinen Arbeitsaufwand auf zwei Tage schätzt. Parallel dazu können weitere Arbeiter die Fläche freiräumen und Rodungen durchführen. Aufgrund des starken Bewuchses sind hierfür zehn Tage notwendig.

Aus Sicherheitsgründen ist es unerlässlich, die gesamte Fläche zu ebnen und zu befestigen. Wenn das Gebiet eingezäunt und freigeräumt ist, kann mit den Bodenarbeiten begonnen werden. Hierbei werden Unebenheiten und Löcher mit Schotter und Erdreich befüllt und im Anschluss die Gesamtfläche asphaltiert. Für alle erforderlichen Arbeitsschritte werden sieben Tage veranschlagt. Ist das Gelände vollständig asphaltiert, können die zuvor bestellten Container angeliefert und aufgebaut werden. Mit der LDS wurde vereinbart, dass die gesamte Erstaufnahmereichrichtung ab August 2016 bezugsfertig sein wird.

Da das Planungsbüro nicht mit einer so langen Zeitspanne für Lieferung und Aufbau der Container gerechnet hat, wird Herr Fischer mit der Erarbeitung eines Ausweichkonzepts beauftragt. Hierbei sollen die Wohncontainer ohne Mobiliar angeliefert und vor Ort durch die SLG GmbH aufgestellt sowie ausgestattet werden. Nach Anfrage bei den Lieferanten gaben diese an die leeren Container bereits 140 Tage früher liefern zu können. Da die Container sukzessive in der neuen Erstaufnahmeeinrichtung eintreffen, ist aus Zeitgründen eine stückweise, parallel stattfindende Aufstellung und Einrichtung vorgesehen, die innerhalb der neuen Lieferzeit möglich sind. Die Lieferkapazitäten über die nächsten Monate sind in Tabelle 3-141 zusammengefasst.

Tabelle 3-141 Lieferkapazitäten von Containern

Monate	Jan	Feb	Mrz	Apr	Mai	Jun	Jul	Aug	Sep	Σ
Container Tech GmbH (I)	25	31	20	28	13	20	38	-	-	175
Easy Living & Co. KG (II)	5	5	35	5	50	15	30	30	-	175
Conti Fix (III)	-	-	7	40	20	20	35	38	15	175

Die SLG GmbH muss aufgrund der Bestellung leerer Container nun auch die Beschaffung der Containereinrichtung planen. Aus den Erfahrungen bestehender Einrichtungen sind die Einrichtungsgegenstände für eine Unterbringungseinheit von vier Personen bekannt (vgl. Abbildung 3-27).

Abbildung 3-27 Gliederung der benötigten Ausstattung eines Wohncontainers

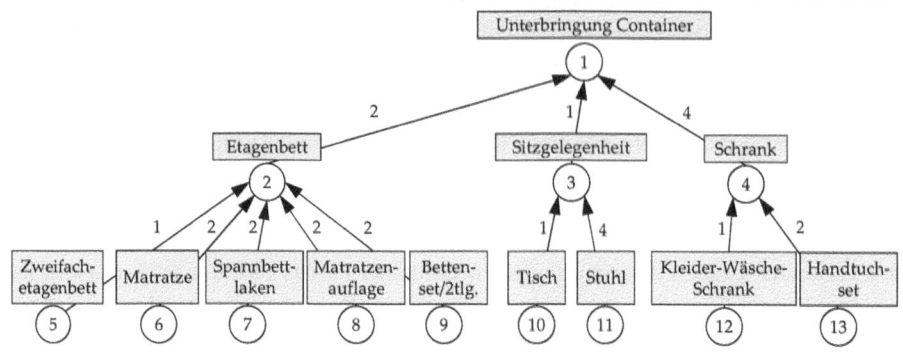

Aus vorhergehenden Projekten verfügt die SLG GmbH über Informationen zu den Lieferzeiten sowie zu dem angemieteten Zentrallager im nahegelegenen Industriegebiet mit einigen Restbeständen (vgl. Tabelle 3-142).

Tabelle 3-142 Ausstattungsgegenstände

Unterbringungs-gegenstände	Preis	Menge	Lieferzeit [Wochen]	Sicherheits-bestand	Lager-bestand
Zweifachetagenbett	159 €	2	4	2	6
Matratze	39 €	4	1	10	15
Spannbettlaken	5 €	2	1	15	20
Matratzenauflage	1 €	4	1	15	30
Microfaser Bettenset/ 2 tlg.	18 €	4	1	15	30
Tisch/ Stahlrohr-Buche	77 €	1	2	2	4
Stuhl/ Stahlrohr-Buche	25 €	4	2	10	10
Kleider-Wäsche-Schrank	94 €	4	4	2	5
Handtuchset	4 €	4	1	20	50

Das Lager wird von einem externen Logistikdienstleister betrieben, welcher monatlich 1.500 € in Rechnung stellt. Zusätzlich fallen pro Ein- und Auslagerung Kosten von 225 € an. Die SLG GmbH konnte in den letzten Wochen in einer Verhandlung erreichen, dass für die weniger aufwendige Auslagerung keine Kosten mehr verrechnet und diese durch eine höhere monatliche Pauschale von 2.000 € abgedeckt werden. Darüber hinaus wird aktuell mit einem festen Zinssatz von 6 % p.a. gerechnet. Da sich erfahrungsgemäß der Bestellprozess bei Erstaufnahmeeinrichtungen als sehr aufwendig gestaltet, sollen nur Bedarfe programmorientiert ermittelt werden, welche 65 % des gesamten Einkaufswertes ausmachen. Für den restlichen Teil erfolgt in Zukunft eine verbrauchsorientierte Materialbedarfsrechnung. Für die zur Ausstattung benötigten Artikel werden Fracht- bzw. Versandkosten in Höhe von 25 € je Bestellung berechnet.

Zur Versorgung des Containerdorfs mit Warmwasser für Heizung und den Sanitärbereich soll ein mobiles Blockheizkraftwerksystem (BHKW) eingesetzt werden. Dieses hat eine thermische Leistung von 44 kW und elektrische Leistung von 25 kW bei einem Ölverbrauch von ca. 8,3 l/h. Aus Gründen der Nachhaltigkeit hat sich das Organisationsteam entschieden das BHKW mit Pflanzenöl von einer regionalen Rapsölerzeugergemeinschaft zu einem festen Preis vom 0,72 €/Liter zu beziehen.

Das Pflanzenöl wird in IBC-Behältern mit einer Kapazität von 1.000 l angeliefert. Dabei berechnet die Erzeugergemeinschaft 30 € Frachtkosten je Anlieferung und eine Behältermiete von 10 € je Container und Monat. Erfahrungsgemäß kann von einer durchschnittlichen Betriebszeit des BHKWs von 500 h pro Monat ausgegangen werden. Zudem wird eine ganzjährig konstante Auslastung des BHKW angenommen, da es sowohl zum Heizen im Winter als auch zur Kühlung im Sommer genutzt wird.

3.14.2.2 Ärztliche Erstuntersuchung

Nach der Ankunft von Flüchtlingen in einer Erstaufnahmeeinrichtung erfolgt die Registrierung durch die Zentrale Ausländerbehörde (ZAB). Zeitgleich findet die ärztliche Erstuntersuchung der Flüchtlinge gem. § 62 Asylverfahrensgesetz (AsylVfG) statt. In der bereits bestehenden Einrichtung Bergstraße werden jeden Montag und Donnerstag ab 9:00 Uhr Untersuchungen durchgeführt. Dazu steht ein Ärzteteam aus zwei Ärzten zur Verfügung. Herr Dr. med. Heilgut erhebt zunächst die allgemeine Anamnese, die von Frau Dr. med. Niekrank zur weiteren Behandlung genutzt wird.

Montags werden die Flüchtlinge untersucht, die im Zeitraum von Donnerstag bis Sonntag angekommen sind, während donnerstags die Asylsuchenden untersucht werden, die Montag bis Mittwoch ankommen. Seit Montag beherbergt die Einrichtung Bergstraße 15 Flüchtlinge. An der Meldestelle liegt das Registrierungsformular (vgl. Tabelle 3-143) vor. Die Campleitung hat bereits in der Spalte „Bemerkungen" einige Notizen zu den Asylbewerbern vorgenommen.

Tabelle 3-143 Registrierungsformular

Name	Herkunft	Geschlecht	Bemerkungen
Bijan Nymba	Mali	m	keine Bemerkung
Amaniel Guambo	Mali	m	keine Bemerkung
Amira Al Sayed	Syrien	w	Seniorin, Dolmetscher notwendig
Junis Al Sayed	Syrien	m	Senior, Dolmetscher notwendig
Ilias Al Sayed	Syrien	m	Dolmetscher notwendig
Mayla Al Sayed	Syrien	w	schwanger, Dolmetscher notwendig
Abdula Al Sayed	Syrien	m	Kind unter 6 Jahren, Dolmetscher notwendig
Sayid Querdrago	Eritrea	m	keine Bemerkung
Attila Issmael	Afghanistan	m	keine Bemerkung
Sarah Issmael	Afghanistan	w	Kind unter 6 Jahren
Jamil Issmael	Afghanistan	m	Kind zwischen 6 und 15 Jahren
Amir Afarid	Irak	m	Dolmetscher notwendig
Naledi Akuzawa	Eritrea	m	keine Bemerkung
Achmed Jenyat	Syrien	m	Dolmetscher notwendig
Afraima Hemidi	Syrien	w	schwanger, Dolmetscher notwendig

Je nach Bemerkung im Registrierungsformular benötigen die Ärzte unterschiedlich viel Zeit für Untersuchungen und Tests (vgl. Tabelle 3-144).

Tabelle 3-144 Zeitangaben in Minuten

Bemerkung	Herr Dr. med. Heilgut	Frau Dr. med. Niekrank
keine Bemerkung	5	7
Senior/Seniorin	8	10
schwanger	8	9
Kind unter 6 Jahren	6	8
Kind zwischen 6 und 15 Jahren	5	7
Dolmetscher	+ 5	+ 5

Kinder suchen mit ihrer Begleitperson die Ärzte auf. Das Kind und die Begleitperson benötigen jedoch einzelne Untersuchungen, um so optimale Bedingungen gewährleisten zu können. Wird ein Dolmetscher benötigt, erhöht sich die jeweilige Zeit um fünf Minuten. Zur Dokumentation der Untersuchung benötigen Herr Dr. med. Heilgut und Frau Dr. med. Niekrank jeweils drei Minuten nach jeder Untersuchung. Nach Abschluss der gesamten Untersuchung werden fünf Minuten zum Aufräumen und zur Desinfektion veranschlagt. Außerdem ist eine 15-minütige Pause nach der Hälfte der geplanten Untersuchungsdauer erwünscht, wenn die gesamte Erstuntersuchung länger als drei Stunden dauert.

3.14.2.3 Standortplanung der Großküchen

Zur Lebensmittelversorgung der Erstaufnahmeeinrichtungen hat sich die SLG GmbH dazu entschieden ein Großküchenkonzept aufzubauen. Das Planungsbüro hat bereits unterschiedliche Angebote eingeholt und sich vor Ort einen Überblick über die Räumlichkeit der Immobilien verschafft. Bei der Bewertung der logistischen Infrastruktur gelten sechs Standorte als geeignet. Aufgrund der begrenzten Kapazität der potenziellen Standorte ist es erforderlich mehrere Großküchen zu eröffnen. Je nach Investition und anfallender Miete sind unterschiedliche Fixkosten pro zu eröffnendem Standort zu berücksichtigen. In Tabelle 3-145 werden die möglichen Standorte mit entsprechenden Fixkosten pro Monat sowie geschätzten Lieferkapazitäten aufgelistet.

Tabelle 3-145 Standortdaten potenzieller Großküchen

Pot. Standorte	Fixkosten [€/Monat]	Max. Lieferkapazität [Person]
PK1	4500	1200
PK2	5500	1000
PK3	6000	800
PK4	3500	1000
PK5	3800	1000
PK6	3300	1200

Die Speisen werden in einer Thermobox mit jeweils zehn Essen transportiert. Mit dreimaliger Abholung und Anlieferung der Mehrwegmenüboxen je Tag soll ein externer Transportdienstleister beauftragt werden. Das Planungsbüro war bereits mit der Cateroo GmbH im Gespräch, die ihre Aufträge mit einem Kostensatz von 0,5 €/km abrechnet. Die Ladekapazität jedes LKWs entspricht 20 Thermoboxen. Die Entfernungen zwischen den Standorten sowie die Aufnahmekapazität der jeweiligen Erstaufnahmeeinrichtungen sind der Datei „Ausgangsdaten.xlsx" den Arbeitsblättern „Entfernungen PK-EAE" bzw. „Plätze EAE" zu entnehmen.

3.14.2.4 Einsatzplanung der Deutschlehrer

Die Asylsuchenden werden nach einem Aufenthalt von maximal drei Monaten in den Erstaufnahmeeinrichtungen auf Gemeinschaftsunterkünfte verteilt und bleiben hier während des mehrmonatigen Asylprüfungsverfahrens. Um die Integration der Schutzsuchenden zu beschleunigen, will die Stadt Dresden Deutschkurse anbieten. Zu diesem Zweck ist das Planungsbüro beauftragt worden die Deutschlehrkräfte zu engagieren und einzuplanen.

Die Lehrer unterrichten ihre Kursteilnehmer dabei direkt in der jeweiligen Gemeinschaftsunterkunft. Es soll zwei Mal pro Woche ein Deutschkurs (1,5 h) angeboten werden. Die Teilnehmer sollen in zwei kleinere Gruppen aufgeteilt werden, um leichter auf die individuellen Bedürfnisse und Fragen eingehen zu können. Dabei wird jede Gruppe durch eine Lehrkraft betreut.

Die Arbeitszeit beträgt bei einer Fünftagewoche (Montag bis Freitag) acht Stunden pro Tag. Nach einem maximal einstündigen Morgen-Meeting sollen die Lehrkräfte zu zweit mit einem Dienstwagen die zugeordneten Unterkünfte anfahren. Am Ende eines Arbeitstags müssen die Autos wieder auf dem Firmengelände der SLG GmbH abgestellt werden. Aufgrund der städtischen Verkehrslagen kann mit einer Durchschnittsgeschwindigkeit von 30 km/h gerechnet werden. Bei der Einsatzplanung soll eine halbe Stunde Pause berücksichtigt werden. Die Standorte der Gemeinschaftsunterkünfte sowie des Zentralbüros liegen bereits als Graph vor (siehe Datei „Lage_Gemeinschaftsunterkünfte.graph"). Die Entfernungen zwischen den zu betrachtenden Standorten wurden bereits ermittelt und sind der Datei „Ausgangsdaten.xlsx" im Arbeitsblatt „Entfernung GmstU" zu entnehmen.

3.14.3 Aufgabenstellung

Als Mitarbeiter der SLG GmbH sollen Sie zunächst einen geeigneten Lieferanten für die Container auswählen und überprüfen, ob die Wohncontainer „schlüsselfertig" bestellt werden können oder ob sie aufgrund des Übergabetermins selbst ausgestattet werden müssen. Falls eine Ausstattung seitens der SLG GmbH nötig wird, erstellen Sie in diesem Zuge einen Bestellplan für die wichtigsten Einkaufspositionen. Um Versorgungslücken vorzubeugen, wurden Sie zudem von der Erzeugergemeinschaft gebeten, den zukünftigen Bestellplan für das Pflanzenöl mitzuteilen.

Als Mitglied des Organisationsteams sollen Sie eine Ablaufplanung für die Ärzte erstellen. Dazu soll ein Untersuchungsplan unter dem Gesichtspunkt der minimalen Zykluszeit erstellt werden. Dieser wird im Anschluss an das Ärzteteam und die Flüchtlinge weitergeleitet. Darin enthalten sind die einzelnen Termine für die Flüchtlinge sowie die Arbeitszeit des Ärzteteams.

Erarbeiten Sie zudem einen Vorschlag, welche der potenziellen Großküchenstandorte nach dem Minimalkostenprinzip in Frage kommen und planen Sie zur Verbesserung der Sprachkenntnisse der Asylsuchenden die täglichen Rundreisen sowie die Anzahl der einzusetzenden Deutschlehrer.

3.14.4 Lösungsvorschlag

3.14.4.1 Lieferantenanalyse

Das Planungsbüro der SLG GmbH benötigt zur Lieferantenbewertung eine genaue Kostenübersicht der jeweiligen Lieferanten. Die Aufstellung der Mietoptionen legt verschiedene Zeiträume zugrunde. Um eine bessere Vergleichbarkeit der verschiedenen Angebote zu gewährleisten ist es notwendig, die Kosten pro Jahr zu bestimmen. Die Gesamtkosten sowie die Kosten pro Containerart sind der Tabelle 3-146 zu entnehmen.

Tabelle 3-146 Kostenermittlung für ein Jahr Mietdauer

Containerart	Bedarf	I Kosten pro Jahr	II Kosten pro Jahr	III Kosten pro Jahr
Bürocontainer	2	4.141,20 €	7.555,50 €	4.950,00 €
Gemeinschafts-container	3	34.176,60 €	27.977,25 €	19.435,56 €
Sanitärcontainer	175	1.824.270,00 €	2.052.225,00 €	1.598.999,50 €
Wohncontainer	175	809.655,00 €	855.286,25 €	500.986,50 €
Summe		2.672.242,80 €	2.943.044,00 €	2.124.371,56 €

Der beste Lieferant soll in diesem Fall mit Hilfe des Scoring-Verfahrens bestimmt werden. Bei diesem Verfahren wird den jeweiligen Lieferanten für definierte Kriterien ein Wert zwischen eins und fünf zugewiesen. Dabei stellt der Wert fünf die Höchstpunktzahl dar. Daraufhin werden den Kriterien Gewichtungen entsprechend ihrer Priorisierung zugeordnet. Wird diese mit den Punkten aus der Bewertung multipliziert, ergeben sich die jeweiligen Scoring-Werte. Die Summe der einzelnen Scoring-Werte bestimmt die Gesamtbewertung des jeweiligen Lieferanten.

Eine mögliche Punktbewertung und die Ergebnisse des Scoring–Verfahrens sind in Tabelle 3-147 zusammengefasst.

Tabelle 3-147 Ergebnis Scoring-Verfahren

Kriterien	Gewichtung in %	Bewertung			Scoring		
		I	II	III	I	II	III
Preis	40	4,00	3,00	5,00	1,60	1,20	2,00
Zuverlässigkeit	35	3,50	3,00	2,50	1,23	1,05	0,88
Lieferzeit (0,50)		*5,00*	*4,00*	*3,00*	*2,50*	*2,00*	*1,50*
Mengentreue (0,50)		*2,00*	*2,00*	*2,00*	*1,00*	*1,00*	*1,00*
Qualität	20	3,65	4,00	2,65	0,73	0,80	0,53
Haltbarkeit (0,65)		*4,00*	*4,00*	*3,00*	*2,60*	*2,60*	*1,95*
Funktionalität (0,35)		*3,00*	*4,00*	*2,00*	*1,05*	*1,40*	*0,70*
Kommunikation, Service, Image	5	5	3	2	0,25	0,15	0,10
	100				**3,81**	3,20	3,51

Die höchste Gesamtbewertung und somit das beste Ergebnis erzielt der Lieferant I, die Container Tech GmbH. Daher sollte dieser mit der Fertigung der Container beauftragt werden.

3.14.4.2 Durchlaufterminierung

Für die Neuerrichtung einer Erstaufnahmeeinrichtung steht der SLG GmbH der Zeitraum von Januar 2016 bis Ende Juli 2016 zur Verfügung. Unter der vereinfachten Annahme von 30 Tagen je Monat hat die SLG GmbH 210 Tage Zeit für die Neuerrichtung der Erstaufnahmeeinrichtung.

In der folgenden Aufgabe ist es notwendig zu prüfen, ob die SLG GmbH das Projekt „Neuerrichtung einer Erstaufnahmeeinrichtung in der Stadt Dresden" in der vorgegebenen Zeit realisieren kann. Eine entsprechende Zeitplanung kann bei Netzen mit deterministischen Vorgangsdauern und ohne Zyklen mittels der Critical Path Methode (CPM) erfolgen.

Variante 1

Bezieht das Planungsbüro der SLG GmbH sukzessiv die benötigten Container möbliert beim Lieferanten und lässt diese ebenfalls durch den Lieferanten aufstellen, ergibt sich eine Gesamtdauer des Projektes von 342 Tagen (siehe Datei „Aufbauplanung_EAE_Variante 1.cpmd").

Diese ist v.a. durch die zeitaufwendige Containerausstattung des Lieferanten bedingt. Da die Projektdurchführung 132 Tage über dem geforderten Termin liegt, sollte geprüft werden, ob die Beschaffung leerer Container sowie die eigenständige Aufstellung und Ausstattung die benötigte Zeitersparnis bieten (siehe Datei „Aufbauplanung_EAE_Variante 2.cpmd").

Variante 2

Bezieht das Planungsbüro die leeren Container vom Lieferanten und kümmert sich selbstständig um Aufbau und Ausstattung, ist das Projekt bereits nach 210 Tagen umgesetzt.

3.14.4.3 Materialbedarfsplanung für die Containeraustattung

Für die geforderte Bestimmung der Bestelllose ist zunächst eine Materialbedarfsrechnung durchzuführen. Laut Aufgabenstellung soll diese für die „wichtigsten" Positionen mit einem programmorientierten Verfahren ermittelt werden. Um festzustellen welche Bedarfe nach diesem Verfahren berechnet werden sollen, wird zunächst eine ABC-Analyse durchgeführt.

Tabelle 3-148 Ergebnis der ABC-Analyse

Kno-ten-Nr.	Unterbringungs-gegenstände	Preis/ Stück	Men-ge	Um-satz	kum. Umsatz	Grup-pe
12	Kleider-Wäsche-Schrank	94 €	4	376 €	33,3%	A
5	Zweifachetagenbett	159 €	2	318 €	61,5%	A
6	Matratze	39 €	4	156 €	75,3%	B
11	Stuhl/ Stahlrohr-Buche	25 €	4	100 €	84,1%	B
10	Tisch/ Stahlrohr-Buche	77 €	1	77 €	91,0%	C
9	Microfaser Betten-set/ 2 tlg.	18 €	4	72 €	97,3%	C
13	Handtuchset	4 €	4	16 €	98,8%	C
7	Spannbettlaken	5 €	2	10 €	99,6%	C
8	Matratzenauflage	1 €	4	4 €	100,%	C

In dieser Aufgabe sollen Produkte als A-Artikel bezeichnet werden, die einen kumulierten Anteil von 65 % des gesamten Einkaufswertes beinhalten. Die restlichen zu beschaffenden Artikel werden als B- und C-Artikel bezeichnet. Zwischen diesen wird die Grenze auf einen üblichen Wert von 85 % festgelegt. Das Ergebnis der ABC-Analyse wird mit Hilfe der Toolbox (siehe Datei „ABC_ausstatt.abcp") ermittelt, welches in Tabelle 3-148 dargestellt ist. Der Kleider-Wäsche-Schrank und das Zweifachetagenbett werden dabei als A-Artikel bestimmt.

Die Bedarfe an Unterbringungsgegenständen für die erste Jahreshälfte 2016 werden bestimmt durch den Lieferplan des Containerlieferanten. Zusätzlich ist in der Aufgabenstellung die Bedarfsstruktur eines Containers in einem Gozintographen (vgl. Abbildung 3-27) und in der Datei „Ausstattung.graph" gegeben. Zur Vereinfachung der programmorientierten Materialbedarfsrechnung kann dieser Graph auf die A-Güter reduziert werden (siehe Datei „AusstattungABC.graph"). Der Graph kann in das Dispositionsstufen-Verfahren der Toolbox übernommen werden.

Da die Betten und die Schränke bei Eintreffen der Container verfügbar sein sollten, muss die jeweilige Lieferzeit von vier Wochen (1 Monat) als Vorlaufverschiebung gewählt werden. Die disponiblen Bestände errechnen sich aus der Differenz des Lagerbestandes und des Sicherheitsbestands. Die mit Hilfe der Toolbox berechneten Bedarfslose (siehe Datei „Dispositionsstufencontainer.dsvt") sind in Tabelle 3-149 dargestellt.

Tabelle 3-149 Materialbedarfsermittlung für A-Güter

Monate	Dez 15	Jan 16	Feb 16	Mrz 16	Apr 16	Mai 16	Jun 16	Jul 16
Etagenbett	46	62	40	56	26	40	76	0
Kleider-Wäsche-Schrank	97	124	80	112	52	80	152	0

Mit den periodengenauen Bedarfen des Kleider-Wäsche-Schranks und des Zweifachetagenbetts kann nun ein kostenoptimaler Bestellplan berechnet werden. Für dieses Verfahren müssen die fixen Kosten pro Bestellung c_0 und die Kosten für die Lagerung c_L bekannt sein. Die Fixkosten pro Bestellung setzen sich in diesem Fall aus den Einlagerungskosten und den Bestellkosten zusammen:

$$c_0 = 225 \text{ € } + 25 \text{ € } = 250 \text{ €}$$

Die pauschalen Lagerhaltungskosten der Firma Cateroo GmbH fallen unabhängig von den Bestellungen an und sind somit für die Bestellkostenrechnung nicht relevant.

Die Kosten für die jeweilige Lagerhaltung der Artikel ergeben sich aus der Kapitalbindung. Aus dem gegebenem internen Zinssatz von 6 % p.a. und einer Periodendauer von einem Monat können die jeweiligen Lagerhaltungskostensätze für den Schrank c_{LS} und das Bett c_{LB} bestimmt werden:

$$c_{LS} = \frac{i \cdot p}{12} = \frac{6\% \cdot 94\,\text{€}}{12\,\text{Monate}} = 0,47\,\frac{\text{€}}{\text{Monat}}$$

$$c_{LB} = \frac{i \cdot p}{12} = \frac{6\% \cdot 159\,\text{€}}{12\,\text{Monate}} = 0,8\,\frac{\text{€}}{\text{Monat}}$$

Mit den Bedarfen aus dem Dispositionsstufen-Verfahren und den Kostensätzen können mit Hilfe der Toolbox die kostenoptimalen Bestelllose berechnet werden (siehe Datei „Etagenbett.gzr" und „Schrank.gzr"). Es ergeben sich die in Tabelle 3-150 dargestellten Bestelllose und die resultierenden Gesamtkosten.

Tabelle 3-150 Kostenoptimaler Bestellplan für A-Güter

Monate	Dez 15	Jan 16	Feb 16	Mrz 16	Apr 16	Mai 16	Jun 16	Jul 16
Etagenbett Kosten: 880,80 €	148	0	0	198	0	0	0	0
Kleider-Wäsche-Schrank Kosten: 947,44 €	301	0	0	396	0	0	0	0

3.14.4.4 Bestellmengenrechnung für Pflanzenöl

Für den monatlich konstanten Pflanzenölbedarf des BHKW der Erstaufnahmeeinrichtung kann die statische Bestellrechnung angewandt werden. Der monatliche Bedarf von 4150 Liter ergibt sich hierbei aus den durchschnittlichen Betriebsstunden und dem Rapsölverbrauch pro Stunde:

$$d = 8,3\,\frac{l}{h} \cdot 500\,\frac{h}{\text{Monat}} = 4150\,\frac{l}{\text{Monat}}$$

Die bestellfixen Kosten c_0 ergeben sich aus der Summe der Einlagerungskosten und den Frachtkosten:

$$c_0 = 225\,\text{€} + 30\,\text{€} = 255\,\text{€}$$

Der Lagerkostensatz $c_{L\ddot{o}}$ ergibt sich aus der Summe der Kapitalbindungskosten und der Miete für die Transportbehälter für das Rapsöl:

$$c_{L\ddot{O}} = \frac{i \cdot p}{12} + \frac{r}{1000\ l} = \frac{6\,\% \cdot 0,72\,€\,/\,l}{12\ Monate} + \frac{10\,€\,/\,Monat}{1000\ l} = 0,0136\ \frac{€}{Monat \cdot l}$$

Mit den berechneten Kostensätzen kann nun mit Hilfe der Toolbox die kostenoptimale Bestellmenge und -periode bestimmt werden. Dabei ergibt sich eine Bestellmenge von 14548 Liter aller 3,5 Monaten (siehe Datei „Rapsöl.eoqd"). Sollte der Rapsöllieferant nur komplette IBC-Container anliefern, müssen durch Rundung im Wechsel 15 IBC- bzw. 14 IBC-Container bestellt werden.

3.14.4.5 Ablaufplanung für medizinische Untersuchungen

Die Einplanung der Flüchtlinge auf das Ärzteteam kann mit Hilfe der Maschinenbelegungsplanung erfolgen. Jeder Flüchtling besucht beide Ärzte einmal. Zunächst ist für die Anamnese Herr Dr. med. Heilgut zu besuchen. Anschließend setzt Frau Dr. med. Niekrank die Untersuchungen fort. Daraus lässt sich schließen, dass die Erstuntersuchung anhand der Fließfertigung zu planen ist.

Um das Verfahren anwenden zu können, sind zunächst die Zeiten je Flüchtling und Arzt zu berechnen. Dies erfolgt durch die Zuordnung der Zeitangaben zu den Flüchtlingen anhand ihres Merkmals. Wird ein Dolmetscher benötigt, erhöht sich die Zeit um fünf Minuten. Die benötigten Zeiten sind in Tabelle 3-151 aufgelistet.

Tabelle 3-151 Zeiten je Flüchtling und je Arzt in Minuten

Name	Herr Dr. med. Heilgut	Frau Dr. med. Niekrank
Bijan Nymba	5	7
Amaniel Guambo	5	7
Amira Al Sayed	13	15
Junis Al Sayed	13	15
Ilias Al Sayed	10	12
Mayla Al Sayed	13	14
Abdula Al Sayed	11	13
Sayid Querdrago	10	12
Attila Issmael	5	7
Sarah Issmael	6	8
Jamil Issmael	5	7
Amir Afarid	10	12
Naledi Akuzawa	5	7
Achmed Jenyat	13	15
Afraima Hemidi	13	14

Beispielsweise ergibt sich für Mayla Al Sayed eine Untersuchungszeit bei Herrn Dr. med. Heilgut in Höhe von 13 Minuten. Da sie schwanger ist, sind andere bzw. weitere Tests notwendig. Die Untersuchungszeit dauert acht statt fünf Minuten. Außerdem ist ein Dolmetscher zur Verständigung notwendig. Hier kann davon ausgegangen werden, dass sich die Untersuchungsdauer um weitere fünf Minuten erhöht.

Anschließend können die Zeiten in die Toolbox übernommen werden. Es ergibt sich eine Zykluszeit in Höhe von 170 Minuten (siehe Datei „Aufgabe 3_Johnson.mbf2"). Unter Berücksichtigung der drei Minuten für die Dokumentation nach jeder Untersuchung resultiert eine Zykluszeit von $170 + 3 \cdot 15 = 215$ Minuten.

Für den Abschluss der gesamten Untersuchung sind weitere fünf Minuten notwendig. Wird dies berücksichtigt, erhöht sich die gesamte Zykluszeit auf 220 Minuten. Dies entspricht 3,67 Stunden. Da die Zykluszeit drei Stunden übersteigt, ist eine Pause einzuplanen. Daraus resultiert eine neue Zykluszeit in Höhe von 235 Minuten.

Der Untersuchungsplan soll die Reihenfolge der einzuplanenden Flüchtlinge sowie die jeweiligen Uhrzeiten, an denen sie sich bei den Ärzten einfinden sollen, beinhalten. Die Reihenfolge gibt die Lösung des Verfahrens von Johnson vor. Nun sind ihre jeweiligen Zeiten auf Uhrzeiten umzurechnen, beginnend bei 9:00 Uhr (vgl. Tabelle 3-152).

Tabelle 3-152 Untersuchungsplan

Name	Herr Dr. med. Heilgut		Frau Dr. med. Niekrank	
	Beginn	**Ende**	**Beginn**	**Ende**
Bijan Nymba	9:00	9:05	9:05	9:12
Amaniel Guambo	9:08	9:13	9:15	9:22
Attila Issmael	9:16	9:21	9:25	9:32
Jamil Issmael	9:24	9:29	9:35	9:42
Naledi Akuzawa	9:32	9:37	9:45	9:52
Sarah Issmael	9:40	9:46	9:55	10:03
Ilias Al Sayed	9:49	9:59	10:06	10:18
Sayid Querdrago	10:02	10:12	10:21	10:33
	Pause		Pause	
Amir Afarid	10:30	10:40	10:51	11:03
Abdula Al Sayed	10:43	10:54	11:06	11:19
Amira Al Sayed	10:57	11:10	11:22	11:37
Junis Al Sayed	11:13	11:26	11:40	11:55
Mayla Al Sayed	11:29	11:42	11:58	12:12
Achmed Jenyat	11:45	11:58	12:15	12:30
Afraima Hemidi	12:01	12:14	12:33	12:47
Arbeitszeitende		**12:22**		**12:55**

Es ist ebenfalls zulässig, die Pause von Herrn Dr. med. Heilgut im Anschluss an Sayid Querdrago und die Pause von Frau Dr. med. Niekrank nach der Untersuchung von Ilias Al Sayed einzuplanen, um eine gemeinsame Pausenzeit zu ermöglichen.

Abschließend sind die Zeiten für die Pflege der Checkliste und die Aufräumarbeiten zu den Endzeiten hinzuzuaddieren. Für Herrn Dr. med. Heilgut ergibt sich eine Arbeitszeit von 9:00 – 12:22 Uhr und für Frau Dr. med. Niekrank eine Arbeitszeit von 9:05 – 12:55 Uhr.

3.14.4.6 Standortplanung für Großküchen

Zur Ermittlung der kostenoptimalen Standorte für die neuen Großküchen muss zunächst die Stadtkarte mit Standorten der EAEs und der potenziellen Küchen als Graph in der Toolbox dargestellt werden. Da die potenziellen Standorte bekannt sind und diese in den Knoten liegen, handelt es sich um ein diskretes Standortproblem. Es kann mit dem ADD- oder DROP-Algorithmus gelöst werden.

Die Kanten im Graphen werden mit den Transportkosten (variable Kosten) bewertet, die sich durch Multiplikation der Entfernungen mit dem vom Spediteur vorgegebenen Kilometerkostensatz von 0,5 €/km berechnen lassen. Allerdings sind die variablen Kosten auf Monatsbasis umzurechnen;

Kantenbewertung = Entfernung · 0,5 €/km · 3 Fahrten je Tag · 7 Tage je Woche · 4 Wochen je Monat

Da in der Toolbox nur ganzzahlige Werte eingetragen werden können, müssen die Transportkosten mit 10 multipliziert werden. Die Fixkosten sind dadurch ebenfalls mit dem Faktor 10 zu multiplizieren.

Da jeder Standort unterschiedliche Lieferkapazitäten zur Verfügung stellt, muss der kapazitierte ADD- bzw. DROP-Algorithmus angewandt werden. Dafür sind die Bedarfe entsprechend der Einwohnerzahl der EAE und die Angebote entsprechend der Lieferkapazität der Standorte in die Toolbox zu übernehmen. Der Aufgabenstellung ist zu entnehmen, dass jeder LKW Platz für 20 Thermoboxen zur Verfügung stellt, mit denen jeweils 10 Menüboxen transportiert werden. Die Bedarfe bzw. Angebote an LKW-Ladungen ergeben sich somit aus der Anzahl der Essen dividiert durch 200 Essen je LKW (vgl. Tabelle 3-153).

Tabelle 3-153 Umrechnung Transporteinheit (Auszug)

Knoten	Bedarf [Essen]	Angebot [Essen]	Benötigte LKWs
EAE1	250		2
...	...		...
EAE7	350		2
EAE8	700		4
PK1		1200	6
PK2		1000	5
PK3		800	4
PK4		1000	5
...		...	...

Mit Hilfe der Toolbox können folgende Ergebnisse erzielt werden:

- **kapazitierter ADD-Algorithmus**
  Gesamtkosten: 31.132,80 € (davon fix: 22.800 €)

  5 geöffnete Standorte: PK1, PK2, PK3, PK4, PK6

- **kapazitierter DROP-Algorithmus**
  Gesamtkosten: 28.668,40 € (davon fix: 21.100 €)

  5 geöffnete Standorte: PK1, PK3, PK4, PK5, PK6

Das Ergebnis des DROP-Algorithmus wird aufgrund der geringeren Kosten bevorzugt. Es sollten die fünf Standorte PK1, PK3, PK4, PK5 und PK6 eröffnet werden. Die Zuordnung der EAEs zu den Großküchen kann als Ergebnis der Standortplanung wie folgt vorgenommen werden (siehe Datei „Ergebnis_Standortplanung.graph"):

- PK1:   EAE1, EAE2, EAE3
- PK3:   EAE3
- PK4:   EAE3, EAE6
- PK5:   EAE5, EAE8
- PK6:   EAE4, EAE5, EAE7

Somit werden z.B. EAE 1 und EAE 2 sowie teilweise EAE 3 von der Großküche 1 mit Essen versorgt. Der restliche Bedarf der EAE 3 wird von der Großküche 3 und 4 geliefert.

3.14.4.7 Tourenplanung der Deutschlehrer

In jeder Gemeinschaftsunterkunft soll zweimal pro Woche ein Deutschkurs stattfinden. Es handelt sich hierbei um ein Tourenplanungsproblem, bei dem ausgehend von einem Depot (SLG GmbH) und einem gegebenen Fuhrpark mit Fahrzeugen innerhalb einer Periode (eine halbe Woche) 22 Gemeinschaftsunterkünfte anzufahren sind. Für jede Tour ist eine gleiche maximale Dauer von 6,5 Stunden einzuhalten (8 h Arbeitszeit – 1 h Morgenmeeting – 0,5 h Pausenzeit).

Zur Bestimmung der Touren kann die Savings-Heuristik genutzt werden. Hierfür werden die Bedarfsmengen der Kunden, ein Graph, ein Fuhrpark mit Fahrzeugen, die Unterrichtsdauer und die Maximaltourzeit benötigt. Da die Restriktionen im gesamten Netz durch die Fahr- und Unterrichtszeiten bestimmt werden, sind dem Graphen Kanten auf Basis von Zeitbewertungen hinzuzufügen. Dazu müssen die Entfernungen durch die durchschnittliche Fahrgeschwindigkeit von 30 km/h dividiert werden:

Fahrzeit [Minute] = Entfernung [km] / Fahrgeschwindigkeit (30 km/h) · 60

Da in der Toolbox nur ganzzahlige Werte eingetragen werden können, werden die Fahrzeiten aufgerundet. Um die Tourenplanung mit Hilfe der Savings-Heuristik durchführen, müssen neben den Fahrzeiten im Menüpunkt „Knotendaten" fiktive Bedarfe (z. B. jeweils „1") sowie die Unterrichtszeit von 90 Minuten als Standzeit eingegeben werden (außer Knoten 23 (SLG)). Zudem ist ein beliebig großer Fuhrpark mit hohen Fahrzeugkapazitäten anzulegen. Die Begrenzung der Touren erfolgt über die Eingabe der maximalen Tour-Zeit von 390 Minuten (6,5 Stunden) unter Menüpunkt „Graphendaten". Unter diesem wird auch der Knoten 23 als Ausgangspunkt festgelegt. Es ergeben sich folgende Touren:

- Tour 1:   23 – 2 – 3 – 5 – 23   307 Minuten
- Tour 2:   23 – 4 – 16 – 1 – 23   338 Minuten
- Tour 3:   23 – 6 – 21 – 22 – 23   333 Minuten
- Tour 4:   23 – 7 – 9 – 23   201 Minuten
- Tour 5:   23 – 8 – 11 – 12 – 23   303 Minuten
- Tour 6:   23 – 10 – 20 – 19 – 23   326 Minuten
- Tour 7:   23 – 14 – 13 – 18 – 23   309 Minuten
- Tour 8:   23 – 15 – 17 – 23   223 Minuten

2.340 Minuten

Es kann allerdings durch eine leichte Verlängerung der maximalen Tour-Zeit um zehn Minuten (nun insgesamt 400 Minuten) eine Tour eingespart werden:

- Tour 1:   23 – 2 – 3 – 5 – 23   307 Minuten
- Tour 2:   23 – 4 – 16 – 1 – 23   338 Minuten
- Tour 3:   23 – 6 – 7 – 9 – 23   297 Minuten
- Tour 4:   23 – 8 – 15 – 17 – 23   321 Minuten
- Tour 5:   23 – 10 – 20 – 19 – 23   326 Minuten
- Tour 6:   23 – 11 – 12 – 13 – 14 – 23   394 Minuten
- Tour 7:   23 – 18 – 21 – 22 – 23   342 Minuten

<u>2.325 Minuten</u>

Die überschrittene Arbeitszeit der Tour 6 (394 min) kann durch Verkürzung des Morgen-Meetings kompensiert werden. Nach diesem Ergebnis sind drei Fahrgemeinschaften (FG) je zwei Lehrer nötig und es ist der in Tabelle 3-154 dargestellte Einsatzplan denkbar.

Tabelle 3-154 Einsatzplan für Deutschlehrer

Mo.	Di.	Mi.	Do.	Fr.
FG 1: Tour 1	FG 1: Tour 4	FG 1: Tour 7	FG 1: Tour 3	FG 1/2/3: Tour 6
FG 2: Tour 2	FG 2: Tour 5	FG 2: Tour 1	FG 2: Tour 4	
FG 3: Tour 3	FG 3: Tour 6	FG 3: Tour 2	FG 3: Tour 5	FG 2/3/1: Tour 7

3.15 SnowWhite GmbH

3.15.1 Das Unternehmen

Das schneesichere Kitzbüheler Skigebiet SnowWhite zählt mit seinen zahlreichen Pistenkilometern ohne Zweifel zu den beliebtesten Skiresorts weltweit und setzt in Sachen Winterfreude neue Maßstäbe. Die in Kitzbühel ansässige SnowWhite GmbH mit derzeit 87 Mitarbeitern betreibt dieses Skigebiet seit 2010. Die Geschäftsführung ist ständig bestrebt das Skigebiet zu verbessern und neue Gäste zu gewinnen. Zukünftig soll der größte Snowpark der Alpen entstehen. Bevor sich jedoch der Erweiterung des Skigebiets gewidmet werden kann, steht die Geschäftsführung vor einer anderen Problematik. Wenige Tage bevor die Lifte für die Saison 2014/2015 in Betrieb genommen werden sollten, fielen unerwartet hohe Schneemengen. Innerhalb weniger Tage gab es mehrere Meter Neuschnee. In der letzten Nacht, zwei Wochen vor offiziellem Saisonbeginn, wurde auf der Ehrenbachhöhe eine Lawine ausgelöst. Die Geschäftsleitung ist sich nun unsicher, ob der Termin für den Start der Saison einzuhalten ist. Die Lawine hat nicht nur Teile der Pisten zerstört, sondern auch nahezu die gesamte Bergwacht an der Ehrenbachhöhe Süd.

3.15.2 Problembereiche

3.15.2.1 Instandsetzung

Die Lawine hat zahlreiche Liftmasten an der Piste 25 (zwischen Kirchberg Süd und Ehrenbachhöhe Süd) und dem Sessellift der Piste 26 (zwischen Kirchberg West und Mittelstation Ehrenbachhöhe) beschädigt. Auch die Pistenbegrenzungen und Kennzeichnungen wurden von der Lawine zerstört. Diese dienen nicht nur den Ski- und Snowboardfahrern zur Orientierung, sondern sind auch für die Pistenfahrzeuge unerlässlich um die Hänge zu präparieren. Zusätzlich wurden auch die beiden Zufahrtsstraßen zum Skigebiet teilweise verschüttet. Da es sich um Privatstraßen handelt, sind die Betreiber von SnowWhite für die Räumung zuständig.

Aufgrund des nahenden Beginns der Saison sollen zunächst die Skipisten, Lifte und Zugänge zum Skigebiet instandgesetzt werden. Eine Verzögerung soll unter allen Umständen vermieden werden, da die betroffenen Pisten 25 und 26 unter den Wintersportlern besonders beliebt sind. Bevor jedoch mit den Aufräum- und Reparaturarbeiten begonnen werden kann, sind zusätzliche Absprengungen an der Piste 26 vorzunehmen, um ein weiteres Abrutschen der Schneemassen auszuschließen. Die Vorbereitungen und Ausführung der Sprengungen dauern insgesamt drei Tage.

Parallel dazu können bereits die beiden Zufahrtsstraßen geräumt werden, da nicht erwartet wird, dass Geröll oder Schnee durch die Sprengungen das Tal erreicht. Hierfür soll die Firma Schnee-Adé aus dem Ort engagiert werden. Herr Schmelzer, der Geschäftsführer des Betriebs, schätzt, dass ein Team von vier Angestellten die Straßen innerhalb von fünf Tagen räumt. Kleinere Teamgrößen sind aufgrund von Ineffizienzen nicht lohnenswert. Bei Bedarf können auch weitere Arbeiter bestellt werden. Da SnowWhite die Firma Schnee-Adé bereits für den regulären Winterdienst verpflichtet hat, unterbreitet Herr Schmelzer ein Sonderangebot. Für einen Stundenlohn von 25 € pro Arbeitskraft (inkl. Arbeitsgeräte) ist er bereit die Zufahrtsstraßen zu räumen. Falls die SnowWhite GmbH mehr als 10 Personen benötigt, wird eine Aufwandsentschädigung von 100 € pro Tag und zusätzlichem Helfer fällig, da ihm dadurch voraussichtlich andere Aufträge entgehen werden.

Nachdem die Absprengungen durchgeführt wurden, müssen am Hang der Ehrenbachhöhe neue Stützverbauungen für den Lawinenschutzwall installiert werden. Hierfür stehen vier Lieferanten zur Auswahl, welche die Verbauungen bereits in benachbarten Skigebieten errichteten. Durch die benachbarten Skiresort-Manager liegen Bewertungsbögen über die Lieferanten vor, die von Ihren Kollegen bereits strukturiert zusammengefasst wurden (vgl. Tabelle 3-155).

Tabelle 3-155 Bewertungen der einzelnen Bauunternehmen

Kriterien	Gewichtung	Bewertung			
		A	B	C	D
Image	5%	4	4	3	4
Termintreue	15%	5	4	2	5
Qualität	60%				
Haltbarkeit (25%)		2	4	3	4
Funktionalität (75%)		4	3	5	4
Preis	15%	4	4	3	2
Kooperation und Service	5%				
Zusammenarbeit (50%)		4	5	4	2
Kundendienst (50%)		5	2	4	3

Firma A verlangt für die Errichtung der gewünschten Stützverbauung 20.000 € und benötigt zwölf Tage Vorbereitungs- und Bauzeit. Bei Firma B, C und D sind es jeweils 19.500 € und neun Tage, 22.000 € und elf Tage sowie 24.000 € und zehn Tage.

Nach der Räumung der Zufahrtsstraßen können die Pistenarbeiten beginnen. Zuerst sollen die überschüssigen Schneemassen durch Pistenraupen verteilt und die Pisten anschließend verdichtet werden. Es stehen acht Pistenraupen zur Verfügung. Bei einem Einsatz von jeweils vier Pistenraupen dauert dieser Arbeitsschritt auf Piste 25 fünf Tage und auf Piste 26 drei Tage. Die Maschinen können allerdings auch beliebig verteilt werden, wodurch sich die Arbeitszeit anteilig verändert.

Anschließend werden größere Gegenstände wie Bäume und mitgerissene Teile der alten Stützverbauung von den Pistenraupen abtransportiert (Säuberung). Schätzungsweise werden auf Piste 25 ca. 1.200 Stunden benötigt, bis alle Teile eingesammelt und entsorgt sind. Auf Piste 26 fallen dagegen 800 Stunden an. Da die Saison erst in zwei Wochen beginnt, sind viele Angestellte noch nicht angereist und es stehen somit nur 14 Mitarbeiter zur Verfügung. Zusätzlich besteht die Möglichkeit weitere Arbeiter aus dem Ort für einen Stundenlohn von 10 € zu gewinnen. Dafür wird von einer Agentur im Ort eine Gebühr von 30 € je vermittelter Arbeitskraft berechnet. Es ist zu beachten, dass alle Mitarbeiter maximal 10 Stunden am Tag zur Verfügung stehen. Aufgrund der Ausnahmesituation darf auch sonntags gearbeitet werden.

Parallel zum Säubern findet die Aufstellung der Kennzeichnungen und Wegweiser beider Pisten statt. Diese Arbeiten werden ebenfalls von eigenen Mitarbeitern bzw. gegebenenfalls von örtlichen Zusatzkräften ausgeführt. Für diese Aufgabe wird mit einer Arbeitsbelastung von 130 Stunden auf Piste 25 und 110 Stunden auf Piste 26 gerechnet.

Sobald die Pisten verdichtet sind, kann ebenfalls (parallel zur Säuberung und Kennzeichnung der Pisten) mit der Reparatur der Liftanlagen begonnen werden. Auf Piste 25 ist die Kabinenbahn, die über eine spezielle Einklinktechnik und ein neuartiges Rollensystem verfügt, beschädigt. Bei Piste 26 handelt es sich hingegen um eine ältere Sesselliftanlage. Beide Lifte müssen anschließend durch den TÜV abgenommen werden. Da der Sessellift (Piste 26) schon etwas in die Jahre gekommen ist, wird dieser erneuert. Das für die Reparaturen beauftragte Unternehmen bietet an, einen Teil der Arbeiten von Auszubildenden durchführen zu lassen. Die Reparaturzeit verlängert sich dadurch von vier auf sechs Tage. Als Entschädigung berechnet das Unternehmen 500 € weniger. Das Unternehmen schickt zwei Reparaturteams, die je auf einen Lifttyp spezialisiert sind. Insgesamt kostet die Reparatur beider Liftanlagen 80.000 €.

Der Firmensitz des Unternehmens, welches auch für die Reparatur des Kabinenlifts (Piste 25) engagiert werden soll, liegt etwa 30 Minuten von Mast 1 entfernt. Die Dauer, um von einem Mast zum darauffolgenden Mast zu gelangen, beträgt aufgrund des schwierigen Geländes und damit verbundener Umwege zehn Minuten. Dabei muss immer zuerst Mast 1 vom Firmensitz aus angefahren werden. Anschließend kann Mast 2, dann Mast 3 usw. erreicht werden. Es ist mit einer maximalen Arbeitszeit von zehn Stunden am Tag zu rechnen, wobei jeder angefangene Tag als vollständiger Tag zählt.

Tabelle 3-156 gibt einen Überblick über die Art der Beschädigung der Masten auf Piste 25, die Entfernungen zwischen den Masten sind dem Tabellenblatt „Entfernung_Masten" der Excel-Datei „Aufgabedaten.xlsx" zu entnehmen. Die Reparatur eines leicht beschädigten Masts der Kabinenbahn nimmt insgesamt eine Stunde Zeit in

Anspruch, wohingegen ein stark beschädigter Mast drei Stunden beansprucht. Die Abnahme der Liftanlagen durch den TÜV dauert jeweils drei weitere Tage.

Tabelle 3-156 Grad der Beschädigung der Masten an Piste 25

Mast Nr.	Schadensausmaß
1,2,3,5,8,9	stark beschädigt
4,6,7,10,11,12,13,14,15	leicht beschädigt

3.15.2.2 Bergrettungswacht

Neben der zeitlich drängenden Wiederherstellung und Reparatur der Pisten besteht das Problem, dass die Zentrale der Bergrettungswacht zerstört wurde. Seit deren Erbauung wurde das Skigebiet mehrmals erweitert. Ein neuer Standort könnte daher vorteilhaft sein. Grundlegend stehen dabei alle Standpunkte der Tal- und Bergstationen zur Verfügung. Lediglich die Hüttenbetreiber haben ihre Bedenken über eine Bergwacht in unmittelbarer Nähe zu ihren Almen geäußert. Die Investitionssumme für einen Neubau beläuft sich dabei auf 800.000 €. Aus diversen Unterlagen und Erfahrungsberichten der Nachbartäler ist bekannt, dass ein Bau oberhalb der Talregion die Kosten um 25 % erhöht. Des Weiteren zeigen Gutachten von einem Sachverständigen, dass bei der Sanierung der zerstörten Bergstation WhiteAngel am Knotenpunkt Ehrenbachhöhe Süd eine Kostenminimierung von 20 % realisierbar ist. Zudem ist ein Praktikant bei seiner Internetrecherche zufällig auf das EU-Förderprogramm „Interreg" aufmerksam geworden. Es besteht die Möglichkeit die Hälfte der Investitionen als Fördermittel von der Europäischen Union zu erhalten.

Grundsätzlich kann der Neubau linear mit 3 % jährlich abgeschrieben werden. Die Abschreibung ist hierbei mit Hilfe der Herstellungskosten abzüglich des Fremdzuschusses zu bemessen. Des Weiteren hat die Buchhaltung die Höhe der laufenden Kosten einer Bergrettungswacht auf 50.000 € monatlich beziffert.

Da die Bergrettungswacht möglichst kostengünstig positioniert werden soll und die Kosten jedes Rettungseinsatzes von der Dauer zum Unfallort abhängig sind, hat ein Praktikant die Fahrtzeiten mit einem Schneemobil zwischen den Stationen gemessen (siehe Datei „Aufgabedaten.xlsx", Tabellenblatt „Entfernungen_Netz").

Im Falle eines Unglücks von Wintersportlern ist jedoch die kritische Zeitgrenze von zehn Minuten bis zur Unfallstelle unbedingt zu beachten. Neben den acht Motorschlitten können zwei Rettungshubschrauber für längere Einsatzstrecken eingesetzt werden, welche jeden Punkt in einem Viertel der ursprünglichen Zeit erreichen können. In der Tabelle 3-157 sind die Kosten der Transportmittel festgehalten.

Tabelle 3-157 Kosten der (Rettungs-)Transportmittel

	Schneemobil	**Rettungshub-schrauber**
Einsatzkosten	20 €/min + 75 € pauschal	60 €/min + 135 € pauschal

Zudem steht die Unfallstatistik der letzten Jahre zur Verfügung. Nach der Kollision eines prominenten deutschen Politikers in der Saison 2008/09 in den Alpen wurde ein neues Sicherheitskonzept für die Skigebiete in Österreich entwickelt. Seitdem müssen zu den absoluten Unfallzahlen der Unfallgrund und die Schwere der Verletzung festgehalten werden. Leider waren die meisten Unterlagen auf den Rechnern der Bergwacht gespeichert, welche von der Lawine größtenteils zerstört wurde.

Auf einem Ausdruck, den der Koordinationsleiter der Rettungswacht zum Abschluss der letzten Wintersaison veröffentlicht hat, befinden sich jedoch noch nützliche Informationen, die als Basis für die Berechnung ausreichend sein sollten:

Unfälle und Verletzungen im alpinen Skisport

- 1,1 Kollisionsunfälle je 1.000 Wintersportler und pro Saison (6 Monate), welche 20 % der gesamten Unfälle ausmachen (Tendenz steigend)

- bei jedem dritten Unfall muss die Bergwacht ausrücken

- annähernde Gleichverteilung auf den einzelnen Pisten/Strecken unabhängig von Länge und Schwierigkeitsgrad

Als Grundlage für die Konzeption der neuen Bergrettungswacht soll der Mittelwert des Besucheraufkommens der nächsten fünf Saisons dienen, wobei die verschiedenen Planungshorizonte wie folgt prognostiziert werden sollen:

- kurzfristig (Saison 14/15): mittels Schneehöhen-Korrelation

- mittel- und langfristig (ab Saison 15/16): mittels Prognose

Die Daten zu den Schneehöhen und Besucherzahlen sind in Tabelle 3-158, Tabelle 3-159 und Tabelle 3-160 sowie in der Datei „Aufgabedaten.xlsx" im Tabellenblatt „Prognosen" gegeben.

Tabelle 3-158 *Schneehöhen der Saisons 12/13 und 13/14*

Saison 12/13	Nov 12	Dez 12	Jan 13	Feb 13	Mrz 13	Apr 13
Schneehöhe [cm]	37	103	141	168	162	122
Saison 13/14	Nov 13	Dez 13	Jan 14	Feb 14	Mrz 14	Apr 14
Schneehöhe [cm]	39	71	95	94	81	60

Tabelle 3-159 *Schneehöhen-Gästezahlen-Korrelation*

Schneehöhe Durch-schnitt [cm]	0-50	51-100	101-150	über 150
Zuwachs Gästezah-len nächste Saison	-1%	0%	1%	2%

Tabelle 3-160 *Gästezahlen seit der Saison 06/07*

Sai-son	06/ 07	07/ 08	08/ 09	09/ 10	10/ 11	11/ 12	12/ 13	13/ 14
Gäste [Tsd.]	588	588	597	612	609	638	651	657

Aufgrund einer Imagekampagne und der Erweiterung des Skigebietes ist zudem mit einem Besuchersprung um 8 % zu Beginn der Saison 15/16 zu rechnen.

3.15.2.3 Erweiterung

Die SnowWhite GmbH plant nach langen Überlegungen den Aufbau eines Snowparks in der nächsten Saison, um mehr Aufmerksamkeit der action-affinen Sportler auf sich zu ziehen. Mit der Planung und Durchführung eines solchen Parks wurde Herr Sprung betreut, dessen Recherchen ergeben haben, dass der klassische Snowpark mindestens die drei Hindernisse „Kicker", „Jibs" und „Pipes" enthalten sollte.

Alle Hindernisse lassen sich in die drei Schwierigkeitsklassen Small, Medium und Large einteilen. Hindernisse der Klasse Small sind befahrbar, ohne zwangsweise ab-zuheben. Die maximale Absturzhöhe beträgt 0,5 m. In der Medium-Klasse können Sprünge von 5 - 12 m vollzogen werden. Large-Hindernisse sind über 10 m hoch.

Herr Sprung ist sich noch unsicher, welche Hindernisse in welcher Anzahl und Schwierigkeitsklasse für den Park eingeplant werden sollten. Ihm erscheint es als sinnvoll, die Hindernisse nach dem maximalen Deckungsbeitrag zu planen. Da mit dem Snowpark auch Actionsportler angesprochen werden sollen, wird besonderes Augenmerk auf die höheren Schwierigkeitsklassen gelegt. Um zusätzlich die Stammkundschaft des Skigebiets anzusprechen, dürfen allerdings auch „einfache" Hindernisse nicht fehlen.

Gemeinsam mit dem Management der SnowWhite GmbH wurden Mindestanzahlen (vgl. Tabelle 3-161) der Hindernisse festgelegt, die für eine ausreichende Vielfalt und Attraktivität des Parks sorgen sollen.

Tabelle 3-161 Mindestausstattung des Snowparks

	Small	Medium	Large
Kicker	6	10	10
Jib	5	8	10
Pipe	2	2	2

Aufgrund des mangelnden Platzangebots können nicht beliebig viele Hindernisse gebaut werden, ohne die bestehenden Pisten einzuschränken. Alle Beteiligten verständigten sich darauf, maximal 30 Kicker und 30 Jibs sowie nicht mehr als acht Pipes zu erstellen. Mit diesen Maßnahmen wird auf Grundlage einer Befragung vermutet, dass ca. 15 % der bisherigen ca. 650.000 Besucher pro Jahr angesprochen werden können. Weiterhin wurde ein Marktforschungsunternehmen beauftragt, welches zu dem Ergebnis kam, dass bis zu 3 % neue Besucher zusätzlich generiert werden können.

Der Ticketpreis soll sich nach der Größe des errichteten Parks richten. Für die Preiskalkulation wird angenommen, dass der Preis einer Tageskarte je Hindernis der Klasse Small um 20 Cent erhöht werden kann. Medium- bzw. Large-Hindernisse führen zu einer Preiserhöhung von 25 bzw. 30 Cent.

Für die Kostenkalkulation hat sich Herr Sprung an einen befreundeten Pistenbully-Fahrer gewendet, der grobe Schätzungen für die Aufbaudauer geben kann. Herr Sprung hat seinem Freund mitgeteilt, dass für den Bau des Parks maximal zwei Maschinen (Verbrauch Diesel 30 l/h, aktueller Dieselpreis: 1,20 €/l) und drei Handarbeiter, sogenannte Shaper, zur Verfügung stehen. Das Ergebnis der Befragung inklusive einer Kostenschätzung für die Planung ist in Tabelle 3-162 dargestellt.

Tabelle 3-162 Zeit und Kosten für den Hindernisbau

	Kicker / Jib Small	Kicker /Jib Medium	Kicker / Jib Large	Pipe Small	Pipe Med.	Pipe Large
Je Maschine [Stunden]	4	6	10	8	11	14
Je Shaper [Stunden]	6	8	12	8	10	13
Planungs-kosten [€]	500/1.000	700/1.300	1000/1.700	750	875	950

Zusätzlich müssen die Elemente für die Jibs beschafft und während des Aufbaus verankert werden. Die Preise werden mit 1.500 €, 2.000 €, 2.500 € für Jibs der Größen Small, Medium und Large angenommen. Aufgrund des Fehlens bisheriger Erfahrungen wird von einer Mindestnutzungsdauer der künstlichen Elemente von fünf Jahren ausgegangen. Da der Kapitalaufwand hierfür relativ gering ausfällt, ist eine einfache lineare Abschreibung ausreichend. Für die nötige Verankerung der Jibs sind weiterhin vier geschulte Handarbeiter nötig. Diese benötigen eine Arbeitszeit von jeweils vier, sechs bzw. neun Stunden für den Aufbau und die Verankerung der einzelnen Elemente.

Da die Bediener der Maschinen eine besondere Ausbildung besitzen, beträgt ihr Stundenlohn 20 €/Stunde. Die Handarbeiter verdienen 15 €/Stunde.

Der Snowpark muss zudem regelmäßig gewartet werden. Der geschätzte tägliche Bedarf an Maschinen und Shapern zur Wartung während der verkürzten Snowpark-Saison von fünf Monaten (ein Monat entspricht 30 Tagen) ist in nachstehender Tabelle 3-163 aufgeführt.

Tabelle 3-163 Tägliche Einsatzzeit zur Wartung

	Kicker/Jib Small	Kicker/Jib Medium	Kicker/Jib Large	Pipe Small	Pipe Medium	Pipe Large
Ma-schine	20 min	30 min	60 min	45 min	60 min	90 min
Shaper	30 min	40 min	60 min	60 min	90 min	100 min

Zusätzlich zur Pistenwartung muss auch die Verankerung der Jibs täglich gewartet werden, um jederzeit die Sicherheit der Parkbesucher zu gewährleisten. Dafür werden 15, 25 und 40 Minuten entsprechend der Jib-Größen angenommen.

Auf Grundlage dieser Daten wird nun der Grundaufbau des geplanten Snowparks ermittelt. Um wirklich sicherzugehen, dass in der nächsten Saison beim Aufbau der

Anlage keine unkalkulierten Schwierigkeiten auftreten, hat sich Herr Sprung zusätzlich entschlossen, für jede Hindernissorte (Kicker, Jib, Pipe) bereits in diesem Jahr ein Hindernis der Klasse Small probeweise durch Praktikanten bauen zu lassen. Auf Grundlage der Bearbeitungszeiten des Aufbaus soll auf die benötigten Zeiten für die anderen Klassen geschlossen werden. Mit Hilfe dieser tatsächlichen und geschätzten Daten wird daraufhin ermittelt, wie lange der Aufbau dauern wird, um sicherzustellen, dass die Aufbauarbeiten rechtzeitig begonnen werden und bis Saisonbeginn abgeschlossen sind.

Herr Sprung äußert, dass prinzipiell sieben Schritte in der gleichen Reihenfolge für alle Hindernisse nötig sind, um ein Hindernis zu bauen. Die geschätzten Zeiten für jeweils ein Hindernis sind in der Datei „Aufgabedaten.xlsx" im Tabellenblatt „Snowpark_Aufbau" gegeben.

3.15.3 Aufgabenstellung

Die Instandsetzung des Skigebiets erhält die oberste Priorität, weshalb die Erweiterung vorerst zurückgestellt wird. Die Geschäftsführung überträgt folgende Aufgaben an Sie als Mitarbeiter der Logistikabteilung der SnowWhite GmbH:

Zunächst soll sichergestellt werden, ob der Saisonbeginn in zwei Wochen realisiert werden kann. Welche Partner müssen hierfür gewählt werden und welche weiteren Maßnahmen sind notwendig, um den Abschluss aller Räum- und Reparaturarbeiten der Pisten bis spätestens zum Saisonbeginn zu gewährleisten? Wie hoch sind die minimalen Kosten einer zulässigen Lösung?

Zudem werden Sie mit der Suche nach einem geeigneten Standort für den Neubau der Bergrettungswacht beauftragt. Wie hoch sind die zu erwartenden Kosten der günstigsten Alternative?

Nachdem Sie die Planung für die Instandsetzung durchgeführt haben, sollen Sie einen Blick auf den Problembereich der Erweiterung werfen. Auch hier bittet Sie die Geschäftsführung um Ihr Engagement. Wie sollte der Snowpark konzipiert werden, damit der Deckungsbeitrag maximiert wird und welcher Ticketpreis ergibt sich für dieses Konzept? Sie sollen zudem überprüfen, wie lange der Aufbau des Parks dauert, wenn im Zwei-Schicht-Betrieb à acht Stunden gearbeitet wird. Erarbeiten Sie einen Vorschlag, in welcher Reihenfolge die Hindernisse erbaut werden sollten!

3.15.4 Lösungsvorschlag

3.15.4.1 Räum- und Reparaturarbeiten bis Saisonbeginn

Zunächst kann mit Hilfe der Critical Path Method geprüft werden, ob die Räum- und Reparaturarbeiten bis zum Saisonbeginn in 14 Tagen ohne zusätzliche Maßnahmen eingehalten werden können. Alle Arbeitsschritte werden gemäß der Vorgaben in einem Vorgangspfeilnetz umgesetzt und die Durchlaufterminierung durchgeführt (siehe Datei „Lawine1a.cpmd").

Für die Räumung der Zufahrtsstraßen wird zunächst das Kostenminimum von vier Arbeitern angesetzt, die fünf Tage benötigen, um die Straßen von Schnee und Geröll zu befreien. Die benötigte Zeit für die zusätzlich notwendigen Absprengungen an der Piste 26 beträgt drei Tage, wobei keine weiteren Kürzungen möglich sind. Im Anschluss an die Sprengarbeiten wird damit begonnen, die Stützverbauungen für den Lawinenschutzwall zu errichten. Für die Montage stehen vier potenzielle Lieferanten zur Verfügung. Auf Grundlage der gegebenen Daten soll mit Hilfe des Scoring-Verfahrens ein Lieferant ausgewählt werden. Unter dessen Anwendung und der Berücksichtigung der Gewichtungen, fällt die Wahl auf Lieferant A mit einer Dauer von 12 Tagen und einem Preis von 20.000 € (vgl. Tabelle 3-164).

Tabelle 3-164 Ergebnis des Scoring-Verfahrens

Kriterien	Gewich-tung	Bewertung				Scoring			
		A	B	C	D	A	B	C	D
Image	5%	4	4	3	4	0,2	0,2	0,15	0,2
Termintreue	15%	5	4	2	5	0,75	0,6	0,3	0,75
Qualität		3,5	3,25	4,5	4	2,1	1,95	2,7	2,4
Haltbarkeit (25%)	60%	2	4	3	4	*0,3*	*0,6*	*0,45*	*0,6*
Funktionalität (75%)		*4*	*3*	*5*	*4*	*1,8*	*1,35*	*2,25*	*1,8*
Preis	15%	4	4	3	2	0,6	0,6	0,45	0,3
Kooperation und Service	5%	4,5	3,5	4	2,5	0,225	0,175	0,2	0,125
Zusammenarbeit (50%)		*4*	*5*	*4*	*2*	*0,1*	*0,125*	*0,1*	*0,05*
Kundendienst (50%)		*5*	*2*	*4*	*3*	*0,125*	*0,05*	*0,1*	*0,075*
	100%					**3,875**	**3,525**	**3,8**	**3,775**

Nachdem die Zufahrtsstraßen geräumt sind, kann damit begonnen werden den Schnee auf Piste 25 zu verdichten. Dies nimmt mit vier Maschinen fünf Tage Zeit in Anspruch. Derselbe Vorgang wird auf Piste 26 mit einer Dauer von drei Tagen ausgeführt, jedoch erst nachdem die Lawinensprengungen abgeschlossen sind. Sobald eine der beiden Pisten verdichtet ist, können die Reparaturen an den Liftanlagen sowie die Säuberung und Kennzeichnung der Pisten erfolgen.

Bei der Reparatur von Liftanlage 25 ist zu beachten, dass die maximale Arbeitszeit von zehn Stunden je Tag nicht überschritten wird. Für die Planung der Touren wird mit der Toolbox ein Graph mit der Entfernungsmatrix des Tabellenblatts „Entfernung-Masten" aus der Excel-Datei „Aufgabendaten" erzeugt. Die Tourlänge wird im Menüpunkt Graphendaten auf 600 Minuten beschränkt. Im Fenster Knotendaten beträgt für die Knoten 1 bis 15 der Bedarf jeweils 1 und für die Standzeiten werden die Reparaturdauern in Minuten angegeben (siehe Datei „ReparaturenP25.graph"). Es ergeben sich folgende fünf Touren:

- Masten 1-2:   Dauer 440 Minuten
- Masten 3-4-5:   Dauer 560 Minuten
- Masten 6-7-8:   Dauer 500 Minuten
- Masten 9-10-11:   Dauer 560 Minuten
- Masten 12-13-14-15:   <u>Dauer 580 Minuten</u>

2640 Minuten bzw. fünf ganze Tage

Die Touren können in beliebiger Reihenfolge absolviert werden. Anschließend erfolgt die Abnahme durch den TÜV, welcher weitere drei Tage in Anspruch nimmt. Somit ergibt sich eine Gesamtdauer von 8 Tagen für die Reparatur der Liftanlage auf Piste 25.

Der Sessellift der Piste 26 wird unabhängig von der Stärke der Beschädigungen gänzlich erneuert. Unter Einbeziehung möglichst geringer Investitionskosten werden sechs Tage für die Erneuerung benötigt. Mit der TÜV-Abnahme ergibt sich eine Gesamtdauer von neun Tagen.

Parallel zur Reparatur der Liftmasten werden die Pistenkennzeichnungen wieder aufgebaut und die Pisten gesäubert. Im kostengünstigsten Fall sind dafür die eigenen 14 Mitarbeiter ausreichend. Für all diese Aufgaben beträgt der Arbeitsaufwand 2240 h, zusammengesetzt aus:

Säuberung = 1.200 h (Piste 25) + 800 h (Piste 26) = 2.000 h

Kennzeichnung = 130 h (Piste 25) + 110 h (Piste 26) = 240 h

Wird diese Gesamtbelastung gleichmäßig auf alle 14 Arbeiter zu je 10 h pro Tag aufgeteilt, ergibt sich eine Arbeitsdauer von 16 Tagen. Somit resultiert eine Projektdauer von 26 Tagen. Alternativ ergibt sich jedoch die Möglichkeit auf Piste 26 bereits zwei Tage eher zu beginnen (FEZ der Verdichtungsarbeiten auf Piste 26 nach 8 Zeiteinheiten vs. 10 Zeiteinheiten für Verdichtungsarbeiten auf Piste 25).

Daher werden nun die erforderlichen Arbeitsstunden auf jeder Piste errechnet:

Piste 25: 1200 h +130 h = 1330 h

Piste 26: 800 h + 110 h = 910 h

Da auf Piste 26 bereits zwei Tage mit 14 Mitarbeitern à 10 Stunden am Tag gearbeitet werden kann, verringert sich das Stundenkontingent hier auf 630 Stunden. Sobald auch Piste 25 bereit zur Säuberung und Kennzeichnung ist, ist die restliche Dauer wiederum zu ermitteln mit:

1330 h + 630 h = 1960 h

1960 h / 14 Mitarbeiter / 10 h/Tag und Mitarbeiter = 14 Tage

Für die Säuberung und Kennzeichnung auf Piste 26 sind daher 2 + 14 = 16 Tage zu veranschlagen, während diese Arbeiten auf Piste 25 entsprechend 14 Tage beanspruchen.

Festzustellen ist, dass die maximale Projektdauer von 14 Tagen deutlich überschritten wird. Bei der kostengünstigsten Durchführung aller Teilprojekte liegt die Gesamtzeit bei 24 Tagen (siehe Datei „Lawine1b.cpmd"). Um den Stichtag des 1. November halten zu können, müssen Teilprojekte um insgesamt 10 Tage verkürzt werden. Aus diesem Grund werden in den nachfolgenden Schritten die Vorgänge auf dem jeweils kritischen Weg näher betrachtet.

Bisheriger kritischer Weg:

1) Räumung Zufahrtsstraßen → 2) Piste 25 und 26 verdichten → parallele Vorgänge: Pistenkennzeichnungen 25 und 26; Säuberung Piste 25 und 26

- Betrachtung der Pistenarbeiten

Zunächst werden die Vorgänge „Pistenkennzeichnungen 25" und „Säuberung Piste 25" betrachtet. Diese können durch die Nutzung von zusätzlichen Mitarbeitern verkürzt werden. Parallel dazu findet das Teilprojekt „Reparatur Liftmasten Piste 25" statt. Die Vorgangsdauer beträgt acht Tage und lässt sich nicht weiter minimieren. Demnach ist aus kostenoptimaler Betrachtungsweise eine Fertigstellung der Prozesse „Pistenkennzeichnungen 25" und „Säuberung Piste 25" nach acht Tagen sinnvoll.

Äquivalent zu dem soeben beschriebenen Vorgehen kann mit den Arbeiten auf Piste 26 verfahren werden. Dies führt zu einer Reduzierung der Prozesszeiten auf neun Tage. Zudem besteht die Möglichkeit, den parallel limitierenden Teilprozess „Erneuerung Lift Piste 26" von neun auf sieben Tage zu verkürzen. Da diese Möglichkeit nicht die Prozesse auf dem kritischen Weg betrifft, wird sie vorerst nicht verfolgt.

Die Gesamtprojektdauer verkürzt sich durch die Anpassung der beiden betrachteten Vorgänge um sechs Tage und der kritische Weg verschiebt sich auf folgende Vorgänge (siehe Datei „Lawine2.cpmd"):

1) Räumung Zufahrtsstraßen → 2) Piste 25 verdichten → parallele Vorgänge: Reparatur Liftmasten Piste 25; Pistenkennzeichnungen 25; Säuberung Piste 25

- Betrachtung der Räumung und Verdichtung

Da eine Verkürzung des Vorgangs „Reparatur Liftmasten Piste 25" mit einer Dauer von acht Tagen nicht möglich ist, dürfen die beiden kritischen Vorgänger „Räumung Zufahrtsstraßen" und „Piste 25 verdichten" maximal sechs Tage in Anspruch nehmen, um die veranschlagte Projektdauer von 14 Tagen zu gewährleisten. Das Räumen der Zufahrtsstraßen kann durch den Einsatz von weiteren Arbeitskräften um maximal vier Tage verkürzt werden. Die Verdichtung der Piste 25 steht allerdings in Wechselwirkung mit der Verdichtung auf Piste 26, da beide Vorgänge denselben Fuhrpark nutzen. Folglich sollten vier Pistenraupen auf jeder Piste arbeiten und die Räumung der Zufahrtsstraßen so weit wie nötig verkürzen. Jedoch kann bei einer Räumdauer von zwei Tagen die Verdichtung der Piste 25 einen Tag früher beginnen, da auf der Piste 26 die Sprengarbeiten noch in vollem Gange sind. Dabei stehen alle acht Pistenraupen zur Verfügung und verkürzen den Vorgang „Piste 25 verdichten" somit um einen Tag. Auf diesem Teil-Pfad wird die Projektdauer von 14 Tagen durch die vorgenommenen Anpassungen eingehalten. Es ergibt sich ein neuer kritischer Weg mit einer Gesamtlänge von 15 Tagen (siehe Datei „Lawine3.cpmd."):

1) Absprengungen Piste 26 → 2) parallele Vorgänge: Lawinenschutzwall; Piste 26 verdichten, Erneuerung Lift Piste 26, Pistenkennzeichnungen 26 und Säuberung Piste 26

- Betrachtung des Lawinenschutzwalls

Auf dem derzeitigen kritischen Weg sind die Sprengarbeiten der Piste 26 mit einer Dauer von drei Tagen festgeschrieben und können nicht verkürzt werden. Folglich dürfen die Bauarbeiten am Lawinenschutzwall nicht mehr als elf Tage beanspruchen. Damit fällt der gewählte Lieferant mit dem besten Ergebnis im Scoring-Verfahren aus der Betrachtung. Das zweitbeste Ergebnis erreicht Lieferant C bei einer Dauer von elf Tagen. Problematisch ist jedoch die schlechte Termintreue. Da das Einhalten des Eröffnungstermins laut Aufgabenstellung oberste Priorität hat, sollte der Lieferant D mit einer Dauer von zehn Tagen und bestmöglicher Termintreue den Zuschlag erhalten (siehe Datei „Lawine4.cpmd.").

Neuer kritischer Weg ist nun (Projektdauer 15 Tage):

1) Absprengungen Piste 26 → 2) Piste 26 verdichten → 3) parallel: Erneuerung Lift Piste 26, Pistenkennzeichnungen 26 und Säuberung Piste 26

- Weitere Verkürzung

Verbleibend sind die Pfade „Piste 26 verdichten" mit „Erneuerung Lift Piste 26" sowie „Pistenkennzeichnung 26" und „Säuberung Piste 26" zu betrachten. Die Liftarbeiten können um zwei Tage beschleunigt werden. Dafür entstünden Mehrkosten von 500 €. Zusätzlich besteht die Notwendigkeit den Parallelvorgang mit Pistenkennzeichnung und Säuberung ebenfalls um einen weiteren Tag zu verkürzen (siehe Lösung „Lawine5.cpmd").

Kostenberechnung:

Zufahrtsstraßen: Insgesamt sind 200 Arbeitsstunden (vier Angestellte an fünf Tagen) notwendig, um die Zufahrtsstraße zu räumen. Damit die Straßen nach zwei Tagen befreit sind, werden demzufolge zehn Helfer notwendig. Bei einem Stundenlohn von 25 € entstehen somit Kosten in Höhe von 5.000 €.

Lawinenschutzwall: Durch die Beauftragung der Firma D entstehen 24.000 € Kosten.

Pistenkennzeichnungen und Säuberung: Die Verdichtung der Piste 25 endet nach sechs Tagen, sodass die eigenen Mitarbeiter vom 7. Tag bis zum Saisonstart (Tag 14) auf beiden Pisten zeitgleich eingesetzt werden. In diesem Zeitraum können sie 1.120 h (14 MA · 8 d · 10 h/d) des Gesamtarbeitsaufwands von 2.240 h übernehmen. Somit verbleiben weitere 1.120 h, die von zusätzlichen Arbeitern innerhalb der acht Tage erbracht werden müssen. Dafür sind 14 weitere Arbeiter einzustellen, für welche eine Vermittlungsgebühr von 420 € und Lohnkosten von 11.200 € anfallen (14 MA · 8 d · 10 h/d · 10 €/h).

Liftanlagen: Für die Instandsetzung der Liftanlagen entstehen Kosten in Höhe von 80.000 €.

Die Gesamtkosten betragen 120.620 €.

3.15.4.2 Standortplanung der Bergrettungswacht

Die potenziellen Standorte sind durch den gegebenen Skigebiets-Graphen bekannt und liegen direkt in den einzelnen Knoten. Damit handelt es sich um ein diskretes Standortproblem, welches mit Hilfe des Add- oder Drop-Algorithmus gelöst werden kann. Zu beachten ist diesbezüglich allein die Bedingung, die einzelnen Hütten-Knotenpunkte (Knoten 10, 21 und 22) als Standorte auszuschließen. Unter Verwendung prohibitiv hoher fixer Kosten kann diese Restriktion einbezogen werden.

Vorab müssen einige vorbereitende Berechnungen durchgeführt werden. Die Höhe der Investitionskosten ist ausschlaggebend für die Berechnung der Abschreibungen. Neben einem Wiederaufbau der alten Station „WhiteAngel" ist der Neubau als Talstation oder als Bergstation zu betrachten;

Neubau im Tal führt zu Kosten von 800.000 €, davon 50 % Eigenanteil = 0,5 · 800.000 € = 400.000 €

Neubau auf dem Berg führt zu Kosten von 800.000 € · 1,25 = 1.000.000 €, davon 50 % Eigenanteil = 0,5 · 1.000.000 € = 500.000 €

Wiederaufbau der alten Station mit Kosten von 800.000 € · 0,8 = 640.000 €, davon 50 % Eigenanteil = 0,5 · 640.000 € = 320.000 €

Die monatlichen Fixkosten der Station setzen sich aus den laufenden Kosten und der Abschreibung für das Gebäude zusammen:

Fixkosten Tal = 50.000 € (monatliche Kosten) + 400.000 € (Investitionskosten)

· 0,03 (AfA) / 12 (Monate) = 51.000 €

Fixkosten Berg = 50.000 € + 500.000 € · 0,03 / 12 = 51.250 €

Fixkosten alte Station = 50.000 € + 320.000 € · 0,03 / 12 = 50.800 €

Aufgrund der gegebenen Zeitgrenze von maximal zehn Minuten für das Erreichen eines Knotens ist es erforderlich, allen Strecken mit über zehn Minuten in der Entfernungsmatrix einem Helikopter zuzuteilen. Die betreffenden Zeiten verkürzen sich auf ein Viertel. Die Zeitmatrix ist anschließend in eine Kostenmatrix zu transferieren. Hierbei ist zu beachten, dass ein Schneemobil 20 €/min und ein Helikopter 60 €/min kostet. Zusätzlich müssen die Werte aufgrund von Hin- und Rückweg verdoppelt und die fixen Kosten von 75 € bzw. 135 € je Einsatz berücksichtigt werden. Da Unfälle in der Nähe des Ausgangsknotens nicht mit Entfernungen bewertet werden können, werden lediglich die fixen Kosten für den Motorschlitteneinsatz berücksichtigt (siehe Datei „Lösungsdaten.xlsx", Tabellenblatt „Entfernungen_Netz").

Grundlage für die Berechnung der Kostenmatrix auf Monatsbasis ist die Bestimmung der Unfallzahlen je Monat.

Zur Ermittlung der kurzfristigen Besucherzahlenentwicklung wird zunächst die durchschnittliche Schneehöhe der Saison 13/14 bestimmt: (39 + 71 + 95 + 94 + 81 + 60) / 6 = 73,3 cm. Daraus lässt sich nun der Gästezuwachs für die nächste Saison 14/15 ablesen. Bei einer durchschnittlichen Schneehöhe zwischen 51-100 cm bleibt der Wert bei 657.000 Besuchern.

Für den mittel- und langfristigen Planungshorizont wird mit Hilfe der Toolbox eine Prognose erstellt. Aus der gegebenen Wertereihe lässt sich ein leichter trendförmiger Verlauf ableiten (siehe Datei „Ergebnis_Besucherprognose.spvk"). Das Verfahren von Smith ergibt das beste Ergebnis (TUK = 0,846). Die ermittelten Werte werden ab der Saison 15/16 mit dem Besucherzuwachs in Höhe von 8% ergänzt. Anschließend wird der Mittelwert über alle fünf Perioden berechnet: (657 + 722 + 732 + 742,1 + 752,1) / 5 ≈ 721 Tsd.

Zur Bestimmung der saisonalen Unfallzahlen werden die Kollisionsunfälle je Saison auf die Gesamtbesucherzahl hochgerechnet. Da 20% der Unfälle Kollisionsunfälle darstellen, werden die Kollisionsunfälle mit dem Faktor fünf multipliziert: Unfälle pro Saison = $1{,}1 \cdot 721 \cdot 5 = 3.965{,}5$. Außerdem muss das Ergebnis auf eine monatliche Basis zurückgeführt und die in der Aufgabenstellung beschriebene Ausrückwahrscheinlichkeit von 1/3 beachtet werden. Somit ergeben sich $3.965{,}5\ /\ 6 \cdot 1/3 \approx 220$ Einsätze/Monat.

Aufgrund der Gleichverteilung der Einsätze über alle Knoten fallen für jeden einzelnen Standort zehn Einsätze an. Damit kann in einem letzten vorbereitenden Schritt die Kostenmatrix auf Monatsbasis erstellt und in die Toolbox eingepflegt werden (siehe Datei „Skigebiet_Kosten.graph").

Die beiden Algorithmen der Standortplanung führen zu zwei unterschiedlichen Ergebnisse. Zu beachten bleibt, dass in den ermittelten Ergebnissen noch nicht die Transportkosten im Ausgangsknoten eingepreist wurden. Die monatlichen Gesamtkosten müssen folglich um 750 € ergänzt werden.

Add-Algorithmus:

> 1 geöffneter Standort – Westabfahrten (Berg)
>
> Monatliche Gesamtkosten in Höhe von 142.550 €
>
> Eigenanteil der Investitionskosten in Höhe von 500.000 €

Drop-Algorithmus:

> 1 geöffneter Standort – Ehrenbachhöhe Süd (Berg)
>
> Monatliche Gesamtkosten in Höhe von 143.300 €
>
> Eigenanteil der Investitionskosten in Höhe von 320.000 €

Aufgrund der Mehrbelastung durch die Aufräum- und Reparaturarbeiten, die im Zuge der Lawine bereits anfallen, bietet sich die Umsetzung des Ergebnisses des Drop-Algorithmus – Ehrenbachhöhe Süd – an, da die Investitionskosten vergleichsweise gering ausfallen. Die Sanierung und Überholung der zum Teil zerstörten Bergrettungswacht WhiteAngel kann unter Umständen auch zu geringeren Kosten vollzogen werden. Zudem bietet dies den Vorteil, die bestehende Infrastruktur (Ausschilderung im Skigebiet; bekannte Verbindungsrouten zu Krankenhäusern) weiter zu nutzen.

3.15.4.3 Konzeption der Snowparkerweiterung

Für eine deckungsbeitragsmaximierende Konzipierung des Snowparks kann das Simplex-Verfahren genutzt werden. Die Zielfunktion maximiert die Summe der zu erwartenden Deckungsbeiträge für jedes zu bauende Hindernis. Entsprechend der Hindernisse und Klassen ergeben sich neun Variablen:

x_1 = Kicker Small; x_2 = Kicker Medium; x_3 = Kicker Large; x_4 = Jib Small; x_5 = Jib Medium; x_6 = Jib Large; x_7 = Pipe Small; x_8 = Pipe Medium; x_9 = Pipe Large

Für jede Variable ist der Deckungsbeitrag als Differenz aus Umsatz und variablen Kosten zu bestimmen (siehe Datei „Lösungsdaten.xlsx", Tabellenblatt „Snowpark_Konzept"). Die Kosten für jede Hindernisart ergeben sich aus den Aufwendungen für den Aufbau und den Wartungskosten während einer Saison von 150 Tagen. Beispielsweise werden für den Aufbau eines Kickers der Klasse Small zwei Maschinen jeweils vier Stunden und drei Shaper jeweils sechs Stunden benötigt.

Es ergeben sich folgende Aufbaukosten (Kicker Small):

Maschinenkosten: 4 h · 2 · 30 l/h · 1,20 €/l = 288 €

Lohnkosten für Maschinenführer: 4 h · 2 · 20 €/h = 160 €

Lohnkosten für Shaper: 6 h · 3 · 15 €/h = 270 €

Zum Aufbau zählen zudem die erforderlichen Planungsaufwendungen von 500 €. Analog berechnen sich die Wartungskosten:

Maschinenkosten: 1/3 h/d · 150 d · 30 l/d · 1,20 €/l = 1.800 €

Lohnkosten für Maschinenführer: 1/3 h/d · 150 d · 20 €/h = 1.000 €

Lohnkosten für Shaper: 0,5 h/d · 150 d · 15 €/h = 1.125 €

Dadurch ergeben sich Gesamtkosten für einen Kicker Small von 5.143 €.

Der Umsatz durch einen Kicker ergibt sich aus dem Produkt vom zusätzlich erhöhten Preis einer Tageskarte und der Anzahl der verkauften Karten während der Saison.

Voraussichtlich wollen 15 % der bisherigen 650.000 Besucher den Snowpark je Saison nutzen. Zusätzlich sollen 3 % neue Kunden angesprochen werden, sodass insgesamt mit einem Kartenverkauf von 117.000 Stück zu rechnen ist. Bei einer Preiserhöhung der Tageskarte von 20 Cent für ein Hindernis der Klasse Small ergibt sich ein erwarteter Umsatz von: 117.000 Stk. · 0,2 €/Stk. = 23.400 €

Der Deckungsbeitrag für einen Kicker der Klasse Small kann anschließend wie folgt bestimmt werden: 23.400 € - 5.143 € = 18.257 €. Nachdem der Deckungsbeitrag für alle Hindernisse berechnet wurde, kann folgende Zielfunktion aufgestellt werden:

$Z(x_1, x_2, x_3, x_4, x_5, x_6, x_7, x_8, x_9) = 18.257 € · x_1 + 21.818 € · x_2 + 21.790 € · x_3 + 16.655 € · x_4 + 19.521 € · x_5 + 18.550 € · x_6 + 12.844 € · x_7 + 14.918 € · x_8 + 15.647 € · x_9 \rightarrow MAX$

Die Nebenbedingungen ergeben sich durch die Mindest- und Maximalanzahl der einzelnen Hindernisse. Es werden neun Nebenbedingungen zur Berücksichtigung der Mindestanzahl benötigt: $x_1 \geq 6$; $x_2 \geq 10$; $x_3 \geq 10$; $x_4 \geq 5$; $x_5 \geq 8$; $x_6 \geq 10$; $x_7 \geq 2$; $x_8 \geq 2$; $x_9 \geq 2$. Für die erforderlichen Maximalmengen ergeben sich drei Nebenbedingungen: (1) $x_1 + x_2 + x_3 \leq 30$; (2) $x_4 + x_5 + x_6 \leq 30$; (3) $x_7 + x_8 + x_9 \leq 8$

Es ergibt sich ein zu erwartender Gesamtdeckungsbeitrag von 1.312.596 € für die Saison, wenn 6 Kicker Small, 14 Kicker Medium, 10 Kicker Large, 5 Jibs Small, 15 Jibs Medium, 10 Jibs Large, 2 Pipes Small, 2 Pipes Medium und 4 Pipes Large erbaut werden (siehe Datei „Simplex_Snowpark.simp").

Damit lässt sich der erforderliche Ticketpreis berechnen. Der Ticketpreis erhöht sich um jeweils 20 Cent, 25 Cent und 30 Cent je Hindernis der Klasse Small, Medium und Large. Es ergibt sich ein Ticketpreis von: 0,2 €/Hindernis · 13 Hindernisse + 0,25 €/Hindernis · 31 Hindernisse + 0,30 €/Hindernis · 24 Hindernisse = 17,55 €.

3.15.4.4 Ablaufplanung der Snowparkerweiterung

Zur Bestimmung der Aufbaudauer des Parks kann eine Maschinenbelegungsplanung genutzt werden. Da die Arbeitsschritte für alle Hindernisse in der gleichen Reihenfolge zu durchlaufen sind, kann die Heuristik von Campbell, Dudek und Smith für Flow-Shop-Probleme angewandt werden.

Da lediglich die gemessenen und geschätzten Werte für jeweils ein Objekt jeder Klasse vorhanden sind, müssen diese Daten zunächst mit der geplanten Anzahl an Hindernissen (Lösung aus dem Simplex-Verfahren) in jeder Klasse multipliziert werden (siehe Datei „Lösungsdaten.xlsx", Tabellenblatt Snowpark_Aufbau).

Anhand dieser Berechnungen können nun die neun verschiedenen Aufträge (neun Hindernisse) auf den sieben Maschinen (Arbeitsschritte) eingeplant werden (siehe Datei „Flow_Shop.mbfn").

Wie in dieser Übersicht zu erkennen ist, sollten die Hindernisse in folgender Reihenfolge erstellt werden: 1. Jibs Medium → 2. Kicker Medium → 3. Kicker Large → 4. Jibs Large → 5. Pipes Large → 6. Kicker Small → 7. Jibs Small → 8. Pipes Medium → 9. Pipes Small

Es ergibt sich eine Zykluszeit von 14.895 Minuten (248,25 Stunden) für den Aufbau der Hindernisse. Aufgrund des Zwei-Schicht-Betriebs zu je acht Stunden ist für den Aufbau der Hindernisse mit mindestens 15,5 Tagen zu rechnen.

3.16   RUBIN Fahrradwerke GmbH

3.16.1 Vorstellung des Unternehmens und seiner Situation

Die *RUBIN Fahrradwerke GmbH* ist ein mittelständisches Unternehmen mit Sitz in Dresden, welches hochwertige Fahrräder fertigt. Das Unternehmen beschäftigt 120 Mitarbeiter und wurde im Jahr 2001 von den zwei ehemaligen Radsport Profis *Toni Ulrich* und *Jan Martin* gegründet. Die langjährige Erfahrung und Leidenschaft für den Radsport beider Gründer befeuert die Entwicklung hochwertiger und innovativer Fahrräder.

Durch die hohe Qualität der Produkte hat sich die *RUBIN Fahrradwerke GmbH* bereits einen guten Ruf unter den Radsportlern erarbeitet und konnte im vergangenen Jahr einen Umsatz in Millionenhöhe verzeichnen. Neben dem Ausbau des Onlinehandels für Fahrradzubehör und Ersatzteile arbeiten die Unternehmensgründer derzeit an einer Expansionsstrategie und wollen auch im gesamteuropäischen Markt Fuß fassen und langfristig weltweit agieren.

Getreu der Unternehmensphilosophie: „Just Cycle" möchte das Unternehmen ein großes Kundensegment ansprechen und hat dafür ein breites Produktportfolio aufzuweisen. Ob für den gemütlichen Sonntagsausflug, den Weg zur Arbeit oder für die sportliche Runde zur neuen Bestzeit, die *RUBIN Fahrradwerke GmbH* produziert verschiedene Fahrräder für sportliche Outdoorfreunde. Die Produkte sind nach den Kategorien Stadtrad, E-Bike und Rennrad unterteilt. Das Stadtrad stellt das klassische Modell der *RUBIN Fahrradwerke GmbH* dar und eignet sich prinzipiell für jeden Nutzer und städtisches Terrain. Das E-Bike zeichnet sich durch hohen Komfort aus, der nicht nur durch die Motorisierung, sondern auch durch bequeme Sattel und hochwertige Materialien gekennzeichnet ist. Beim Rennrad liegt der Fokus auf dem sportlichen Erfolg, wobei besonderer Wert auf leichte Materialien und gute Rolleigenschaften gelegt wird.

Jeder Fahrradtyp weist besondere Komponenten und Fertigungsschritte auf, die umfassende Anforderungen an die Logistikplanung des Unternehmens stellen. Dazu zählen vor allem die Planung der zukünftigen Absatzzahlen, die Organisation und Abstimmung der Produktion der unterschiedlichen Modelle, sowie die Belieferung der Kunden. Hinzu kommen die Auswahl und Verhandlung der Konditionen mit potenziellen Lieferanten und Speditionsunternehmen.

Die Unternehmensgründer legen großen Wert auf Innovationen sowie die ständige Weiterentwicklung und Verbesserung des eigenen Produktsortiments. Daher bietet die *RUBIN Fahrradwerke GmbH* auf Anfrage auch Sonderanfertigungen an, um die Marke *RUBIN* gewinnbringend zu vermarkten. Aufgrund der Erfahrungen im Radsportbereich nimmt das Unternehmen zusätzlich an Ausschreibungen zur Fertigung von Fahrrädern für den Leistungssport teil.

3.16.2 Beschaffungsmanagement

Die Dresdner *RUBIN Fahrradwerke GmbH* möchte ihre Kunden mit hohen Qualitätsansprüchen an die Produkte und einem guten Kundenservice überzeugen. Um dieses Qualitätsversprechen halten zu können, werden viele Komponenten der Fahrräder in Handarbeit gefertigt und die Lieferanten der einzelnen Komponenten mit Sorgfalt ausgewählt. Das Unternehmen hat sich in den letzten Jahren erfolgreich etabliert und konnte seine Verkaufszahlen kontinuierlich steigern. Die Absatzzahlen der letzten drei Jahre sind in Tabelle 3-165 aufgelistet.

Tabelle 3-165 Absatzzahlen 2018-2020

	2018				2019				2020			
	Q1	Q2	Q3	Q4	Q1	Q2	Q3	Q4	Q1	Q2	Q3	Q4
E-Bike	43	67	30	19	40	70	35	20	44	90	86	23
Stadt-rad	35	56	40	20	29	63	47	22	32	73	77	25
Renn-rad	20	47	42	15	24	51	43	17	20	50	52	21
Summe	98	170	112	54	93	184	125	59	96	213	215	69

Die Absatzzahlen können auch dem Tabellenblatt „Absatzzahlen" aus der gegebenen Excel-Datei entnommen werden. Es kann davon ausgegangen werden, dass sich der Absatz pro Quartal ungefähr gleichmäßig auf die jeweiligen Monate verteilt.

Die Corona-Krise im Jahr 2020 hat das Geschäft für Fahrräder zusätzlich befeuert, sodass noch 15 offene Bestellungen an E-Bikes aus dem Jahr 2020 im ersten Quartal des Jahres 2021 gefertigt werden müssen. Aufgrund der anhaltenden Ausnahmesituation rechnet das Unternehmen auch im Jahr 2021 mit einer gesteigerten Nachfrage an Fahrrädern und kalkuliert mit 10% mehr für die Prognosedaten für das Jahr 2021.

Die Erzeugnisstruktur eines Qualitätsrades der *RUBIN Fahrradwerke GmbH* kann der Übersicht in Tabelle 3-166 entnommen werden. Während des Herstellungsprozesses wird auf verschiedenen Stufen Schmieröl verarbeitet, um die reibungslose Funktionsweise gewährleisten zu können. Dabei entspricht eine Mengeneinheit an Schmieröl 5 ml.

Tabelle 3-166 *Erzeugnisstruktur*

Produkt	Hauptbaugruppe	Unterbaugruppe 1	Unterbaugruppe 2	Menge
Fahrrad				1
	Gestell			1
		Rahmen		1
		Lenker		1
		Tretlager		2
		Sattel		1
			Sitz	1
			Sattelstütze	1
		Bremshebel		2
		Federgabel		1
		Schmieröl		4
	Reifen			2
		Schlauch		2
			Ventil	2
		Rad		2
		Schnellspanner		2
		Bremse		2
			Bremsscheibe	2
			Schmieröl	1
	Schaltsystem			1
		Hinterradnabe		1
			Kette	1
			Kettenblätter	6
			Tretlager	2
			Schmieröl	2
		Schaltkörper		1
			Schaltwerk	1

Da die Bedarfsbetrachtung quartalsweise stattfindet, fallen eventuelle Vorlaufverschiebungen von wenigen Wochen nicht ins Gewicht und es kann davon ausgegangen werden, dass alle Einzelteile ohne relevante Verzögerung zur Verfügung stehen.

Aus den Daten der Inventur des letzten Jahres ist zu entnehmen, dass bestimmte Baugruppen noch auf Lager liegen. Die genauen Mengen sind Tabelle 3-167 zu entnehmen. Die Sicherheitsbestände für die Hauptgruppen betragen 10 Stück, wohingegen für Unterbaugruppen nur Sicherheitsbestände von 5 Stück gefordert werden.

Tabelle 3-167 Lagerbestände

Baugruppe (BG)	Lagerbestand
Gestell	15
Bremse	18
Hinterradnabe	16
Schaltsystem	11
Schlauch	23

Die *RUBIN Fahrradwerke GmbH* ist seit einiger Zeit nicht mehr zufrieden mit der Qualität des Schmieröls ihres derzeitigen Lieferanten. Das Unternehmen möchte daher den Lieferanten wechseln und hat dazu bereits eine Vorauswahl von fünf verschiedenen Anbietern getroffen. Dazu stehen die Lieferdaten in Tabelle 3-168 zur Verfügung.

Tabelle 3-168 Lieferantenbewertung

Lieferant	Mindestabnahmemenge [l]	Preis [€]	Lieferzeit [Tage]	Qualität	Flexibilität
Tube GmbH	1,5	5,95	7	hoch	hoch
LKM GmbH	1,8	7,50	6	gering	gering
Flott AG	2,0	9,80	10	sehr hoch	sehr hoch
Legasus GmbH	6	6,90	8	gering	mittel
Sergamont AG	1,5	9,90	7	hoch	mittel

Anhand der Kriterien Mindestabnahmemenge (pro Quartal), Preis, Lieferzeit, Qualität und Flexibilität soll der beste Lieferant ausgewählt werden, wobei eine nicht erreichbare Mindestabnahmemenge als Ausschlusskriterium gilt. Die Bestimmung des besten Lieferanten soll mittels eines Scoring-Verfahrens erfolgen. Dabei legt die *RUBIN Fahrradwerke GmbH* besonderen Wert auf die Qualität der Produkte, weshalb diese die Hälfte der Bewertung ausmacht. Preis und Flexibilität sind gleich stark gewichtet und dabei doppelt so hoch bewertet wie die Lieferzeit.

3.16.3 Produktionslogistik

Seit 1896 zieht es Sportler aus der ganzen Welt alle vier Jahre in eine ausgewählte Stadt, um an dem weltweit größten Sportwettkampf, den olympischen Spielen, teilzunehmen. So sollte auch 2020 diese Tradition fortgeführt werden. Die bei Millionen von Zuschauern beliebte Sportveranstaltung, bei der sämtliche Nationen gegeneinander antreten, sollte 2020 in Japans Hauptstadt Tokio stattfinden. Schon lange haben auch die Sportler des Team Deutschlands darauf hintrainiert. Die 18 deutschen Athleten der Disziplin „Radsport-Straße" blickten, trotz einer allgemeinen Unzufriedenheit mit dem aktuellen Sponsor ihrer Räder, zuversichtlich auf die anstehenden Wettkämpfe. Als sich Anfang des Jahres jedoch abzeichnete, dass eine weltweite Pandemie die Verschiebung der Spiele in das Jahr 2021 unumgänglich macht, war die Vorfreude schnell vorbei und nur der Unmut blieb. Unverzüglich sahen die verantwortlichen Manager der Sportler die aufkommende Lücke als Chance, um sich auf die Suche nach einem neuen Sponsor zu machen. Da auch die Verantwortlichen sehr wettkampfbegeistert sind, schrieben sie prompt ein Projekt für etablierte Radhersteller aus. Ziel des Projektes war es, ein Rennrad (Sonderanfertigung) für die deutschen Hoffnungsträger zu entwickeln, welches die Athleten überzeugen sollte. Jeder der 18 Athleten aus dem Team soll sein eigenes Rad erhalten. Wie nun verkündet wurde, konnte die RUBIN Fahrradwerke GmbH die Ausschreibung nach aufwendiger Entwicklungsphase für sich gewinnen.

Obwohl bis zum Start der olympischen Spiele noch einige Monate vergehen, wird die RUBIN Fahrradwerke GmbH nun aufgefordert, die Räder so fertigzustellen, dass sie dem Team binnen drei Wochen zur Verfügung stehen. Damit soll sichergestellt werden, dass die Athleten noch ausreichend Zeit zum Trainieren haben.

Zur Vereinfachung werden für die Montage der Sonderanfertigung nur jeweils 12 Baugruppen benötigt. Die Erzeugnisstruktur (vgl. Tabelle 3-169) weicht hierbei minimal von jener der Qualitätsräder der RUBIN Fahrradwerke GmbH ab. Im ersten Schritt der Montage werden die Reifen der Rennräder gefertigt. Gleichzeitig wird auch das Gestell, sowie das Schaltsystem montiert. In den letzten Fertigungszügen werden die Räder einer Vormontage unterzogen, bevor schlussendlich die Endmontage erfolgt. Im letzten Schritt erfolgt eine Qualitätsprüfung, die bei den Sonderfertigungen von hoher Bedeutung ist und keineswegs kürzer ausfallen darf als vorgesehen. Die einzelnen

Teilprojekte der Fertigung können der Abbildung 3-28 entnommen werden. Haben die Räder die Qualitätsprüfung durchlaufen, sind sie zur Auslieferung bereit. Hierfür ist ein ganzer Tag einzuplanen.

Abbildung 3-28 *Teilprojekte der Sonderanfertigung*

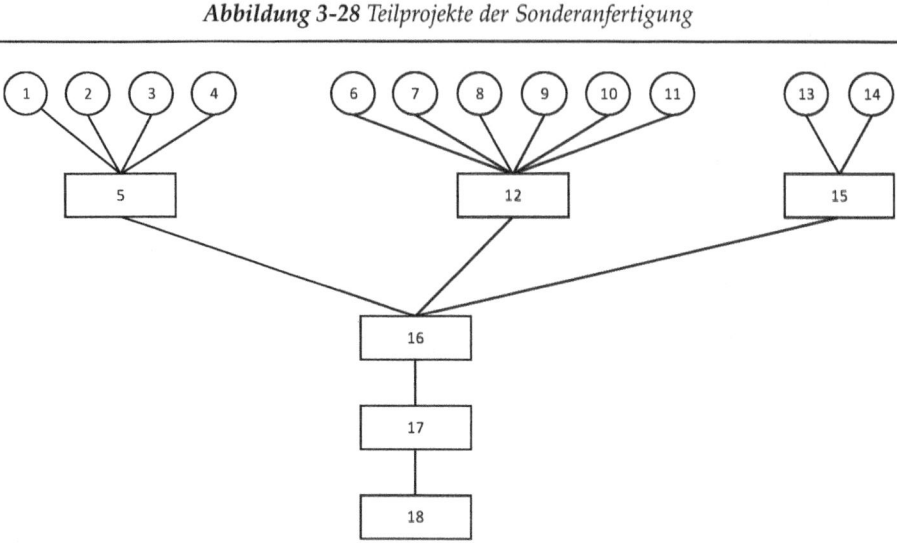

Da es sich um eine Sonderanfertigung handelt, benötigt die *RUBIN Fahrradwerke GmbH* mehr Zeit für die Fertigung, als es im Tagesgeschäft für die drei herkömmlichen Modelle der Fall ist. Ausschlaggebend hierfür sind besonders hohe Rüstzeiten, die es zu bedenken gilt. Diese fallen normalerweise nicht an. Ein von Euphorie geladener Praktikant hat hierfür eine Tabelle mit den einzelnen Zeiten der Teilprojekte (vgl. Tabelle 3-169) bereitgestellt. Die darin angegebenen Zeiten entstanden durch eine Prozessaufnahme, die er in der *RUBIN Fahrradwerke GmbH* durchgeführt hat. Dafür wurde der Durchschnitt mehrerer Beobachtungen für die im Tagesgeschäft ablaufenden Prozesse gebildet und anschließend um die für die Sonderanfertigung benötigten Rüstzeiten ergänzt. Unglücklicherweise hat er die Zeiten in Minuten festgehalten, die pro Teilprojekt für ein einziges Rad anfallen (Hinweis: Bei der Umrechnung ist stets auf ganze Zahlen zu runden!). Die Zeiten können auch der Excel-Datei unter „Dauer der Teilprojekte" entnommen werden.

Tabelle 3-169 Dauer der Teilprojekte in Minuten pro Sonderanfertigung

Nummer Teilprojekt	Bezeichung Teilprojekt	Dauer [min/Sonder-Anfertigung]
1	BG Rad	160
2	BG Bremse	266,7
3	BG Schnellspanner	213,3
4	BG Schlauch inkl. Ventil	53,3
5	**VM Reifen**	**106,7**
6	BG Rahmen	213,3
7	BG Lenker	160
8	BG Sattel	480
9	BG Tretlager	106,7
10	BG Bremshebel	53,3
11	BG Federgabel	106,7
12	**VM Gestell**	**213,3**
13	BG Schaltkörper	320
14	BG Hinterradnabe	266,7
15	**VM Schaltsystem**	**320**
16	**VM Rennrad**	**106,7**
17	**EM Rennrad**	**160**
18	Qualitätsprüfung	213,3

Ziel der *RUBIN Fahrradwerke GmbH* ist es, den geforderten Liefertermin von drei Wochen einzuhalten. Durch den erfolgreichen Abschluss des Projekts erhofft sich das Unternehmen die Vorteile eines gestiegenen Firmenimages zu genießen.

In der *RUBIN Fahrradwerke GmbH* wird von 6:00 Uhr bis 22:00 Uhr, also in zwei Schichten, gearbeitet. Das entspricht auch der Zeit, in der die Maschinen zur Fertigung laufen. Eine Arbeitswoche umfasst dabei sieben Tage, an denen gearbeitet wird. Aufgrund eines Maschinenfehlers, der bei der Bearbeitung eines aus dem Jahr 2020 ausstehenden Auftrags entstand, sind die Maschinen zur Produktion der Baugruppe Sattel aktuell nicht verfügbar. Man rechnet damit, dass die Reparaturen zwei ganze

Tage einnehmen werden. Aus Erfahrung weiß man, dass sich die Zeiten der Vormontage des Gestells sowie die Zeiten der Endmontage durch den Einsatz zusätzlicher Mitarbeiter um jeweils 2 Tage verringern lassen, falls dies nötig sein sollte. Ein anderes Unternehmen, mit dem die *RUBIN Fahrradwerke GmbH* in Partnerschaft steht, bietet außerdem ihre Hilfe bei der Fertigung der BG Tretlager an, wodurch sich diese um einen Tag verringern lässt. Darauf möchte man aber nur im Notfall zurückgreifen.

Der Gewinn der Ausschreibung durch die *RUBIN Fahrradwerke GmbH* hat sich schnell herumgesprochen und der außergewöhnliche Erfolg erntet schon jetzt die erhofften Früchte. „Autofreies Dresden" ist ein Verbund von mehreren Dresdner Fahrradhändlern, die u.a. regelmäßig an der Organisation von Demonstrationen für den Ausbau der Fahrradwege in der Stadt beteiligt sind. Der Verbund bezog seine angebotenen Räder bisher von einem Konkurrenten, wendet sich im Zuge des gestiegenen Ansehens aber nun mit einem Lieferauftrag an die *RUBIN Fahrradwerke GmbH*. Dabei sind insgesamt 58 Räder anzufertigen. Anders als die meisten bisherigen Aufträge, die die *RUBIN Fahrradwerke GmbH* in Vergangenheit erhielt, umfasst die Bestellung des Verbunds „Autofreies Dresden" alle drei Modelle, die in dem Unternehmen produziert werden. Genauer gesagt umfasst der Auftrag 18-mal das Modell „Rennrad", 15-mal das Modell „E-Bike" und 25-mal das Modell „Stadtrad". Der Verbund wünscht dabei eine gemeinsame Auslieferung aller Räder. Mit der Produktion wird begonnen, sobald die Bearbeitung der Sonderaufträge abgeschlossen ist und die Maschinen wieder freigegeben sind.

Der Produktionsleiter möchte gegenüber dem Auftraggeber eine Schätzung abgeben, wann die Produktion der 58 Räder ungefähr abgeschlossen werden kann. Es ist bekannt, dass die Baugruppe „Sattel" bei der Produktion aller drei Modelle den größten Zeitaufwand in Anspruch nimmt, weshalb dieser Schritt im Auftrag des Produktionsleiters folglich genauer zu betrachten ist. Es ist aber davon auszugehen, dass die Produktion der Standard-Satteltypen pro Stück weniger Zeit in Anspruch nehmen wird, als es bei der Produktion der Sonderanfertigung der Fall ist.

Bei dem Sattel des Modells „Rennrad" handelt es sich um eine sportliche Ausgestaltung dieser Baugruppe. Die Kunden der Rennräder schätzen eine gleichermaßen dynamisch-schlanke sowie ergonomische Gestaltung des Sattels. Bei den anderen beiden Modellen setzt man eher auf bequemere Varianten, bei denen der Komfort im Vordergrund steht. Diese unterscheiden sich vor allem in der Verwendung der Materialen und des Designs.

Alle drei Satteltypen durchlaufen fünf verschiedene Stationen. Diese erstrecken sich von Maschinen der Metallverformung bis hin zu Arbeitsplätzen, an denen per Hand mit Nähmaschinen gearbeitet wird. Es ergibt sich für jeden Modelltyp die immer gleiche Bearbeitungsreihenfolge an den Stationen. Sie durchlaufen zuerst die Metallverformung, dann die Kunststoffformung, danach die Nähmaschine, dann die Verschraubung und schlussendlich den Belastungstest. Ziel ist es, die Bearbeitungsreihenfolge der Sattel für den gegebenen Auftrag mit möglichst geringster Zykluszeit abzuarbeiten. Der Produktionsleiter nimmt an, dass die Produktion der Sattel in Summe nicht mehr als 20 Tage beanspruchen wird. Wird diese Grenze unterschritten, kann die RUBIN Fahrradwerke GmbH eine zuversichtliche Prognose abgeben. Anderenfalls, bei Überschreitung der Grenze, sieht sich der Produktionsleiter unter Zeitdruck. Es gilt die optimale Zykluszeit zu ermitteln, damit der Produktionsleiter eine aussagekräftige Schätzung der Gesamtdauer des Auftrages abgeben kann.

Die Bearbeitungszeiten der einzelnen Satteltypen können dank der Arbeit des Praktikanten dem Tabellenblatt „Bearbeitungszeiten Sattel" in der gegebenen Excel-Datei entnommen werden. Die *RUBIN Fahrradwerke GmbH* besitzt von jedem der benötigten Maschinentypen und Stationen genau eine. Dazugehörige Arbeitskräfte sind in ausreichender Zahl vorhanden. Es gilt die Laufzeiten der Maschinen an einem Arbeitstag zu berücksichtigen.

3.16.4 Aufgabenstellung

Bestimmen Sie den passenden Lieferanten für das Schmieröl mithilfe des Scoring-Verfahrens. Beachten Sie, dass die Mindestabnahmemenge ein priorisiertes Auswahlkriterium darstellt.
Berechnen Sie zudem, ob die Sonderanfertigung für die Olympischen Spiele bereits bis zum Start des Turniers fertig gestellt werden kann. Darüber hinaus sollen Sie die Bearbeitungsreihenfolge der einzelnen Produkte der Großbestellung des Verbunds „Autofreies Dresden" mit einer möglichst geringen Zykluszeit bestimmen.

3.16.5 Lösungsvorschlag

3.16.5.1 Lieferantenauswahl auf Basis einer Bedarfsprognose

Um einen neuen Lieferanten für Schmieröl auswählen zu können, muss zuerst die benötigte Menge an Öl bestimmt werden. Diese Menge ist auf Grundlage der prognostizierten Absatzzahlen für das Jahr 2021 zu ermitteln. Es ist zu prüfen, ob die Mindestbestellmenge der einzelnen Lieferanten erreicht wird.

Um die monatlichen Bedarfsmengen für das Jahr 2021 zu bestimmen, werden die Absatzzahlen der vergangenen drei Jahre herangezogen und auf deren Grundlage für jedes Fahrradmodell eine Prognose der Absatzzahlen für das Jahr 2021 erstellt. Auf Basis dieser Prognose kann der Bedarf an Fahrrädern je Quartal aus der Summe der Bedarfe für alle drei Modelle errechnet werden.

Vor Durchführung der Prognose bietet es sich an, die Bedarfe der vergangenen Jahre grafisch darzustellen, um ein geeignetes Prognoseverfahren auswählen zu können (vgl. Abbildung 3-29).

Abbildung 3-29 Bedarfsverlauf E-Bike

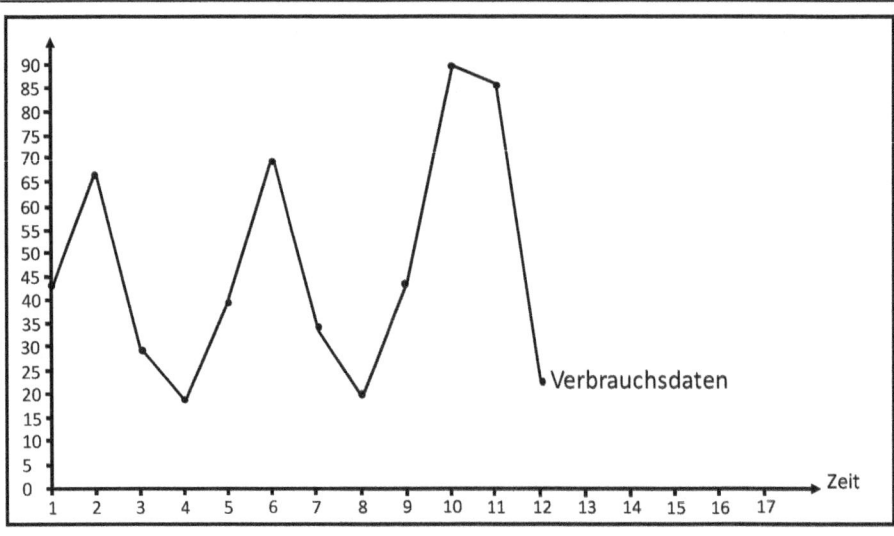

Alle Modelle weisen einen saisonalen Bedarfsverlauf mit Absatzhöchstzahlen in den Sommermonaten auf. Die Zykluslänge beträgt vier Quartale, was einem Jahr entspricht. Um eine Prognose der Absatzzahlen zu erstellen, wird das Verfahren von Winters genutzt. Als Fehlermaß wird der THEIL'sche Ungleichheitskoeffizient (TUK) verwendet. Dieser wird in der Literatur als bestes Fehlermaß beschrieben und bezieht zusätzlich zur quadratischen Abweichung einen Vergleich mit der naiven Prognose ein. Anzustreben ist ein TUK < 1, da in diesem Fall das verwendete Prognoseverfahren bessere Ergebnisse als die naive Prognose liefert. Zum Vergleich wird für jedes Fahrradmodell sowohl das multiplikative als auch das additive Modell bestimmt und die Prognosewerte entsprechend des kleinsten TUKs optimiert. Da Fahrräder nur in ganzen Mengeneinheiten verkauft werden können, sollten die Ergebnisse auf ganze Zahlen aufgerundet werden (vgl. Tabelle 3-170).

Tabelle 3-170 Bedarfsprognosen für 2021

	Q1	Q2	Q3	Q4	Prognosemodell	TUK
E-Bike	53	82	47	16	multiplikativ	0,306
Stadtrad	36	68	55	21	multiplikativ	0,23
Rennrad	27	56	53	26	additiv	0,132

Nun kann der Gesamtbedarf pro Quartal aller Fahrradmodelle bestimmt werden, welcher in Tabelle 3-171 aufgeführt ist. Da die *RUBIN Fahrradwerke GmbH* im Jahr 2021 durch die aktuelle Corona-Situation eine Absatzsteigerung von 10% auf die prognostizierten Werte erwartet, wurden alle Prognosewerte mit 1,1 multipliziert. Zudem müssen im ersten Quartal noch die 15 offenen Bestellungen an E-Bikes aus dem 4. Quartal 2020 berücksichtigt werden. Für das E-Bike ergibt sich der Bedarfswert im 1. Quartal wie folgt:

$$53 \cdot 1{,}1 + 15 = 73{,}3 \approx 74$$

Alle weiteren Werte in Tabelle 3-171 werden durch Multiplikation mit 1,1 berechnet.

Tabelle 3-171 Gesamtbedarfe pro Quartal in 2021

	Q1	Q2	Q3	Q4
E-Bike	74	90	52	18
Stadtrad	40	75	61	24
Rennrad	30	62	59	29
Summe	144	227	172	71

Anhand der prognostizierten Absatzmengen an Fahrrädern kann im Folgenden der Schmierölbedarf für das Jahr 2021 mit Hilfe des Dispositionsstufenverfahrens berechnet werden. Dazu wird ein Gozinto-Graph benötigt. Als Grundlage dient die Erzeugnisstruktur des Fahrrads. Diese kann allerdings deutlich reduziert werden, wie in

Tabelle 3-172 gezeigt wird, da nur die Bauteile aufgeführt werden müssen, die Schmieröl beinhalten.

Tabelle 3-172 Gekürzte Erzeugnisstruktur

Pro-dukt	Hauptbaugruppe	Unterbaugruppe 1	Unterbaugruppe 2	Menge
Fahrrad				1
	Gestell			1
		Schmieröl		4
	Reifen			2
		Bremse		2
			Schmieröl	1
	Schaltsystem			1
		Hinterradnabe		1
			Schmieröl	2
		Schaltkörper		1
			Schmieröl	4

Anschließend kann das Dispositionsstufenverfahren angewandt werden. Für das Fahrrad müssen als Primärbedarfe die zuvor ermittelten Bedarfe pro Quartal eingetragen werden. Da die Vorlaufverschiebungen vernachlässigt werden können, müssen anschließend nur noch die disponiblen Bestände eingetragen werden. Diese berechnen sich wie folgt:

Disponibler Bestand = Lagerbestand - Sicherheitsbestand

Die disponiblen Bestände sind Tabelle 3-173 zu entnehmen.

Tabelle 3-173 Disponible Bestände

Baugruppe	Lagerbestand	Sicherheitsbestand	Disponibler Bestand
Gestell	15	10	5
Bremse	18	5	13
Hinterradnabe	16	5	11
Schaltsystem	11	5	6

Nach dem Auflösen der vier Dispositionsstufen ergeben sich folgende Nettobedarfe an Schmieröl (vgl. Tabelle 3-174).

Um den Bedarf an Schmieröl zu bestimmen, werden die mit Hilfe des Dispositionsstufenverfahrens ermittelten Losgrößen mit 5 ml multipliziert. Für das erste Quartal 2021 werden beispielsweise 1925 * 5 ml = 9625 ml, sprich 9,63 l Schmieröl benötigt.

Tabelle 3-174 Schmieröl - Nettobedarfe

Periode	Q1	Q2	Q3	Q4
Nettobedarf [ME]	1925	3178	2408	994
Nettobedarf [ml]	9625	15890	12040	4970

Nachdem die benötigten Mengen an Schmieröl bestimmt wurden, kann nun der Lieferant ausgewählt werden. Ein Kriterium der Lieferantenauswahl ist die Mindestabnahmemenge. Dafür muss diese mit dem minimalen Bedarf an Schmieröl, der in diesem Fall im vierten Quartal mit 4760 ml erzielt wird, abgeglichen werden. Da die *Legasus GmbH* die *RUBIN Fahrradwerke GmbH* erst ab einer Mindestabnahmemenge von 6 l beliefern würde, ist dieser Lieferant bereits ausgeschieden.

Um eine Auswahl aus den verbleibenden Lieferanten zu treffen, soll im Folgenden das Scoring-Verfahren angewandt werden. Dabei werden die Lieferanten anhand der Kriterien Preis, Qualität, Flexibilität und Lieferzeit bewertet. Jedem Lieferanten wird in jedem Kriterium eine Wertung von 1 bis 5 zugewiesen, wobei 5 die höchste Bewertung darstellt. Für die Kriterien muss dafür eine Bewertungsskala angelegt werden (vgl. Tabelle 3-175).

Tabelle 3-175 Daten des Scoring-Verfahrens

Punkte	1	2	3	4	5
Preis (€)	>9	[9;8)	[8;7)	[7;6)	≤6
Qualität	Sehr gering	gering	mittel	hoch	Sehr hoch
Flexibi-lität	Sehr gering	gering	mittel	hoch	Sehr hoch
Liefer-zeit (Tage)	>8	[8;6)	[6;4)	[4;2)	≤2

Anschließend werden die einzelnen Kriterien gewichtet. Dabei wird der ermittelte Score mit der Gewichtung multipliziert und schließlich über alle vier Kriterien aufsummiert. Besonderes Augenmerk legt die *RUBIN Fahrradwerke GmbH* auf die Qualität des Schmieröls (50%). Flexibilität und Preis sind dem Unternehmen im gleichen Maße wichtig. Die Lieferzeit erhält die geringste Gewichtung. Tabelle 3-176 beinhaltet die Gewichtungen der einzelnen Kriterien sowie die Bewertung der Lieferanten.

Tabelle 3-176 Bewertung mit Scoring-Verfahren

	Gewicht [%]	Tube GmbH	LKM GmbH	Flott AG	Serga-mont AG
Preis	20	5	3	1	1
Qualität	50	4	2	5	4
Flexibilität	20	4	2	5	3
Lieferzeit	10	2	3	1	2
Summe	100	4	2,3	3,8	3

Die Lieferantenbewertung führt zu folgender Rangfolge der Lieferanten: *Tube GmbH, Flott AG, Sergamont AG, LKM GmbH*. Die *RUBIN Fahrradwerke GmbH* wird sich somit für die *Tube GmbH* entscheiden.

3.16.5.2 Kritischer Pfad Sonderanfertigung

Die Aufgabe besteht darin zu überprüfen, ob der von der deutschen Mannschaft geforderte Termin von drei Wochen (21 Tagen) eingehalten werden kann. Als Lösung dient dafür die „Critical Path Method". Dafür müssen die Teilprojekte der Sonderanfertigung in einem Vorgangspfeilnetz abgebildet werden. Zunächst muss man jedoch die in der Tabelle 3-169 gegebenen Werte in Tage umrechnen, die man für die Herstellung der insgesamt 18 Räder (also für jeden Sportler) benötigt. Zu beachten ist dabei, dass ein Arbeitstag 16 h umfasst. Die Dauer in Tagen berechnet sich wie folgt:

$$Dauer\ in\ Tagen = \frac{Dauer\ in\ Minuten}{Sonderanfertigung} * \frac{18\ Sonderanfertigungen}{16\ \frac{h}{Tag} * 60\ Minuten}$$

Unter Beachtung der Rundung ergeben sich die Werte in Tabelle 3-177.

Tabelle 3-177 Dauer der Teilprojekte in Tagen

Nummer Teilprojekt	Bezeichnung Teilprojekt	Dauer in Tagen
1	BG Rad	3
2	BG Bremse	5
3	BG Schnellspanner	4
4	BG Schlauch inkl. Ventil	1
5	**VM Reifen**	2
6	BG Rahmen	4
7	BG Lenker	3
8	BG Sattel	9
9	BG Tretlager	2
10	BG Bremshebel	1
11	BG Federgabel	2
12	**VM Gestell**	4
13	BG Schaltkörper	6
14	BG Hinterradnabe	5
15	**VM Schaltsystem**	6
16	**VM Rennrad**	2
17	**EM Rennrad**	3
18	**Qualitätsprüfung**	4

Die gegebenen Zeiten können nun in ein Vorgangspfeilnetz übertragen werden. Zu beachten ist außerdem, dass sich die Dauer der Baugruppe Sattel um zwei weitere Tage verzögert, da die notwendigen Maschinen erst einmal repariert werden müssen.

Der angeforderte Liefertermin von 21 Tagen ist unter dem gegebenen Produktionsplan nicht einzuhalten. Für die Herstellung der 18 Räder werden insgesamt 24 Tage benötigt, hinzu kommt ein weiterer Tag, der für den Transport der Räder einzubeziehen ist. Insgesamt muss sich die Lieferzeit also um vier Tage verkürzen. Um den Liefertermin einhalten zu können, müssen die Vorgänge auf dem kritischen Weg genauer betrachtet werden. Die Vorgänge auf dem kritischen Weg sind folgende: BG Sattel, Scheinvorgang S5, VM Gestell, VM Rennrad, EM Rennrad und die Qualitätsprüfung.

Aus Erfahrung ist bekannt, dass sich die Zeiten der Teilprojekte VM Gestell sowie EM Rennrad durch den Einsatz zusätzlicher Mitarbeiter um jeweils zwei Tage verringern lassen. Damit kann der Graph aktualisiert werden.

Die beiden Teilprojekte liegen auf dem kritischen Pfad. Die Gesamtdauer der Fertigung lässt sich somit von 24 Tagen auf 20 Tage reduzieren. Zuzüglich des einen Tages, der zum Transport der Räder bis in das Trainingslager der deutschen Mannschaft einzuplanen ist, ergibt sich eine Gesamtlieferzeit von 21 Tagen. Die Unterstützungsleistung, die der *RUBIN Fahrradwerke GmbH* durch ein weiteres Unternehmen angeboten wurde, wird hingegen nicht in Anspruch genommen, da sich der Vorgang Fertigung BG Tretlager nicht auf dem kritischen Weg befindet und einen Gesamtpuffer von 7 Tagen verzeichnet. Eine Reduzierung dieses Vorganges um einen Tag würde also keine Verbesserung bedeuten. Schließlich kann der Liefertermin von drei Wochen eingehalten werden.

3.16.5.3 Maschinenbelegungsproblem „Autofreies Dresden"

Bei dem Vorhaben des Produktionsleiters, die Zykluszeit der Baugruppe Sattel möglichst gering zu halten, um eine minimale Schätzung der gesamten Durchlaufzeit der Bestellung abzugeben, handelt es sich um ein Maschinenbelegungsproblem. Es gilt die Reihenfolge der Modelltypen zu ermitteln, sodass sich die Fertigstellung aller 58 Sattel zeitlich minimiert. Die drei Satteltypen werden auf allen fünf Maschinen bearbeitet, dabei wird stets die gleiche Reihenfolge von Metallverformung, Kunststoffformung, Nähmaschine, Verschraubung und Belastungstest eingehalten. Es liegt ein n-Maschinenproblem in einer Fließfertigung (Flow Shop) vor, das sich mit der Heuristik von Campell, Dudeck & Smith lösen lässt.

Dafür wird zunächst die Gesamtzahl der zu fertigenden Satteltypen benötigt, diese lassen sich der Aufgabenstellung einfach entnehmen. Für das Modell Rennrad werden 18 Sattel benötigt, für das Modell E-Bike 15 Sattel und für das Modell Stadtrad sind 25 Sattel zu fertigen. Darüber hinaus gilt es die Anzahl der Maschinen zu berücksichtigen. In unserem Fall beträgt die Anzahl der Maschinen für die Bearbeitungsstationen jeweils genau eine Maschine. Aus diesen Daten muss man nun die Bearbeitungszeit der einzelnen Modelltypen ermitteln. Dazu gilt für die Bearbeitungsdauer auf einer Station die folgende Formel:

$$Bearbeitungsdauer_{M_n} = \frac{Anzahl\ der\ Sattel * Dauer\ eines\ Sattels}{Anzahl\ der\ Maschinen}$$

Die Bearbeitungsdauer, die ein Sattel eines Satteltyps an den fünf Stationen benötigt, ist dem Tabellenblatt „Bearbeitungszeiten Sattel" zu entnehmen. Es ergeben sich die Werte in Tabelle 3-178.

Tabelle 3-178 Gesamtbearbeitungszeiten (Dauer der Arbeitsschritte in min)

	Sattel-menge [Stk]	Metall-verfor-mung	Kunst-stofffor-mung	Nähma-schine	Ver-schrau-bung	Belas-tungs-test
Rennrad	18	1080	1260	900	1440	1980
E-Bike	15	1800	1350	1200	975	2250
Stadtrad	25	2000	1625	3250	3500	3125

Nach Einbezug aller ermittelten Werte lässt sich unter Anwendung der Heuristik von Campell, Dudeck & Smith ein Maschinenbelegungsplan berechnen, der eine Gesamtdauer von 16.380 Minuten aufweist.

Dabei gilt für die Stationen 1-5 die gleiche Bearbeitungsreihenfolge: Zuerst wird das Modell Rennrad, dann das Modell E-Bike und anschließend das Modell Stadtrad die Stationen durchlaufen. Für die Berechnung der notwendigen Tage zur Fertigstellung der Baugruppe muss man erneut berücksichtigen, dass die *RUBIN Fahrradwerke GmbH* im Zwei-Schicht-Modell arbeitet und die Maschinen somit 16 h am Tag genutzt werden. Für den Maschinenbelegungsplan ergibt sich eine Gesamtdauer von rund 17,1 Tagen:

$$Gesamtdauer\ in\ Tagen = \frac{16.380\ min}{60\ min * 16\ \frac{h}{Tag}} = 17,0625\ Tage$$

Die Schätzung des Produktionsleiters von 20 Tagen kann somit um drei Tage unterschritten werden. Die *RUBIN Fahrradwerke GmbH* kann eine zuversichtliche Prognose der Gesamtdauer abgeben und ihren neuen Auftraggeber „Autofreies Dresden" zufrieden stellen. Sofern die Bearbeitungszeit des Auftrages durch keine anderen Faktoren negativ beeinflusst wird, sind zukünftig auch weitere Aufträge vom Verbund „Autofreies Dresden" zu erwarten.

4 Planungssoftware Logistik-Toolbox

Die Logistik-Toolbox ist eine in Java implementierte anwendungsorientierte Planungs-software, die zahlreiche quantitative Planungsmethoden der Logistik enthält. Idee war es, viele der in den Vorlesungen im Schwerpunkt Logistik an der TU Dresden gelehr-ten quantitativen Planungsverfahren zu implementieren, um den Studierenden ein Hilfsmittel zum Üben und Wiederholen an die Hand zu geben.

Lernziele:

Konzeption der Logistik-Toolbox

Implementierte Planungsverfahren in den Bereichen Beschaffungs-, Produktions- und Distributionslogistik

Funktionen und Einsatzmöglichkeiten der Logistik-Toolbox

4.1 Einführung

Konzeptionell stellt die Logistik-Toolbox eine Kombination aus Anwendungspro-gramm und Lehrprogramm dar. Mit der Logistik-Toolbox können quantitative logisti-sche Problemstellungen gelöst werden, die andernfalls aufwendige Berechnungen von Hand erforderlich machen würden. Sie ist einerseits komplex und leistungsstark ge-nug, um umfangreiche logistische Aufgaben verschiedenster Art lösen zu können und andererseits noch überschaubar und mit wenigen einfachen Aktionen bedienbar. Im Mittelpunkt steht das Ergebnis der Berechnungen, womit der Charakter einer Anwen-dungssoftware betont wird. Bei Bedarf werden dem Nutzer, der sich in der Regel in der Aus- bzw. Weiterbildung und demzufolge auch noch im Lernprozess bezüglich der in der Logistik-Toolbox enthaltenen Methoden befindet, jedoch auch Elemente zur Unterstützung dieses Lernprozesses angeboten. Das wird in der Logistik-Toolbox meist durch die Ausgabe bestimmter Zwischenergebnisse oder stellenweise auch durch die Ausgabe des gesamten Rechenweges realisiert. Mit diesen Hilfen kann die Logistik-Toolbox somit auch als Programm zum Erlernen der implementierten Verfah-ren verwendet werden, wenn bereits grundsätzliche Kenntnisse über die Verfahren beim Nutzer vorhanden sind.

Strukturell ist die Logistik-Toolbox in drei Module gegliedert, die den phasenspezifi-schen Subsystemen der Versorgungslogistik entsprechen: Beschaffungslogistik, Pro-

© Springer Fachmedien Wiesbaden GmbH, ein Teil von Springer Nature 2021
R. Lasch und G. Schulte, *Quantitative Logistik-Fallstudien*,
https://doi.org/10.1007/978-3-658-35592-0_4

duktionslogistik und Distributionslogistik. In der Logistik-Toolbox sind über 60 Verfahren implementiert, die jeweils einem dieser drei Subsysteme zugeordnet sind (vgl. Abbildung 4-1). Die Auswahl der Verfahren stellt einen Kompromiss zwischen Breite und Tiefe dar, sodass der Nutzer einerseits viele verschiedene Problembereiche bearbeiten, aber auch innerhalb einer Aufgabenstellung meist noch zwischen verschiedenen Methoden wählen bzw. deren Ergebnisse miteinander vergleichen kann. Mit die

sem Verfahrensangebot nimmt die Logistik-Toolbox eine Sonderstellung ein, was die in einem Werkzeug integrierte Anzahl von Methoden betrifft. Trotz der oft sehr heterogenen Eigenschaften der Verfahren (z. B. Datenstruktur, Visualisierungszwänge etc.) wurde auf eine einheitliche Implementierung Wert gelegt, sodass der Einarbeitungsaufwand im Wesentlichen lediglich einmal anfällt.

Abbildung 4-1 Logistik-Toolbox: Eingangsbildschirm

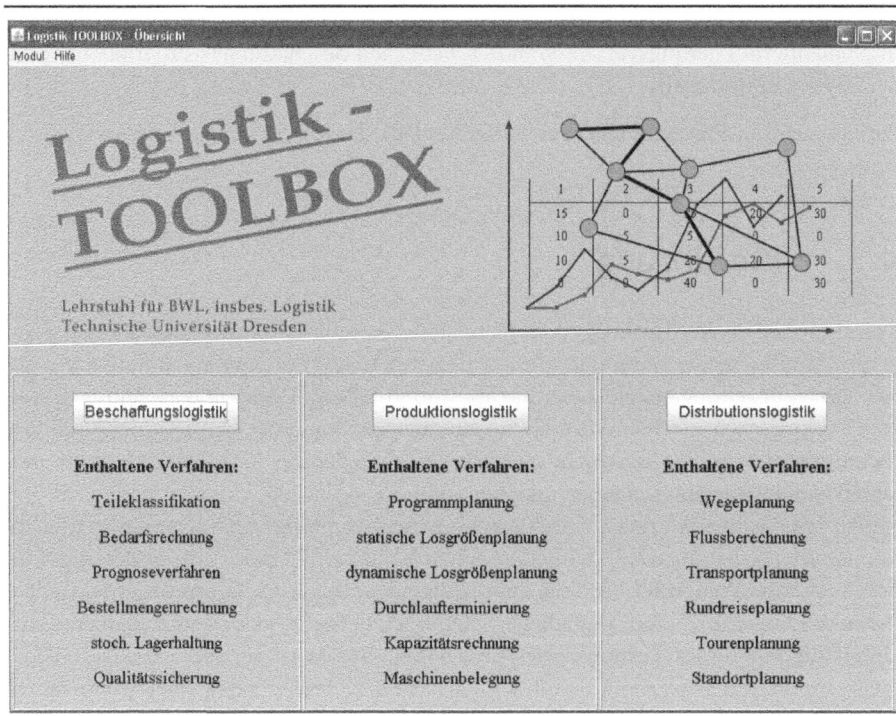

Den allgemeinen Anforderungen an die Programmgestaltung wurde ebenfalls Rechnung getragen. So wird z. B. eine einfache Bedienung und Verständlichkeit durch eine geringe räumliche bzw. zeitliche Trennung von Ein- und Ausgabe erreicht. Ausgangsdaten und Lösung sind so immer gleichzeitig sichtbar und auch stets zueinander passend, was durch eine automatische Aktualisierung nach jeder Eingabe ermöglicht wird.

Am besten geeignet ist die Logistik-Toolbox für mittlere Problemgrößen, die zwar deutlich oberhalb einer „normalen" Übungsaufgabe liegen, aber u. U. durch realistische Problemgrößen übertroffen werden können. Doch auch in solchen Fällen ist eine Anwendung möglich, da kaum Obergrenzen für die Anzahl der Variablen, Kanten etc. voreingestellt sind. Lediglich die Stärken der Bedien- und Ausgabeelemente kommen bei sehr großem Datenumfang nicht mehr in vollem Umfang zum Zuge. Die implementierte Möglichkeit, Daten über die Zwischenablage („Clipboard") mit anderen Programmen (z. B. MS Excel) und programmintern zwischen den Verfahren der Logistik-Toolbox auszutauschen, gestattet schließlich auch eine effiziente Bearbeitung von Aufgabenstellungen mit umfangreichen Daten. Mit Hilfe derartiger Möglichkeiten des Datenaustauschs können außerdem Aufgabenketten, mit denen Abhängigkeiten verschiedener Planungsbereiche durch eine Abfolge von inhaltlich miteinander verknüpften Einzelrechnungen abgebildet werden, einfacher gelöst werden. Tabelle 4-1 beinhaltet eine vollständige Übersicht der in der Logistik-Toolbox implementierten Verfahren.

Tabelle 4-1 Verfahren der Logistik-Toolbox

Bereich (mit Dateiendungen)	Verfahren
Modul Beschaffungslogistik	
Teileklassifikation (.abcp)	ABC-Analyse
Bedarfsprognose (konstanter, trendförmiger, saisonaler, sporadischer Bedarfsverlauf) (.kzr, .spvs und .spvk)	Gleitende Durchschnitte, Exponentielle Glättung 1. und 2. Ordnung, Verfahren von Croston, Verfahren von Syntetos/Boylan, Verfahren von Levén/Segerstedt, Verfahren von Syntetos, adaptives Verfahren von Smith, saisonales Verfahren von Winters, Saisonbereinigung
Bedarfsauflösung (.gbdn und .dsvt)	Input-Output-Analyse, Dispositionsstufenverfahren
Bestellmengenrechnung (statische Bedarfe mit/ohne Fehlmengen, dynamische Bedarfe) (.eoqd und .gzr)	EOQ (mit/ohne Fehlmengen), exakte Lösung des Wagner-Whitin-Modells, Gleitende wirtschaftliche Losgröße, Verfahren von Silver/Meal, Part Period-Verfahren, Verfahren von Groff
Stochastische Lagerhaltung (.lpdn)	(s,q) – Politik, (t,S) – Politik
Qualitätssicherung (.qsda)	Prüfplankonstruktion nach Peach/Littauer

Tabelle 4-1 Verfahren der Logistik-Toolbox *(Fortsetzung)*

Modul Produktionslogistik	
Programmplanung (.simp)	Simplex-Algorithmus (2-Phasenmethode)
Losgrößenrechnung (statisch, dynamisch, kapazitiert, unkapazitiert) (.lbdn, .potp, .gzr und .dmpl)	EOQ (offene/geschlossene Produktweitergabe), Power-of-Two-Politik, exakte Lösung des WAGNER-WHITIN-Modells, Gleitende wirtschaftliche Losgröße, Verfahren von SILVER/MEAL, Part Period-Verfahren, Verfahren von GROFF, Verfahren von DIXON/SILVER
Durchlaufterminierung (.cpmd)	Vorgangspfeilnetze, CPM
Kapazitätsrechnung (.krhd)	Beschränkte-Einsatzmittel-Heuristik, Nivellierungsheuristik
Maschinenbelegungsplanung für Fließ- und Werkstattfertigung (.mbf2, .mbfn und .mbw2)	Flow Shop: Verfahren von JOHNSON, Verfahren von CAMPBELL/DUDEK/SMITH Job Shop: Verfahren von JACKSON

Modul Distributionslogistik (alle: .graph)	
Kürzeste Wege, minimale Gerüste	Verfahren von KRUSKAL, Verfahren von PRIM, Verfahren von DIJKSTRA, Verfahren von FLOYD
Flussberechnungen	Verfahren von BUSACKER/GOWEN
Transportplanung	Nordwesteckenregel, Spaltenminimummethode, MODI-Verfahren
Rundreiseplanung	TSP: bester Nachfolger, sukzessive Einbeziehung, Verfahren von CHRISTOFIDES, Verfahren von AKL, Verbesserungsverfahren 2opt und 3opt CPP: kostenminimale Erweiterung von Graphen und Digraphen
Tourenplanung	Savings-Verfahren mit homogenem bzw. heterogenem Fuhrpark und individuellen Kundenzeitfenstern, parametrisches Savings-Verfahren
Standortplanung	Verfahren von WEISZFELD/MIEHLE, Verfahren von COOPER, Add-Algorithmus (kapazitiert, unkapazitiert), Drop-Algorithmus (kapazitiert, unkapazitiert)

Die Einteilung der Verfahren in die drei Module dient im Wesentlichen einer einfachen Navigation, wobei die Zuordnung der Verfahren nicht so zu verstehen ist, dass diese ausschließlich im jeweiligen Bereich angewendet werden können. Bei entsprechender Interpretation von Ein- und Ausgabedaten können die Methoden auch über ihren Hauptanwendungsbereich hinaus nützlich sein. Ein typisches Beispiel ist die Modellierung des Maschinenbelegungsproblems mit einer Maschine und reihenfolgeabhängigen Rüstkosten (Bereich Produktionslogistik) als graphentheoretische Berechnung (Bereich Distributionslogistik).

Bei der Entwicklung des Seitenlayouts der Logistik-Toolbox wurden folgende Gestaltungsgrundsätze berücksichtigt, die das Einarbeiten und das spätere Anwenden des Programms wesentlich vereinfachen:

1. Alle Daten des momentan genutzten Verfahrens sollten – soweit möglich – auf einen Blick verfügbar sein. Das gilt insbesondere für Ein- und Ausgabedaten, die der Nutzer stets gleichzeitig ablesen können sollte. Dadurch wird ein sicheres Nachvollziehen des Ergebnisses und ein verminderter Aufwand bei mehrfacher Anwendung der Verfahren erreicht (z. B. beim „Durchspielen" verschiedener Varianten).

2. Die Ein- und Ausgabedaten müssen einen Bezug zueinander aufweisen, weshalb Situationen, in denen Ergebnisse angezeigt werden könnten, die nicht auf den aktuell gespeicherten Daten beruhen, vermieden werden sollten. Dies wurde durch eine automatische Neuauslösung des Verfahrens nach jeder Änderung der Eingabedaten erreicht[61].

3. Angezeigte Eingabedaten sollten möglichst direkt am Ort ihrer Anzeige geändert werden können (z. B. per Mausklick auf den Wert). Dadurch entfällt die Suche nach entsprechenden Eingabemasken.

4.2   Einsatzmöglichkeiten der Logistik-Toolbox

Aus dem Konzept und den Inhalten der Logistik-Toolbox ergeben sich zahlreiche Möglichkeiten ihrer Anwendung für Dozenten und Studierende. Die wichtigsten sollen im Folgenden kurz angesprochen werden.

4.2.1   Einsatzmöglichkeiten für Studierende

Gemäß der ursprünglichen Einsatzplanung für die Logistik-Toolbox liegt eine ihrer Hauptstärken in der schnellen Verifizierung der von Hand berechneten Endergebnisse. Fehlerhafte Lösungen vorgegebener Übungsaufgaben können dadurch auch unabhängig von der Verfügbarkeit eines Lehrenden sofort entdeckt werden, was den Lern-

---

61 Nachteil dieser Lösung ist das sehr viel häufigere Durchlaufen der Verfahren, was jedoch nur bei sehr umfangreichen Problemen, die im Rahmen der Lehre selten auftreten, zu spürbaren Verzögerungen führt.

prozess für Studierende deutlich vereinfacht. Darüber hinaus ermöglichen die zahlreichen Zwischenergebnisse oder das Verfolgen des vollständigen Verfahrensablaufs das Auffinden von Fehlerquellen in der eigenen Vorgehensweise. So kann der Studierende nicht nur das Vorliegen eines Fehlers in der eigenen Vorgehensweise, sondern auch dessen Ort feststellen und dadurch das eigene Vorgehen selbstständig entscheidend verbessern. Der dabei weitaus geringere Zeitbedarf als bei konventioneller Vorgehensweise ist besonders in der Prüfungsvorbereitung nützlich.

Im Zuge der Anwendbarkeit auf beliebige vorgegebene Übungsaufgaben ergibt sich automatisch auch die Möglichkeit für den Studierenden, auf einfache Weise neue Aufgaben (inklusive Musterlösung) zu entwerfen, zusätzlich zu den aus Vorlesung und Übung bekannten Aufgaben. Dadurch kann jeder Studierende, Initiative und kritische Selbsteinschätzung vorausgesetzt, die für ihn persönlich notwendige Anzahl an Übungsaufgaben generieren. Gerade Studenten mit leichten Unsicherheiten in der Abstraktion bzw. bei der Deutung formaler Vorschriften profitieren u. U. stark von einer Vielzahl an Einzelbeispielen. Das „Durchspielen" verschiedener (Daten- oder Parameter-)Varianten und die Beobachtung der Reaktion des Ergebnisses sowie der Vergleich von Ergebnissen verschiedener Verfahren kann zu einem Wissensstand führen, der nicht nur eine eigenständige Anwendung der Algorithmen erlaubt, sondern auch Aussagen über die Eignung, das Verhalten und die Lösungsgüte der Verfahren im Vorfeld neuer Aufgabenstellungen.

4.2.2 Einsatzmöglichkeiten für Lehrende

Zunächst kann die Logistik-Toolbox für Lehrende ein Hilfsmittel zum gezielten, schnellen und sicheren Entwurf von quantitativen Übungs- und Klausuraufgaben sein. Weiterhin ist ihr Einsatz in Lehrveranstaltungen sinnvoll, z. B. in Vorlesungen zur Demonstration der Anwendung der gelehrten Verfahren auf Probleme mit realistischerem Umfang oder auch in der aktiven Gruppenarbeit, bei der die Studierenden unter Anleitung ihre Kenntnisse vertiefen. Durch solche Demonstrationen in Vorlesungen bzw. Übungen am Rechner kann das vernetzte Denken geschult werden, was insbesondere für eine Querschnittsfunktion wie die Logistik von wesentlichem Vorteil ist.

Schließlich gestattet eine vorhandene Implementierung der gelehrten Verfahren eine verstärkte Konzentration auf die Auswahl geeigneter Verfahren für gegebene Aufgabenstellungen und die sich anschließende Interpretation der Ergebnisse. Dadurch kann die Fähigkeit der Studierenden gesteigert werden, ihr methodisches Wissen auf praxisnahe Probleme anzuwenden. Gerade durch die Forderung einen umfangreichen Fall eigenständig zu lösen, werden Studierende im besonderen Maße herausgefordert, sich mit dem Zusammenspiel verschiedener Verfahren auseinander zu setzen.

4.3   Allgemeine Funktionen

Nach dieser ersten Vorstellung der Logistik-Toolbox mit ihren Grundsätzen und Einsatzmöglichkeiten folgt nun zunächst eine Beschreibung von Funktionen, die das gesamte Programm betreffen, bevor anschließend die Bedienung einzelner Verfahren mit Hilfe eines Komplexbeispiels erklärt wird.

Zu den allgemeinen Funktionen der Logistik-Toolbox gehören die Menüstruktur, die Hilfetexte zur momentan sichtbaren Seite sowie zu den Verfahren, das Speichern und Laden von Daten sowie der externe und interne Datenaustausch.

4.3.1   Menüstruktur und Seitenmanagement

Die Verfahren der Logistik-Toolbox sind in den Modulen Beschaffungs- und Produktionslogistik jeweils auf einer eigenen Seite realisiert, wohingegen das Modul Distributionslogistik lediglich aus einer Seite besteht, auf der alle Verfahren des Moduls enthalten sind.

Module Beschaffungs- und Produktionslogistik:

Über das Menü „Modul" kann nach dem Start der Logistik-Toolbox zunächst das gewünschte Modul ausgewählt werden. Innerhalb der Module kann jedes Verfahren über das Menü „Berechnung" direkt angewählt oder alternativ per Tastatur sequenziell durchgeschaltet („STRG" + „Bild auf/ab") werden. Zur Anwahl von Seiten anderer Module muss zunächst das Modul gewechselt (per Menü „Modul" oder Tasten „STRG" + „links/rechts") werden. Die Seiten inklusive der Ein- und Ausgabedaten bleiben dabei unabhängig von ihrer Sichtbarkeit bestehen, d. h. in den Modulen Beschaffungs- und Produktionslogistik sind stets alle Seiten gleichzeitig aktiv, beim Wechsel zu einer anderen Seite oder einem anderen Modul wird der Inhalt deshalb auch nicht gelöscht.

Modul Distributionslogistik:

Da alle Verfahren der Distributionslogistik auf einer graphischen Darstellung beruhen und somit im Wesentlichen modulweit einheitliche Ausgangsdaten vorliegen, wurde im Modul Distributionslogistik auf eine seitenweise Trennung der Verfahren verzichtet. Die Verfahren greifen auf dieselben Daten zurück und verwenden dieselben Ausgabebereiche.

4.3.2 Hilfetexte (Menü „Hilfe")

Jede Seite verfügt über einen kurzen Hilfetext, in dem zunächst die Zielstellung des Verfahrens und anschließend alle Eingabe- und Ausgabedaten mit den jeweils zugehörigen Bedienobjekten auf der Seite (z. B. Schalter, Textfelder etc.) kurz erklärt werden. Der Hilfetext bezieht sich auf die momentan sichtbare Seite. Das Studium des Hilfetextes sollte stets der erste Schritt bei der erstmaligen Verwendung einer Seite sein.

Ein einheitlicher Farbcode für Bedienelemente und Bildschirm-Kurztexte (z. B. Variablen etc.) erleichtert das Auffinden gesuchter Elemente. Beim Wechsel der Seite passt sich der Hilfetext automatisch an. Die Verfahren selbst werden in der Hilfe nicht ausführlich erklärt. Für die Erklärung der einzelnen Verfahren im Bereich Beschaffungslogistik wird auf die Kapitel 2 bis 4 in diesem Lehrbuch verwiesen. Die Logistik-Toolbox kann das Lernen, Einüben und Vertiefen unterstützen, ist jedoch nicht für die Wissensvermittlung der jeweiligen Methoden und Modelle konzipiert.

Modul Distributionslogistik:

Da das Modul Distributionslogistik lediglich aus einer gemeinsamen Seite besteht, erfolgt die Erklärung der verfahrensspezifischen Bedienelemente und Daten im Menüpunkt „Hilfe" unter „Hilfe zum aktuellen Verfahren". Die Beschreibung der Modulseite Distributionslogistik erfolgt gesondert im Menüpunkt „Hilfe" unter „Hilfe zum Modul Distribution".

4.3.3 Daten speichern und laden (Menü „Daten"/„Graph")

Die Logistik-Toolbox bietet die Möglichkeit, Problemstellungen zu speichern und später erneut zu laden. Dabei werden lediglich die Ausgangsdaten gespeichert, die Lösung wird nach dem Laden jeweils wieder neu berechnet.

Zum Speichern der Problemstellungen verwendet die Logistik-Toolbox eigene Speicher-Formate, die nicht direkt in andere Programme eingelesen werden können. Jede Art von Problemstellung verfügt über eine spezifische Dateiendung (vgl. Tabelle 4-1). Beim Aufrufen des Laden/Speichern-Dialogs unter dem Menüpunkt „Daten" bzw. „Graph" werden nur die Dateien angezeigt, die in der sichtbaren Seite verwendbar sind. Dadurch ist eine Kenntnis der verwendeten Dateiendungen i. d. R. nicht notwendig.

4.3.4 Die Tauschmatrix - externer und interner Datenaustausch

Da die Eingabe großer Datenmengen per Hand mühsam ist und diese oft bereits rechnerintern in anderen Programmen vorliegen, bietet die Logistik-Toolbox die Möglichkeit, tabellenförmige Daten verschiedenster Art über die Zwischenablage („Clipboard") aus anderen Anwendungen (insbes. MS EXCEL) zu importieren oder Ergebnisse aus der Logistik-Toolbox in diese zu exportieren. Erstbenutzer sollten diesen Abschnitt jedoch überspringen und sich zunächst mit der grundsätzlichen Bedienung der jeweiligen Seite befassen, da der Datenaustausch nur danach gezielt angewendet werden kann. Zum Import von Kantenbewertungen im Modul Distributionslogistik ist im Unterschied zur nachfolgend beschriebenen Vorgehensweise im Menüpunkt „Extras" der Unterpunkt „Matriximport" zu verwenden.

Datenimport:

Der Datenimport besteht aus drei Schritten:

1. Formatierung im Quellprogramm

2. Kopieren in die Austauschmatrix

3. Import in das gewünschte Verfahren

Abbildung 4-2 Importdialog

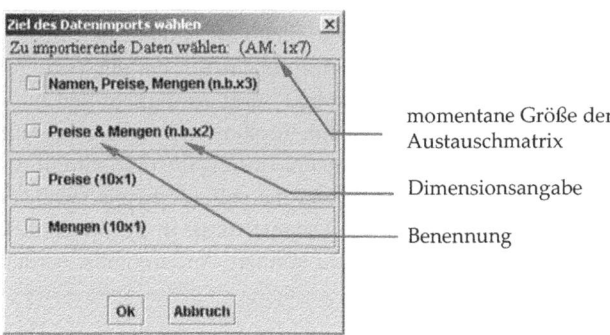

1. Formatierung im Quellprogramm

Gehen Sie bitte zunächst in der Logistik-Toolbox in das Menü „Austauschmatrix (AM)" / Menüpunkt „Datenimport aus AM" (Modul Distribution: im Fenster „Knotendaten", das über den Menüpunkt „Graph" / „Knotendaten" aktiviert wird). Dort ist ersichtlich, welche Importalternativen die momentan sichtbare Seite jeweils anbietet. Diese Importalternativen sind im sich öffnenden Dialog untereinander angeordnet und mit einem Namen sowie einer in Klammern dahinter stehenden Dimensionsangabe versehen. In Abbildung 4-2 ist ein Beispiel mit vier Importalternativen angegeben.

Anhand der Benennung und der Dimensionsangabe ergeben sich die Art und die notwendige Anordnung der zu importierenden Datentabelle im Ursprungsprogramm. Die erste Zahl der Dimensionsangabe (z. B. die „10" bei „Preise" in Abbildung 4-2) weist auf die Anzahl der Zeilen hin, die zweite auf die der Spalten. Im obigen Beispiel sollten demzufolge die Daten, die in die Logistik-Toolbox importiert werden sollen, bereits als Tabelle mit zehn Zeilen und einer Spalte vorliegen. Ist mehr als eine Spalte beteiligt, so muss die Spaltenreihenfolge der Reihenfolge der Benennung entsprechen. Bei der Alternative „Preise und Mengen" in Abbildung 4-2 muss demzufolge die erste Spalte die Preise und die zweite Spalte die Mengen enthalten.

Generell wurden die Entscheidungen, ob bestimmte Daten zeilenweise oder spaltenweise angeordnet sein müssen und in welcher Reihenfolge sie in den Zeilen oder Spalten stehen, anhand der Darstellung der Ausgangsdaten in der Logistik-Toolbox getroffen. Sind auf der Seite für die Durchlaufterminierung bspw. die Angaben zu Vorgänger, Dauer und Kapazitätsbedarf der Vorgänge spaltenweise hintereinander abgebildet, so muss auch die zu importierende Tabelle mit diesen Daten zunächst in genau diese Form gebracht werden, um in die Logistik-Toolbox übernommen werden zu können. Dadurch braucht der Nutzer der Logistik-Toolbox nicht mehr gesondert mitzuteilen, welche Bedeutung die importierten Zahlenwerte haben, da die Logistik-Toolbox diese Bedeutung allein aus der Position der Daten übernimmt.

Alle Importalternativen in der Logistik-Toolbox funktionieren nach diesem Prinzip, unabhängig von dem konkreten Verfahren, für das sie benutzt werden. Eine leichte Abweichung von diesem Schema stellt lediglich eine Dimensionsangabe dar, die (statt einer konkreten Zeilenanzahl) die Abkürzung „n. b." enthält (vgl. Abbildung 4-2). Diese Abkürzung bedeutet „nicht beschränkt" und ermöglicht den Import von Tabellen, die mehr Zeilen haben, als die Logistik-Toolbox momentan darstellt. Steht jedoch eine konkrete Zahl statt „n. b." in der Dimensionsangabe und stimmt diese Zeilenanzahl nicht mit den Daten, die importiert werden sollen, überein (weil diese z. B. mehr Zeilen enthalten), so muss zunächst die Datenstruktur in der Logistik-Toolbox erweitert werden, um alle Daten aufnehmen zu können. Anderenfalls werden die überzähligen Werte beim Import ignoriert.

2. Kopieren in die Austauschmatrix

Nachdem im vorangegangenen Schritt die strukturelle Übereinstimmung der Ausgangsdaten mit der Datenstruktur in der Logistik-Toolbox sichergestellt wurde, müssen diese Daten nun in die Logistik-Toolbox kopiert werden. Dazu öffnen Sie bitte den Menüpunkt „Austauschmatrix (AM)" / „AM zeigen/einrichten". Daraufhin wird die sogenannte Austauschmatrix angezeigt, über die alle zu im- oder exportierenden Daten kopiert werden.

Bringen Sie nun mit Hilfe des Buttons „Größe ändern" die Austauschmatrix auf die Größe der zu importierenden Daten. Danach markieren Sie die Daten im Quellprogramm (z. B. MS EXCEL) und kopieren diese per Tastaturbefehl STRG+c oder über den Menüpunkt „Kopieren" in die Zwischenablage. Klicken Sie nun auf das erste Tabellenfeld (erste Zeile, erste Spalte) der Austauschmatrix und kopieren Sie die Daten durch gleichzeitiges Drücken der Tasten STRG+v hinein. Kontrollieren Sie die korrekte Übernahme und schließen Sie dann die Austauschmatrix (vgl. Abbildung 4-3).

Da es in der gesamten Logistik-Toolbox nur eine Austauschmatrix gibt, die jedoch von zahlreichen Seiten verwendet werden kann, werden durch ein Kopieren von Daten demzufolge die früher in die Austauschmatrix kopierten Daten überschrieben.

Abbildung 4-3 Datenübertragung aus der Tabellenkalkulation

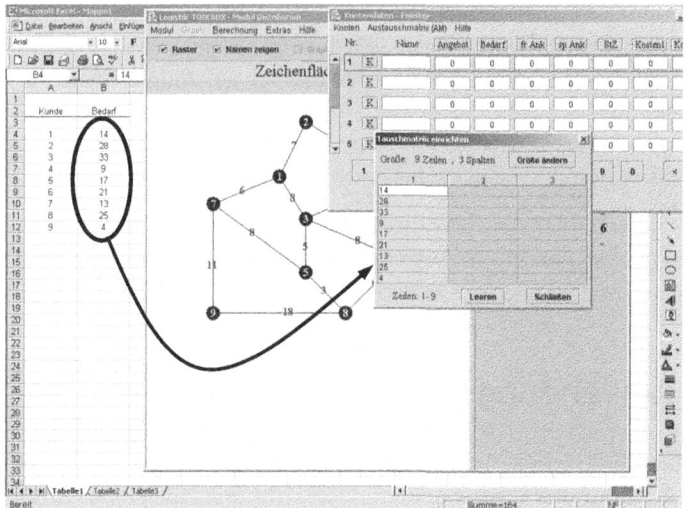

3. Import in das gewünschte Verfahren

Bislang befinden sich die Daten lediglich in der Austauschmatrix, in welcher sie noch ohne jede Interpretation vorliegen, d. h. die Logistik-Toolbox kennt noch nicht den Verwendungszweck dieser Daten. Dazu öffnen Sie bitte den bereits oben erwähnten Menüpunkt „Austauschmatrix (AM)" / „Datenimport aus AM". Dort wählen Sie nun mit Hilfe des anwählbaren Kästchens am linken Rand die im Schritt 1 „Formatierung im Quellprogramm" ausgesuchte Importalternative und bestätigen Sie mit „Ok". Die Logistik-Toolbox interpretiert nun die Daten aus der Austauschmatrix im Sinne der gewählten Importalternative, übernimmt diese in die Datenbasis der momentan angezeigten Seite und startet danach automatisch das Verfahren der Seite.

Datenexport:

Über den Menüpunkt „Austauschmatrix (AM)" / „Datenexport aus AM" können Sie auch Daten aus der Logistik-Toolbox in andere Anwendungen exportieren. Wählen Sie dazu eine der angebotenen Exportalternativen und bestätigen Sie mit „Ok". Die Daten befinden sich nun in der Austauschmatrix, die sich nach dem Export automatisch öffnet. Markieren Sie den gewünschten Bereich mit der Maus und kopieren Sie die Daten mit den Tasten STRG+c in die Zwischenablage. Nun können die Daten in verschiedenste Programme eingefügt werden (meist per STRG+v oder über den Menüpunkt „Einfügen").

Interner Datenaustausch:

Neben dem Datenaustausch mit anderen Anwendungen kann es auch sinnvoll sein, Daten zwischen verschiedenen Verfahren innerhalb der Logistik-Toolbox auszutauschen. Das ist in der Logistik-Toolbox einfach, da die Austauschmatrix auf allen Seiten stets die gleichen Daten anzeigt. Daten, die auf einer Seite per Exportalternative in die Austauschmatrix exportiert wurden, können deshalb auf anderen Seiten per Importalternative importiert werden. Bei Bedarf können dazwischen die Zeilen und Spalten innerhalb der Austauschmatrix per STRG+c / v kopiert und dadurch verschoben werden, um die Formatanforderungen der Zielseite zu erfüllen.

Nach dieser Beschreibung der wichtigsten verfahrensübergreifenden Funktionen folgt nun ein Komplexbeispiel, um die Anwendung der Logistik-Toolbox zu demonstrieren.

4.4   Anwendung der Logistik-Toolbox

Da jede Seite der Logistik-Toolbox bereits in den Hilfetexten der Logistik-Toolbox gerade mit Blick auf den Erstanwender erklärt wird und eine erneute Erklärung jedes Bedienelements an dieser Stelle somit lediglich eine Dopplung darstellen würde, soll die Funktionalität der Logistik-Toolbox im Folgenden anhand eines komplexen Beispiels in zwei Teilen verdeutlicht werden. In diesem Beispiel werden zwar nicht alle Funktionen benötigt, aber auf Grund des einheitlichen Aufbaus der Logistik-Toolbox fällt die Einarbeitung in andere Verfahren der Logistik-Toolbox sehr leicht. Dies kann z. B. durch Nachvollziehen des folgenden Beispiels erfolgen. Ein Studium der Hilfetexte der vom Nutzer später benötigten Verfahrensseiten kann dabei sowohl vor, als auch nach dem Durcharbeiten dieses Komplexbeispiels erfolgen. Es sollte jedoch nicht völlig unterbleiben.

4.4.1   Beispiel Distributionslogistik

In der Abbildung 4-4 ist ein Kundengebiet mit sich darin befindenden Städten (repräsentiert durch Knoten) gegeben, die durch ein oder mehrere neu zu errichtende Lager regelmäßig einmal in der Woche beliefert werden sollen (Datei „Kundengebiet.graph").

Die im Plan eingezeichneten Verbindungen sind bereits mit den Kosten bewertet, die bei Benutzung dieser Strecken entstehen. Außerdem fallen fixe Kosten (30 GE) pro geöffnetem Standort im Zeitraum der einmaligen Belieferung der Kunden an. Standorte sollen nur in den Städten eröffnet werden. Nachdem die Standorte feststehen, soll von jedem Standort aus eine Rundreise geplant werden, um den Kunden einen Initialbesuch abzustatten. Welche Wege sollte man fahren?

Abbildung 4-4 Kundengebiet

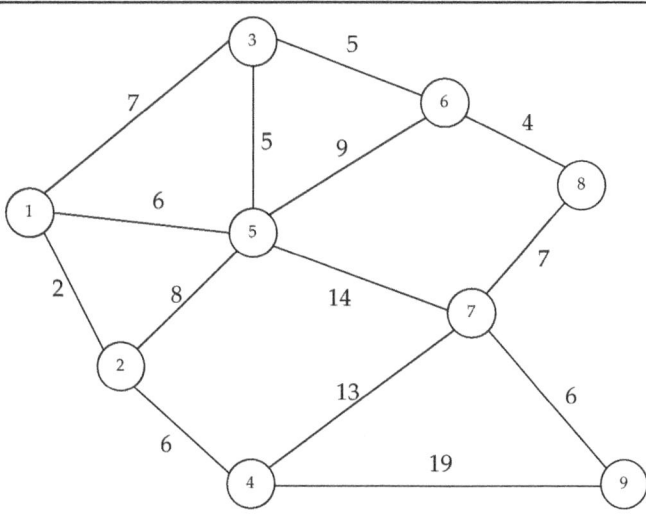

Lösung:

Laden Sie zunächst den Graph „Kundengebiet.graph" über den Menüpunkt „Graph" in die Logistik-Toolbox. Da die zu eröffnenden Standorte nur in den schon vorhandenen Knoten liegen können, handelt es sich um ein Problem der diskreten Standortplanung. Dafür bietet die Logistik-Toolbox den Add- und den Drop-Algorithmus, jeweils in unkapazitierter und kapazitierter Version an. Da jedoch keinerlei Angaben über die Kapazitäten vorliegen, handelt es sich hierbei um ein unkapazitiertes Standortproblem.

Um die Verfahren auf den Graph anwenden zu können, sind noch die fixen Kosten einzutragen. Da die fixen Kosten knotenbezogene Daten sind, erfolgt die Eintragung über den Menüpunkt „Knotendaten" im Menü „Graph". Die fixen Kosten sind hier rechts unter „Kosten 1" einzutragen; nähere Informationen erhält man über das „Hilfe"-Menü im Knotendaten-Fenster. Da alle potenziellen Standorte (= Knoten) die gleichen fixen Kosten aufweisen (30 GE), ist es vorteilhaft den Ausfüllassistenten zu benutzen. Klicken Sie dazu mit der Maus auf den Button „Kosten 1" rechts oben im Knotendaten-Fenster. Im sich daraufhin öffnenden Dialog können Sie den festen Wert von 30 bei allen Knoten eintragen lassen. Schließen Sie danach das Knotendaten-Fenster mit dem Button „Ok".

Da in der Logistik-Toolbox zwei Verfahren zur Berechnung zur Verfügung stehen, sollten beide Möglichkeiten durchgeführt und das bessere Ergebnis verwendet werden. Wählen Sie deshalb nacheinander über das Menü „Berechnung" und die Untermenüs „Standorte (diskret)" bzw. „unkapazitiert" sowohl den Add- als auch den Drop-Algorithmus aus und vergleichen Sie die Ergebnisse. Es ergeben sich folgende Resultate in nachstehender Tabelle:

Verfahren	Gesamtkosten	Standorte (jeweils zugeordnete Knoten)	
Add	112	3 (1,2,5,6)	7 (4,8,9)
Drop	109	2 (1,3,4,5)	8 (6,7,9)

Da das Drop-Verfahren das kostengünstigere Ergebnis liefert, werden in den Knoten 2 und 8 Standorte eingerichtet.

Von diesen beiden Standorten aus sollen nun Rundreisen geplant werden. Gemäß vorheriger Tabelle ergeben sich Rundreisen von Knoten 2 über die Knoten 1, 3, 4 und 5 sowie von Knoten 8 über die Knoten 6, 7 und 9. Da jeweils nur eine Teilmenge der vorhandenen Knoten besucht werden soll, kann diese Rundreise nicht im Ursprungsgraph ermittelt werden, sondern es sind Untergraphen zu bilden. Diese Untergraphen müssten nun alle kürzesten Wege zwischen ihren Knoten enthalten, was jedoch nicht mehr garantiert ist, sobald Kanten ersatzlos entfallen. Aus diesem Grund sind die Untergraphen zu vervollständigen, d. h. es sind alle möglichen Verbindungen zwischen den Knoten des Untergraphen einzuzeichnen und diese sind mit der jeweiligen Entfernung aus dem Ursprungsgraph zu bewerten. Nur so ist gewährleistet, dass die im Untergraph ermittelte Route über eine bestimmte Menge von Knoten auch der gesuchten Rundreise im Originalgraph entspricht.

Die Logistik-Toolbox bietet für diesen Fall eine automatische Funktion an. Markieren Sie zunächst mit der Maus durch Ziehen und gedrückt halten der linken Maustaste die Menge der Knoten, die in dem zu bildenden Untergraph übernommen werden sollen (alternativ per Mausklick bei gedrückter STRG-Taste). Wählen Sie danach im Menü „Graph" die Untermenüs „Aktion mit Selektion" und „Untergraph bilden" sowie abschließend den Punkt „mit Entfernungen". Daraufhin wird ein neuer Graph in die

Graphenliste (sichtbar oberhalb des Schriftzugs „Zeichenfläche") übernommen, der genau den oben erklärten Anforderungen entspricht.

Um letztlich in den sich so ergebenden Untergraph die Rundreisen bestimmen zu können, muss nun abschließend der Startpunkt der Rundreise festgelegt werden. Wählen Sie dazu zunächst einen der Untergraphen über die Graphenliste im oberen Bereich der Logistik-Toolbox aus und öffnen Sie nun den Graphendatendialog, indem Sie im Menü „Graph" den Punkt „Graphendaten" anwählen. Im mittleren Bereich des sich nun öffnenden Fensters kann der Ausgangspunkt für die Rundreise und Tourenplanung (TSP, CPP, VRP) eingegeben werden. Geben Sie hier die Knotennummer des Standortes ein. Achten Sie dabei darauf, dass die Knoten bei der Bildung der Untergraph umnummeriert werden müssen, wobei die alten Knotennummern im Namen der Knoten erhalten bleiben (siehe Dateien „Kundengebiet-Teil1.graph" und „Kundengebiet-Teil2.graph").

Die Logistik-Toolbox bietet für die Rundreise über alle Knoten (TSP) in ungerichteten Graphen drei Start- und zwei Verbesserungsverfahren an, wobei das Verbesserungsverfahren „3opt" das Verbesserungsverfahren „2opt" enthält. Es ergeben sich deshalb drei verschiedene Alternativen für die Berechnung:

* „Bester Nachfolger" + anschließend „3opt"

* „Sukzessive Einbeziehung" + anschließend „3opt"

* „Christofides" + anschließend „3opt"

Wählen Sie nacheinander die drei Startverfahren, jeweils direkt gefolgt von „3opt" (Menü „Berechnung", Untermenü „TSP-Rundreise"). In diesem Beispiel ergibt sich zufällig, dass die Resultate aller Verfahren sowohl für Standort 1 als auch für Standort 2 die gleiche Länge von 34 aufweisen. Die angezeigten Wege in nachfolgender Tabelle müssen nun wieder in die ursprüngliche Nummerierung der Knoten übertragen werden, womit die Aufgabenstellung erfüllt ist.

Standort	anzufahrende Knoten	Reihenfolge
Knoten 2	1,2,3,4,5	2-1-5-3-4-2
Knoten 8	6,7,8,9	8-6-7-9-8

4.4.2 Beispiel Beschaffungs- und Produktionslogistik

In der folgenden Abbildung 4-5 ist ein Gozinto-Graph gegeben. Es soll berechnet werden, welche Mengen der Formteile FT1 und FT2, die auf der gleichen Maschine hergestellt werden, in den Perioden 15, 16, 17 und 18 produziert werden sollen. Die dafür benötigten Daten stehen in den Dateien „Gozintograph.graph" und „Daten.xls" zur Verfügung.

Tabelle 4-2 *Bedarfsdaten EP1*

Periode	1	2	3	4	5	6	7	8	9	10	11	12	13	14
Bedarf	14	17	16	16	18	20	18	19	21	19	19	22	23	23

Die Bedarfsdaten des Endprodukts EP1 der vergangenen 14 Perioden sind in der Tabelle 4-2 gegeben. Das Endprodukt und alle Baugruppen (BGx) sollen Los-für-Los produziert werden, sodass keine Loszusammenfassung durchgeführt werden muss. Die Vorlaufverschiebungen bei dieser Produktion sind sehr gering und können deshalb im Folgenden vernachlässigt werden.

Abbildung 4-5 *Gozinto-Graph*

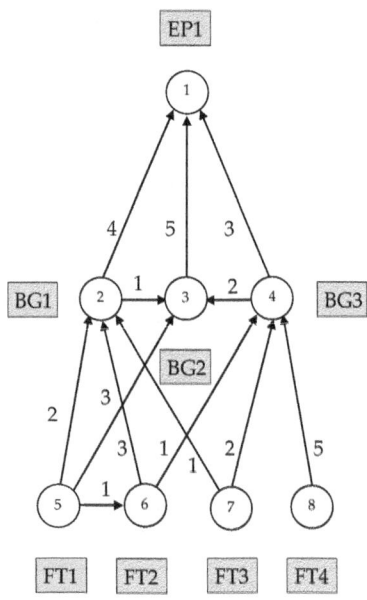

Es liegen momentan noch die in der Tabelle 4-3 angegebenen disponiblen Bestände auf Lager.

Tabelle 4-3 Disponible Bestände

Produkt	EP1	BG1	BG2	BG3	FT1	FT2	FT3	FT4
disponibler Bestand	2	13	0	15	140	110	90	280

Außerdem ist bekannt, dass die Maschine zur Herstellung der beiden Formteile FT1 und FT2 eine Kapazität von 60 Stunden pro Periode besitzt. Für eine Mengeneinheit Formteil FT1 benötigt man im Schnitt 1 Minute, für eine Mengeneinheit Formteil FT2 nur 0,5 Minuten. Ein Rüstvorgang für FT1 kostet 180 Euro und für FT2 130 Euro. Liegen die Formteile eine Periode im Lager, so werden Lagerhaltungskosten für jedes Stück FT1 in Höhe von 0,02 Euro und für jedes Stück FT2 in Höhe von 0,06 Euro verursacht.

Lösung:

Gefordert sind die Losgrößen von FT1 und FT2. Dazu ist es notwendig den Bedarf dieser Teile zu kennen, der jedoch nicht vorliegt. Es liegen lediglich die früheren Bedarfe von EP1 vor, die man deshalb mit Hilfe von Prognoseverfahren fortschreiben muss, um den Bedarf von EP1 in den Perioden 15 bis 18 zu erhalten. Anhand des Gozinto-Graph kann anschließend eine Umrechnung auf die Mengen für FT1 und FT2 erfolgen.

Öffnen Sie in der Logistik-Toolbox im Modul „Beschaffung" die Seite der Prognoseverfahren (Menü „Berechnungen", Untermenü „stoch. Bedarfsrechnung", Menüpunkt „Prognoseverfahren"). Die Verbrauchsdaten aus Tabelle 4-2 sind in die Zeile mit den blauen Zahlen einzutragen. Dies kann entweder per Hand durch Mausklick auf die jeweilige Zahl oder für Fortgeschrittene auch per Importfunktion erfolgen:

1. Öffnen Sie den Menüpunkt „AM zeigen/einrichten" im Menü „Austauschmatrix (AM)". Da insgesamt 14 Verbrauchsdaten für das Endprodukt EP1 vorliegen muss per Button „Größe ändern" die Tabelle auf 1 Zeile mit 14 Spalten geändert werden.

2. Öffnen Sie die Datei „Daten.xls", markieren Sie die 14 Zahlenwerte in der Zeile „Bedarf" und kopieren Sie diese in die Zwischenablage (per Tasten STRG + c oder per Menü).

3. Wechseln Sie wieder zur Logistik-Toolbox und klicken Sie in der Austauschmatrix die erste Zelle (Spalte 1) an und kopieren Sie die Daten per Tasten STRG + v in die Logistik-Toolbox. Kontrollieren Sie die korrekte Übernahme und schließen Sie die Austauschmatrix.

4. Öffnen Sie den Menüpunkt „Datenimport aus AM" im Menü „Austauschmatrix (AM)" und wählen Sie den angebotenen Filter „Verbrauchsdaten" durch Anklicken des Kästchens am linken Rand und einer Bestätigung mit „Ok".

Die Verbrauchsdaten befinden sich nun in der Logistik-Toolbox und es können geeignete Prognoseverfahren ausgewählt werden, um die fehlenden Werte für die Perioden 15 bis 18 zu bestimmen. Da bei der Betrachtung der Datenreihe (z. B. per Klick auf den Button „Wertereihen als Graphik" links oben) ein ansteigender Trend auffällt, ist entweder die Exponentielle Glättung zweiter Ordnung oder das Verfahren von SMITH zu wählen. Klicken Sie dazu mit der linken Maustaste auf den Schriftzug „(neues Verf.)" am linken Rand der Logistik-Toolbox. Es öffnet sich ein Dialogfenster, in dem Sie die Verfahren auswählen können. Klicken Sie zunächst auf die Option „Trendförmiges Modell", anschließend auf „Exp. Glättung 2.Ordnung" und geben Sie rechts daneben für „alpha" einen beliebigen Wert zwischen 0 und 1 ein. Nach Schließen des Dialogfensters werden die Prognosewerte des Verfahrens für die angezeigten Perioden berechnet. Da aber in der Aufgabenstellung die Perioden 15 bis 18 gefragt sind, müssen die angezeigten Perioden auf mindestens 18 erweitert werden, was mit dem Button „Periodenzahl" links oben erfolgt. Durch Klick auf den Button mit dem Pfeil nach rechts (türkis) werden die Prognosewerte für die Perioden 15 bis 18 angezeigt. Momentan bestehen diese jedoch noch aus gebrochenen Zahlen. Stellen Sie deshalb bitte mit Hilfe des Buttons „Rundungsmodus" rechts oben auf der Seite die Rundung der Prognosewerte auf ganze Zahlen ein. Abschließend ist noch eine Optimierung des Parameters „alpha" entsprechend geeigneter Fehlermaße sinnvoll. Klicken Sie dazu mit der rechten Maustaste auf die Kurzbezeichnung des Verfahrens, die anstatt des zuvor dort stehenden „(neues Verf.)" erschien. Wählen Sie in dem sich öffnenden Dialogfenster für die Optimierung ein Fehlermaß (z. B. TUK) oder mehrere Fehlermaße aus und bestätigen Sie mit „Ok".

Analog zu diesem Vorgehen wählen Sie nun bitte durch erneuten Linksklick auf „(neues Verf.)" zusätzlich das Verfahren nach SMITH aus und vergeben Sie für „beta" und „gamma" wieder beliebige Werte zwischen 0 und 1. Nachdem diese Parameter ebenfalls bzgl. des Fehlermaßes TUK optimiert wurden, ergeben sich die in der folgenden Tabelle angegebenen Prognosewerte für die Perioden 15 bis 18 (siehe auch Datei „Prognose.spvk"):

Periode	15	16	17	18
Exp. Glättung 2. Ordnung	24	25	25	26
Verfahren nach SMITH ($\beta = 0,01$; $\gamma = 0,38$)	23	23	24	25

Da das Verfahren nach SMITH das geringere Fehlermaß aufweist (siehe rechts neben den Prognosewerten, unterhalb des Buttons „TUK"), werden im Folgenden die Werte gemäß SMITH verwendet.

Nun muss die Umrechnung der Prognosewerte für EP1 auf die Bedarfswerte für FT1 und FT2 erfolgen. Dazu bietet die Logistik-Toolbox das Dispositionsstufenverfahren an. Wählen Sie im Menü „Berechnung" den Punkt „Bedarfsrechnung". Die Mengenbeziehungen der End-, Zwischen- und Vorprodukte gemäß Abbildung 4-5 können hier jedoch nicht direkt eingegeben werden, weshalb diese Daten von dem Verfahren selbstständig aus dem Modul Distribution beschafft werden. Wählen Sie deshalb im Menü „Modul" den Punkt „Distribution" und laden Sie über den Menüpunkt „Graph laden" im Menü „Graph" die Datei „Gozintograph.graph". Gehen Sie in das Beschaffungsmodul zurück und übernehmen Sie die Struktur des Gozinto-Graph einfach durch einen Klick auf den Button „Graph" links oben in der Logistik-Toolbox. Geben Sie nun die Bedarfswerte aus vorheriger Tabelle in die ersten vier Perioden ein, indem Sie jeweils auf die blauen Werte in der Zeile „Primär-Bedarf" des obersten Produkts (EP1) klicken.

Nun fehlen lediglich noch die disponiblen Bestände, die Sie durch Klick auf den Schriftzug „Primärbedarf" im linken Teil des Bildschirms eingeben können. Achten Sie bei der Eingabe der disponiblen Bestände aus Tabelle 4-3 auf die korrekte Zuordnung, da die Logistik-Toolbox die Reihenfolge der Produkte ändert, wenn dies (wie es hier der Fall ist) notwendig ist, um die Nachfolgerstruktur korrekt abzubilden. Eine Verwendung der Importfunktion ist hier deshalb auch nicht bzw. erst nach Umordnung der Werte in der Datei „Daten.xls" möglich, wodurch eine Eingabe per Hand sinnvoll ist.

Nun sind alle notwendigen Daten eingegeben und Sie können durch Navigieren nach unten (mit Hilfe der Pfeilbuttons) die Werte aus folgender Tabelle ablesen (siehe auch Datei „DSV.dsvt"):

Periode	15	16	17	18
Bedarf FT1	1.203	1.679	1.752	1.825
Bedarf FT2	676	920	960	1.000

Dies sind nun die Werte, die in die Losgrößenrechnung einfließen. Da beide Formteile auf der gleichen Maschine produziert werden und dynamische Bedarfe vorliegen, muss ein dynamisches Verfahren für mehrere Produkte angewendet werden, wofür die Logistik-Toolbox das Verfahren von DIXON/SILVER anbietet.

Gehen Sie in das Modul „Produktion" und wählen Sie im Untermenü „Losgrößenplanung" den Punkt „dyn. Mehrprodukt-Losgröße". Geben Sie anschließend die Daten für die Produkte (Rüstkosten, Lagerhaltungskosten und Kapazitätsbedarf) durch Mausklick auf den Schriftzug „(neues Produkt)" links oben sowie die zur Verfügung stehende Kapazität durch Klick auf „k-Angebot" (Mitte unten) ein. Achten Sie dabei auf gleiche Einheiten für die Kosten (Euro oder Cent) und die Kapazitätsangaben (jeweils in Minuten). Für die Formteile FT1 und FT2 ergeben sich die in der folgenden Tabelle angegebenen Produktionslose (siehe auch Datei „Dixon-Silver.dmpl"):

Periode	15	16	17	18
Lose FT1	1.203	3.431	0	1.825
Lose FT2	1.596	0	1.960	0

Abschließend sei nochmals darauf hingewiesen, dass vor der Benutzung jedes Verfahrens der Logistik-Toolbox der zu dem jeweiligen Verfahren gehörige kurze Hilfetext innerhalb der Logistik-Toolbox intensiv studiert werden sollte. Nur so können alle Variablen, Möglichkeiten und Grenzen des Verfahrens bei seiner Anwendung beachtet werden. Danach sollte einem erfolgreichen Einsatz der Logistik-Toolbox nichts mehr im Wege stehen.

Literaturverzeichnis

Belz, F.-M. (2001): Entwicklung von Fallstudien für die Lehre, Hochschuldidaktische Schriften Band 2, St. Gallen

Brettschneider, V. (2000): Entscheidungsprozesse in Gruppen: Theoretische und empirische Grundlagen der Fallstudienarbeit, Bad Heilbrunn, Klinkhardt

Czeloth, J. (1997): Entwurf eines Planspiels zur Förderung des vernetzten Denkens in der Logistik, Dortmund, Verlag Praxiswissen

Domschke, W. / Scholl, A. / Voß, S. (2005): Produktionsplanung. 2.Auflage, Berlin, Springer

Eschenbach, R. / Kreuzer, C. / Neumann, K. (1994): Fallstudien zur Unternehmensführung, Stuttgart, Schäffer-Poeschel

Flechsig, K.H. (1996): Kleines Handbuch didaktischer Modelle, Eichenzell, Neuland–Verlag

Groenewald, H. (1988): Fallstudien zum Personalmanagement, Stuttgart, Poeschel

Kaiser, F.-J. (1979): Die Fallstudie – Lehrmethode, Lernstrategie, Lehrstoff und Medium, in: Lehrmittel aktuell, Heft 3, Jahrgang 1979, S. 20 - 26

Kaiser, F.-J. (Hrsg.) (1983): Die Fallstudie: Theorie und Praxis der Fallstudiendidaktik, Bad Heilbrunn, Klinkhardt

Kaiser, F.-J. / Kaminski, H. (1999): Methodik des Ökonomieunterrichts, 3. Auflage, Bad Heilbrunn, Verlag Julius Klinkhardt

Kosiol, E. (1957): Die Behandlung praktischer Fälle im betriebswirtschaftlichen Hochschulunterricht (Case Method), Berlin, Duncker & Humboldt

Künzel, S. (2000): Fallstudien im wirtschaftwissenschaftlichen Studium, in: Wirtschaftwissenschaftliches Studium, Heft 2/2000, S. 113-116

Langosch, I. (1993): Weiterbildung: Planen, Gestalten, Kontrollieren, Stuttgart, Enke

Lasch, R. (2021): Strategisches und Operatives Logistikmanagement: Beschaffung. 3. Auflage. Wiesbaden: Springer Gabler

Lasch, R. (2021): Strategisches und Operatives Logistikmanagement: Prozesse. 3. Auflage. Wiesbaden: Springer Gabler

Lasch, R. (2020): Strategisches und Operatives Logistikmanagement: Distribution. 3. Auflage. Wiesbaden: Springer Gabler

© Springer Fachmedien Wiesbaden GmbH, ein Teil von Springer Nature 2021
R. Lasch und G. Schulte, *Quantitative Logistik-Fallstudien*,
https://doi.org/10.1007/978-3-658-35592-0

Lasch, R.; Janker, C. G. (2017): Übungsbuch Logistik - Aufgaben und Lösungen zur quantitativen Planung in Beschaffung, Produktion und Distribution. 4. Auflage. Wiesbaden: Springer Gabler

Möller, H. W. (1991): Anwendungsorientierte Volkswirtschaftslehre in Lehre und Studium: Grundlagen und Konzept einer entscheidungsorientierten Fallstudiendidaktik, Köln, Carl Heymanns Verlag

Reetz, L. (1988a): Zum Einsatz didaktischer Fallstudien im Wirtschaftslehreunterricht, in: Unterrichtswissenschaft, Band 16, Jahrgang 1988, S. 38 - 55

Reetz, L. (1988b): Der Umgang mit Fällen und die Verwendung von Fallstudien im Wirtschaftslehreunterricht, in: Achtenhagen, F. / John, E. G. (Hrsg.): Lernprozesse und Lernorte in der beruflichen Bildung, Seminar für Wirtschaftspädagogik der Universität Göttingen, S. 228 - 262

Schmidt, H.B. (1958): Die Fallmethode (Case Study Method) – Eine einführende Darstellung. Essen, Verlag W. Girardet

Sheikh, K. (2004): The Essence of the Case Method. Abgerufen am 18.08.2004 unter http://indiainfoline.com/bisc/thes.html

Stähli, A. (1992): Harvard Anti Case, London, McGraw-Hill

Volpe, G. (2000): Case Studies, in: O'Leary R. / Ramsden A., (Hrsg., 2002): Handbook for Economics Lecturers. LTSN Economics, University of Bristol

Weitz, B.O. (2000): Fallstudienarbeit in der ökonomischen Bildung. Hochschuldidaktische Schriften des Instituts für Betriebswirtschaftslehre der Wirtschaftswissenschaftlichen Fakultät an der Martin-Luther-Universität Halle-Wittenberg, Beitrag Nr. 4/2000, unter http://www.sowi-online.de/methoden/dokumente/weitzfall.htm (abgerufen am 07.12.2005)

The manufacturer's authorised representative in the EU is Springer
Nature Customer Service Centre GmbH, Europaplatz 3, 69115 Heidelberg,
Germany. If you have any concerns regarding our products, please
contact ProductSafety@springernature.com

Printed and bound by CPI Group (UK) Ltd, Croydon, CR0 4YY
28/04/2026
02098491-0016